Reid · Croucher

Der Weg des Kriegers

Howard Reid · Michael Croucher

Der Weg des Kriegers

Kampfsportarten

Tradition · Technik · Geist

Aus dem Englischen von Clemens Wilhelm

IRISIANA

IRISIANA
Eine Buchreihe herausgegeben von
Rüdiger und Margit Dahlke

Die Originalausgabe erschien unter dem Titel
The way of the warrior. The paradox of the martial arts
bei Eddison Sadd Editions Limited

Die Deutsche Bibliothek – CIP-Einheitsaufnahme

Reid, Howard:
Der Weg des Kriegers : Kampfsportarten, Tradition, Technik, Geist / Howard Reid ; Michael Croucher. [Aus dem Engl. übers. von Clemens Wilhelm]. – 2. Aufl. – München : Hugendubel, 1994
(Irisiana)
Einheitssacht.: The way of the warrior <dt.>
ISBN 3-88034-792-1
NE: Croucher, Michael:

2. Auflage 1994

Umschlaggestaltung: Zembsch' Werkstatt, München, unter Verwendung eines Motivs von Dieter Bonhorst
Satz: Fotosatz Otto Gutfreund, Darmstadt
Druck und Bindung: Mandarin Offset, Hong Kong
Printed in Hong Kong

ISBN 3-88034-792-1

Dieses Buch ist den Familien der Autoren gewidmet, die es in den langen Monaten, in denen wir über die Kampfkünste recherchierten, filmten und schrieben, nicht an Geduld und Aufmunterung fehlen ließen.

Howard Reid widmet dieses Buch Valerie, Amie und Leila.

Michael Croucher widmet es Anne, Alice und Maud.

Tiefsten Dank schulden wir den vielen Meistern der Kampfkünste und ihren Schülern, die uns so großzügig und selbstverständlich an ihrem Wissen und ihrer Weisheit teilhaben ließen und uns die feineren Details ihrer Künste so geduldig erklärten. Ohne sie wären dieses Buch und unsere Filme niemals entstanden.

In Brasilien danken wir Shinzato Sensei und Eugenio Magenta vom Shorin Ryu Okinawan Karate-Do. In Indien danken wir Panickar Gurrukal, Vasudevan Gurrukal und Natasan Asan (Kalarippayat). Auf den Philippinen gilt unser Dank Eulogio, Mumoy und Cacoy Canete vom Doce Pares Eskrima Club und ihrem kalifornischen Freund Dan Inosanto. In Hongkong danken wir Sifu Chan Hon-Chung (Hung-Chuen Kung-Fu). Auf Taiwan danken wir Sifu Hung I-Hsiang (T'ang-Shou-Dao) und seinem Sohn Tze-Han. In Japan ein Dankeschön an Otake Sensei und seine beiden Söhne an der Tenshin Shoden Katori Shinto Ryu, an Ohba Sensei und Kogure Sensei (Tomiki Aikido), an Sawada Hanae Sensei von der All Japan Naginata Federation und an Yamasaki Sensei und Arai Sensei vom Shorinji kempo. Auf Okinawa danken wir Higaonna Sensei und seinen Kollegen (Goju-ryu-Karate) und in London Sifu Simon Lau (Wing-Chun Kung-Fu) und dem verstorbenen James Elkin (Tomiki Aikido).

HOWARD REID
MICHAEL CROUCHER

INHALT

Etwas geheimnisvoll Geformtes.
Das schon vor Himmel und Erde entstand.
In Schweigen und Leere
Steht es einzig und unwandelbar da,
Ist immer gegenwärtig und in Bewegung.
Vielleicht ist es die Mutter der zehntausend Dinge.
Ich weiß seinen Namen nicht.
Nenne es Tao.
Aus Mangel für ein besseres Wort nenne ich es groß.

TAO-TE-CHING (LAO-TSE)

VORWORT

Dieses Buch ist das Ergebnis jahrelanger Recherchen über die Kampfsysteme der Welt. Diese Recherchen konnten beträchtlich intensiviert werden, als die Fernsehgesellschaft BBC bei uns, den Autoren, eine Dokumentarserie über die asiatischen Kampfsysteme in Auftrag gab. Zu diesem Zeitpunkt hatte Howard Reid bereits mehrere Jahre in einem Kampfsystem Erfahrungen gesammelt und war mit anderen Systemen in groben Zügen vertraut. Nachdem uns die BBC diesen Auftrag gegeben hatte, beschäftigten wir uns beide mit unserem Thema sowohl in der Theorie als auch durch praktische Anschauung. Im Jahre 1981 unternahm Howard Reid weite Reisen durch Asien, auf denen er Sportzentren besuchte, mit den dort arbeitenden Trainern sprach und Termine für die Fernsehaufnahmen vereinbarte. Noch im selben Jahr reisten wir dann mit unseren Familien in den Fernen Osten, um die Filmaufnahmen für die Fernsehserie zu machen.

Es ist ein großer Nachteil des Fernsehens, daß nur ein Bruchteil des Wissens, das ein Produktionsteam gesammelt hat, für den fertigen Dokumentarfilm verwendet werden kann. Die bewegten Bilder auf dem Bildschirm sagen zwar vieles aus, was mit Worten oder auf Photographien nicht ausgedrückt werden kann, aber da der Begleittext zu den Bildern notgedrungen sehr knapp sein muß, entfällt andererseits auch sehr viel Hintergrundinformation. In diesem Buch soll nun das, was auf dem Bildschirm in Umrissen dargestellt wurde, ausgebaut und weiterentwickelt werden, damit auch Themen angesprochen und vertieft werden können, für die in der Fernsehserie kein Platz mehr war.

Die Reisen, die wir durch Asien unternahmen, waren lang und manchmal strapaziös, doch führten uns die geistigen Pfade, denen wir folgten, tief hinein in die Kulturen Asiens und weit zurück in die Geschichte dieser Länder. Was uns auf diesem Wege begegnete, waren Konflikte und der Wille, sie zu lösen.

In allen menschlichen und urmenschlichen Gesellschaften treten Konflikte auf, die sich in Kampfhandlungen entladen können. Kampfverhalten tritt uns heute in zwei grundlegenden Formen entgegen: Es gibt auf der einen Seite das grauenvolle und verheerende Schauspiel der großen Kriege, auf der anderen die spontanen und dramatischen Ausbrüche von Gewalt, bei denen sich einzelne im Kampf Mann gegen Mann gegenüberstehen.

Thema dieses Buches ist die Frage, welche Lehren die Menschen aus diesen letzteren Erfahrungen gezogen haben und welche Techniken sie hierfür entwickelt haben.

Eine unserer ersten Entdeckungen bei der Bearbeitung unseres Themas war die, daß die Völker des westlichen und des östlichen Kulturkreises sehr unterschiedlich auf diese Konflikterfahrungen reagierten. Während sich die Europäer historisch darauf konzentrierten, die Massenvernichtungswaffen zu perfektionieren, bildeten sich in Asien zunächst sehr viel subtilere Formen der zwischenmenschlichen Gewaltanwendung heraus, die vergleichbare Entwicklungen wie in Europa zunächst verhinderten bzw. überflüssig machten. Natürlich hatte man auch in Europa die Notwendigkeit erkannt, die Geschicklichkeit im Kampf durch Schulung und Übung zu steigern, jedoch erreichten die asiatischen Kampftraditionen demgegenüber ein Niveau, das weit über die Primitivität eines freien oder auch mit bestimmten Einschränkungen ausgetragenen Kampfes hinausreichten.

Es ist anzunehmen, daß die asiatischen Kampfkünste mindestens zwei Jahrtausende lang auf den verschiedenen Ebenen einen wesentlichen Bestandteil der großen Kulturen dieses Gebiets gebildet haben.

Auf der physischen Ebene enthalten alle Kampftraditionen ausführliche und sorgfältig geplante Systeme zur Ertüchtigung des Körpers und damit der Erhaltung von Gesundheit und Vitalität. Die spezifischen Formen dieser Übungen tragen jedoch immer die Gefahr einer Verletzung des Ausführenden oder des

Partners in sich. Die Bewegungen sind schwierig; sie werden mit großer Schnelligkeit und Kraft und häufig gegen einen Trainingspartner ausgeführt. Dies führt dazu, daß die Schüler sehr schnell Disziplin lernen und darauf achten, sich selbst oder andere nicht zu verletzen. Die aggressiven Triebe, die den Schüler in den Trainingsraum geführt haben, kommen rasch unter Kontrolle und werden vom Lehrer oder Trainer in konstruktive Bahnen gelenkt. Unter dieser Anleitung wächst das Selbstvertrauen des Schülers in dem Maße, wie seine Furcht vor anderen abnimmt. Gleichzeitig entsteht ein neues Körperbewußtsein, eine neue Einsicht in die physische Gestalt und das potentielle Leistungsvermögen des Körpers.

Im Laufe der Monate und Jahre wird dieses Körperbewußtsein vertieft und verfeinert. Es bildet sich allmählich ein mechanisches Verständnis der Prinzipien der menschlichen Bewegung und Aktivität heraus. Durch die Unterrichtung in Hebel- und Schlagtechniken, durch das Einüben von Verteidigungsabläufen und Gegenangriffen lernt der Schüler sehr viel über Anatomie, über Aufbau und Funktion der Knochen, Sehnen und Muskeln. In den Trainingssälen kommt es immer wieder einmal zu Unfällen, und dann muß der Lehrer wissen, wie er Verletzungen zu behandeln hat. Auch dieses Wissen wird von den Schülern aufgenommen, und während der Lehrer seinen Schülern beibringt, kontrolliert und mit äußerster Genauigkeit zu schlagen, vermittelt er ihnen gleichzeitig umfassende Kenntnisse über den Blutkreislauf, das Nervensystem und jenes besondere System der Lebenskraft, das in dem Wissen um die lebenswichtigen Körperstellen (Atemi-Punkte) zusammengefaßt ist. Diese Schlüsselstellen sind dem westlichen Menschen vor allem aus der Akupunktur bekannt; genau das gleiche System studieren jedoch auch die meisten asiatischen Kampfkunstlehrer.

Es ist daher nicht verwunderlich, daß fast alle Menschen, die eine der Kampfkünste erlernt haben, auch in der Heilkunst bewandert sind. Praktisch alle indischen, chinesischen und japanischen Meister, die wir gefilmt haben, waren gleichzeitig praktizierende Ärzte.

Die Lehre der asiatischen Kampfkünste beschränkt sich jedoch nicht auf das Verständnis unserer physischen Existenz. Zu allen Zeiten waren die Meister der Kampfkunst auch Denker und gläubige Menschen von hoher Moral, Kämpfer und Heiler. Ein Meister der Fechtkunst aus dem 18. Jahrhundert hat dies einmal wie folgt formuliert: »Der perfekte Schwertkämpfer vermeidet Kampf und Streit. Kämpfen heißt töten. Wie kann ein menschliches Wesen so weit gehen, ein anderes menschliches Wesen zu töten? Es ist unsere Aufgabe, einander zu lieben, nicht uns zu töten. Es ist ein abscheulicher Gedanke, daß jemand nichts weiter im Sinne hätte, als zu kämpfen und zu siegen. Wir sind moralische Wesen, wir dürfen uns nicht auf das Niveau der Tiere begeben. Was nützt es, wenn man ein tüchtiger Schwertkämpfer wird und dabei seine menschliche Würde verliert? Das Ideal besteht darin, Sieger ohne Kampf zu sein.«

Zu allen Zeiten waren die asiatischen Kampfkünste untrennbar mit den religiösen und philosophischen Systemen des Ostens verbunden. Theorie und Praxis vieler Kampfsysteme wurden im Einklang mit den moralisch-philosophischen Vorstellungen ihrer Meister entwickelt. Eine wesentliche Aufgabe dieses Buches besteht darin, diese Beziehung zwischen Theorie und Praxis zu untersuchen und die globale Entwicklung der Kampfkünste und ihre Verbreitung in den großen Kulturen Asiens darzustellen.

Die große Reichhaltigkeit und die Vielfalt der asiatischen Kampfsysteme ist unbestreitbar, und es gibt keinen Zweifel darüber, daß sie ein wichtiger Bestandteil der östlichen Kulturen sind. Um so bedauerlicher ist es, daß die meisten von uns so wenig darüber wissen.

HOWARD REID
MICHAEL CROUCHER

I DIE KUNST DES KÄMPFENS

Ein Meister des Kung-Fu aus Hongkong, Meister Chan, sagte einmal von den Kampfkünsten, daß sie von »der Mathematik des menschlichen Körpers« Gebrauch machten. Er wollte damit zum Ausdruck bringen, daß man sich den Körper als komplexe Maschine vorstellen kann. Er hat Lager, Stützelemente und Seilzüge, und wie alle Maschinen kann er zu Bruch gehen, wenn er unsachgemäß gebraucht wird. Ein Ellbogengelenk ist, mit einer Ausnahme, in alle Richtungen drehbar; wenn es jedoch in diese eine Richtung gedrückt wird, wird es zunächst überdehnt, bis es schließlich bricht.

Die Kunst des Kämpfens liegt nun darin, die Schwachstellen dieses Mechanismus auszunutzen. Man kann z.B. die »Kraftversorgung« lahmlegen, indem man gegen Muskeln und Nerven schlägt; man kann Knochen verriegeln, so daß sie nicht mehr bewegt werden können, und man kann schließlich das ganze System so aus dem Gleichgewicht bringen, daß es zu Boden geht.

Ein Denkprozeß, der eingesetzt haben muß, als zum ersten Mal ein Mensch einen anderen bewußt zu Fall brachte, hat sich zu einer ausgeklügelten Kombination von geistigen und körperlichen Disziplinen weiterentwickelt, die mit den Fähigkeiten eines Berufsmusikers oder -tänzers vergleichbar sind. Wenn ein Meister des T'ai-Chi-Ch'uan einem Gegner gegenübersteht, bringt er in die Konfrontation Jahrtausende philosophischen, religiösen und praktischen Denkens ein. Er hat sich den größten Teil seines Lebens Prinzipien untergeordnet, die vor Jahrhunderten festgelegt wurden; dabei hat er seinen Körper gestählt und vielleicht auch die Grundlagen zu einem langen Leben ohne Krankheit gelegt.

Die Grundelemente der Kampfkünste waren schon vor Beginn der Zivilisation vorhanden. Dinge wie Treten, Beinstellen, Kratzen, Beißen, An-den-Haaren-Ziehen, Schläge mit der flachen Hand, Antäuschen, Ziehen und Schieben sind grundlegende Elemente des kindlichen Spiels. Verfeinerte Techniken wie z.B. Fauststöße müssen erst erlernt werden. Die Hebel, Haltegriffe, Würfe und die Angriffs- und Verteidigungstechniken, die in den Kampfkünsten zur Anwendung kommen, sind von komplexerer Art.

Wenn du Körper und Seele ernährst und das Eine umfängst,
Kannst du dann dem Trennenden entgehen?
Wenn du dich ganz hingibst und biegsam wirst,
kannst du dann wie ein neugeborenes Kind sein?
Wenn du die ursprüngliche Ein-Sicht reinigst und läuterst,
Kannst du dann makellos sein?
Wenn du alle Menschen liebst und über das Land herrschst,
Kannst du dann ohne Klugheit sein?

TAO-TE-CHING (LAO-TSE)

Kampfkünste und Krieg

Die grundlegende Unterscheidung zwischen Kampf als Unterhaltung, Sport oder Ritual innerhalb eines Stammes einerseits und Krieg andererseits, dem Kampf von Stämmen untereinander, stammt vermutlich schon aus prähistorischer Zeit. Als sich die ersten Kulturen gefestigt hatten, hatte diese Unterscheidung bereits rituellen Charakter angenommen. Bei den Griechen z.B. galten die Olympischen Spiele als religiöses Fest, und während dieser Spiele ruhten im ganzen Land alle Kampfhandlungen. Das Kriegshandwerk ist grundsätzlich roher als die Kampfkünste, und es werden schwerere Waffen eingesetzt. Aus dem Gilgamesch-Epos, das etwa im 18. Jh. v.Chr. in

In diesem Ausschnitt aus einer chinesischen Schriftrolle von Liang K'ai (13. Jahrhundert) empfängt der sechste Patriarch des Zen-Buddhismus die Erleuchtung durch die schlichte Handlung des Bambusschneidens. Da der Zen-Buddhismus und die Kampfkünste, wie man annimmt, einen gemeinsamen Gründer haben, sind auch ihre Philosophie, die das Naturgeschehen in den Vordergrund stellt, und ihre Geschichte untrennbar miteinander verbunden.

EMPFINDLICHE KÖRPERSTELLEN

In den meisten östlichen Kampfsystemen werden die Gliedmaßen mit Techniken manipuliert, wie sie auf dieser und der gegenüberliegenden Seite dargestellt sind. Viele der Verfahren, mit denen man Widerstand brechen kann, sind auch westlichen Menschen von den spielerischen Scheinkämpfen aus der Kinderzeit her bekannt. Andere wiederum sind raffinierter. Versuche, einen Gegner bewegungsunfähig zu machen und zu entwaffnen, sind dann besonders erfolgreich, wenn Druck gegen die Gelenke und Nerven der Hände und Arme ausgeübt wird. Wohldosierter Druck an diesen Stellen zwingt normalerweise einen Gegner zu Boden. Diese Maßnahmen sind mit einem unterschiedlichen Maß an Schmerz verbunden.

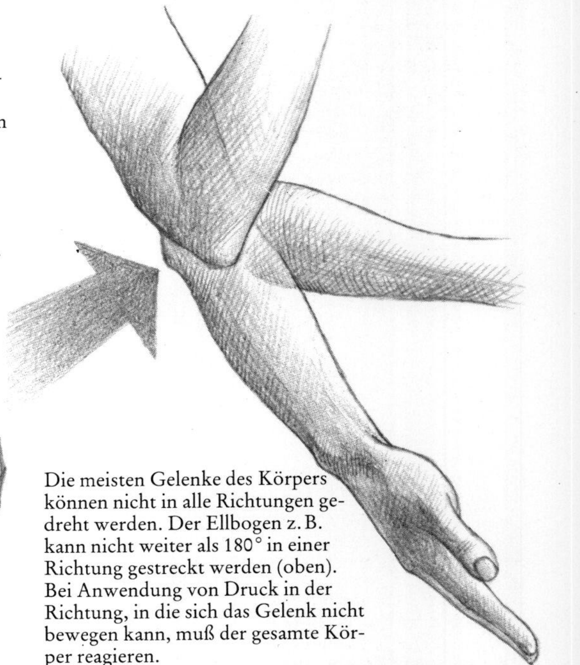

Die Knochen des Handgelenks sind so gestaltet, daß seitliches Verdrehen nicht möglich ist (oben). Wenn ein Gegner das Handgelenk verdreht (unten), muß der gesamte Körper dem Druck durch Drehen nachgeben. Die kleinen Knochen des Handgelenks werden aus ihrer Richtung gedrückt, wodurch ein heftiger Schmerz entsteht.

Die meisten Gelenke des Körpers können nicht in alle Richtungen gedreht werden. Der Ellbogen z. B. kann nicht weiter als 180° in einer Richtung gestreckt werden (oben). Bei Anwendung von Druck in der Richtung, in die sich das Gelenk nicht bewegen kann, muß der gesamte Körper reagieren.

Schläge gegen bestimmte Körperstellen können zu stechendem Schmerz und Paralyse führen. Jeder kennt aus seiner Schulzeit noch den »Pferdekuß«, bei dem durch einen Tritt mit dem Knie gegen den Hüftmuskel das Bein vorübergehend gelähmt ist. Ähnliche Stellen gibt es auf der Hand und dem Unterarm (unten). Asiatische Meister der Kampfkunst kennen jedoch noch mehr als 100 weitere Punkte, die, wenn sie genau und mit dem entsprechenden Kraftaufwand getroffen werden, nicht nur Schmerz und vorübergehende Lähmung hervorrufen, sondern sogar zu Dauerschäden und zum Tod führen können.

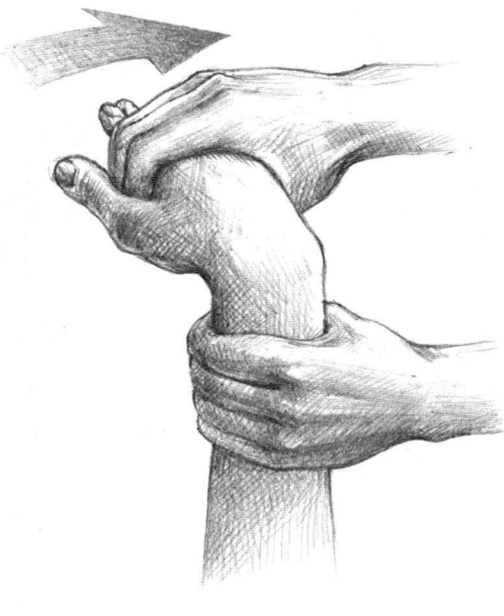

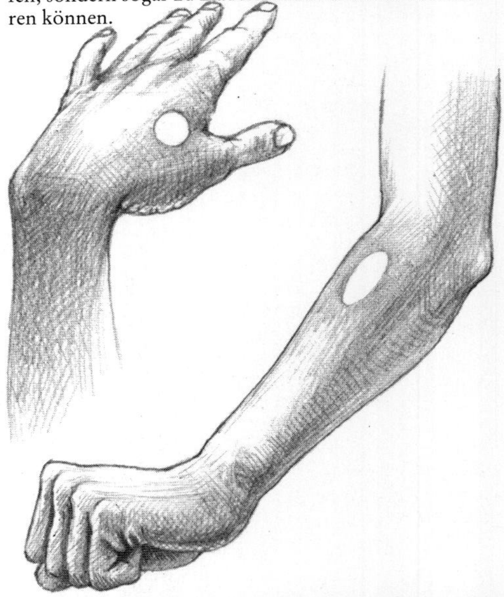

Schläge gegen den Kopf sind immer gefährlich, da dies Gehirnerschütterung und andere Verletzungen zur Folge haben kann. In einer Notsituation kann man jedoch bei einem Gegner durch einen Schlag gegen die Schläfe oder das Kinn sofortige Bewußtlosigkeit herbeiführen .

Das Sonnengeflecht, das Nervenzentrum der Magengrube, ist eine bekannte empfindliche Stelle. Treffer an diesem Punkt sind so schmerzhaft, daß der Rumpf zusammenklappt.

Der Schwerpunkt des Körpers befindet sich etwa 7 cm unterhalb des Nabels. Alle Körperbewegungen müssen um diesen Punkt im Gleichgewicht sein. Bei einer Bewegung nach vorne muß man durch Ausstrecken des Beins nach hinten das Gleichgewicht wahren; beim Bücken muß das Körpergewicht gleichmäßig vor und hinter diesem Punkt verteilt sein. Ein Gegner, der uns mit einem Schlag zu treffen versucht, gerät aus dem Gleichgewicht, wenn wir ihn (oder sie) in Richtung des Schlags ziehen.
Dieser Punkt, der bei den Chinesen Tan-t'ien heißt, ist für sie das Zentrum der Lebenskraft des Körpers. Tanzen und Kampfsport macht uns die Lage des Tan-T'ien bewußt.

Durch Angriffe gegen die Kniesehnen oder die Achillessehne kann ein Fuß oder ein Bein ausgeschaltet werden.

Diese babylonische Kupferfigur aus dem dritten Jahrtausend vor Christus zeigt zwei Ringer bei einer Technik, die man heute nur noch beim japanischen Sumo-Ringen findet. Wenn ein Ringer den Gürtel seines Gegners zu fassen bekommt, versucht er, ihn damit aus dem Gleichgewicht zu bringen und zu werfen.

Mesopotamien entstand, einem der ersten Zivilisationsgebiete der Menschheit, geht hervor, daß die meisten Kriegswaffen damals bereits erfunden waren. Lediglich das Schießpulver war noch nicht bekannt. Erst die Chinesen erfanden es etwa 2800 Jahre später.

Gilgamesch war ein Held des Königsreichs Uruk (heute Erech) in Babylonien, der mit Axt, Schwert, Pfeil und Bogen und Speer kämpfte. Bei Belagerungen setzten die Sumerer Rammböcke gegen die mit Lehmwällen geschützten Städte ihrer Feinde ein. Auch Streitwagen waren ihnen bereits bekannt. Bei solchen Beschreibungen von Kämpfen in früheren Zeiten scheint stets eine größere Mobilität angenommen worden zu sein, als sie möglich war. Die Sumerer schützten ihren Körper bereits mit Rüstungen; die älteste erhaltene Rüstung aus dem 13. Jh. v. Chr., der Ära der griechischen Geschichte, die Homer in der Ilias beschreibt, gleicht einem Faß aus Bronzestreifen. Sie schützt zwar, ist jedoch ziemlich unbequem und schwer.

Im 18. Jh. v. Chr. wurden Kriege bereits nach dem Prinzip der Stärke unter Einsatz schwerer Waffen zur Vernichtung des Gegners geführt, und in dieser Richtung hat sich die Entwicklung seither fortgesetzt.

Berichte über Zweikämpfe sind aus den frühesten Zeiten überliefert. Der biblische Bericht über David, der Goliath mit einer Steinschleuder tötete, ist eine der ältesten Beschreibungen einer angewandten Kampfkunst.

Mit seiner einfachen Hirtenwaffe verfügte David über eine Treffsicherheit, die der eines Samurai mit seinem Schwert vergleichbar ist. Nur durch ständige Übung erlangt man jene innere Ruhe und Konzentration, die für eine solche ökonomische Kraftanwendung und Zielsicherheit erforderlich ist. Kriegsheere wenden andere Techniken an. Ihre Wirkung beruht auf der Feuerkraft. Die tödliche Schlagkraft der Bogenschützen von Agincourt beruhte nicht auf der Präzision, mit der jeder Soldat seinen Pfeil abschoß, sondern darauf, daß sie zusammen einen Hagel von Pfeilen auf die Feinde niedergehen lassen konnten, was schließlich zur Vernichtung des französischen Heeres führte. Robin Hood dagegen ist dem Bereich der Kampfkunst zuzuordnen, sofern man seinem legendären Geschick mit Pfeil und Bogen Glauben schenken darf.

Diese Einzelheit von einer Platte, die vor über 5000 Jahren in Babylon gemeißelt wurde, beinhaltet eine Schlüsselszene über die Ursprünge der Kampfkünste. Die Figur links zeigt eine Blockstellung, wie sie für die asiatischen Kampfkünste typisch ist: Sie leitet mit dem Unterarm einen Schlag ab. Im westlichen Boxen ist diese Technik nicht üblich – ein Boxer würde einen solchen Schlag mit seiner Hand oder dem Arm ableiten.

Kampfkünste und Kampfsportarten

Die Kampfkünste wurden nicht zur Verteidigung der Soldaten auf dem Schlachtfeld entwickelt. Sie sind auch nicht als Sportarten einzustufen. Das Aufeinandertreffen zweier Adepten einer Kampfkunst ist frei von Zwängen, soweit es nicht als Wettkampf ausgeübt wird. Boxen und Ringen wird seit jeher im Rahmen bestimmter Regeln ausgeführt, wie grob und dehnbar diese Regeln auch sein mochten. Die Kampfkünste kennen nur ein Ziel: Die Abwehr eines Angriffs mit allen Mitteln in kürzestmöglicher Zeit.

Einige traditionelle Meister lehnen es ab, daß die Kampfkünste als Sport ausgeübt werden. Ein Angriff, der abgestoppt werden muß, statt ins Ziel geführt zu werden, wird mit immer geringerer Überzeugung ausgeführt und verliert schließlich an Wirkung. Aus diesem Grund wird in den meisten Künsten beim Training so wenig Kampf geübt. Planmäßige und vorgeschriebene Trainingsabläufe können mit einem Partner geübt werden; die eigentliche Kampfkunst aber ist so unvorhersehbar und gefährlich, daß sie nicht wirklich ausgeführt werden kann, auch nicht mit Körperschutz.

Verborgene Anfänge der Kampfkünste

Wann und wo nahmen die Kampfkünste ihren Ausgang? Eines der Rätsel, denen man beim Studium ihrer Ursprünge begegnet, liegt darin, daß sie im Fernen Osten weit verbreitet sind, während sie in Europa offenbar niemals praktiziert wurden, nicht einmal im Mittelmeerraum, wo schon vor dem Römischen Reich Kontakte zum Osten bestanden.

In Beschreibungen westlicher Kampfformen der Vergangenheit werden keine Techniken erwähnt, die östlich von Indien praktiziert wurden. Das griechische und römische Ringen und Boxen war zwar grausam, wies jedoch kaum Ähnlichkeiten mit den entsprechenden Kampfformen des Ostens auf. Die Griechen kannten eine besonders grausame Form des Ringkampfs, das Pankratium, das mit der Aufgabe oder dem Tod des Unterlegenen endete. In einem berühmten Kampf starb der Sieger in dem Augenblick, in dem sein Gegner aufgab. Dieses Pankratium scheint sich jedoch hauptsächlich am Boden abgespielt zu haben, ein Kampfstil, der im Osten weniger üblich war.

Die römischen Gladiatoren kannten bereits ausgefeilte Kampftechniken. Sie trainierten in speziellen Schulen, und die besten unter ihnen hatten durchaus eine Chance, ihre aktive Zeit zu überleben. Aber wie fortgeschritten die Gladiatorenkämpfe auch waren – sie waren doch ein öffentlicher Wettkampf und entwickelten sich nicht zu dem, was wir heute unter einer Kampfkunst verstehen.

Als eines der frühesten Zeugnisse für die Entwicklung der Kampfkünste könnte man mit gewissen Einschränkungen zwei kleine babylonische Kunstwerke aus der Zeit zwischen 3000 und 2000 v. Chr. betrachten. Beide zeigen zwei kämpfende Männer. Der eine von ihnen hält den Arm in der charakteristischen Blockstellung, die zu den Grundtechniken der modernen Kampfkünste gehört. Die andere Statue zeigt zwei Männer im Ringkampf, die sich an den Gürteln fassen, eine auffallende Grifftechnik, die im Westen unbekannt, beim japanischen Sumo-Ringen jedoch sehr häufig ist.

Es gibt keine weiteren Beweise dafür, daß die Kampfkünste ihren Ausgang im Gebiet des »Fruchtbaren Halbmonds« genommen hätten, jedoch entstanden dort viele andere wichtige Ideen, die sich nach Westen und Osten ausbreiteten.

Die Kultur Mesopotamiens war reich genug, um Könner in vielen verschiedenen Berufssparten unterstützen zu können. Ein Kampfkünstler muß genügend Zeit für Training und Studium haben, und man findet solche Männer am ehesten im Gefolge eines Herrschers. Als Leibwächter von Königen oder reisenden Kaufleuten, aber auch als Tempelwächter hatten sie genügend Zeit zum Erproben und Üben, ohne einem zeitraubenden soldatischen Drill unterworfen zu sein.

Ist es überhaupt denkbar, daß Ideen den ganzen asiatischen Kontinent überquerten? Hierfür spricht in der Tat einiges. Man weiß z. B., daß die Menschen der Harappa-Kultur, einer frühen Zivilisation in Nordindien, etwa 2500 v. Chr. Handelsbeziehungen mit den Mesopotamiern unterhielten. Weiterhin läßt sich zeigen, daß etwa 1300 v. Chr. eine Bronzeaxt einer bestimmten Form in einem weiten Gebiet von Europa bis China in Gebrauch war.

Lange bevor die Seidenstraßen als Handelsweg zwischen dem chinesischen und dem Römischen Reich entstanden, erfreuten sich die Chinesen bereits an den Künsten von Akrobaten aus Indien und dem östlichen Mittelmeerraum. Es ist natürlich unwahrscheinlich, daß von allen Ereignissen der damaligen Zeit ausgerechnet der Zeitpunkt eines solchen kulturellen Austausches festgehalten worden sein sollte.

Trotzdem besteht eine unverkennbare und enge Beziehung zwischen den Bewegungen von Akrobaten und von Adepten einer Kampfkunst, und es gibt eine lange Tradition von Beziehungen zwischen vielen Kampfkünsten und den darstellenden Künsten. Keinen Zweifel kann es indes darüber geben, daß dasjenige, was möglicherweise von einer Kampfkunst aus dem Gebiet des Fruchtbaren Halbmonds nach Osten gelangte, sehr einfach war, und daß erst in Indien und China die Entwicklung einsetzte, die die ausgefeilten Techniken der heutigen Kampfkünste hervorbrachte. Ein wesentliches Element der Kampftechniken weist einen religiösen und gesundheitlichen Bezug auf: Es ist der bewußte Einsatz des Atems zur Erlangung von Kraft, Gleichgewicht und Ausdauer. Atemtechniken kommen heute noch in den Religionen des Nahen Ostens vor und sind wesentlicher Bestandteil des Yoga und einer speziellen chinesischen Gymnastikform zur Erhaltung der Jugendlichkeit. Diese erreichten einen so hohen Entwicklungsstand, daß sie etwa 500 v.Chr. in China als ein System von Übungen schriftlich niedergelegt wurden. Sie waren möglicherweise die Vorläufer des *T'ai-Chi-Ch'uan.*

Geheimtraditionen

Das Studium der Geschichte der Kampfkünste kann kaum mehr sein als Spekulation, die auf spärliche Fakten angewiesen ist. Die alten Meister gaben ihr Wissen nur ungern preis. Die Einweihung in die Techniken und die Weisheit, die sie in langen Jahren des Studiums erworben hatten, war ein Privileg, das nur einer kleinen Gruppe Auserwählter gewährt wurde. Es gibt viele Geschichten über junge Männer, die jahrelang warteten, bis ihnen die Ehre einer Zulassung zu einer Schule zuteil wurde. Wenn sie einmal in den Kreis der Auserwählten aufgenommen waren, mußten sie sich verpflichten, das Wissen, das sie während ihrer Ausbildung erlangten, nicht an Außenstehende weiterzugeben.

In vielen Schulen wurde nur im geheimen geübt, und in vielen Fällen wurde die Existenz der Schulen überhaupt vor den Behörden geheimgehalten. Die Kampftraditionen wurden kaum jemals schriftlich festgehalten, sondern mündlich und nur an diejenigen weitergegeben, die zum Kreis der Eingeweihten gehörten. T'ai-Chi-Ch'uan zum Beispiel beruht auf einer theoretischen Basis, die sicher 2000 Jahre alt ist; schriftliche Zeugnisse darüber gibt es jedoch erst seit 1750. Diese Tradition der Geheimhaltung macht die Forschungen über die Entwicklung der Kampfkünste so ungemein schwierig.

Dieser Hang zur Geheimhaltung findet sich auch heute noch im Denken und Handeln einiger Meister aus unserer Zeit. Die Techniken sind in geheimen Schriftrollen enthalten, die abgeschrieben und vom Lehrer an den Schüler weitergegeben werden. Ein Lehrer, der sich entschlossen hat, einen Teil seiner Kunst mitzuteilen, behält oft einen Kern höheren Wissens für sich, das er nur einem einzigen auserwählten Nachfolger weitergibt. Wenn kein geeigneter Kandidat vorhanden ist, geht die Technik verloren, sofern sie nicht einer der Nachfolger wieder neu entdeckt.

II MYTHOS UND GESCHICHTE: DIE WURZELN DER KAMPFKÜNSTE

Als die Urform der Kampfkünste den Fernen Osten erreicht hatte, faßte sie dort Fuß und entwickelte sich allmählich in eine Reihe eigenständiger Richtungen. Leider sind wir für unsere Aussagen über die frühe Entwicklung und Ausbreitung der Kampfkünste auf wenig mehr als Mythen, mündliche Überlieferungen und Spekulationen angewiesen. Aus bruchstückhaften Informationen, die auf frühe literarische und künstlerische Traditionen Chinas und Indiens zurückgehen, läßt sich jedoch schließen, daß die Grundlagen der Kampfkünste in diesen Zivilisationen irgendwann zwischen dem 5. Jh. v. Chr., als in China die Massenfertigung von Schwertern begann, und dem 3. Jh. n. Chr. gelegt wurden, als die Übungen, auf denen die Kampfkünste beruhen, erstmals schriftlich niedergelegt wurden.

Wem diese Datierung allzu vage erscheint, der möge sich vor Augen halten, wie schwierig es ist, Schlüsselereignisse in der Geschichte anderer Errungenschaften der Kultur zeitlich genau zu fixieren, z.B. in der Kochkunst, der Weinbereitung, der Käseherstellung oder der Viehzucht. Die Ursprünge solcher Errungenschaften lassen sich selten genau festlegen; hin und wieder findet man aber doch ein Dokument oder einen Gegenstand, aus dem hervorgeht, daß man zu einem bestimmten Zeitpunkt zu einer anderen Technik übergegangen ist.

Aus der Frühgeschichte der Kampfkünste gibt es nun sehr wenige solcher Dokumente oder Gegenstände. Viele Anhänger einer Kampfkunst glauben indes, daß ihre Kunst zu Beginn des 6. Jhs. n. Chr. in China ihren Anfang nahm.

Sie stützen sich dabei auf eine Legende, nach der eines Tages am Shaolin-Tempel und -Kloster Songshan am Fuße der Songshan-Berge im Königreich Wei in China ein indischer Mönch namens Bodhidharma anlangte. Er lehrte eine neue, direktere Art des Buddhismus, die lange Zeiträume statischer Meditation beinhaltete. Es heißt, daß er neun Jahre lang in einer Höhle saß und eine Wand betrachtete, und daß er auch die anderen Mönche in dieser Weise unterrichtete. Um diese langen Stunden der Meditation durchstehen zu können, lehrte er sie Atemtechniken und Übungen, mit denen sie einerseits ihre Ausdauer stärkten und andererseits die Fähigkeit erlangten, sich in den abgelegenen Gebirgsgegenden, in denen sie lebten, selbst zu verteidigen.

Man nimmt an, daß aus seinen Lehren die Dhyana oder meditative Schule des Buddhismus hervorging, die bei den Chinesen *Ch'an* und bei den Japanern *Zen* heißt. Die als *Shaolin-Ch'uan-Fa* oder Shaolin-Tempelboxen bezeichnete Kampfkunst soll auf seine Übungen zurückgehen. Man glaubt, daß vielen chinesischen und japanischen Kampfkünsten diese Tradition zugrunde liegt.

Es bestehen erhebliche Zweifel hinsichtlich des Wahrheitsgehalts dieser Legende; wenn sie jedoch einen historischen Kern hat, ergeben sich hieraus einige interessante Schlußfolgerungen. Die Legende weist z.B. darauf hin, daß China und Indien aufgrund eines beiderseitigen buddhistischen Interesses um das 6. Jh. n. Chr. miteinander in Kontakt gestanden haben müssen, eine Tatsache, die durch die Arbeiten eines der bekanntesten Sinologen unseres Jahrhunderts, Dr. Joseph Needham, bestätigt wird. Es ergibt sich aus der Legende, daß Meditation und Kampfübungen schon sehr früh komplementäre Aspekte des Buddhismus waren, die eine passive und statische und eine aktive und dynamische Seite repräsentierten.

Nach der Legende soll Bodhidharma, nachdem er das Kloster Songshan Shaolin erreicht hatte, neun Jahre lang an eine Wand gestarrt und »dem Kreischen der Ameisen gelauscht« haben. Dies beeindruckte einen der Mönche so sehr, daß er sich zum Zeichen der Sympathie eine Hand abschlug. Diese Szene ist in dieser Schriftrolle dargestellt, die im 13. Jahrhundert während der Sung-Dynastie entstand.

四明天童第一座雪舟行年七十七歳謹画之

Ein sorgfältiges Studium der historischen Quellen zeigt indes, daß die Kampfkünste schon lange vor der Reise des Bodhidharma sowohl in Indien als auch in China in hoher Blüte standen.

Die Kampftraditionen des Fernen Ostens

Welchen Stand hatte das Militärwesen in China und Indien zwischen 500 v. Chr. und dem 3. Jh. n. Chr.? Gab es geeignete Bedingungen für die Entwicklung jener sehr spezifischen Kampfform, die sich später als Vorstufe der heutigen Kampfkünste identifizieren ließ?

Beweise hierfür wurden mit dieser speziellen theoretischen Fragestellung bisher weder gesucht noch vorgelegt. Die alten militärischen Systeme Chinas und Indiens sind jedoch recht gut dokumentiert, und man verfügt über genügend Informationen, um das Militärwesen jener Zeit in diesen Teilen der Welt darstellen zu können. Da Krieg und Kampfkünste dem gleichen Grundmuster menschlichen Verhaltens entsprechen, erscheint es nützlich, einen kurzen Blick auf die Entwicklung der Kampftraditionen der alten östlichen Kulturen zu werfen.

Bis zum 5. Jh. v. Chr. gab es noch keine chinesische Nation. Das Gebiet, auf dem heute die Volksrepublik China liegt, war in eine Vielzahl kleinerer, unabhängiger Staaten mit im wesentlichen feudaler Gesellschaftsstruktur zersplittert. Die Kriege waren auf kleine Räume beschränkt, und die von lokalen Kriegsherren angeführten Bauernarmeen waren meist klein. Die Kriegsherren wurden in Streitwagen auf das Schlachtfeld gefahren, wo sie Pfeile auf die schlecht bewaffnete Bauerninfanterie abschossen, die ihre Gegner rekrutiert hatten. Gelegentlich entschieden sie ihren Streit auch im Zweikampf im Angesicht ihrer Truppen, eine Art der Kriegführung, die im Grunde bereits eine Kampfkunst ist. Die Kriegführung unterlag strengen Ritualen. Kriege waren z. B. zu bestimmten Zeiten und bei Eintreten bestimmter Umstände verboten, unter anderem nach dem Tod eines Führers. Die Truppen lagen manchmal tagelang untätig, während Omen und Orakel befragt wurden, um den günstigsten Zeitpunkt zum Angriff festzulegen.

Im Laufe der Zeit wurden die kleineren Staaten von den größeren aufgesogen, und mit zunehmender Wohlfahrt entstanden in China Städte mit bis zu 750000 Einwohnern. Bis zum Ende des 5. Jhs. v. Chr. hatte sich der Handel zwischen diesen Bevölkerungszentren sehr stark entwickelt. Zu den Handelswaren gehörten u. a. die hochwertigen Werkzeuge und Waffen, die von Hüttenmeistern in großem Umfang hergestellt wurden. Es wurde ein niedriglegierter Stahl entwickelt, so daß die ersten Herrscher der »Zeit der streitenden Reiche« (480–221 v. Chr.) ihre Truppen mit Waffen ausrüsten konnten, die in Erzgießereien hergestellt und in Arsenalen gelagert wurden.

Durch eine Vergrößerung der alten Staatsbürokratie konnten diese Heere ausgerüstet, ernährt und ausgebildet werden. Die Kunst der Kriegführung, die früher den aristokratischen Kriegsherren vorbehalten war, wurde jetzt eine Domäne professionell ausgebildeter und ausgerüsteter Offiziere und Mannschaften.

DIE WEGE NACH OSTEN

Bis zum 2. Jahrhundert n. Chr. entwickelte sich die chinesische Kultur in völliger Abgeschlossenheit vom Westen. Es gab zwar schon seit etwa 2500 v. Chr. Handelsbeziehungen zwischen Indien und Mesopotamien, jedoch dürfte erst im 6. Jh. v. Chr. zwischen Indien und China ein kommerzieller Austausch stattgefunden haben. Schon Jahrhunderte, bevor die ersten Handelswege nach Indien erschlossen wurden, wurde in China Seide gesponnen und zu Textilien verarbeitet. Anläufe zu einem Export gab es jedoch erst nach Ende der chinesischen Feudalzeit, als die Han-Dynastie (206 v. Chr.–24 n. Chr.) ihren kultivierenden Einfluß im ganzen Land geltend gemacht hatte. Kaiser Han Wu Ti (140–187 v. Chr.) schickte die ersten chinesischen Botschafter nach Westen, denen bald Kaufleute und Händler mit Ballen feiner, glatter Seide folgten, einem Stoff, der außerhalb Chinas unbekannt war.

Die Inder verkauften die Seide an die Perser, die sie wiederum mit Händlern tauschten, die nach Syrien reisten. Um die Jahrhundertwende brachen dann regelmäßig große Handelskarawanen von Ch'ang-an (dem heutigen Siam) zu einer über 9000 km langen Reise auf, die sie über Kashgar und Merv und die großen Karawanenstädte Hamadan, Damghan und Bagdad bis nach Tyrus, Antiochia und Palmyra an die Grenzen des römischen Reichs führte.

Ab dem 6. Jh. n. Chr. begannen jedoch die Seidenstraßen an Bedeutung zu verlieren. Zwei christlichen Mönchen gelang es, die Eier des Maulbeerspinners nach Konstantinopel zu schmuggeln, was den Beginn der Seidenherstellung im Westen markierte.

Es gab jedoch noch eine andere Art von Austausch entlang dieser alten Routen. Mönche bereisten die Seidenstraßen in beiden Richtungen und betätigten sich als die Diplomaten, die ausländische »Botschaften« in Form von Tempeln und Klöstern errichteten . Diese entwickelten sich zu Schwerpunkten für die Übertragung kultureller Einflüsse.

Einer dieser Mönche war Bodhidharma, der nach der Überlieferung per Schiff in Etappen von Madras nach Nanking reiste. Von hier aus durchquerte er China und erreichte schließlich den Shaolintempel in den Songshan-Bergen Zentralchinas. Dort begründete er die Dhyana-(Ch'an- oder Zen-)Richtung des Buddhismus und lehrte die Übungen, auf die die modernen Kampfkünste zurückgehen sollen.

Die kriegerischen Auseinandersetzungen wurden dadurch sehr viel verheerender und in ihren Folgen weitreichender und einschneidender. Armeen mit mehreren hunderttausend Mann einschließlich der Hilfstruppen zogen zu Felde. Mit den Berufsheeren entstand eine neue Generation von Spezialisten: Fachleute für Technik, Kartographie, Signalwesen, amphibische Operationen usw. Der berühmteste von ihnen war Sun Tzu, ein brillanter Taktiker und Stratege, dessen Buch »Die Kunst des Krieges« (etwa 350 v. Chr.) auch heute noch Pflichtlektüre für alle aufstrebenden Militärs ist. Auch Mao Tse-Tung soll von Sun Tzu's Gedanken über die Kriegführung beeinflußt gewesen sein.

Um 300 v. Chr. hatte also die militärische Kriegskunst das Stadium der Kampfkünste, wie sie von den regionalen Kriegsherren praktiziert worden war, überwunden. Dennoch ist es denkbar, daß bestimmte Gegebenheiten in anderen, nichtmilitärischen Bereichen des chinesischen Lebens die Weiterentwicklung der Kampfkünste begünstigt haben.

Während der Zeit der Streitenden Reiche und danach wimmelte es auf dem chinesischen Land von Räubern und Banditen. Dennoch gab es einen lebhaften Handel zwischen diesen Reichen, der große Gewinne abwarf. Man kann annehmen, daß die Kaufleute Leibwachen beschäftigten, um sich und ihre Ware vor Wegelagerern zu schützen.

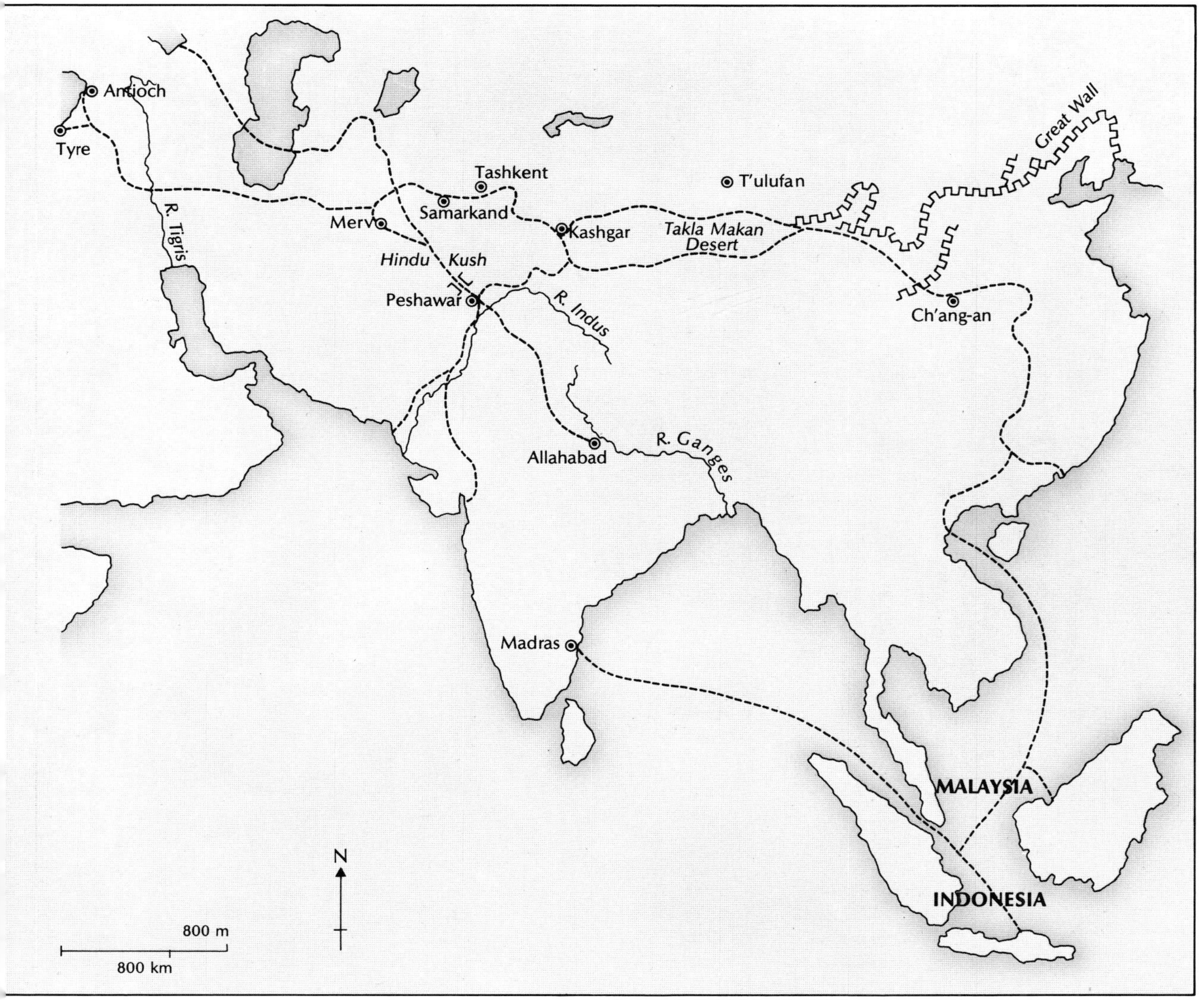

Diese Skulptur auf den Wänden eines der Tempel von Kanchipuram (7. Jahrhundert) zeigt den Gelehrten/Pilger Hsuan-Tsang, der hier um 640 n. Chr. weilte. Man nannte ihn Tripitaka, und die Legenden, die Wu Ch'engen im sechsten Jahrhundert niederschrieb, gehen auf seine Reisen zurück.

Für die Beschäftigung als Leibwächter, bei der Nahkämpfe mit kleinen Gruppen zu erwarten waren, brachten Leute, die eine Kampfkunst beherrschten, ideale Voraussetzungen mit. Als Begleiter von Handelskarawanen, die in ferne Landesteile zogen, waren die Leibwächter den härtesten Strapazen langer Reisen unter schwierigsten Marschbedingungen ausgesetzt, und sie konnten das Wissen und die Techniken anderer Leibwächter kennenlernen. Dies könnten die Rahmenbedingungen gewesen sein, unter denen sich die Kampfkünste im Fernen Osten entwikkelten.

Für die Entstehung einer Kampfkunst ist jedoch mehr erforderlich als die Beherrschung bestimmter Fertigkeiten und die Fähigkeit, Strapazen zu ertragen. Es gibt auch eine geistige Seite der Kampfkünste, die bestimmte Wertkategorien und eine bestimmte Weltanschauung beinhaltet.

Die beiden großen Philosophen Chinas lebten in der zweiten Hälfte des ersten Jahrtausends vor Christus. Konfuzius hatte seine Theorie über den Menschen und den Weg der menschlichen Gesellschaft um 500 v. Chr. aufgestellt. Laotse dürfte seine mystische Anschauung des Menschen und des Tao, des Laufs der Natur, um 300 v. Chr. gelehrt haben. Der Taoismus ist für die Geschichte der chinesischen Kampfkünste von besonderer Bedeutung, trotz der Tatsache, daß taoistische Kampfkünste erst vor relativ kurzer Zeit außerhalb der Grenzen des chinesischen Teils Asiens Verbreitung gefunden haben.

In ähnlicher Weise hat die Philosophie des Buddhismus, die von dem im nordöstlichen Indien um 560 v. Chr. geborenen Prinzen Gautama Siddhartha Buddha begründet wurde, die Kampfsysteme aller Länder stark beeinflußt, in denen diese beiden aufeinandertrafen, ob dies nun in China, in Japan, Indien oder Südostasien geschah.

So entstanden also in der zweiten Hälfte des ersten Jahrtausends vor Christus die Philosophien, auf denen die Kampfkünste beruhen. Es trifft zwar zu, daß sich einige Künste erst sehr viel später entwickelt haben; dennoch wurden die Grundlagen für ihre Entwicklung damals geschaffen, als diese Lehren erstmals verkündet wurden.

Indien war zu allen Zeiten das Land der Krieger. Das Indien, in dem Buddha geboren wurde, bestand aus einer großen Zahl kleiner Königreiche. In manchen Teilen des Landes führten politische Spannungen zu ständigen Fehden und Überfällen zwischen den Königreichen. Zu Zeiten waren jedoch auch große Teile Indiens unter einem Herrscher vereint, z.B. unter dem großen Kaiser Aschoka (268–231 v.Chr.) aus der Maurja-Dynastie. Aschoka, dessen Reich etwa zwei Drittel des indischen Subkontinents umfaßte, führte zu Beginn seiner Herrschaft blutige Kriege, lehnte jedoch nach seiner Bekehrung zum Buddhismus den Krieg als Mittel der Politik ab.

Während der ganzen zweiten Hälfte des ersten Jahrtausends vor Christus wurde insbesondere Südindien von aufeinanderfolgenden Dynastien von Königen mit unterschiedlichen religiösen Überzeugungen beherrscht. Die Kriege, die diese Könige führten, waren jedoch in der Regel begrenzter, ritualisierter und weniger verheerend als diejenigen, die zu dieser Zeit in China stattfanden.

Weiterhin scheint die militärische Spezialisierung in Indien nicht den hohen Grad erreicht zu haben wie in China. Man kann annehmen, daß die Kampfkünste in Indien Teil der Erziehung eines gebildeten Menschen waren, vor allem, wenn er einer aristokratischen Kriegerkaste entstammte. Die klassischen indischen Bildungsideale sollen angeblich auf Agastiya zurückgehen, den mythischen Begründer der indischen Künste und Wissenschaften. Zu den Fertigkeiten, die er empfahl, gehörten auch der bewaffnete und unbewaffnete Kampf. In Indien gelang es dem Buddhismus nie, den traditionellen Hinduismus als erste Religion zu verdrängen, obwohl er sich dort über 1500 Jahre halten konnte. Als jedoch die Lehre Buddhas China erreichte, schlug sie dort sofort Höflinge, Gelehrte und Aristokraten in ihren Bann.

Pilger, ein chinesisches Gemälde von Ting yun-Peng (1580–1621) aus dem frühen 17. Jahrhundert, zeigt einen chinesischen Mönch, Ts'ai-Yin, der im Jahre 65 n.Chr. auf Befehl seines Kaisers aufbrach, um die buddhistischen Schriften aus Indien zurückzubringen. Zwei Jahre später kehrte er auf einem weißen Pferd, von zwei Mönchen begleitet, mit den Schriften zurück. Die vier kleinen Gestalten unten auf dem Gemälde erinnern an die Schutzgeister Monkey, Sandy und Pigsy, die Tripitaka in der Legende »Monkeys Pilgerfahrt« von Wu Ch'engen begleiteten.

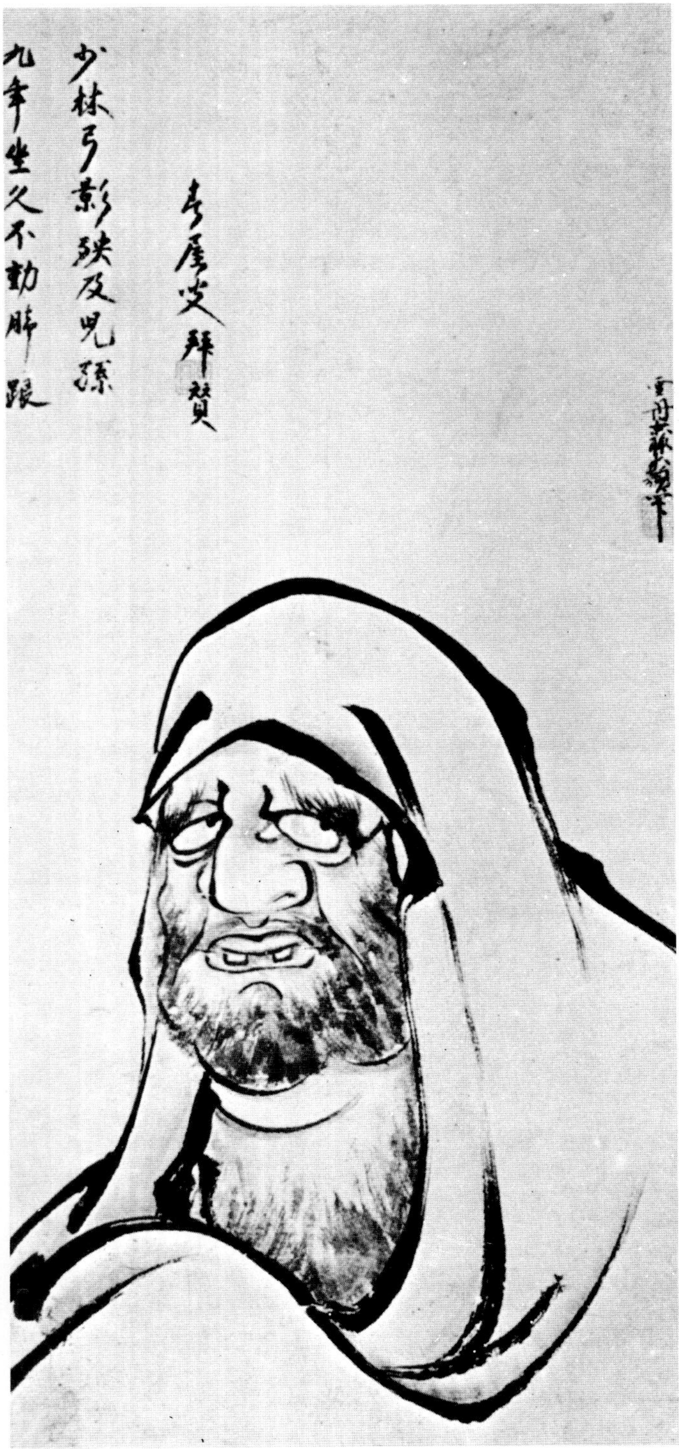

DAS RÄTSEL BODHIDHARMA

Es spricht einiges dafür, daß im Jahre 520 n. Chr. ein indischer Mönch, der in Kanchipuram bei Madras geboren sein soll, in die Stadt Kuang (heute Canton) reiste, wo ihm eine Audienz bei Wu-Ti, dem Kaiser der Liang-Dynastie, gewährt wurde. Von dort reiste er in ein Kloster des Königreichs Wei, wo er lange Stunden mit Meditation zubrachte.

Wenn die Legende über Bodhidharma wahr ist und er das Kloster Songshan Shaolin besuchte, ist er für die Geschichte der Kampfkünste von doppelter Bedeutung, denn er begründete nicht nur das Shaolin-Boxen, sondern er ist auch der erste Patriarch des Ch'an- oder Zen-Buddhismus. Als solcher ist er der Schutzpatron der meisten japanischen Kampfsportler, die ihn Dharuma nennen und seinem Porträt in ihren Dojos oder Trainingshallen einen Ehrenplatz geben. Auf diesen Porträts ist Bodhidharma stets häßlich dargestellt. Er hat stechende blaue Augen, wildes schwarzes Lokkenhaar und einen Bart.

Der Begründer des Shaolin-Boxens und des Ch'an- oder Zen-Buddhismus ist eine geheimnisvolle Person. Über viele seiner zeitgenössischen Mönchsbrüder wurden Biographien geschrieben; nur er, der wichtigste von allen, jedenfalls in den Augen der Anhänger seiner Lehren, wurde übergangen. Den einzigen Augenzeugenbericht über ihn finden wir in einem Text von Yang Hsuan-Chih, einem chinesischen Bürger von Loyang, dem heutigen Honan. Dieser Text wurde im Jahre 547 n. Chr. abgeschlossen und trägt den Titel Loyang chia-lan-chi (Bericht über die Klöster in Loyang). Der Autor beschreibt, wie er eines Tages mit dem Präfekten der Stadt Loyang zu dem großen Yung-Ning-Tempel hinaufstieg und dort Bodhidharma begegnete. »... zu dieser Zeit weilte dort auch der Sramana der westlichen Länder, Bodhidharma, der eigentlich ein Hon des Königreichs Posseur (Persien) war. Vor dem wunderbaren Tempel sagte er, daß er 150 Jahre alt sei, daß er viele verschiedene Königreiche kreuz und quer bereist habe, und daß keiner der Tempel, die er sah, diesem an Schönheit gliche.«

Dieses typische Porträt eines grimmig dreinblickenden Bodhidharma, das im Sangen-in-Tempel in Kyoto hängt, entstand während der Momoyama-Periode im 16. Jahrhundert und stammt von Ukkoku-Togan (1565–1608).

Der Zeitpunkt dieser Begegnung läßt sich feststellen. Der Tempel wurde im Jahre 516 gebaut. 535 brannte er ab, und ab 528 waren dort Truppen einquartiert, so daß die Begegnung nur zwischen 516 und 528 stattgefunden haben kann. Man nimmt natürlich erfreut zur Kenntnis, daß es einen Bericht gibt, der die Existenz Bodhidharmas beweisen könnte. Doch Vorsicht ist geboten. Die chinesischen Texte wurden viele Male abgeschrieben, und beim Kopieren schlichen sich häufig Fehler ein. Außerdem sind Fehler zu berücksichtigen, die durch ihre Übersetzung in andere Sprachen entstanden. Bei obigem handelt es sich um die deutsche Fassung einer Übersetzung aus dem Chinesischen ins Englische durch den berühmten Orientalisten Paul Pelliot, weshalb gleich zweifach die Möglichkeit von Irrtümern gegeben ist. Doch selbst wenn die Übersetzung korrekt war – was besagt sie? In welcher Sprache unterhielt sich Bodhidharma mit dem Autor? Sprach er fließend chinesisch? Wollte er wirklich sagen, daß er 150 Jahre alt war? Wenn ja, meinte er dies oder sprach er in Rätseln, wie es die Ch'an- und Zen-Mönche taten?

Bedeutet der Satz »eigentlich ein Hon von Posseur«, daß er so aussah, oder daß er einer war? Pelliot glaubt, daß »der Hon mit den blau-grünen Augen« gemeint ist. Die Person, die er beschrieb, konnte Inder gewesen sein, auch wenn er von heller Hautfarbe war. Im Nordwesten Indiens gab es viele hellhäutige, blauäugige Menschen.

Nach diesem Bericht, der uns wegen seiner Knappheit letztlich doch enttäuscht, wird Bodhidharma fast 500 Jahre lang praktisch in keinem Text mehr erwähnt. Nicht einmal Hsüan-Tsang, der chinesische Gelehrte/Pilger aus dem 7. Jahrhundert, der 100 Jahre später sowohl den Shaolin-Tempel als auch Kanchipuram besuchte, erwähnt Bodhidharma. Dann erscheinen um das 11. Jahrhundert plötzlich Bücher mit ausführlichen, komplexen Berichten über seine Zeit in China und seine Lehre über die Kampfkünste. Diese Lücke von vier Jahrhunderten scheint unerklärlich. Es gibt jedoch einen Gesichtspunkt, der den Tatsachen gerecht wird und eine Erklärung liefert.

Als die Lehre des Ch'an- oder Zen-Buddhismus aufkam, war sie radikal und möglicherweise auch häretisch. Die chinesischen Gelehrten dieser Zeit lebten für das Studium der Schriften, und ihre religiösen Praktiken bestanden aus einer Vielzahl reicher Riten, die in Tempeln ausgeführt wurden.

Bei der Ch'an-Sekte jedoch waren die religiösen Praktiken einfach; es gab keine Schriften, und nicht einmal der Buddha wurde gebraucht. Die Lehre des Ch'an-Buddhismus besagt: »Du findest den Buddha, wenn Du direkt in Dein innerstes Wesen blickst.« Im Ch'an-Buddhismus, einer Religion, in der die plötzliche innere Erleuchtung gesucht wird, gibt es keinen Gegenstand der Verehrung.

Die Stunde des Ch'an schlug schließlich, als im Jahre 845 in China die Verfolgung anderer buddhistischer Sekten begann. Dieses Pogrom richtete sich gegen den Reichtum und die Macht der Klöster; da sich die Existenz des Ch'an nicht auf die Ansammlung von Reichtümern und materiellen Gütern gründete, entging die Ch'an-Sekte der Verfolgung.

Als nun diese Sekte, die nicht länger als ketzerisch galt, überlebte, sich etablierte und ausbreitete, muß sich bei den Mönchen, wie bei allen religiösen Menschen, der Wunsch geregt haben, das Leben ihres großen Gründers nachzuzeichnen und seine Lehre zu verbreiten.

Die Bücher, in denen Bodhidharmas Lehre dargelegt ist, wurden alle erst lange nach seinem Tode geschrieben; die Bücher der Übungen wohl erst nach 1000 Jahren. Jedes Quentchen seiner Lehre über die Kampfkünste, das in ihnen enthalten sein mag, muß durch die jahrhundertelange mündliche Überlieferung so sehr verändert und entstellt worden sein, daß es heute kaum mehr erkennbar sein dürfte.

Da alle Aufzeichnungen des Shaolin-Tempels im Jahre 1928 verbrannten, ist es unwahrscheinlich, daß noch weitere Dokumente auftauchen, die beweisen könnten, daß Bodhidharma zu Recht der Vater des Ch'an oder Zen und der Kampfkünste genannt wird. Dennoch lebt seine Lehre durch die Anhänger der Künste fort, die er gegründet haben soll.

Ein Meister der chinesischen inneren Künste erläuterte uns schließlich die Bedeutung von Bodhidharmas Lehre. Er erklärte uns, daß es Bodhidharma war, der den Begriff des Wu-Te nach China brachte. Hiermit meinte er die Eigenschaften der Disziplin, Beherrschung, Bescheidenheit, Achtung vor dem menschlichen Leben. In seinen Worten:

»Vor der Ankunft von Ta-Mo übten die chinesischen Kampfkünstler hauptsächlich, um zu kämpfen, und es machte ihnen Spaß, Schwächere zu tyrannisieren. Ta-Mo brachte Wu-Te und lehrte, daß der Sinn der Kampfkünste nicht die Förderung des Kampfes, sondern der geistigen Entwicklung und Gesundheit ist.«

Historische Berichte

Die militärischen Systeme Chinas und Indiens waren völlig verschieden, und doch gibt es eine enge Verwandtschaft zwischen den Kampfkünsten der beiden Länder. Es gibt nicht nur ähnliche Bewegungsmuster, z.B. im Kalarippayat, wie sie ein Bauer in Südindien ausübt, und dem Kung-Fu eines Kellners in Hongkong, sondern auch die Geheimtechniken werden ganz ähnlich eingesetzt. Wer die Bodhidharma-Legende als wahr akzeptiert, wird sich hierüber nicht wundern; schriftliche Quellen gibt es allerdings keine, die die Ursprünge dieser Ähnlichkeiten erhellen könnten.

In letzter Zeit wurde eine Vielfalt alter chinesischer Schriften auf Hinweise untersucht, die die Existenz der Kampfkünste in China vor der Ankunft Bodhidharmas im 6. Jh. v. Chr. beweisen könnten. Der bisher am häufigsten veröffentlichte Fund betrifft eine Reihe von Übungen, die ein berühmter Arzt, Hua-Tuo, aufgezeichnet hat. Er ging hierfür von den Bewegungen von fünf Tieren aus: Tiger, Bär, Affe, Storch und Hirsch. Diese Beziehung zwischen Tieren und Bewegung ist ein wesentliches Merkmal der chinesischen Kampfkünste in der heute praktizierten Form; wesentlicher ist jedoch, daß Hua Tuo zur Zeit der drei Reiche (220–265 v. Chr.) lebte, d.h. also lange vor der Ankunft Bodhidharmas in China.

In dem vor kurzem veröffentlichten Buch »Shaolin Kung Fu« zweier chinesischer Gelehrter behaupten die Autoren Ying-Zi und Weng-Yi, daß ein Fresko in einem Grabmal aus der Han-Dynastie, etwa 200 n. Chr., zwei Männer in einer für die Kampfkünste typischen Stellung zeigt. Wenn das »Sumo« genannte Fresko, das mit der gleichnamigen japanischen Form des Ringkampfs augenscheinlich keine Ähnlichkeit hat, authentisch ist, ist es die

Dieses Detail aus einem Steinrelief in einem berühmten Hindu-Tempel von Kanchipuram stammt etwa aus dem Jahre 630 n. Chr. Es zeigt ein Wesen mit einem Tierkopf und menschlichem Körper, das mit der leeren Hand einen Gegner entwaffnet, der ihn mit einem Schwert angreift. Es ist die früheste indische Darstellung einer Kampfkunsttechnik, die man bisher kennt.

älteste Darstellung der Kampfkünste; nach der Abbildung zu urteilen, scheint es jedoch übermalt worden zu sein.

Zu der Zeit, zu der dieses Bild entstanden sein soll, wurden alte Lehren in der südindischen Sprache Tamil niedergeschrieben. Diese Schriften enthielten Sastras, altindische Texte, in denen ausführlich Schläge gegen Atemi-Punkte (Körperstellen, an denen ein präziser Treffer zum K.o. oder sogar zum Tode führen kann) sowie der Einsatz von Waffen im Kampf beschrieben wurden. Die Inder behaupten, daß diese Texte Teil einer sehr viel älteren mündlichen Überlieferung sind, jedoch gibt es hierfür keine handfesten Beweise.

Kulturaustausch

Die bekannten schriftlichen Quellen lassen keine Entscheidung darüber zu, ob nun die Kampfkünste Indiens oder diejenigen Chinas die älteren sind. Wenn es jedoch eine Verwandtschaft zwischen den Künsten der beiden Länder gibt, muß in der Vergangenheit ein Austausch zwischen Menschen stattgefunden haben, die solche Fertigkeiten gebrauchen konnten, wie sie in den Kampfkünsten gelehrt wurden. Jahrhundertelang reisten hauptsächlich zwei Gruppen von Menschen zwischen Indien und China hin und her, nämlich auf der einen Seite die Mönche, Gelehrten und Diplomaten und auf der anderen die Kaufleute. Die Routen waren durch den Handel entstanden, und die Kaufleute, die solche weiten Reisen unternahmen, konnten sicher auf den Schutz von Leibwächtern nicht verzichten, die sie auch zu allen Zeiten auf ihren Handelsreisen über die großen Entfernungen des chinesischen Reichs gebraucht hatten.

Die Arbeit als Leibwächter könnte ein Training in der Art des Kampfs von Mann zu Mann vermittelt haben, wie es in den Kampfkünsten praktiziert wird. Als Begleiter von Handelskarawanen wären die Leibwächter auch dem Einfluß der verschiedenen Kampfstile ausgesetzt gewesen, die von den verschiedenen Völkerschaften praktiziert wurden, denen sie unterwegs begegneten. In dieser Weise könnten sich die Kampfkünste über die Grenzen Indiens hinaus verbreitet haben.

Die Reise von Indien nach China war immer eine gewaltige Strapaze. Eine Route führte durch Afghanistan und weiter südlich oder nördlich um die große Takla-Makan-Wüste herum, die sich nördlich von Tibet und westlich von China erstreckt. Gegen Ende des 2. Jhs. v. Chr. führte der größte Teil dieser Route an den alten Seidenstraßen entlang, über die chinesische Seide an die Grenzen des römischen Reiches in Syrien gelangte. Es gehört eine große Entschlußkraft dazu, diese Straßen zu bereisen. Peter Fleming, der große englische Reiseschriftsteller der dreißiger Jahre, ein Bruder von Ian Fleming (Autor der James-Bond-Bücher), mußte auf seiner Reise entlang der alten Seidenstraßen mit rauhem Klima, Bürokratie und Kriegsherren fertig werden, ganz wie die Reisenden, die zweitausend Jahre vor ihm die Verbindung zum Westen herstellten.

Kaufleute waren die ersten, die in der Mitte des 6. Jhs. v. Chr. vor der Geburt Buddhas diese Straßen benutzten; als der Buddhismus an Bedeutung gewann, schlossen sich ihnen Mönche aus Indien an. So kam es, daß um 65 n. Chr. in China die erste buddhistische Gemeinde entstand.

Dieses Ereignis markiert den Beginn einer Durchdringung des chinesischen Brauchtums und Denkens mit der Kultur und der Philosophie der Inder. Der Buddhismus wurde in China allmählich zu einer bedeutenden Kraft, und dies hatte heftige Machtkämpfe zwischen Taoisten und den Anhängern der neuen Religion zur Folge.

Indessen begegneten den indischen Mönchen, die nach China reisten, um dort die Lehre Buddhas zu verbreiten, auf dem Wege immer mehr chinesische Mönche, die ihrerseits nach Indien unterwegs waren. Es waren Pilger, die die heiligen Stätten besuchen wollten, an denen der Buddha geweilt hatte. Sie suchten die Sutras und Sastras der Lehre Buddhas, die in der überlieferten Weise auf Palmblättern aufgezeichnet waren.

Der berühmteste dieser gelehrten Pilger war Hsuan-Tsang (etwa 600–664 n. Chr.), der zwischen 629 und 645 kreuz und quer durch Indien reiste. Man nannte ihn dort Tripitaka, und in dieser Gestalt wurde er später als der Priester des Buches »Monkeys Pilgerfahrt« unsterblich, eines Romans, der im 16. Jahrhundert von dem chinesischen Schriftsteller Wu Cheng-En niedergeschrieben wurde.

Tripitaka reiste nach Indien, um dort die heiligen Texte zu finden; begleitet wurde er von Monkey und drei anderen Schutzgeistern, die sämtlich über umfangreiche Erfahrung in den Kampfkünsten verfügten. Die Legenden, die nach dem 7. Jahrhundert entstanden, in dem Hsuan-Tsang lebte, enthalten eine Fülle von Berichten über die heldenhaften Kämpfe, die diese mit den Dämonen und Ungeheuern zu bestehen hatten, die ihnen am Wege auflauerten. Auf seinen Reisen nach Südindien besuchte Hsuan-Tsang auch Kanchipuram, einen möglichen Geburtsort Bodhidharmas, wo er die Freundschaft des Königs gewann. In einem

Tempel, der dort kurz nach seinem Besuch entstand, wurde sein Antlitz eigemeißelt und kann dort heute noch besichtigt werden. Die Gefahren der Reisen waren jedoch durchaus real. Er wurde von Räubern gefangengenommen und entkam, weil er beim Gebet um Hilfe in Trance fiel, und sich daraufhin plötzlich ein Wind erhob, der die Räuber in Schrecken versetzte. Ein anderer Mönch, I-Tsing, beschrieb seine eigene Rettung in seinem Buch »Die buddhistische Religion, wie sie in Indien und auf dem Malayischen Archipel ausgeübt wird«, das zwischen 671 und 695 entstand:

»Nach zehn Tagesreisen kamen wir an einem großen Berg und Sümpfen vorbei; der Paß ist gefährlich und schwierig zu überwinden... Zu diesem Zeitpunkt befiel mich, I-Tsing, eine durch die Jahreszeit bedingte Krankheit; mein Körper war ermattet und ohne Kraft. Ich versuchte der Gesellschaft der Kaufleute zu folgen; kraftlos und leidend wie ich war, konnte ich sie jedoch nicht erreichen. Obwohl ich alle meine Kräfte zusammennahm, um voranzukommen, mußte ich doch hundertmal anhalten, um eine Strecke von fünf chinesischen Meilen zurückzulegen... Ich blieb alleine zurück und ging alleine ohne einen Gefährten in dieser Gegend. Gegen Sonnenuntergang tauchten Räuber aus den Bergen auf; mit gezücktem Bogen und lautem Gebrüll stürzten sie sich auf mich und starrten mir ins Gesicht, und einer nach dem anderen beschimpfte mich. Zuerst nahmen sie mir mein Überkleid und dann meine Leibwäsche. Nicht einmal die Riemen und Gürtel, die ich an mir trug, ließen sie mir... Im Land des Westens (Indien) ging das Gerücht, daß sie Weise, die sie ergriffen hatten, töteten und den Göttern opferten... Ich begab mich daraufhin in ein Schlammloch und bestrich meinen ganzen Körper mit Schlamm. Ich bedeckte mich mit Laub und ging, auf einen Stock gestützt, langsam weiter.« Er erreichte seine Freunde erst tief in der Nacht.

Solche Berichte zeigen zum einen, daß nicht alle Mönche ausgebildete Kämpfer waren; zum anderen müssen solche Erlebnisse den reisenden Mönchen nachdrücklich die Notwendigkeit vor Augen geführt haben, die Kunst der Selbstverteidigung zu erlernen.

Zusammenfassend müssen wir sagen, daß es sich nicht mit Sicherheit entscheiden läßt, ob sich die Kampfkünste erstmals in Indien oder in China zu Denk- und Handlungssystemen entwickelt haben, die mit den heutigen asiatischen Kampfkünsten vergleichbar sind.

Berichte über verschiedene Aspekte dieser alten Kulturen erlauben uns jedoch Rückschlüsse auf die Ursprünge der heutigen Kampfkünste. In rein physischer Hinsicht scheint in Indien, wo man von der Kriegerkaste erwartete, daß sie auf vielen verschiedenen Gebieten bewandert war, der Nährboden für die Entwicklung der Kampfkünste günstiger gewesen zu sein als in China, wo die Militärs sehr viel spezialisierter waren.

Auf ideologischer Ebene entwickelte sich jedoch in Indien die Lehre des Buddhismus und in China die des Konfuzianismus und Taoismus (beide entstanden in den 500 Jahren vor der Geburt Christi) rasch zum philosophischen Gerüst der Kampftraditionen in diesen beiden Ländern, ja in ganz Asien.

Die schriftlichen Quellen bezüglich der Geschichte der Kampfkünste sind zu bruchstückhaft, als daß man daraus endgültige Schlüsse ableiten könnte. Aufgrund der langen Geschichte des kulturellen Austausches zwischen China und Indien ist es jedoch höchst wahrscheinlich, daß es in diesen beiden Kulturen seit frühester Zeit ein gemeinsames Wissen im Bereich der Kampfkünste gegeben hat.

Es ist sicher am besten, sich nicht auf eines der beiden Länder zu versteifen, sondern den Reisenden den Lorbeer zu gönnen, den Mönchen/Pilgern/Diplomaten und den Kaufleuten, die erste Brücken zwischen diesen beiden großen Kulturen schlugen, und davon auszugehen, daß der Geburtsort der Kampfkünste an den Straßen lag, die diese beiden großen Zivilisationen verbanden.

Die Verbreitung der Kampfkünste

Die Geschichte der Kampfkünste nach dem 3. Jh. n. Chr. ist die Geschichte der allmählichen Entwicklung ihrer Techniken, des Ausbaus ihrer Philosophien und ihrer langsamen Verbreitung in andere Länder, meist im Gefolge des Buddhismus.

Viele verschiedene Kampfkünste haben sich während der letzten fünfzehnhundert Jahre in Indien und China entwickelt, und viele von ihnen werden auch heute noch ausgeübt; die meisten von ihnen sind jedoch aus den Gründungsschulen hervorgegangen. Die meisten Kung-Fu-Richtungen etwa dürften sich aus dem Shaolin-Tempelboxen entwickelt haben. Die kompletten Kampfkunstsysteme, die aus einem theoretischen Unterbau und einem praktischen Überbau, d.h. den Techniken bestanden, wurden über die Grenzen Chinas und Indiens hinaus nach Korea, Japan und in den südostasiatischen Raum exportiert.

In diesen Ländern gab es sicher kampfkunstähnliche Systeme; als jedoch die Kämpfer die überlegenen Techniken und die fortgeschrittenen Ideen aus dem Ausland kennenlernten, wurden diese geändert, und diese Änderungen führten zu der Umwandlung der einheimischen Systeme in wahre Kampfkünste. Die bestehenden Kampfkunstsysteme Birmas, Thailands, Malaysias, Indonesiens, Indochinas und Koreas, die in Kapitel X beschrieben werden, weisen alle eine eindeutige Ähnlichkeit mit Varianten des chinesischen Boxens auf. Was jedoch eine Kampfkunst von einem bloßen Kampfsport unterscheidet, ist der geistige Gehalt. Während sich die Verbreitung der Kampfkünste von Land zu Land recht gut verfolgen läßt, ist es nicht mehr feststellbar, wann der Prozeß der Assimilation stattfand und die einheimischen Künste zu Kampfkünsten wurden.

Die Japaner, die sehr stark von der chinesischen Kultur beeinflußt wurden, übernahmen das Wissen der alten Meister schon sehr früh in ihrer Geschichte als überaus gelehrige Schüler. Auf der Grundlage der chinesischen Techniken entwickelten die Japaner nach und nach ihre eigenen Kampfkunstformen. Heute nimmt Japan sowohl hinsichtlich der Vielfalt der Kampfkünste als auch des aktiv Kampfsport betreibenden Bevölkerungsanteils in Asien einen Spitzenplatz ein.

Die westliche Welt und der Osten

Im Westen wußte man jedoch vor dem 20. Jahrhundert kaum etwas von den Kampfkünsten des Ostens. Erst zu Beginn des 14. Jahrhunderts unternahmen Europäer die ersten Entdeckungsreisen. Ab 1400 erschloß sich ihnen auf Erkundungsfahrten nach und nach eine Welt, über deren nicht-europäische Bewohner sie sehr erstaunt waren.

Auf die Völker Ostasiens hatten diese Entdekkungen keinen Einfluß. Sie waren sich kaum interessiert an den Ankömmlingen aus Europa, die für sie Barbaren waren, und sie zeigten kein Interesse daran, entdeckt zu werden.

Da die europäischen Erforscher keine Kunde mehr von ihrer eigenen Vergangenheit hatten, mußten sie die Verbindungen, die ihre Vorfahren vor Jahrhunderten geschaffen hatten, wieder neu herstellen. Sie wußten nichts mehr von den Kontakten, die Alexander der Große im 4. Jh. v. Chr. mit Indien geknüpft hatte, von den Siedlungen, die die Römer im 1. Jh. n. Chr. und anschließend die ersten Christen gegründet hatten, von der Einrichtung der Seidenstraßen, die sich schon zu Beginn des 1. Jhs. v. Chr. vom Mittelmeer bis nach Zentralasien erstreckten und die erst von Marco Polo 14 Jahrhunderte später auf seinen Entdeckungsfahrten erneut bereist werden sollten.

Darüber hinaus war das Europa der Renaissance keineswegs der geistige Nabel der Welt. Vier der großen Weltreligionen entstanden im Fernen Osten. Sowohl Indien als auch China besaßen große medizinische Kenntnisse und waren auf den Gebieten der Mathematik, Chemie und Astronomie weit fortgeschritten. Der britische Sinologe Dr. Joseph Needham führt in seinem gelehrten vielbändigen Werk »Science and Civilisation in China« 34 technologische Innovationen der Chinesen an, die in China schon lange in Gebrauch waren, ehe sie anderswo entdeckt wurden, und die zwischen dem 1. und dem 18. Jahrhundert nach Europa und in andere Teile der Welt gelangten. Hierzu gehören u. a. der Schubkarren, seidenverarbeitende Maschinen, die Armbrust, das Schießpulver, der Magnetkompaß, Papier und die Druckkunst. Während des gleichen Zeitraums kamen nur vier Erfindungen der westlichen Welt nach China: die Schraube, die Kurbelwelle, das Uhrwerk und die Flüssigkeitspumpe.

Von den asiatischen Kampfkünsten hatte man vor dem 20. Jahrhundert noch so gut wie nichts gehört. Um 1900 begannen sich zwei oder drei Engländer und ebenso viele Amerikaner mit Judo und anderen japanischen Kampfkünsten zu beschäftigen. Das Interesse blieb auch weiterhin gering, bis nach 1945 infolge der Begeisterung amerikanischer Soldaten, die während ihrer Stationierung in Japan die Kampfkünste erlernt hatten, die Zahl der Aktiven drastisch zunahm. Diese lernten jedoch hauptsächlich japanische Techniken. Das Wissen von Kampfsystemen in anderen Teilen Asiens wurde im Westen noch später verbreitet. Chinesische Meister aus Hong-Kong und Taiwan haben erst in letzter Zeit auf Drängen westlicher Freunde ihre Techniken preisgegeben, so daß ihre Kunst nun auch in Europa und den Vereinigten Staaten gelehrt werden kann. Zumindest eine östliche Kunst muß im Westen noch bekannt gemacht werden. Selbst unter Fachleuten ist die Existenz von Kampfkünsten auf dem indischen Subkontinent weitgehend unbeachtet geblieben. Bis heute sind keine Beschreibungen der indischen Kampfkünste aus der Zeit der britischen Herrschaft bekannt geworden. Nicht einmal in Indien ist die alte Kampfkunst des Kalarippayat, die im Süden eine jahrhundertelange Tradition hat, bisher beschrieben worden.

Kampfsysteme werden heute in großem Stil in den Westen exportiert. Die Menschen dort sind in einem Lernprozeß begriffen, und es wird noch eine gute Weile, vielleicht Generationen dauern, bis sich Kampfkunstsysteme entwickelt haben werden, die so europäisch oder amerikanisch sind wie z. B. Judo japanisch ist.

III KALARIPPAYAT – KAMPFKUNST AUF DEM LANDE

Etwa eine Stunde vor dem Morgengrauen versammeln sich die Kinder eines kleinen südindischen Dorfes in einem nahegelegenen Steinbruch. Das bleiche Mondlicht und eine Neonröhre erhellen den Ort. Sie unterhalten sich miteinander in gedämpftem Ton, während man im Hintergrund die harten Geräusche des erwachenden Dorfes vernimmt: Ein Eimer wird scheppernd in einen Brunnen hinuntergelassen, und irgendwer beginnt den Tag mit einem nichtendenwollenden Hustenanfall. Dann kommt der Meister, und nachdem man ihn und die Götter gebührend begrüßt hat, beginnt man mit dem morgendlichen Kalarippayat, der Kampfkunst Südindiens.

Die Kinder, die etwa eine Stunde üben, drehen und wenden sich mit außerordentlicher Geschicklichkeit, während ihr Atem ständig kontrapunktisch von den Geräuschen um sie herum begleitet wird – das Krächzen einer Schar Krähen, die durch den eben heller werdenden Himmel ziehen, die schweren, dumpfen Tritte eines Elefanten, der gemächlich zu einer Baustelle trottet, die Mütter der übenden Kinder, die den Boden fegen. Im Tempel des Ortes wird das Tonband angestellt, das elektronisch verzerrte religiöse Musik über die Felder schallen läßt. Als die ersten Sonnenstrahlen die Spitzen der Kokospalmen vergolden, beenden die Kinder ihre Übungsstunde und gehen in die Schule oder zur Arbeit.

Wer weiß, wie zu leben ist, kann überallhin wandern,
Ohne Furcht vor Nashorn oder Tiger.
Er wird nicht verwundet im Kampf.
Denn bei ihm finden Nashörner keine Stelle, um ihr Horn hineinzustoßen,
Tiger keine Stelle, um ihre Klauen zu gebrauchen,
Waffen keine Stelle, um zu durchbohren.
Warum ist das so?
Weil er keine Stelle hat für das Eindringen des Todes.

LAO-TSE

Da es außerhalb Indiens unseres Wissens weder einen Lehrer noch Schulen gibt, in denen Kalarippayat betrieben wird, kann man verstehen, warum es von den Anhängern der Kampfkünste bisher so vernachlässigt wurde. Trotzdem ist es erstaunlich, daß nicht einer der Forscher und Schriftsteller, die sich jahrelang mit den Kampfkünsten beschäftigt haben, über die Existenz des Kalarippayat berichtet hat. Es findet sich lediglich bei einigen Autoren der Hinweis auf ein »importiertes karateähnliches System«. Es ist allerdings kaum nachvollziehbar, wie jemand, der Inder beim Kalarippayat beobachtet hat, dieses als karateähnliches System beschreiben kann. Da es aber offenbar solche Fehleinschätzungen gibt, wollen wir uns im folgenden näher mit dieser Kunst befassen.

Es sind zwei Punkte zu beachten: 1. Handelt es sich um eine einheimische Kampfkunst, oder ist es importiert? 2. Hat sich diese Kunst seit den frühesten Zeiten unverändert erhalten, oder ist sie ausgestorben und später wieder neu entstanden, möglicherweise in einer etwas anderen Form?

Es gibt Beweise dafür, daß in Südindien im 6. und 7. Jahrhundert Kampfkünste praktiziert wurden. Statuen im Tempel von Kanchipuram bei Madras, der Anfang des 7. Jhs. n. Chr. gebaut wurde, zeigen die Anwendung komplizierter Entwaffnungstechniken und den Gebrauch vieler verschiedener Waffen. Außerdem gibt es den Augenzeugenbericht von Hsuan-Tsang, dem berühmten chinesischen Pilger/Gelehrten/Diplomaten, der in »Monkeys Pilgerfahrt« über die indischen Waffen, die er während seiner Reise sah, folgendes schrieb:

»Die ersten Soldaten des Landes werden aus den Reihen der Tapfersten ausgewählt, und wenn die Söhne den Beruf ihres Vaters ergreifen, erwerben sie rasch Kenntnisse in der

Der Venkatanatha-Tempel wurde im 7. Jahrhundert nach Christus im Tempelbezirk von Kanchipuram bei Madras (Indien) erbaut. Die Friese an den Innenwänden zeigen die Kämpfe zwischen den herrschenden Dynastien und enthalten einige der frühesten Darstellungen von Kampfkunsttechniken, die jemals entdeckt wurden.

Im nördlichen Kalarippayat-Stil wird großes Augenmerk auf die Fähigkeit gerichtet, aus tief abgeduckter Stellung rasch in den aufrechten Stand zu kommen. Diese Übung fördert die Geschmeidigkeit und die Gelenkigkeit. Hier vollführt der Schüler innerhalb der Bewegung noch eine Drehung.

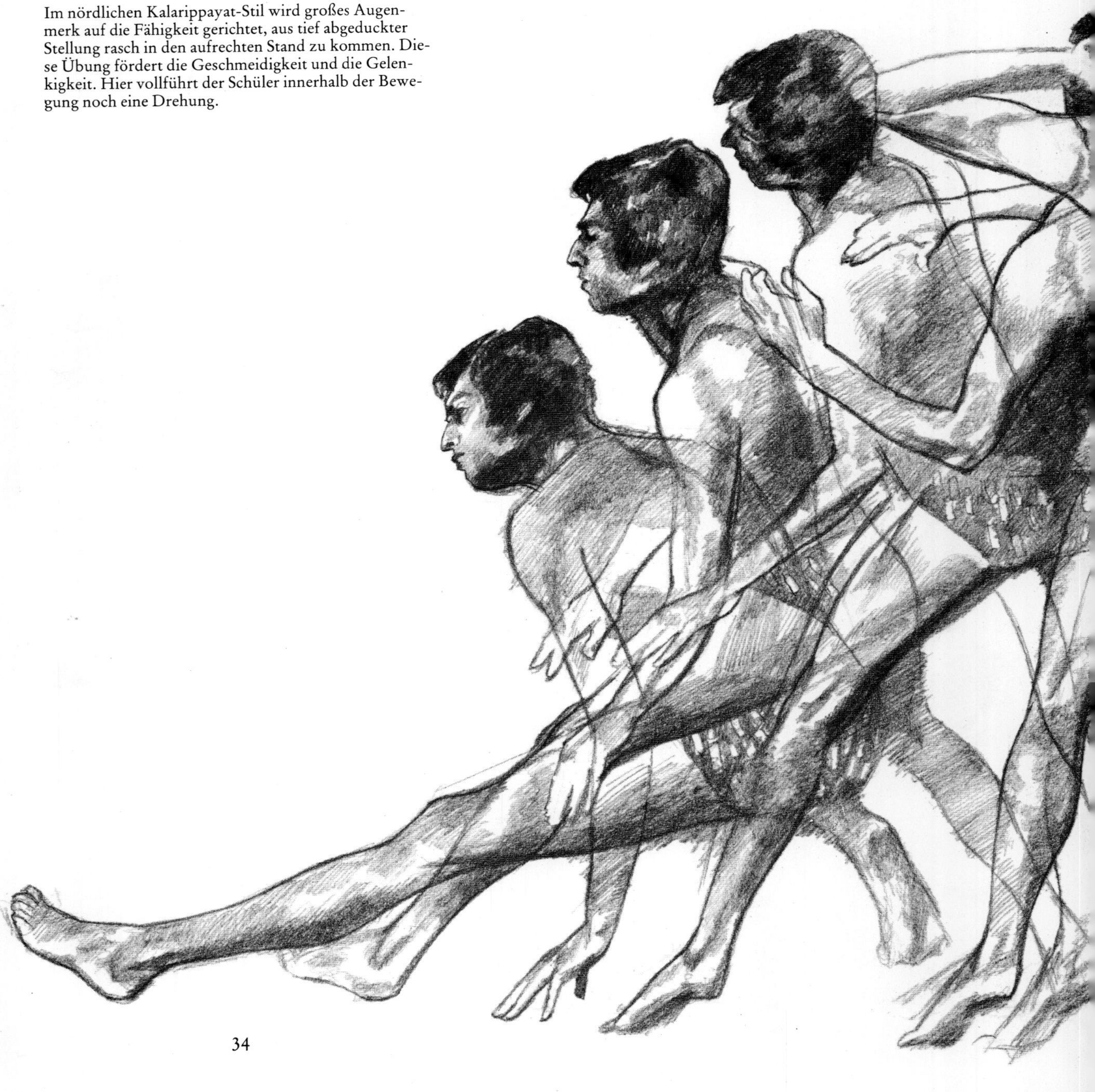

Kunst des Krieges. Sie liegen in Garnison um den Palast (in Friedenszeiten); auf Feldzügen marschieren sie jedoch als Vorhut voraus. Es gibt vier Teilstreitkräfte, nämlich erstens die Infanterie, zweitens die Kavallerie, drittens die Streitwagen, viertens die Elefanten. Die Elefanten sind mit einer starken Rüstung bedeckt, und ihre Stoßzähne sind mit scharfen Spornen versehen. Ein Anführer in einem Wagen gibt die Befehle, während zwei Adjutanten zu seiner Rechten und Linken seinen Wagen lenken, der von vier Pferden in einer Linie gezogen wird. Der General der Soldaten bleibt in seinem Wagen; er wird von einer Rotte Leibwächter umgeben, die sich stets dicht an den Wagenrädern halten.

Die Kavallerie entfaltet sich in vorderster Linie, um einen Angriff anzuhalten; bei einer Nie-

Viele der Stellungen des klassischen indischen Tanzes erinnern an diejenigen des Kalarippayat, was darauf schließen läßt, daß beide Künste eine gemeinsame Wurzel haben. Dies illustrieren die beiden Aufnahmen auf dieser Seite. Die Stellung der jungen Tänzerin (unten) ist die gleiche wie diejenige des Gottes (rechts), der zu Beginn des 7. Jahrhunderts in die Wand eines der Tempel von Kanchipuram eingemeißelt wurde.

derlage bringen sie Befehle hin und her. Die Infanterie stärkt durch rasche Bewegungen die Verteidigung. Diese Männer werden wegen ihres Mutes und ihrer Kraft ausgewählt. Sie tragen einen langen Speer und einen großen Schild; manchmal führen sie ein Schwert oder einen Säbel, und sie stürmen mit großem Kampfesmut voran. Alle ihre Kriegswaffen sind scharf und spitz. Zu diesen gehören u. a. Speere, Schilde, Bogen, Pfeile, Schwerter, Säbel, Streitäxte, Lanzen, Hellebarden, Wurfspieße und verschiedene Arten von Schleudern. Alle diese Waffen haben sie seit langer Zeit in Gebrauch.« Sehr viele der Waffen, die in diesem Auszug aus »Berichte aus den westlichen Ländern«, zweites Buch, von Hsuan-Tsang (etwa 600–664) erwähnt werden, werden auch heute noch benutzt.

Es gibt außerdem sehr viel ältere indische Texte, die auf Palmblätter geschrieben waren und wegen der Zerstörung durch Holzschädlinge und Pilze immer wieder abgeschrieben werden mußten. Die Datierung solcher Texte, die literarische, medizinische und religiöse Themen, aber auch die Kampfkünste betreffen, ist ein Spezialfach indischer Gelehrter. Die südindischen Texte über die Kampfkünste sind in frühen Formen des Tamil geschrieben, einer Sprache, die etwa seit 200 n. Chr. Schriftsprache ist.

Das Kopieren solcher Texte ist in Südindien auch heute noch üblich. Der Text wird mit einem scharfen Stift auf Palmblätter geschrieben und dann mit Lampenruß eingerieben, der an den geritzten Stellen haften bleibt. Die heutigen Kalarippayat-Meister haben meist Exemplare, die sie von denjenigen ihrer Lehrer abgeschrieben haben.

Ein weiterer Hinweis darauf, daß Kalarippayat eine autochtone Kunst ist, findet sich in den traditionellen Volkstänzen und dem klassischen Tanz Indiens. Hier gibt es deutliche Verbindungen zum Kalarippayat. Im klassischen altindischen Tanz z. B. sind viele Stellungen denjenigen des Kalarippayat verblüffend ähnlich, und im Kathākali-Tanztheater, einem der vier klassischen Hindu-Tanzdramen, das während des 17. Jahrhunderts im Staat Kerala in Südindien entstand, weisen viele Körpergesten eine unverkennbare Ähnlichkeit mit den Stellungen der Kampfkünste auf.

Es gibt jedoch noch weitere wesentliche Punkte, die für diese These sprechen. Schon in vorgeschichtlicher Zeit gab es in Indien eine ganze Kaste, deren alleinige Aufgabe die Kriegführung war. Die Kshātriyas, die traditionelle Krieger- und Herrscherkaste, unterstützte ihren König bei seinen Streitigkeiten mit seinen Nachbarn. Als Angehörige einer Kriegerkaste hatten sie Zeit zu trainieren, und wenn von irgend jemandem Impulse für die Technik des Kämpfens ausgehen konnten, dann von ihnen. Außerdem konnten in einer Kriegerkaste Kampftraditionen noch über lange Zeiträume gepflegt werden. Der wohl stärkste Beweis dafür, daß Kalarippayat eine rein indische Kunst ist, die aus sehr alter Zeit stammt, liegt in der Art, wie diese Kunst heutzutage praktiziert wird. Wenn es eine importierte Kunst wäre, würde sie in den Städten und vor allem von den gebildeten Indern ausgeübt werden. Genau das trifft heute auf Karate zu.

Kalarippayat wird aber gerade von Dorfbewohnern praktiziert, die so stockkonservativ sind, daß die Vorstellung, irgend jemand hätte ihnen ein fremdes Kampfsystem beigebracht, schon fast komisch wirkt. Kalarippayat ist vollständig in das soziale und religiöse Leben der Bauern in einem großen Teil Südindiens eingebettet, und so muß es jahrtausendelang gewesen sein.

Die Meister des Kalarippayat

Das Leben der Meister läuft in den meisten Dörfern nach dem gleichen Muster ab. Nach den morgendlichen Übungen mit den Kindern wenden sie sich ihrer anderen wichtigen Aufgabe zu, der des Landarztes.

Bei den Kampfkünsten finden wir häufig die Konstellation, daß die Meister auch Ärzte sind. Es liegt in der Natur der Sache, daß jemand, der über längere Zeit eine Kampfkunst ausübt, immer mehr medizinisches Wissen ansammelt, da fast täglich jemand im Training verletzt wird. Als jugendlicher Schüler lernt der Meister, kleinere Quetschungen und Zerrungen zu heilen; als Fortgeschrittener, der es vielleicht einmal zum Meister bringen will, wird er sich umfassendere Kenntnisse aneignen wollen und lernen, wie man Knochen einrenkt und innere Verletzungen heilt. Viele Meister bleiben auf dieser Wissensstufe, während sich andere das gesamte Wissen ihrer einheimischen Medizin aneignen.

Wer einmal einen solchen Meister und Arzt einen Tag mit seinen Patienten beobachtet hat, erkennt bestürzt, wie beschränkt die westliche Medizin mit ihren rezeptpflichtigen chemischen Keulen doch ist. Selbst auf der Ebene des einfachen Dorfarztes bewirkt die traditionelle indische Ayurveda-Medizin eine Intensität der Patientenfürsorge, die im Westen die Ausnahme darstellt. Viele der Patienten sind Männer, die sich bei der Arbeit verletzt haben, meist, weil sie zu hart gearbeitet haben. Für einen armen Fischer, der einen Tag für einen Arztbe-

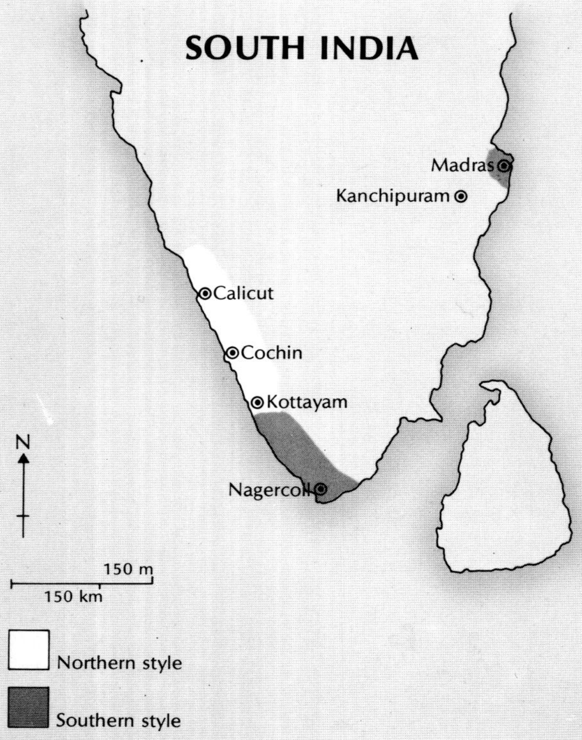

Die Karte zeigt die geographische Verteilung der nördlichen und südlichen Stilrichtung des Kalarippayat. Der Schwerpunkt des nördlichen Stils liegt in Kalikut, der traditionellen Hauptstadt der Nayars, und erstreckt sich weiter nach Süden bis Kottayam. Die Landesteile südlich von Kottayam werden hauptsächlich von Tamilen bewohnt, die den südlichen Stil praktizieren. Das Verbreitungsgebiet reicht bis Nagercoil an der Südspitze Indiens.

such aufwenden muß, ist dies ein schwerer Verlust, und dieser wird immer größer, bis ihm der Arzt hilft, wieder zu Kräften zu kommen, so daß er die Netze wieder auswerfen kann.

Eine intensive Tiefenmassage ist ein wesentlicher Bestandteil des Heilungsprozesses. Dies geschieht meist in Form einer Fußmassage. Der Arzt, der sich an einem quer durch den Raum gespannten Seil abstützt, bearbeitet den ganzen Körper des eingeölten Patienten mit seinen Füßen.

Einer der Meister, mit dem wir arbeiteten, Meister Mathavan, leitet ein kleines Privathospital, ein altes Lehmgebäude mit weit überstehendem Strohdach unter Kokospalmen. Im Inneren ist es kühl, und die Luft ist erfüllt vom Duft der Kräuter und des Massageöls. Säuglinge schlafen auf dem sauberen Erdboden, während sich die Frau des Meisters um deren Mütter kümmert. Draußen ist ein spezieller Kräutergarten angelegt, in dem die Arzneipflanzen wachsen. Gewinn wirft eine solche Praxis nicht ab; die wenigsten Patienten können die paar Rupien aufbringen, die die Selbstkosten für ihre Behandlung ausmachen.

Wenn am Abend alle Patienten versorgt sind und die jungen Leute von ihrer Tagesarbeit zurückkehren, steht wieder Kalarippayat auf dem Programm.

Der nördliche und der südliche Stil

Der Name Kalarippayat leitet sich aus zwei Wörtern der Malayalam sprechenden Menschen in Kerala ab. »Kalari« bedeutet Kampfplatz oder Schauplatz, und »payat« bedeutet Übungen. Somit bedeutet der Ausdruck wörtlich »Kampfplatzübungen«. Man kann zwei Stilarten von Kalarippayat unterscheiden, die nach ihrer geographischen Verteilung als nördlicher und südlicher Stil bezeichnet werden. Der nördliche Stil wird hauptsächlich von den Nayars praktiziert, einem Malayalam sprechenden Volk aus dem arischen Kulturkreis Nordindiens. Der äußerste Süden Indiens wird von Tamil sprechenden Menschen bewohnt, Nachfahren der Ureinwohner dieser Gegend, die den südlichen Stil praktizieren. Diese Variante wird auch in Madras gelehrt, und zwar, wie zu vermuten ist, ausschließlich von tamilischen Einwanderern. Eigenartigerweise scheint es zwischen Nagercoil an der Südspitze Indiens und Madras keine Lehrer zu geben. Von jeder Stilrichtung gibt es vermutlich über einhundert Lehrer, obwohl hierüber bisher keine offiziellen Zahlen vorliegen. Diese unterrichten während des ganzen Jahres mit Ausnahme der heißen und trockenen Jahreszeit zwischen Januar und April, wo jeglicher Lehrbetrieb ruht.

Obwohl der nördliche und der südliche Stil offenkundig eng miteinander verwandt sind und Kalarippayat als Ganzes sich deutlich von den übrigen Kampfkünsten unterscheidet, lassen sich zwischen den beiden Stilrichtungen doch wesentliche Unterschiede feststellen. An der geographischen Grenze zwischen den beiden Kulturkreisen und Kampfstilen sind die Übergänge fließend. Einige Angehörige der Malayalam-Gruppe praktizieren in ihrem Bereich auch den südlichen Stil. Das nördliche Kalarippayat wird in einem Gebäude mit festgelegten Maßen (14 × 7 m) mit dicken Mauern praktiziert, dessen Fußboden etwa einen Meter niedriger liegt als die ebene Erde. Dieses Gebäude, der Dorfkalari oder -kampfplatz, ist Eigentum des Lehrers, der hier eventuell auch

Spektakuläre hohe Sprünge gehören zu den Techniken, die die nördliche Schule auszeichnen. Hier zeigt ein fortgeschrittener Schüler im Training einen Drehsprung.

Schüler des kraftvollen nördlichen Stils wickeln sich vor Aufnahme des Trainings in 13 m lange Lendentücher (unten), die den Beckenbereich stützen.

seine Sprechstunden abhält und Massagen verabreicht. Die Schüler üben stets in Gebäuden und nachts, wie um die Geheimhaltung zu wahren.

Technisch zeichnet sich der nördliche Stil durch sehr hohe Sprünge und Fußstöße, weite Ausfallschritte, tiefe Stellungen und Schläge und Blöcke mit fast völlig gestreckten Armen und Händen aus. Die Aufwärmgymnastik ist außerordentlich anstrengend. Typisch für den nördlichen Stil ist eine ganze Reihe von Bewegungsformen oder -mustern mit und ohne Waffen, die Suvadus genannt werden, und verschiedene, vermutlich aus dem Yoga übernommene Atemtechniken, die in den Trainingsablauf eingebaut sind.

Der südliche Stil wird meist im Freien bei Tageslicht ausgeübt. Einige Lehrer benutzen Gruben oder Mulden im Freien als Trainingsplatz, während andere unter den Palmen hinter ihrem Haus lehren. Viele südliche Lehrer besitzen Trainingsplätze in verschiedenen Dörfern und verbringen einen Großteil ihrer Zeit damit, von einem Platz zum anderen zu reisen und dort jeweils in der Morgen- oder Abenddämmerung Unterricht zu geben.

Auf den südlichen Trainingsplätzen sind die Altäre für die Hindugötter weniger reich aus-

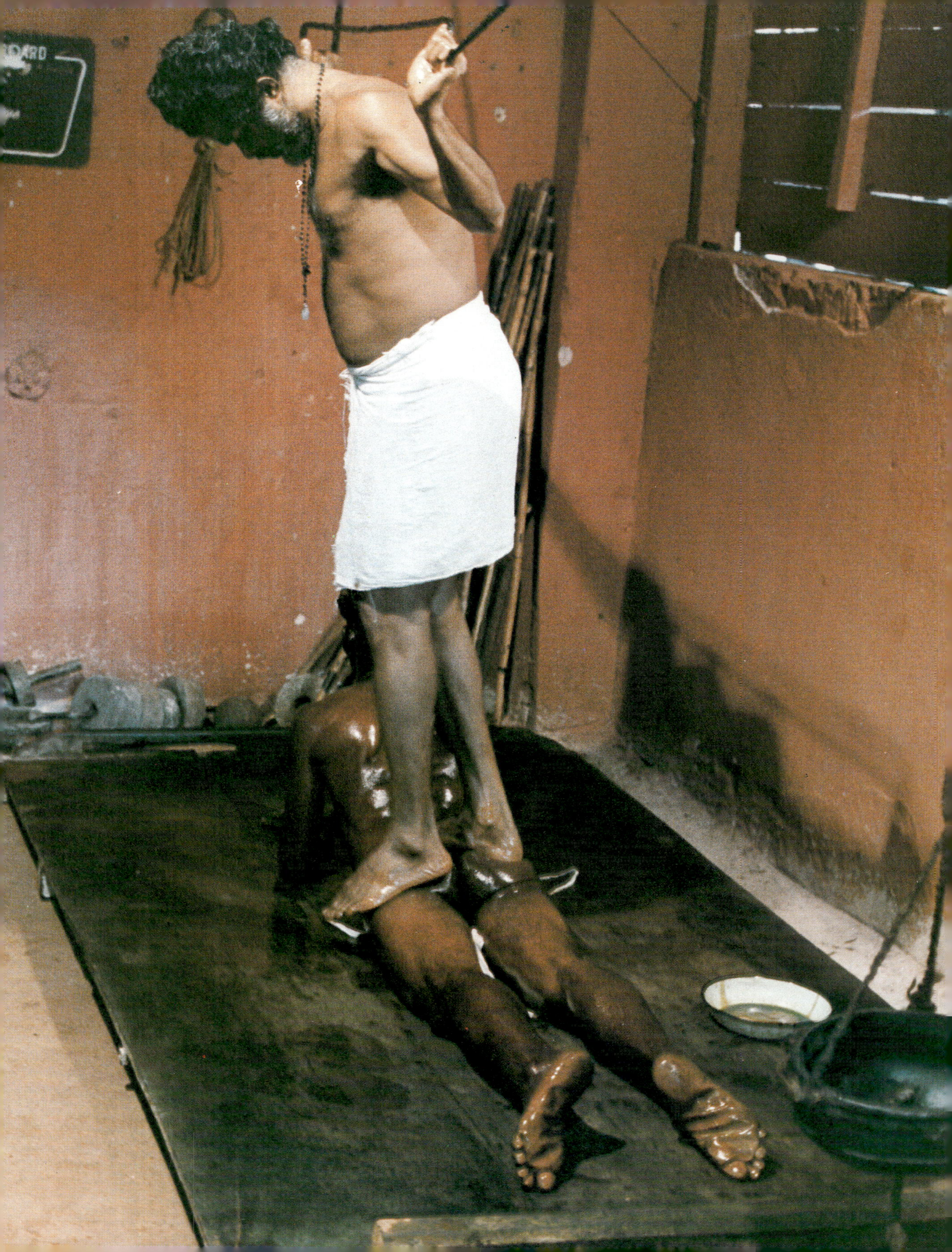

gestattet; obligatorisch ist jedoch für die Schüler beider Richtungen die Begrüßung ihrer Kriegsgötter und -göttinnen und der Lehrer. Ein ganzes Pantheon von Göttern ist für Kalari zuständig; die Hauptfigur ist jedoch Kali, die Göttin des Krieges.

Der südliche Stil enthält mehr kreisförmige Bewegungen und sieht wohl etwas rauher aus als der nördliche. Schläge und Blöcke werden in der Regel mit offenen Handflächen und angewinkelten Armen ausgeführt. Die südliche Art des Waffeneinsatzes ist anders als im nördlichen Stil. Es gibt nur wenige hohe Sprünge und Fußstöße, wie sie im Norden praktiziert werden, dafür jedoch höhere, festere Stellungen und einen kraftvollen Einsatz der Arme, Schultern und des Rumpfes.

Eine Massage, bei der alle Körperpartien des Schülers systematisch bearbeitet werden (links), nimmt etwa eine halbe Stunde in Anspruch. Sie wird täglich durchgeführt. Nach etwa einem Monat hat der Schüler jene Geschmeidigkeit erlangt, die für den Trainingsbeginn Voraussetzung ist.

Kraftvoller Einsatz der Arme, Schultern und des Rumpfs ist typisch für den südlichen Stil (unten). Der Kämpfer rechts hat bei seinem Gegner einen Armriegel angesetzt, und dieser versucht, sich zu befreien, indem er den Kopf des anderen nach hinten drückt.

Die Vertreter des südlichen Stils sind vielleicht etwas weniger energisch als die Anhänger der nördlichen Art, beeindrucken aber dennoch durch ihre Kraft und Zähigkeit. Ständig fallen, rollen und stürzen sie auf den staubigen, steinigen Boden, und immer wieder springen sie mit schmutzbedeckten Kleidern und Gliedern auf.

Während man sich im Norden allgemein auf die Perfektionierung der Formen konzentriert, strebt man im Süden vor allem die Durchschlagskraft der Aktionen an. Es ist weniger der Inhalt der Kampfkunst, der im wesentlichen in beiden Richtungen gleich ist, als vielmehr die Unterschiede in Sprache und Kultur und in der Ausführung der Bewegungen, die eine Unterscheidung der Stilarten von Kalarippayat erforderlich macht. In beiden Stilrichtungen besteht die Kunst des Kalarippayat aus vier Stufen von Kampftechniken. Es gibt das waffenlose Training, Training mit Bambus- oder Rattanstöcken, Training mit verschiedenen Waffen, und für die am meisten fortgeschrittenen Schüler die Geheimtechniken, mit denen gegen besonders empfindliche Körperstellen geschlagen wird, die in Indien als Marma-Adi bezeichnet werden. Neben diesen Grundformen des Trainings üben die Schüler

VASUDEVAN GURRUKAL

Vasudevan Gurrukal, Meister des nördlichen Kalarippayat-Stils, erzählt uns über seinen Kalari, den Trainingsplatz:

»In früheren Zeiten hatten große Landbesitzer ihre eigenen Kalaris. Wenn diese irgendwann einmal nicht zum Training benutzt wurden, wurden sie deshalb nicht zerstört. Sie wurden vielmehr zu Tempeln umgewandelt.

Auch wenn keine Schüler zum Üben kommen, wird ein Kalari niemals zerstört. Man zündet dort jeden Tag eine heilige Lampe an. Wenn jemand Kalarippayat beherrscht, kann er den Platz benutzen; wenn jedoch niemand da ist, der ihn benutzen könnte, bleibt der Kalari von Bäumen, Unterholz und Kletterpflanzen umgeben. Als ich hierher kam, war genau dies der Fall.«

Dann sprach der Meister über die Aufgaben der Schüler beim Kalarippayat:

»Die Schüler müssen gehorchen können. Wer innerhalb oder außerhalb des Kalaris mit anderen kämpft, wird sofort ausgeschlossen.

Das Kalari kann mit dem Körper eines menschlichen Wesens verglichen werden; die Schüler sind dann der Geist dieses Wesens.

Ohne den Körper kann der Geist nicht existieren; ohne das Kalari gibt es keine Schüler.

Die Schüler können nur im Kalari lernen. Ohne es wären sie wie der Geist, der keinen Körper vorfindet. Umgekehrt ist auch das Kalarippayat ohne die Schüler sinnlos. Es ist wie der Körper ohne Geist. Beide sind wichtig.

Die Schüler müssen die Göttin des Krieges, Kali, achten und ihrem Meister Respekt erweisen. Hierauf beruht die Stärke unseres Geistes. Wenn wir den Segen unseres Meisters und der Göttin Kali erhalten, erhalten wir Kraft. Dies wird uns zur Gewohnheit, und wir vertrauen darauf. Wir glauben daran, daß wir von unserem Meister und der Göttin Kraft empfangen. Manchmal gravieren die Studenten die Mantras (heilige Passagen meist aus den Veden, den religiösen Schriften der Inder) auf ein Stück Metall, das sie mit sich tragen, oder zusammen mit einem kleinen Päckchen Kurkuma-Pulver, Kumkum, Kampfer oder einem anderen Heilkraut, das zu einer Art Armring gedreht wurde, um das Handgelenk.

Wenn ich einen Schüler im Gebrauch eines Stocks oder einer Waffe unterrichte, bete ich, daß er sie nicht in böser Absicht gebraucht, daß ihm damit nichts Schlimmes zustößt, und daß sie ihn vor allen bösen Kräften beschützen mögen. Was immer jedoch der Guru lehrt, wird nur zu einem Viertel zum Wissen eines Schülers beitragen. Ein Viertel kommt von seinem eigenen persönlichen Interesse und von harter Arbeit; ein Viertel kommt von Gottes Segen, und das letzte Viertel entspringt im Alter seinen eigenen persönlichen Erfahrungen.«

Schließlich sprach der Meister über die moralische Verantwortlichkeit eines in Kalarippayat ausgebildeten Schülers:

»Wir müssen unseren Feinden vergeben. Es ist auch unsere Pflicht, unsere Familien zu schützen. Wenn wir wollen, können wir leicht einen Menschen töten, was uns jedoch ins Gefängnis bringen kann, und dies ist zum Nachteil unserer Familien. Wir müssen daher an unsere Familien und die Familien unserer Feinde denken und Kämpfe vermeiden, den Feinden vergeben. Es ist leicht, jemanden zu schlagen und zu kämpfen, aber wir entgehen dadurch nicht unserer Verantwortung.«

Vasudevan Gurrukal, der Meister des nördlichen Stils, segnet Moses Thilak im Kalari, bevor er ihn in der Geheimtechnik des Marma-Adi unterrichtet. Solche Rituale sind wesentlicher Bestandteil des Kalarippayat.

MATHAVAN ASAN

Mathavan Asan, Meister des südlichen Stils, berichtet uns zur Erläuterung seiner Lehre über einige wesentliche eigene Erfahrungen aus seiner Zeit als Kalarippayat-Schüler und über die damit zusammenhängende Marma-Heilkunst, der er sich jetzt zugewandt hat.

»Als ich sechs Jahre alt war, ging ich mit meinem Vater zu einem Fest, bei dem seine Schüler, Anfänger und Fortgeschrittene, Kalarippayat-Techniken demonstrierten. Wir standen etwas abseits, fast ganz an der Rückseite, und da ich noch klein war, konnte ich nichts sehen. Mein Vater nahm mich auf seine Schultern und ging nach vorne zur Bühne. Als die Leute, die die Vorführung organisiert hatten, ihn entdeckten, gaben sie ihm einen Ehrenplatz bei den Gästen. Damals regte sich in mir zum ersten Mal der Wunsch, auch Kalarippayat zu lernen.

An diesem Tag fragte ich meinen Vater nach dem Fest auf dem Nachhauseweg, was denn Kalarippayat eigentlich sei. Die Männer kämpften mit Stöcken und rangen miteinander – tat ihnen dies nicht weh? Solche und ähnliche Fragen stellte ich. Er gab mir zur Antwort, daß wir keine Schmerzen verspüren, wenn wir die Kunst richtig erlernen. Die Stöcke der anderen treffen unseren Körper nicht. Wir können unseren Körper gesund und in guter Verfassung erhalten, indem wir die Techniken lernen.

So begann ich, diese Kunst unter der Anleitung meines Vaters, meiner Onkel und ihrer Freunde und Schüler zu erlernen. Ich widmete mich jahrelang dieser Kunst. Während meiner Hochschulzeit studierte ich die Sastras, die Philosophie hinter den höheren Techniken.

Ich erbte die Arztstelle von meinem Großvater und meinem Vater. Sie waren beide Marma-Ärzte, und sie praktizierten meist Kalarippayat-Heilweisen. Ich lernte sehr viel von ihnen, und später studierte ich weiter. Dieser Hintergrund gibt mir mehr Selbstvertrauen bei meiner Arbeit, und dies bringt den seelischen Frieden.

Ich strebe keine Reichtümer an. Ich möchte nur seelischen Frieden. Meine Befriedigung liegt darin, die Schmerzen der Menschen zu lindern und denjenigen zu helfen, die wegen einer schweren Krankheit nicht mehr in dieser Welt leben wollen. Aus diesem Bedürfnis, anderen zu helfen, erlernte ich die Marma-Heilweise und spezialisierte mich darauf. Sie ist schwieriger als alle andere Heilkünste. Wir studieren den ganzen Körper, um seinen Aufbau, seine Funktionen, seine Unterschiede und seine Mängel zu verstehen. Es gibt kein Studium, das so klar ist wie dieses.

Ich habe nie eine andere Wissenschaft studiert. Marma ist ein gewaltiges Fach, eine große und endlose Wissenschaft. Wer Marma- und Kalarippayat-Techniken erlernt hat, muß ein nützliches Glied der Gesellschaft sein. Er muß Eigenschaften wie Ehrerbietigkeit, Höflichkeit, Bescheidenheit, Geduld, Selbstbeherrschung, Gehorsam und Güte besitzen. Er muß anderen ein Vorbild sein. Dies gilt nicht nur für Männer, sondern auch für Frauen. Die Meister dieser Kunst und Marma-Ärzte dürfen anderen niemals Böses zufügen, sondern müssen den Menschen helfen. So sollte ihr Lebenswandel sein.

Noch etwas müssen Sie wissen. Wenn jemand Sie angreift, müssen Sie eine Weile stillhalten. Sie müssen sorgfältig und ruhig nachdenken. In dieser Zeit hat ihre Seele Frieden, und auf diesen Frieden kommt es an. Wenn sich ein Feind naht, ist es keine Kunst, mit ihm zu kämpfen, ihn zu besiegen und zu töten. Dies bringt jeder fertig. Wenn Sie aber den Kampf vermeiden, zu Ihrem Feind sagen ›Sie haben gewonnen‹ und sich vor ihm verneigen, dann haben Sie die größte menschliche Tat vollbracht.«

Der Krokodilsgang (oben) ist eine typisch indische Übung, bei der sich die Schüler in Liegestützstellung am Boden befinden und sich dann nach vorwärts bewegen. Dann kehren sie in der gleichen Stellung zum Ausgangspunkt zurück. Wir haben diese Übung nur ein einziges Mal außerhalb Indien gesehen – bei einer Aufführung der klassischen chinesischen Oper in Taipei, Taiwan.

auch Entwaffnungstechniken gegen Stöcke und verschiedene andere Waffen sowie die Ausführung von Kontakttechniken wie Würfen, Hebeln, Riegeln und Festlegetechniken, mit denen ein Gegner am Boden gesichert wird. Die Schüler lernen alle diese Formen der Kunst von Anfang an; gemäß der weithin gültigen Auffassung, daß Waffen im Grunde nur eine Verlängerung der Gliedmaßen sind, liegt der Schwerpunkt jedoch auf den waffenlosen Techniken.

Training

Auf den folgenden Seiten dieses Kapitels wollen wir eine ausführliche Beschreibung des Trainingsablaufs in den Schulen geben, die wir in den Staaten Kerala und Tamil Nadu besucht haben, um dort Filmaufnahmen zu machen. Kalarippayat ist bisher von den übrigen Kampfkünsten nicht mit der Aufmerksamkeit bedacht worden, die es eigentlich verdient hätte, und wir hoffen, daß dieser Bericht andere Forscher anregen wird, ernsthaft ausführlichere und langfristigere Untersuchungen über diese alte und faszinierende Kunst durchzuführen. Kalarippayat, wie wir es erlebten, ist weitgehend noch eine Dorfkunst geblieben, die in vielen ländlichen Gemeinden in Südwestindien praktiziert wird. Zur Meisterschaft bringt man es nur nach langen und anstrengenden Trainingsperioden, und die meisten der etwa vierzig Meister, denen wir begegneten, waren über fünfzig Jahre alt. Fast alle von ihnen praktizierten gleichzeitig die traditionelle Ayurveda-Heilkunst. Einige Lehrer gaben sich sehr verschlossen und unterrichteten nur wenige Schüler; andere betrieben große, gutgehende Schulen, an denen vierzig und mehr Schüler an den Trainingsstunden teilnahmen. Unterrichtet wird während der kühleren Tagesstunden entweder vor acht Uhr morgens oder in der Abenddämmerung; die Trainingsdauer beträgt etwa eineinhalb Stunden. Die meisten Lehrer möchten ihre Schüler mindestens zweimal wöchentlich sehen.

Bevor ein Schüler mit Kalarippayat beginnt, erhält er vom Lehrer täglich Massage. Dadurch werden die Muskeln und Sehnen gelockert, gedehnt und für die Anstrengungen des Trainings vorbereitet. Der Schüler wird mit Kokosöl eingerieben, das mit Kräuterextrakten versetzt ist, und legt sich auf eine leicht gewölbte Holzplatte. Der Lehrer hält sich an einem Seil im Gleichgewicht, das 50 cm über seinem Kopf gespannt ist, und bearbeitet mit seinen Füßen den Rücken und die Gliedmaßen des Schülers, wobei er von der Körpermitte aus nach außen arbeitet. Er steht hierbei in der Regel auf dem Schüler; der Druck und die Schiebebewegung des Fußes sind jedoch genauestens dosiert.

Bevor der Meister seine Gruppe zur Ordnung ruft, laufen die Schüler aller Graduierungen, wie in jeder anderen Kampfsportschule der Welt auch, locker im Kreise, wobei sie Bewegungsformen üben, sich aufwärmen oder ein leichtes Sparring ausführen. Dann folgt ein umfangreiches Begrüßungszeremoniell, bei dem jeder Schüler Mutter Erde, dem Meister und den Göttern der Schule Ehrenbezeigungen erweist. Die Begrüßung umfaßt eine recht komplizierte Bewegungsfolge; man nimmt Kampfstellungen ein, geht in Kreisen, berührt den Boden und küßt die Füße des Meisters.

Dann stellt sich die Gruppe in zwei Reihen auf. Gemeinsam wird nun eine scharfe Aufwärmgymnastik absolviert, um die Muskeln und Sehnen zu dehnen und die Gelenke zu lockern. Einige dieser Übungen wie z. B. Liegestütze und »Situps« findet man auch in westlichen Fitnessprogrammen; andere wiederum sind typisch indisch.

Bei einer liegestützähnlichen Übung legen die Schüler den rechten Arm auf den Rücken und nehmen eine Liegestützstellung ein. Dann senken sie auf der linken Hand den Oberkörper zum Boden ab und verdrehen gleichzeitig den Rumpf. Das Maß an Geschmeidigkeit, das erforderlich ist, um diese Übung schnell durchzuführen, erfordert fast die Fähigkeiten eines Akrobaten oder Schlangenmenschen.

Der gymnastische Teil des Trainingsprogramms dient nicht nur zum Aufwärmen der Muskeln und Lockern der Sehnen und Gelenke zur Vorbereitung auf das Techniktraining, sondern vor allem auch dem Konditionsaufbau. Die Schüler müssen etwa zwanzig oder dreißig Liegestütze oder ähnliche Übungen ausführen, um sowohl den Kreislauf und die Atmung zu intensivieren als auch die Muskeln zu kräftigen.

Nach etwa einer halben Stunde Gymnastik gehen die Schüler zum Training waffenloser Techniken über, der Grundlage ihrer Kunst.

Waffenlose Techniken

Die Schläge, Blöcke und Fußtritte, aus denen Kalarippayat besteht, werden nacheinander geübt, entweder allein oder mit Partner, wobei ein Schüler Verteidiger und der andere Angreifer ist. Die meisten Schläge werden mit der offenen Hand ausgeführt, wobei die Finger fest

Formen sind standardisierte Verteidigungs- und Angriffsbewegungen, die der Schüler exakt nachvollziehen können muß. Sie sind Grundlage des Kalarippayat wie auch fast aller anderen Kampfkünste, da sie so gründlich gelernt werden, daß der Schüler die darin enthaltenen Techniken beim Kampf automatisch ausführt. Viele Formen enthalten Bewegungsabläufe, die mit einer Hockstellung beginnen, in einen Sprung oder eine Drehung übergehen und mit einer Hocke oder in sitzender Haltung enden.

Die tiefsten Stellungen dienen hauptsächlich dazu, Tritten und Schlägen mit Waffen auszuweichen, indem man sich abduckt. Fortgeschrittene können aus dieser Stellung aufspringen und sofort zum Gegenangriff übergehen. Die beiden Stellungen links weisen eine große Ähnlichkeit mit den Haltungen von Athleten auf, wie sie in der Kunst der alten Griechen dargestellt wurden.

aneinander gepreßt sind. In dieser Stellung kann die Hand wie ein Messer eingesetzt werden, d.h. man »schneidet« entweder mit der Handkante oder »sticht« mit den Fingerspitzen. Auch der Handballen und die geballte Faust werden zum Schlagen und Stoßen verwendet. Blöcke werden meist kreisförmig ausgeführt, d.h. der Arm führt eine fegende, kreisförmige Bewegung durch Ableitung des Schlages aus. Kontaktstelle ist der Unterarm.

Beim südlichen Stil werden die meisten Fußtritte und -stöße tief und zur Vorderseite des Körpers ausgeführt; daneben wird gelegentlich auch der Kreisfußstoß eingesetzt, wobei der Fuß seitlich auf Hüfthöhe hochgezogen und der Tritt zur Seite des Gegners geführt wird. Auftreffpunkte sind der Spann des Fußes, der große Zeh und der Fußballen. Im nördlichen Stil werden Fußtritte und -stöße sehr hoch ausgeführt. Manche Schüler erreichen mit ihren Fußstößen vorwärts eine Höhe von fast 2,5 m.

Das Hauptaugenmerk wird darauf gerichtet, Fußtritten auszuweichen, anstatt sie abzublokken, und deshalb bestehen viele Standardformen aus Strecksprüngen, wobei man in aufrechter Stellung wieder landet. Beim Kalarippayat-Kampf ziehen Fortgeschrittene beider Stile ihre Fersen in typischer Weise sehr weit nach hinten hoch, wodurch der Eindruck eines Imponiergehabes entsteht, den man nur bei dieser Kampfkunst findet. Mit dieser Übung soll jedoch bezweckt werden, daß man auf dem unebenen südindischen Boden nicht ins Stolpern gerät. Bei einer nur im Kalarippayat vorkommenden Blocktechnik führt ein Kämpfer einen sehr hohen Fußtritt vorwärts zum Bizeps des Gegners aus. Diese Technik, mit der Schläge von innen und außen abgestoppt werden können, ist überaus wirksam.

Weitere Techniken

Alle bisher beschriebenen Techniken sind typisch für die Tradition der Fußtritte und Faustschläge, die vermutlich bis in die Zeit des Königreichs Babylon zurückreichen dürfte. Kalarippayat ist jedoch bei weitem nicht auf diese Techniken beschränkt.

Ein Komplex von Techniken betrifft die Anwendung von Haltegriffen, Hebeln, Würfen und Festlegetechniken. Hierbei werden Gelenke und Gliedmaßen verdreht oder Nervenpunkte gedrückt, um einen Angreifer kampfunfähig zu machen oder zu Boden zu werfen. Um solche Techniken wirksam ausführen zu können, sind fließende Bewegungen und geschmeidige Gliedmaßen, aber auch geistige und körperliche Entspanntheit erforderlich. Einige dieser Praktiken gehen eindeutig auf die großen indischen Ringkampftraditionen zurück, deren Wurzeln noch weiter in die Vergangenheit zurückreichen als diejenigen des Kalarippayat. Andere wiederum haben mit dieser Tradition nichts zu tun. Die komplexen Hebel und Würfe des heutigen Kalarippayat finden sich auch in den weichen chinesischen Künsten (Kapitel V), im japanischen *Ju-Jutsu* und *Aikido* (Kapitel VIII), im *Eskrima* auf den Philippinen (Kapitel IX) und in den höchsten Stufen des *Karate* von Okinawa (Kapitel VII). Sie gelten allgemein als die ausgefeiltesten Techniken der Kampfkünste.

Das Üben von Formen

Nachdem die Techniken geübt wurden, geht der Meister mit seinen Schülern zu den »Formen« über. Hierbei handelt es sich um vorab festgelegte Bewegungsfolgen, die der Schüler so lange wiederholen muß, bis er sie perfekt ausführen kann. Jede Form dauert etwa eine Minute und umfaßt zwanzig bis fünfzig Grundtechniken. Durch wiederholtes Üben beherrschen die Schüler die Formen schließlich so gut, daß sie in der konkreten Kampfsituation die Techniken, die in der Form enthalten sind, fast instinktiv ausführen.

Der Schüler bewegt sich in geraden Linien vorwärts und rückwärts und von links nach rechts, wobei er vorwärts und rückwärts gleitet, ausweicht usw., so daß sich die Techniken zu einer einzigen fließenden Bewegung verbinden. Dabei folgt er dem Grundriß eines Kreuzes oder eines Quadrats.

Formen, die in Südindien *Suvada* heißen und ein ästhetischer Genuß sein können, beginnen und enden mit einer Begrüßung. Manche Techniken können spiegelbildlich oder in verschiedenen Richtungen wiederholt werden. Wenn man z.B. gerade mit dem rechten Bein einen Schritt nach Osten ausgeführt und mit dem rechten Arm geblockt und geschlagen hat, könnte die nächste Bewegung in einer Drehung um 180°, einem Schritt vorwärts nach Westen mit dem linken Bein und einem Block und Schlag mit dem linken Arm bestehen. Beim Kalarippayat können waffenlose Formen genau in der gleichen Weise auch mit einer beliebigen Waffe ausgeführt werden. Das Üben von Formen mit einem Gegner führt zu einem Scheinkampf mit Partner. Solche Übungen verlaufen nach einem festen Schema und unterscheiden sich daher vollständig vom Freikampf, bei dem die Schüler alle ihnen nützlich erscheinenden Bewegungen und Techniken anwenden können, solange sie es nur vermeiden, sich zu verletzen. Formen spielen in vielen chinesischen und japanischen Kampfkünsten, wo sie als *Kata* bezeichnet werden, eine wesentliche Rolle. Man weiß, daß einige chinesische Katas vor Jahrhunderten nach Südindien gelangt sind. Typisch für diese Formen sind die Handbewegungen, die sehr viel schneller und komplizierter sind als die indischen Formen. Für das geschulte Auge sind sie erkennbar chinesisch, obwohl sie alles andere sind als exakte Kopien chinesischer Formen.

Formen dienen dem Zweck, die Selbstbeherrschung des Ausübenden zu schulen und das Gleichgewicht, das Timing und die Genauigkeit zu verbessern. Viele der Kalarippayat-Formen enthalten spektakuläre Drehsprünge, Täuschungsmanöver oder Scheinangriffe, die den Gegner ablenken oder täuschen, das Abducken unter Fußtritte und das Überspringen von Schlägen. Neben den traditionellen nördlichen und südlichen Formen gibt es auch solche, die einzelne Meister für die Anwendung mit Waffen entwickelt haben.

Nur wenige Mädchen lernen Kalarippayat (unten). Diese Schülerin übt den Silambam-Stockkampf, den sie erst beherrschen muß, bevor sie zum Waffentraining zugelassen wird. Ein ungewöhnlicher Aspekt des Silambam ist die Gewohnheit, vor einem Angriff gegen den Gegner auf den Boden zu schlagen. Dadurch kann der Schlag von unten geführt werden. Es ist gleichzeitig eine Finte, die den Gegner verwirren soll.

Training mit Stöcken

Das Üben mit Stöcken und Stäben, das in Südindien *Silambam* heißt, ist fast schon eine eigene Kampfkunst. In jüngster Zeit gab es Anläufe, Turniere und Wettbewerbe durchzuführen, um ein eigenes Stock-Kalarippayat zu etablieren; die Meister lehren es jedoch nach wie vor in traditioneller Weise als Bestandteil ihres Lehrprogramms.

In ganz Asien waren Stock und Stab zu allen Zeiten beliebte Verteidigungswaffen. Der Stock, die traditionelle Stütze des Wanderers, ist leicht und unverdächtig und stellt keine unmittelbare Bedrohung anderer dar. Als Waffe ist er andererseits billig und leicht zu beschaffen, stabil und haltbar, und er kann in vielerlei Weise eingesetzt werden. Ein Stock oder Stab ist ein ausgezeichnetes Verteidigungsmittel gegen alle Waffen mit Ausnahme der Wurfwaffen. Die meisten Stöcke, auch solche aus Rattan oder Bambus sind auch gegen scharfe Klingen recht gut brauchbar; es ist durchaus möglich, einem Gegner mit einem Stock oder Stab eine Klinge aus der Hand zu schlagen oder diese sogar zu zerbrechen.

Stöcke und Stäbe sind daneben ausgezeichnete Trainingswaffen. Sie sind zwar stumpf, können aber doch genügend Schmerz erzeu-

Dreifachmesser (links) haben drei Klingen, die jeweils im Winkel von 90° zueinander stehen. Diese Waffe soll von dem südlichen Meister Natasan Asan erfunden worden sein. Sie eignet sich zum Aufschlitzen und ermöglicht eine höchst wirksame Abwehr von Angriffen.

Das Urumi oder Federschwert (links unten) wird aufgerollt festgehalten; wenn es beim Loslassen auseinanderschnellt, wird es durch die Lüfte gewirbelt, was Lärm, Staub und Funken und beim Gegner außerordentliche Verwirrung erzeugt. Beide Kanten der Stahlbänder sind geschärft, so daß die Waffe tödliche Wirkung hat. Der Urumi-Kämpfer verteidigt sich, indem er die Waffe sehr schnell durch die Luft kreisen läßt; gleichzeitig führt er rasche Drehungen aus, um seinen Gegner zu verblüffen. Zum Abstoppen läßt man das Urumi sich um die Hüfte wickeln.

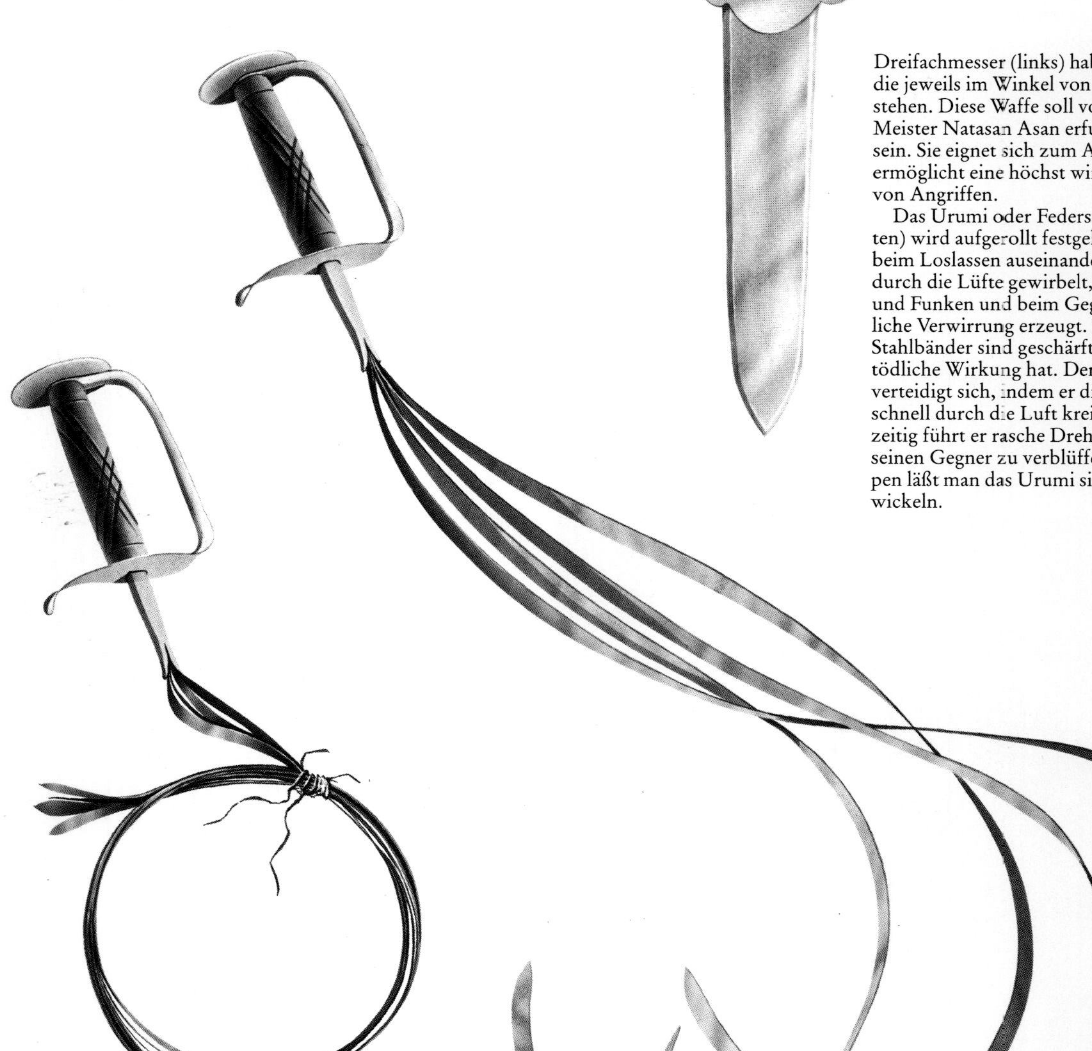

Der Bundi-Dolch weist eine mit einer Nut versehene zweischneidige Klinge und einen besonderen Griff auf, wodurch er im Nahkampf äußerst wirkungsvoll ist. Durch die seitlichen Abweiser können Angriffe mit anderen Messerwaffen mit dem Unterarm abgewehrt werden, um dann seinerseits rasch in den Gegner »hineingehen« zu können. Als Hauptwaffe des Staates Bundi, der Mitte des 14. Jahrhunderts gegründet wurde, verhalf sie dem Mongolenkaiser Jahangir (17. Jahrhundert) zum Sieg über seine Feinde.

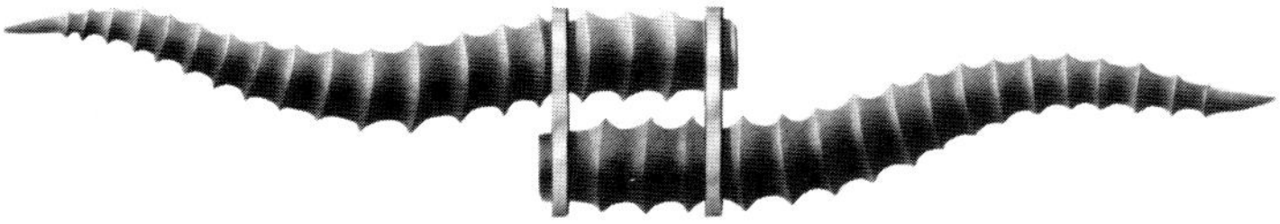

Ein Paar Antilopenhörner, die so miteinander verbunden sind, daß eine Hand zwischen den beiden Enden Platz findet, an denen sie sich überlappen. Diese höchst ungewöhnliche Waffe eignet sich sehr gut zum Blocken, die Spitzen zum Stechen.

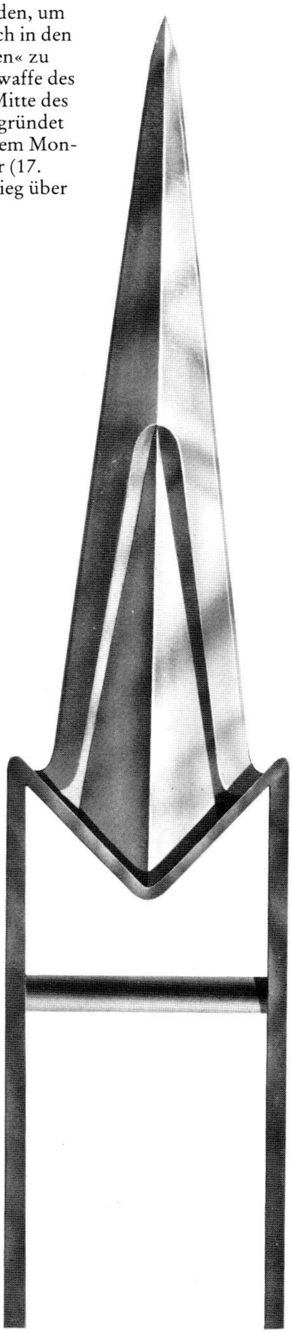

Diese beiden Schüler des südlichen Stils (unten) üben eine komplizierte Serie von Bewegungen, wie sie für die meisten fortgeschrittenen Kampfkunsttechniken typisch sind. Der Verteidiger (links) hat die rechte Hand des Angreifers gefaßt, in der dieser ein Dreifachmesser hält. Dann schiebt der Verteidiger seine linke Hand unter dem rechten Arm des Angreifers durch und an dessen Kehle vorbei, so daß er ihn gleichzeitig würgen und entwaffnen kann.

gen, um die Trainingspartner vor Sorglosigkeit zu bewahren. Auf die entsprechende Länge zugeschnitten, können sie als Messer, Schwerter, Speere, Florette usw. dienen, die leicht zu handhaben sind. Ihre besonderen Vorteile im Kampf liegen darin, daß man mit ihnen einen Gegner schocken, festlegen oder ihm Schmerzen zufügen kann, ohne ihn ernsthaft zu verletzen. Dies ist der Grund, warum in so vielen Ländern der Welt die Polizeitruppen mit Stökken ausgerüstet sind. Die Länge der indischen Silambam-Stöcke schwankt zwischen etwa 15 cm und knapp 2 m. Die meisten Schüler verwenden Stöcke aus Rattan, die sehr biegsam sind; Fortgeschrittene arbeiten jedoch meist mit harten Stöcken. Die längeren Waffen werden meist mit einer Hand in der Mitte und der anderen an einem Ende gehalten. Typisch für den indischen Kampf ist jedoch, daß der Stock auch mit beiden Händen an einem Ende gefaßt werden kann und rasch geschwungen wird, so

Vasudevan Gurrukal beobachtet zwei Schüler, die sich anschicken, eine Form zu zweien mit kurzen Stöcken zu üben. Der Schüler rechts hat einen gekrümmten Stock, der den Stoßzahn eines Elefanten darstellt.

daß der Gegner pausenlos mit Schlägen eingedeckt wird. Geblockt wird häufig in der Weise, daß der Stock jeweils bei einem Drittel seiner Länge mit den Händen gefaßt wird.

Charakteristisch für die Silambam-Techniken sind tiefe Stellungen und Schläge und Blöcke in sehr rascher Folge. Zunächst werden Stockformen mit und ohne Partner geübt, an die sich freies Sparring, meist zwischen Lehrer und Schüler, anschließt.

Training mit Waffen

Viele Stocktechniken können auch mit den anderen Waffen des Kalarippayat angewandt werden. Eine einfache Waffe, die aus zwei miteinander verbundenen Antilopenhörnern besteht, besitzt zwei scharfe Spitzen und eignet sich auch hervorragend zum Blocken. Der indische Dolch, der in den meisten Teilen des indischen Subkontinents *Bundi* genannt wird, eignet sich wegen seines speziellen Griffs ebenfalls sehr gut zum Blocken. Bundis können einzeln oder paarweise verwendet werden.

Häufig verwendete Waffen sind außerdem Schwerter mit etwa 65 cm langen Klingen, die entweder allein, paarweise oder mit einem Schild gebraucht werden. Weitere Kalarippayat-Waffen sind verschiedene Arten von Speeren, Dreizacken und Streitäxte. Hinzu kommt ein ganzes Arsenal improvisierter Waffen wie z. B. Florette aus dem Schwert von Schwertfischen und Dreifachmesser mit drei im Winkel von neunzig Grad zueinander angeordneten Klingen.

Die spektakulärste indische Waffe ist wohl das *Urumi* oder Federschwert. Es besteht aus zwei oder drei Metallbändern von jeweils etwa 4 cm Breite und 2 m Länge, die an einem Ende in einem Holzgriff zusammengefaßt sind. Die Handhabung der Waffe ist schwierig und gefährlich; wenn man jedoch damit umzugehen versteht, ist sie außerordentlich wirksam bei der Abwehr mehrerer Angreifer.

Stöcke, deren Ende mit schweren Holzkugeln versehen sind, können als Wurf- und Schlagwaffen ähnlich der europäischen Keule verwendet werden. Wahlweise können die Stöcke auch mit ölgetränkten Lappen umwikkelt und in Brand gesteckt werden, um Gegner zu verwirren und abzuschrecken. Diese Waffe

Meister Vasudevan lehrt Moses Thilak die geheime Kunst der Schläge gegen empfindliche Stellen, die Marma-Adi genannt wird. Unten schlägt der Meister mit einem sehr kurzen Stock gegen Thilaks Hinterhaupt. Dieser Schlag führt zur sofortigen Bewußtlosigkeit. Auf dem unteren Bild wehrt der Meister mit dem Unterarm einen Schlag Thilaks ab, während er gleichzeitig mit dem rechten Ellbogen dessen Oberkörper angreift. Durch Verschränken der Hände kann der Meister Verteidigung und Angriff mit größerer Kraft ausführen.

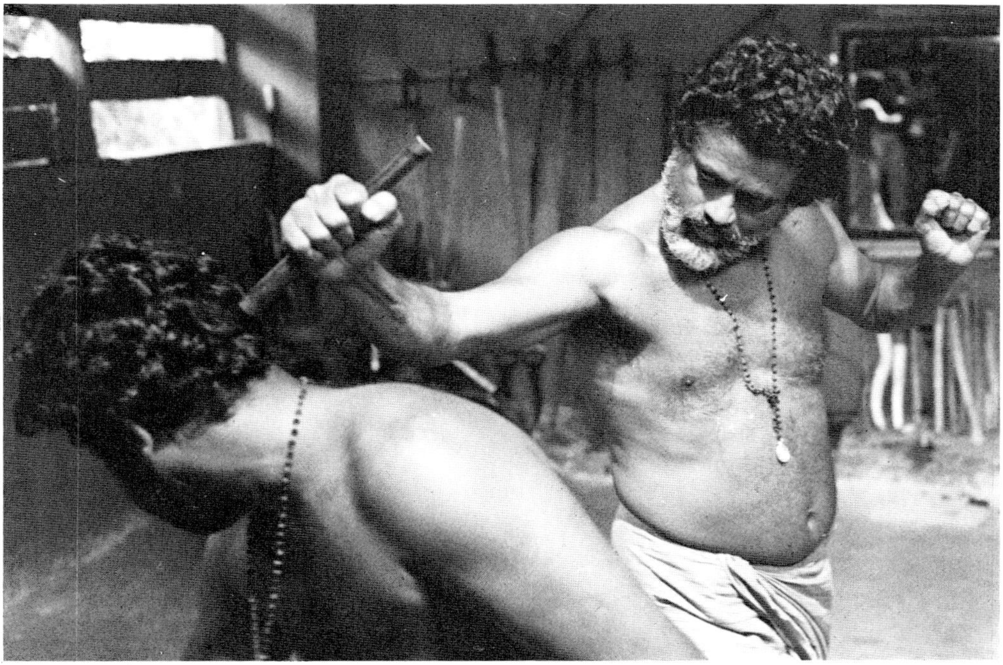

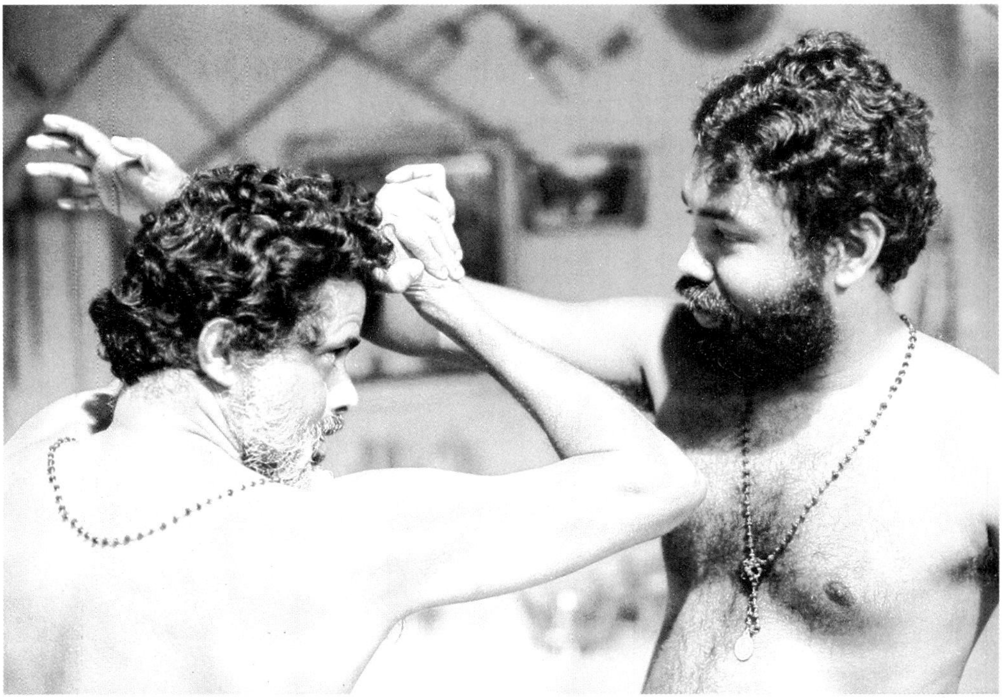

PANICKAR GURRUKAL

Man kann sich kaum vorstellen, daß dieser Mann vielleicht der gefährlichste Mann von Madras ist. Er ist der Leiter eines großen Speiseeis-Restaurants in einem Hotel und daneben ein bekannter Statist, der wegen seines Aussehens und seiner Fähigkeiten als Tänzer gesucht ist. Er ist ruhig, sanft und zurückhaltend, der gütigste aller Menschen. Er hat die Kampfkunst des Marma-Adi nur einem einzigen Schüler beigebracht, denn ihm ist daran gelegen, dieses gefährliche Wissen nicht zu große Verbreitung finden zu lassen. Wie alle Meister der Kampfkünste hütet er sich, sein Wissen preiszugeben, auch nicht den treuesten Anhängern.

Sein Marma-Adi-Schüler ist Moses Thilak, ein Inder, der die Kalarippayat-Forschung leitet. Vor jeder Unterrichtsstunde geht Moses Thilak ins Restaurant und ißt ein Eis. Wenn er fertig ist, zieht Panickar Gurrukal sein Baumwolljacket aus und führt den Gast nach draußen, über die Straße und in ein großes altes Herrenhaus, in dem sich heute die Schlafräume für das Hotelpersonal befinden.

Sie bahnen sich einen Weg durch die schlafenden Menschen und gehen in den einzigen leeren Raum, einen Hindu-Schrein. Es ist ein schmuckloser Raum. Auf dem Altar sind Blumen angeordnet, und auf vielen bewegten Bildern sind die indischen Götter und Göttinnen in lebhaften Farben und dramatischer Gestik dargestellt.

Sie schließen die Tür, damit niemand sie beobachten kann, und sprechen mit gedämpfter Stimme, um das Geheimnis zu wahren. Panickar segnet seinen Schüler und wendet sich mit feierlichen Worten an ihn:

»Ich übe dieses Marman (Kunst des Marma-Adi) seit 25 Jahren aus, und habe es bisher niemanden gelehrt, weil es gleichbedeutend mit dem Tod ist.

Nun gebe ich Dir diese Kunst voll Hoffnung und Vertrauen weiter.

Diese Kunst hat eine lange Tradition und wird seit langem geübt.

Wenn Du diese Kunst ausübst, sollst Du an Gott denken; Du sollst an Deine Eltern denken und an Dein Land. Du sollst keine bösen Gedanken hegen.

Es muß Dir klar sein, daß Du diese Kunst nur anwenden darfst, wenn Dein Leben in Gefahr ist und Du keine andere Möglichkeit hast, Dich zu schützen. Du darfst sie nicht im Kampf anwenden.«

Moses fragt:
»Nehmen wir an, Du gerätst in einen Kampf – was wirst Du tun?«

Der Meister antwortet:
»Wenn es zum Kampf kommt, sind drei Dinge zu bedenken: Du mußt versuchen, Frieden zu schaffen, Du mußt sagen: ›Was willst Du? Ich will es Dir geben.‹ Du mußt sagen: ›Laß gut sein, wir wollen uns doch nicht schlagen.‹

Wenn dies nicht klappt, und wenn es keine Möglichkeit des Entrinnens gibt, mußt Du Dich schützen.

Selbst dann solltest Du Dich nur mit der halben Hand schützen. Du darfst niemals die volle Hand einsetzen. Du sollst dies einfach als Technik betrachten, nichts weiter. Betrachte es einfach als Technik. Wenn ich sage ›Volle Hand‹, meine ich die ganze Länge des Arms, wenn ich sage ›Halbe Hand‹, setzt Du nur den halben Arm ein. Du darfst zu keinem Zeitpunkt die volle Hand einsetzen. Dies wird tödlich sein. Wir müssen keine Mörder werden.«

Der Meister fuhr fort:
»Wenn es kein Entrinnen gibt, sollst Du Dich sorgfältig nach allen Seiten umsehen und sicherstellen, daß Dich niemand beobachtet; dann setze die halbe Hand ein und fliehe.«

Moses fragt:
»Warum muß man sich umsehen?«

Der Meister erläutert:
»Weil die Schläge so gefährlich sind, kann der Betreffende immer noch den Tod finden und wir könnten zu Mördern werden. Es darf keine Zeugen geben, die sagen, wir hätten jemanden geschlagen und getötet.

Du mußt Dich erst umsehen, nur die halbe Hand einsetzen und fliehen.

Weiterhin ist wichtig, daß Du niemanden wissen läßt, daß Du diese Kunst beherrschst. Du darfst niemandem sagen, daß Du Marman kannst.

Panickar Gurrukal zeigt eine Kampfstellung aus seinem Repertoire geheimer Marma-Adi-Techniken. Seine Haltung ist identisch mit der klassischen Haltung, in der der indische Gott Krischna in Statuen dargestellt wird, die vor 3000 bis 4000 Jahren entstanden.

Was wird geschehen, wenn andere dies erfahren? Sie werden sich Dir von hinten nähern und Dich festhalten.

Wenn Deine Feinde entdecken, daß Du diese Kunst beherrschst, werden sie Dir nicht von Angesicht zu Angesicht gegenübertreten. Sie werden versuchen, Dich zu überraschen.«

Moses meint dazu:
»Dies wird uns also in große Gefahr bringen. Wenn wir es nicht jedem erzählen, werden wir zumindest unsere Feinde nahen sehen, und es wird leichter sein, zu entkommen.«

Panickar lehrt Moses die schnellen, unerwarteten Schläge, die an jeder Deckung vorbei an die empfindlichen Stellen gelangen. Dann führt er die Symptome vor, die derjenige zeigt, der an dieser Stelle getroffen wurde. Schließlich erläutert er die Gegenmittel, mit denen das Opfer wieder zu Bewußtsein gebracht werden kann. Hierzu gehören u.a. Massage, leichte Schläge oder auch das Einblasen von gekautem Pfeffer in dessen Ohren oder Nasenlöcher, während man ihm gleichzeitig leicht auf die Schädeldecke klopft.

Der Demonstration der Schläge folgt die Demonstration der Wiederbelebung, bis der Meister nach einer Stunde den Unterricht beendet:

»Dies ist eine große Kunst. Man darf sie nicht an jeden Beliebigen weitergeben.

Man muß alles an einem Menschen prüfen, bevor man ihn als Schüler erwählt. Sieh Dir die Menschen an und versuche, alles über ihren Charakter herauszubringen.

Stelle sie auf die Probe. Reize sie und beobachte, was sie sagen, ob sie zornig werden, oder ob sie arrogant sind. Hast Du verstanden?

Man muß einen Menschen erst prüfen, um zu wissen, ob man ihn unterrichten kann.«

Hast Du alles behalten, was ich gesagt habe?«

Moses bejaht dies.
Die beiden Männer verlassen das Heiligtum und gehen wieder zurück zum Hotel.

geht vermutlich auf alte Zeiten zurück, als man mit Feuer die Angriffsreihen von Elefanten sprengte. Viele Kalarippayat-Waffen erinnern an Waffen, die im Mittelalter gebraucht wurden. Sowohl die Waffen als auch die Techniken ihrer Anwendung dürften auf dem Schlachtfeld entstanden sein. Das heutige Kalarippayat wird jedoch weniger im Kampf als vielmehr bei zeremoniellen und festlichen Anlässen gezeigt, wodurch sich der Schwerpunkt auf spektakuläre Techniken und Waffen von manchmal zweifelhafter Kampftauglichkeit verlagert hat. Die meisten anderen Techniken, die heute üblich sind, sind jedoch außerordentlich wirksam und gefährlich.

Das ärztliche Wissen der Meister

Ein Teil der älteren Schüler, die ihre strenge und umfassende Ausbildung in Kalarippayat abgeschlossen haben, möchte tiefer in die Weisheit und das Wissen ihrer Lehrer eindringen. Nur wenige und sorgfältig ausgewählte Schüler dürfen jedoch an diesem Kurs teilnehmen, in dem sie einen oder auch beide der möglichen Wege erlernen können. Bei beiden handelt es sich um eine vertiefte Vertrautheit mit den Funktionen des menschlichen Körpers, und in gewisser Weise ergänzen sie sich gegenseitig. Der eine Weg führt zur ärztlichen Heilkunst in der großen Ayurveda-Tradition. Der andere Weg führt hin zur geheimen Kampfkunst des Marma-Adi, der Ausführung von Schlägen gegen besonders empfindliche Stellen.

Der Lehrer, der in dieser wie auch jeder anderen Kampfkunst zugleich der örtliche Arzt ist, muß nicht nur die einfachen Verletzungen wie gequetschte und gezerrte Muskeln und

Die spektakulärste Seite des Kalarippayat zeigt diese Aufnahme eines Kämpfers, der brennende Keulen schwingt. Heute werden solche Techniken hauptsächlich ausgeführt, um Kalarippayat-Vorführungen farbiger zu machen; ursprünglich dürften solche Techniken noch dazu gedient haben, Tiere, wie z. B. Elefanten, zu erschrecken, die von feindlichen Heeren eingesetzt wurden. Man konnte ein ganzes Heer vernichten, wenn es gelang, die Elefanten in die eigenen Reihen zurückzutreiben.

Gelenke behandeln, die sich die Schüler im Training zuziehen können, sondern gelegentlich auch ein schmerzhaft getroffenes Nervenzentrum oder einen Knochenbruch. Seltener einmal erleidet ein Schüler oder Fortgeschrittener Verletzungen 'im Unterleib oder einer anderen Körperregion. Im Laufe der Jahre, in denen der Arzt eine Vielzahl von Verletzungen behandelt, sammelt er so ein umfassendes Fachwissen an.

Im engeren Zusammenhang mit den Kampfkünsten haben die indischen Kalarippayat-Meister Zugang zu einer ehrwürdigen Sammlung medizinischen Wissens, das zuerst in den Sastras niedergelegt wurde, alten buddhistischen Texten oder Abhandlungen, die auf Palmblättern aufgeschrieben und vom Meister an den Schüler weitergegeben wurden. Das Susruta-Samhita, eine heilkundliche Sastra, die von dem indischen Arzt und Chirurgen Susruta zwischen dem 2. und 4. Jh. n. Chr. geschrieben wurde, enthält genaue Angaben über 107 oder 108 empfindliche Körperstellen. Wenn diese getroffen, durchbohrt oder auch nur stark gedrückt werden, sind vorübergehende Paralyse, heftiger Schmerz, Bewußtlosigkeit oder sogar sofortiger oder späterer Tod die Folge. Diese empfindlichen Körperstellen werden in Indien als Verbindungsstellen von Blutgefäßen, Bändern und Nervenzentren aufgefaßt. Jeder Punkt liegt in einem genau festgelegten Bereich des Körpers, der sehr eng begrenzt und schwierig festzustellen sein kann und in einer bestimmten Art und mit ganz bestimmtem Kraftaufwand getroffen werden muß. Es ist klar, daß nur die fortgeschrittensten Könner in der Lage sind, dieses Wissen effektiv anzuwenden.

Alle Meister hüten ihr Wissen über die empfindlichen Stellen sehr streng; diejenigen, mit denen wir sprachen, gaben uns zu verstehen, daß wir das Wenige, was sie preiszugeben bereit waren, mit äußerster Diskretion zu behandeln hätten. Aus diesem Grund haben wir nur Aufnahmen von Schlägen gegen empfindliche Körperstellen wiedergegeben, die in Disziplinen wie dem Boxen und den Kampfkünsten ohnehin als gefährliche Angriffsziele bekannt sind. Die meisten Kämpfer wissen, daß die Schläfe, das Brustbein, die Drosselvene und die Hoden überaus empfindliche Stellen sind. Es gibt jedoch eine große Zahl weniger bekannter Körperstellen, durch die ein Gegner noch sehr viel wirksamer ausgeschaltet werden kann.

Es mag nun sein, daß mancher Leser unsere Zurückhaltung in diesem Punkt für geziert hält. Die Akten europäischer wie asiatischer Gerichtsmediziner liefern jedoch eine Fülle von Anschauungsmaterial darüber, was mit einem Menschen geschieht, der an einer dieser Stellen getroffen wird. Es geschieht ausschließlich aus Respekt den Meistern gegenüber, daß wir in diesem Buch wenig über die Lehre von den empfindlichen Körperstellen schreiben, und nicht etwa deshalb, weil wir die Wahrheit der Informationen anzweifeln. Wer mehr wissen will, muß viele Jahre lang gründlich lernen, bevor ihm einer der Meister solche tödlichen Informationen anvertraut. Das Geheimsystem des Marma-Adi liefert einen weiteren Beweis für die Tiefe und das Alter des Kalarippayat. Es bringt die Kunst in eine Linie mit den esoterischsten chinesischen und japanischen Kampfkünsten, die ebenfalls tödliches Geheimwissen beinhalten.

Fachleute, die die Lage der empfindlichen Stellen gemäß den alten indischen Texten mit den Stellen verglichen haben, die den Ausübenden der modernen chinesischen und japanischen Kampfkünste vertraut sind, haben ein hohes Maß an Übereinstimmung festgestellt.

Im Einklang mit der Tradition der Kampfkünste wissen die Meister des Marma-Adi in Südindien auch, wie sie jemanden wiederbeleben können, der an einer der empfindlichen Stellen getroffen wurde. Sie tun dies durch Massage, Ausführung bestimmter Handgriffe an Knochen und Gelenken und die Anwendung von Kräutern und Umschlägen.

Man muß sich nicht wundern, woher sie dieses Wissen haben, geschieht es doch beim Training immer wieder einmal, daß ein Schüler durch Zufall an einer solchen Stelle getroffen wird. Eine Besonderheit des Systems, die man praktisch außerhalb Südindiens nirgends findet, ist die Tatsache, daß es einige Menschen gibt, die nur Meister des Marma-Adi sind und daneben keine andere Form einer Kampfkunst betreiben.

Methoden zum Treiben von Elefanten

Tiere haben ebenso wie Menschen empfindliche Körperstellen, von denen die Inder eine Vielzahl kennen. Der Elefant hat 90 solcher Stellen. Durch einen Stich gegen eine solche Stelle mit einem spitzen Stock kann der Mahout (Reiter) seinen Elefanten zum Trompeten bringen; stößt er gegen eine andere Stelle, kniet der Elefant oder legt sich nieder, dreht sich um, geht vorwärts usw. Es gibt 6 Stellen, die bei einer bestimmten Ausführung des Stichs einen Elefanten erschrecken, eine Stelle, die ihn betäubt und 14 Stellen, die zum sofortigen Tod des Tiers führen.

IV DIE TRADITION DES SHAOLIN

Fast 1500 Jahre lang hatte China die Schlüsselstellung bei der Entwicklung der Kampfkünste inne. Kampfsysteme, die in China entstanden und weiterentwickelt wurden, wurden schließlich von chinesischen Kampfkünstlern in andere asiatische Länder exportiert. Gleichzeitig müssen Menschen, die als Besucher, Händler oder Forscher in China weilten, dort die chinesischen Kampfsysteme erlernt und dieses Wissen mit in ihre Heimat gebracht haben. Außerdem war China auch das Land, in dem die philosophischen und religiösen Systeme entstanden und zur Blüte gebracht wurden, die die Grundlage vieler Kampfkünste bilden. Die Übertragung der Lehren von Lao-Tse, Konfuzius und Buddha mit seinem Nachfolger Bodhidharma ging Hand in Hand mit der Übertragung der chinesischen Kampfsysteme in viele asiatische Länder, insbesondere nach Japan.

Dort erfuhren die Kampfkünste eine Weiterentwicklung und Verfeinerung, bis sie, zu japanischen Künsten geworden, in alle Welt exportiert wurden. Dieser Gang der Dinge ist zum Teil in der geographischen Nähe Japans zu China und der Öffnung Japans zum Westen nach dem 2. Weltkrieg begründet; der Hauptgrund ist jedoch die unterschiedliche Haltung der Behörden in der Geschichte der beiden Länder. Fast 350 Jahre lang, seit in der Mitte des 17. Jahrhunderts fremde Eindringlinge aus der Mandschurei den letzten Ming-Kaiser stürzten und die Ching-Dynastie errichteten, waren die Kampfkünste in China offiziell verpönt. In dieser Zeit fristeten sie praktisch ein Untergrunddasein. In Japan dagegen sind sie seit fast 1000 Jahren akzeptierter Teil der Gesellschaftsstruktur. In diesem Kapitel soll zunächst die Entwicklung der Kampfkünste in China betrachtet werden.

Ein guter Soldat ist nicht gewalttätig.
Ein guter Kämpfer ist nicht zornig.
Ein guter Gewinner ist nicht rachsüchtig ...

TAO-TE-CHING (LAO-TSE)

Die harten und die weichen Künste

Wir im Westen, die wir Schwierigkeiten mit der Komplexität und Vielfalt der Kampfkünste in China haben, haben uns an die Einteilung in zwei Schulen gewöhnt, die äußere *harte Schule* und die innere *weiche Schule.* Diese von den Chinesen gebrauchte Klassifizierung ist zwar praktisch, aber irreführend, da sie eine starre Grenze zwischen beiden suggeriert. Nach chinesischer Vorstellung enthält aber alles auch sein Gegenteil und bewegt sich ständig darauf zu. Diese Vorstellung findet in dem Begriffspaar Yin und Yang ihren Niederschlag. Bei den heutigen chinesischen Kampfkünsten gibt es nichts, was man als rein »harten« Stil bezeichnen könnte. In allen harten Stilrichtungen gibt es weiche Techniken aus anderen Schulen, und sogar in der weichsten aller Kampfkünste, dem T'ai-Chi-Ch'uan, gibt es einige harte Techniken.

Die weichen Künste werden zwar getrennt in Kapitel V beschrieben, jedoch kann man den Hintergrund der harten Künste nicht behandeln, ohne gleichzeitig einen Blick auf die weichen zu werfen.

Wer nicht selbst eine oder mehrere Kampfkünste betreibt, wird mit dieser Unterscheidung zwischen harten und weichen Künsten Schwierigkeiten haben. Wir wollen daher zunächst einige Grundprinzipien herausarbeiten, wobei jedoch stets zu berücksichtigen ist, daß es sich hier um eine theoretische Reduktion und nicht um eine praktische Beschreibung handelt. Wenden wir uns zunächst den harten Künsten zu, deren Grundprinzip darin besteht, daß einer Krafteinwirkung Kraft entgegengesetzt wird. Wenn man angegriffen wird, bekommt man es mit einer Kraftanwendung zu tun. Man begegnet diesem Angriff, indem man die eigene Kraft gegen den Angreifer einsetzt. Dies ist das Grundprinzip aller Waffensysteme einschließlich derer, bei denen Geschosse eingesetzt werden. Beim waffenlosen Kampf muß diese Kraft durch eine Vorwärtsbewegung des Körpers oder eines Körperteils wie der Arme oder Beine in Richtung des Gegners aufgebracht werden. Schläge aller Art werden ausgeteilt in Form von Fauststößen oder Angriffen mit der flachen Hand, Schlägen aus dem Ellbogen- oder Schultergelenk, Fußtritten und

Kniestößen. Den Gegenbewegungen gehen meist Blöcke voraus, durch die der gegnerische Schlag abgestoppt oder abgeleitet wird, unmittelbar gefolgt von Konterfauststößen, Fußtritten oder anderen Schlägen.

Diese Auffassung von waffenlosem Kampf wählt den direkten Weg und ist das Prinzip einer Reihe von Grundtechniken in vielen asiatischen Kampfsystemen. Die Meister, die solche Systeme ausübten, haben im Laufe der Jahre entdeckt, daß diese Techniken am wirksamsten sind, wenn die Kraft in einer geraden Linie eingesetzt wird. Fauststöße und Fußtritte werden daher so ausgeführt, daß man den Arm oder das Bein zurückzieht, anspannt und dann in einer geraden Linie in Richtung des Auftreffpunkts vorwärts schnellt. Zusätzliche Wirkung erzielt man dadurch, daß man den ganzen Körper hinter dem angreifenden Glied einsetzt, und aus diesem Grund lernen die Schüler der harten Künste in der Regel, in gerader Linie zu gehen und Schläge zu führen. Die indische Kunst des Kalarippayat kennt eine Vielzahl von Schlägen dieses Typs, ebenso Karate, Thai-Boxen, das koreanische Taekwondo und die harten chinesischen Künste, die wir Kung-Fu nennen, aber auch viele der Kampfkunstsysteme Indochinas und Südostasiens. Bei den weichen Künsten dagegen liegt das Grundprinzip nicht im Widerstand gegen eingesetzte Kraft, sondern in deren Ausnützung zum Nachteil des Gegners. Dem Adepten einer weichen Kampfkunst kommt es also nicht darauf an, einen Angriff abzustoppen, sondern darauf, ihm auszuweichen und ihn eventuell sogar noch zu verstärken.

Dies soll an einem einfachen Beispiel erläutert werden. Ein Gegner greift einen Kampfkünstler der weichen Schule an, indem er vorwärts springt, einen Schlag gegen ihn führt und einen lauten Schrei ausstößt. Der Verteidiger weicht geschickt aus, ergreift den ins Leere zielenden Unterarm des Angreifers und führt ihn weiter in der Bewegungsrichtung. Der Angreifer wird aus dem Gleichgewicht gezogen, und der Verteidiger kann ihn mit einem Hand- oder Armhebel rasch am Boden festlegen.

Die Meister der weichen Künste haben aus der Praxis gelernt, daß ihre Kunst dann am wirksamsten ist, wenn die Gliedmaßen und der ganze Körper stets runde Bewegungen ausführen. Die Schüler lernen, ihre Schultern nach vorne hängen zu lassen und ihre Beine leicht gebeugt zu halten. Die Arme werden praktisch nie voll ausgestreckt, sondern führen meist bogenförmige Bewegungen mit entspannten, aber abgewinkelten Ellbogen aus. Kreisbewegungen sind Grundprinzip der weichen Künste.

Viele der Wurf- und Hebeltechniken des Kalarippayat gehören zur weichen Kategorie, und neben den chinesischen Künsten Hsing-I, Pa-Kua und T'ai-Chi-Ch'uan beruhen auch das japanische Judo und Aikido vollständig auf diesen Prinzipien. Bei den fortgeschrittenen Techniken des Karate und einigen der koreanischen und südostasiatischen Künste finden sich ebenfalls viele weiche Verfahren, mit denen der Gegner gefaßt, verhebelt, festgelegt und geworfen wird.

Es ist vielleicht ganz hilfreich, einmal nach chinesischer Gewohnheit Analogien aus dem Tierreich heranzuziehen und nach Tieren Ausschau zu halten, die nach harter oder weicher Art kämpfen, wiewohl es unwahrscheinlich sein dürfte, daß ein Lebewesen in die Kategorien paßt, in die die Kampfkünste unterteilt sind. Manche Tiere bewegen sich langsam und schlagen plötzlich, ohne Warnung zu. Ein Chamäleon, das getarnt und bewegungslos dasitzt, schießt plötzlich seine Zunge heraus und fängt ein Insekt. Schlangen bewegen sich gleichmäßig, krümmen sich dann, pendeln mit dem Oberkörper und stoßen urplötzlich zu. Der Augenblick des Angriffs ist für die Beute nicht vorhersehbar. Beide Tiere sind äußerst wach, aber ohne Spannung, und sie scheinen zu spüren, was ihre Beute vorhat.

Am anderen Ende der Skala wäre etwa ein Terrier, der es auf eine Ratte in einem Holzstapel abgesehen hat, der von jemandem Stück für Stück abgetragen wird. Je kleiner der Stapel wird, desto unruhiger läuft der Terrier hin und her. Der ganze Körper bebt, die Ohren sind gespitzt, und die Nase zuckt. Der Hund ist also keineswegs ruhig, sondern voller Ungestüm, das sich am Ende, wenn die Ratte herauskommt, in einer wilden Jagd entlädt. Diese Gespanntheit des Terriers gleicht etwa der in einem Kampf zwischen Vertretern der harten Künste.

Tiere, die man als Vertreter der harten und weichen Kampfstile bezeichnen könnte, treffen häufig im Kampf aufeinander. Wenn ein nervös tänzelnder Mungo auf eine scheinbar in träger Passivität verharrende Schlange trifft, ist dies eine Konfrontation der beiden Systeme. In den chinesischen Kampfkünsten haben sich aus der Beobachtung von Tieren spezielle Techniken entwickelt, und die Bewegungen und Kampfstile einiger Tiere haben sowohl die harten als auch die weichen Techniken beeinflußt.

Die harten und die weichen Künste unterscheiden sich jedoch nicht nur durch ihre Bewegungen, sondern sie wenden auch völlig gegensätzliche Atemtechniken an. Bei den weichen Künsten liegt das Atemzentrum weit in der unteren Hälfte des Rumpfs. Zwei Zoll unterhalb des Nabels liegt der Punkt, der *Tan-Tien* heißt, der »Goldene Ofen« oder das »Untere Elixierfeld«. Dies ist das Zentrum der Lebensenergie, des Chi. Zwar kann die Atemluft nicht tiefer als bis in die Lungen eingesogen werden, jedoch gelangt sie, im Blut gelöst, dennoch an diese Stelle, und man kann sich die Vorstellung angewöhnen, daß dies auf direktem Wege geschieht. Auf diesem Wege können die Muskeln des Zwerchfells dazu gebracht werden, die Luft in jener überaus vorteilhaften Weise in die Lungen zu befördern, wie sie von Sängern, beim Yoga und bei Entspannungssystemen betrieben wird. Auch Neugeborene atmen in dieser Weise. Bei den harten Künsten wird die Atemebene auf einen Punkt zwischen dem Sonnengeflecht und dem oberen Brustraum angehoben. Es wird eine oberflächliche Atmung angewandt, bei der die Lungen nicht voll entfaltet werden, sondern ein hoher Druck in ihnen erzeugt wird. Beim Kampf ermöglicht dies eine explosive Freisetzung von Energie; es besteht jedoch die Gefahr, daß sich der Kämpfer sehr rasch verausgabt. Es gibt noch eine andere grundlegende Unterscheidung, mit der die Chinesen häufig zwischen diesen beiden Kampfprinzipien differenzieren. Es geht hierbei um die Rolle des Geistes. Die harte Schule wird häufig auch als die externe oder exoterische Schule bezeichnet. Mit dieser Unterscheidung machen die Chinesen deutlich, daß bei dieser Stilrichtung die physische Kraft der äußeren Teile des Körpers, vor allem der Muskeln und Knochen, der Arme und Beine eingesetzt wird. Kampf in diesem Stil ist im Grunde ein instinktives Aufeinanderprallen der Körper zweier Kontrahenten.

Die weiche Schule wird dagegen häufig auch als innere oder esoterische Schule bezeichnet. Bei allen Kampfformen innerhalb dieser Stilrichtung liegt der Schwerpunkt auf dem Geist und seiner Fähigkeit, den Gegner zu überlisten. Intuition wird zu Intention, die den Körper lehrt, einen Gegner mit geringstmöglichem Kraftaufwand zu überwinden. Die eingesetzte Kraft soll aus der Körpermitte kommen und von diesem Punkt aus nach außen strömen.

Es hat unvermeidlicherweise endlose Kontroversen über die relativen Vorzüge beider Systeme gegeben, während, wie wir bereits angedeutet haben, die meisten Kampfschulen in der Praxis Elemente aus beiden Stilrichtungen beinhalten.

Im nächsten Kapitel werden wir die weichen inneren Künste näher behandeln. Gegenstand dieses Kapitels sind die alten Kampfsysteme Chinas, die überwiegend dem harten, äußeren Stil zuzuordnen sind. Als der Ort, an dem die harten chinesischen Künste entstanden sind, wo sie weiterentwickelt und zur Blüte gebracht wurden, gilt der große Shaolin-Tempel in den Songshan-Bergen Zentralchinas.

Der Shaolin-Tempel

Dieser einzigartige Tempel in der Weite der chinesischen Ebene hat das Gesicht der Welt in einer Weise geprägt, wie es nur wenige andere Orte für sich beanspruchen können. Wenn dieses Buch eine Geschichte des Ch'an- (oder Zen-)Buddhismus wäre, wäre es nicht weniger wichtig, auf die religiöse Geschichte des Shaolin-Tempels einzugehen. Er ist vielleicht noch am ehesten mit Athen in seinen fruchtbarsten Tagen zu vergleichen, denn so wie Athen das Denken von Generationen westlicher Menschen beeinflußt hat, so hat Shaolin die Philosophie des Ostens beeinflußt, vor allem durch die Gründung und Verbreitung des Ch'an (oder Zen-)Buddhismus. Der Shaolin-Tempel liegt an einem außerordentlich günstigen Ort. Vier der größten Bergketten Chinas erstrecken sich von hier aus in die verschiedenen Himmelsrichtungen; die Songshan-Kette befindet sich in der Mitte, im Bezirk Denfeng in der Provinz Honan. Das Songshan oder »Zentralgebirge« ist eine Kette, die sich nur zu geringer Höhe erhebt. Im Jahre 495 wurde der Shaolin-Tempel auf Befehl des Kaisers Hsiaowen für den indischen Mönch Batuo oder Fo-Tuo, wie er chinesisch heißt, am Fuße von deren westlichen Ausläufern erbaut. Seiner Statue begegnet man häufig in chinesischen und Buddhistenklöstern – ein dickbäuchiger, gemütlicher Mönch, der fröhlich in die Welt strahlt.

Die ersten Gebäude des Tempels waren ein Stupa, ein runder Kuppelbau, der als Reliquienschrein diente, und eine Übersetzungsplattform, auf der sich indische Mönche auf die Übersetzung der heiligen Sutras, der buddhistischen Lehrsätze, in das Chinesische konzentrieren sollten.

In Kapitel II ist beschrieben, wie im 6. Jahrhundert ein anderer indischer Mönch namens Bodhidharma, der im Chinesischen Ta-Mo heißt, den Shaolin-Tempel besuchte, wo er eine neue Form des Buddhismus lehrte, bei der man Stunden und Tage in statischer Meditation sitzend zubringen mußte. Seine Lehren wurden zur Grundlage einer neuen Schule der buddhistischen Philosophie, die in China Ch'an und in Japan Zen heißt. Damit die Mönche den Strapazen ihres religiösen Lebens gewachsen waren, lehrte er sie Atemtechniken und Übungen, die vermutlich die Basis der heutigen Kampfkünste waren.

Während der Blütezeit vor etwa 1 300 Jahren gab es im Shaolin-Tempel 1 500 Mönche, von denen 500 Kämpfer waren, sowie Ländereien, die die Mönche ernährten, und Gebäude, in denen sie untergebracht waren. Der Kaiser T'ai-Tsung (Li Shih-Min) aus der T'ang-Dynastie verlieh dem Tempel das Recht, eine Truppe kämpfender Mönche auszubilden. Als er einst in Gefahr war, erbat er beim Tempel Unterstützung, und 13 Mönche eilten ihm zur Hilfe. Von diesem Ereignis kündet eine Tafel, die noch heute im Tempel zu sehen ist.

Der dankbare Kaiser versuchte, die 13 Mönche zur Übernahme offizieller Stellen zu bewegen; sie lehnten jedoch mit der Begründung ab, daß ihre Kampfkünste dem Schutz des Tempels und der Gesunderhaltung der Mönche dienten: »Da nun in der Welt Frieden herrscht, werden wir in unser Kloster zurückkehren; wenn die Gesellschaft uns jedoch braucht, werden wir wieder in den Kampf ziehen.« Daraufhin gab der Kaiser dem Tempel die Erlaubnis, 500 Kriegermönche auszubilden.

Etwa eintausend Jahre später bat erneut ein Kaiser um Unterstützung. Im Jahre 1674 eilten 128 Mönche unter der Führung eines früheren Anhängers der Ming, Cheng Kwan-Tat, dem Cheng-Kaiser K'ang-Hsi zu Hilfe. Cheng hatte einst gegen die Manchu-Kaiser der Ch'ing-Dynastie gekämpft, hatte sich jedoch in den Shaolin-Tempel zurückgezogen, um dort die Kampfkünste zu studieren. Seine kleine Armee von Mönchen leistete dem Kaiser hervorragende Dienste; nach Beendigung der Kämpfe lehnten jedoch auch sie die ihnen angebotenen Titel ab und kehrten in den Tempel zurück.

Diesmal wurde ihnen ihre Bescheidenheit schlecht gelohnt. Man überzeugte den Kaiser davon, daß es gefährlich sei, die Existenz eines Zentrums unabhängiger Menschen mit solchen außerordentlichen Kampffähigkeiten zu dulden. Er entsandte eine Armee, die von einem abtrünnigen Shaolin-Mönch beraten wurde. Aus Einzelheiten über den Angriff, die sich in Legenden erhalten haben, geht hervor, daß der Tempel umzingelt und niedergebrannt wurde. Etwa 110 Mönche kamen um; 18 von ihnen, deren Gebete Buddha erhört hatte, wurden durch einen großen gelben Vorhang gerettet, der die Flammen von ihnen fernhielt. Am Ende sollen nur 5 von ihnen den Angriff überlebt haben. Diese werden die 5 Vorväter genannt und sind die legendären Gründer der Triaden, einem der bekannten chinesischen Geheimbünde, dessen Wurzel bis in das 16. Jahrhundert zurückreichen soll.

In Wirklichkeit haben weitaus mehr als 5 Mönche den Angriff überlebt, jedoch wurden sie in alle Winde zerstreut. Einige blieben in der Nähe und übten heimlich nachts im Tempel. Viele gingen in andere Tempelklöster. Einige lehrten die Kampfkünste, um ihren Lebensunterhalt zu verdienen, während sich andere offenbar der Peking-Oper anschlossen. Auch heute noch zeigt die Peking-Oper viele spektakuläre Szenen, in denen die Kampfkünste des Shaolin zusammen mit akrobatischem und tänzerischem Können dargeboten werden. Die Verbindung zwischen Kampfkünsten und Unterhaltung hat in China eine lange Geschichte; daß sie schließlich in die Kung-Fu-Filme mündete, ist eine natürliche Entwicklung ganz im Sinne der Chinesen.

Nach der Herrschaft des Kaisers K'ang-Hsi wurde der Shaolin-Tempel allmählich wieder aufgebaut. Es entstanden neue Gebäude, und die Wände wurden mit Kampfkunstfresken verziert. Diese entstanden vor 200 bis 350 Jahren und zeigen, wie sich die Mönche die Vergangenheit des Tempels vorstellten.

Es gibt dort zwei große Fresken, von denen eine die waffenlose Selbstverteidigung und die andere den bewaffneten und unbewaffneten Kampf zeigt. Man hat zwar den Eindruck, daß die Fresken ein idealisiertes Bild des Tempels während oder kurz nach seiner Gründung liefern; da sie sich jedoch innerhalb seiner Mauern befinden und gewiß den Schülern als Anschauungsmaterial dienen sollten, dürften sie aber doch eine gewisse Realitätsnähe haben und einen recht guten Eindruck von der Atmosphäre und der Bandbreite des Kampftrainings im Shaolin-Tempel geben.

Die Gemälde lassen auf eine sehr hochentwickelte Organisationsstruktur schließen, ein Eindruck, der auch aus anderen Quellen bestätigt wird. Es gab offensichtlich viele Klassen von Mönchen, u.a. Dichter, Meister der Kampfkünste, Mönche mit strenger Gehorsamspflicht und die Gourmets, die Nachfolger derjenigen Mönche, die sich im 8. Jahrhundert eine Zuwendung des dankbaren Kaisers T'ai-Tsung in Form von Fleisch und Wein munden ließen und diesen Brauch auch später beibehielten, womit sie allerdings gegen das vegetarische Grundgebot des Buddhismus verstießen.

Besucher, die etwas mit den Kampfkünsten vertraut sind, sind von der Aussagekraft der Fresken überwältigt. Sie vermitteln einen Eindruck von der Bedeutung dieses ehrwürdigen Gebäudes. 1 500 Jahre lang wurden hier die Kampfkünste praktiziert; eine solche Konzentration von Energie und Talent über einen so gewaltigen Zeitraum dürfte in der Geschichte der körperlichen Ertüchtigung einmalig sein.

Neben den Fresken haben die Jahrhunderte, in denen die Kampfkünste im Tempel geübt wurden, noch eine weitere beeindruckende Spur hinterlassen. Es gibt dort einen großen, mit Ziegeln gepflasterten Innenhof mit 48 flachen Mulden, die Generationen von trainierenden Kämpfern hier ausgetreten haben.

Im Jahre 1928 ging die Geschichte des Shaolin-Tempels als Zentrum der Religion und der Entwicklung der Kampfkünste zu Ende, als er zum Zankapfel von Kriegsherren wurde, die sich um seinen Besitz stritten. Der eine, Fang Chung-Hsueh, benutzte ihn als Stützpunkt; als er jedoch von General Hsi-Yousan angegriffen wurde, setzte er sich mit den Mönchen ab. Der geprellte Hsi-Yousan ließ in seinem Zorn den Tempel in Brand stecken. Es heißt, daß die buddhistischen Schriften und die geheimen Texte der Kampfkünste ein Raub der Flammen wurden, während die Fresken an den Wänden erhalten blieben. Es erscheint unwahrscheinlich, daß dies Zufall war.

Der Besucher, der heute den Shaolin-Tempel besichtigt, begegnet höchstens einigen uralten Mönchen; es heißt jedoch, daß man eventuell jungen Mönchen die Rückkehr erlauben will. Es ist ein Ort von außergewöhnlicher Schönheit und großer historischer Bedeutung; sollte er jemals wieder seine alte Funktion übernehmen, wird er dennoch niemals mehr das sein können, was er einmal war.

Der Shaolin-Tempel vervielfältigt sich

Es gibt eine chinesische Redensart, nach der »alle Kampfkünste unter der Sonne in Shaolin begonnen haben«. Dies ist natürlich eine Übertreibung, aber wie so viele chinesische Redewendungen enthält auch diese ein Körnchen Wahrheit. China ist ein unermeßliches Land und seit Jahrtausenden dicht besiedelt. Die heutige Bevölkerung setzt sich aus Menschen mit sehr unterschiedlichen rassischen, sprachlichen und kulturellen Traditionen zusammen. Daneben haben sich jahrhundertelang große Gruppen einheimischer chinesischer Völkergruppen isoliert voneinander entwickelt.

Wenn man daher behaupten wollte, daß alle Kampfsysteme Chinas irgendwie das Ergebnis der Tradition eines einzigen Tempels sind, würde man die Sache doch in einer Weise vereinfachen, die den Tatsachen keineswegs gerecht wird.

Wer auch nur im mindesten über die Kampfkünste Chinas Bescheid weiß, wird zustimmen, daß die große Vielfalt von Stilrichtungen, die es heute im chinesischen Asien gibt, nicht das Produkt einer einzigen Kampftradition sein kann. Einer der führenden Kenner der chinesischen Kampfkünste, Robert Smith, schätzt in seinem Buch »Asian Fighting Arts«, das er zusammen mit Donn Draeger schrieb, daß es in China mindestens 400 verschiedene Stilrichtungen gibt. Diese Schätzung ist eher vorsichtig zu nennen.

Noch verwirrender wird die Angelegenheit dadurch, daß es in den vergangenen 1500 Jahren in verschiedenen Teilen Chinas mehrere Tempelklöster gegeben hat, die sich Shaolin nannten. Einige von ihnen bestanden jahrhundertelang und sind auch heute noch nachweisbar. Von anderen gibt es keine Zeugnisse mehr. Ob diese Tempelklöster *Shaolin* genannt wurden, weil sie sowohl die Kampfkünste lehrten als auch religiöse Aufgaben hatten, oder weil ihre Mönche den Ch'an- (oder Zen-)Buddhismus lehrten, den der indische Mönch Bodhidharma nach China brachte, oder aus beiden Gründen, läßt sich nicht sagen. Fest steht dagegen, daß in mehr als einem Kloster die Kampfkünste als Mittel zur geistigen Weiterentwicklung eingesetzt wurden. Ob die verschiedenen Shaolin-Klöster Außenposten unter der Obhut eines zentralen Tempelklosters in den Songshan-Bergen waren, oder ob einige von ihnen unabhängige, konkurrierende Einrichtungen waren, ist noch nicht geklärt.

Die Tatsache, daß heute zwei sehr gegensätzliche harte chinesische Kampfsysteme als südliches und nördliches Shaolin-Tempelboxen bezeichnet werden, stützt eher den Schluß, daß unter dem Namen »Shaolin« verschiedene Kampftraditionen gefördert wurden und gediehen, als die Annahme, daß es einst nur ein System gegeben hätte. Allerdings sind in dieser Hinsicht noch sehr viele Forschungen nötig, bis endgültige Aussagen über die Entwicklung und Ausbreitung des Shaolin-Boxens möglich sind.

Wenn heute jedoch Jünger der Kampfkünste über den Shaolin-Tempel sprechen, dann steht fest, daß – bei aller Komplexität seiner Geschichte – der großartige, teilweise verfallene Tempel gemeint ist, der heute noch am westlichen Fuß der Songshan-Berge steht.

Geheimbünde und Kampfkünste

Der Ch'an- (oder Zen-)Buddhismus und das Shaolin-Tempelboxen waren die wichtigsten Vermächtnisse des Shaolin-Tempels an die Welt; er spielte jedoch auch eine wichtige Rolle in der chinesischen Politik. Die Geheimbünde der Vergangenheit, u.a. der *Weiße Lotos,* die *Pa-Kua* und die *Boxer* waren eng mit dem

Shaolin-Tempel verbunden. Auch die heutigen Geheimbünde wie z. B. die *Triade* stehen den Kampfkünsten sehr nahe.

Man könnte ein ganzes Buch damit füllen, die Rolle dieser Gesellschaften aufzuklären. Allerdings wäre dies ein schwieriges Unterfangen, da sie wirklich geheim waren, und das über sie verfügbare Material besteht aus wenig mehr als amtlichen Berichten, die zur Unterstützung oder Rechtfertigung der Unterdrükkungsmaßnahmen abgefaßt wurden.

Eine Reihe von Historikern haben sich die Mühe gemacht, die einzelnen Bewegungen aufzuzeichnen, und ihre Arbeiten sind äußerst nützlich. Es scheint uns jedoch, daß sie den Umstand nicht gebührend berücksichtigt haben, daß eine Kampfkunstorganisation nicht einfach eine politische Bewegung ist. Der Kern ihrer Existenz ist eine bestimmte körperliche und geistige Ausbildung, zu der die revolutionäre Gesinnung hinzukommt. Daß die Mitglieder der berühmtesten Geheimbünde ausgezeichnete Kämpfer waren, zeigt sich daran, wie lange es dauerte, bis sie von ganzen Armeen von Soldaten oder Polizeikräften zerschlagen werden konnten, und an den schweren Vergeltungsmaßnahmen, die die Behörden anschließend ergriffen.

Dennoch muß in einem Buch über die Kampfkünste die Geschichte der Geheimbünde wenigstens im Umriß dargestellt werden. Die ersten, die gegründet wurden, waren die Bünde des »Weißen Lotos« und der »Weißen Lilie«. Es ist interessant, daß eine zu einem früheren Zeitpunkt entstandene religiöse Sekte die gleichen Namen benutzt, jedoch ist nicht klar, ob es zwischen dieser und den späteren Kampfkunstbünden eine Verbindung gibt.

Diese beiden Geheimbünde entstanden um das Jahr 1100. Im Jahre 1350 waren sie bereits eine ernstzunehmende Kraft im Lande. Ihr Glauben war komplex, eine Mischung aus Buddhismus, Taoismus, aber auch Manichäismus.

Die Sekte Weißer Lotos unterstützte den Mann, der in der sogenannten »Revolution des Roten Turbans« (nach der Kopfbedeckung der Rebellen) gegen die von dem Mongolen Kublai Khan begründete ausländische Yuan-Dynastie der erste Ming-Kaiser wurde. Die Mitglieder des Weißen Lotos unterstützten zunächst einen der ihren; als dieser getötet wurde, schlugen sie sich auf die Seite des ehemaligen buddhistischen Mönchs Chu-Yuan-Chang, vermutlich deshalb, weil er ebenfalls Manichäer war. Dieser wurde 1368 der erste Ming-Kaiser. Auch er gab im Jahre 1394 einen Erlaß gegen eben jene Sekte heraus, die ihn an die Macht gebracht hatte. Er war nicht der erste und der letzte Kaiser, der ein mißtrauisches Auge auf die starken Geheimorganisationen in seinem Reich hatte.

Weitere Geheimbünde entstanden neben oder aus dem Weißen Lotos. Einer von ihnen, der aus dem Blickpunkt der Kampfkünste besonders interessant ist, war die Pa-Kua. Ihre Grundlage ist das I-Ching, das Buch der Wandlungen, der chinesische Klassiker der Wahrsagung. In Kapitel V wird das I-Ching und die seltene, außerordentlich schwierige Kampfkunst Pa-Kua beschrieben, die auf diesem Buch aufbaut.

Man weiß, daß die Gesellschaft auch für das Verhalten ihrer Mitglieder das I-Ching als Maßstab anlegte, und daß sie sich in den Kampfkünsten übte. Es besteht also mit großer Wahrscheinlichkeit eine Beziehung zwischen Gesellschaft und Kampfkunst. Es ist jedoch nicht klar, was zuerst war.

In der Gegend nördlich des Gelben Flusses, in der die Gesellschaft beheimatet war, gab es einen Pa-Kua-Aufstand größeren Ausmaßes. Dieser dauerte von 1786 bis 1788, und nach dessen Ende wurde ein Erlaß herausgegeben, mit dem die Sekte verboten wurde, obwohl in ihrer Lehre nichts Aufrührerisches war. Der Pa-Kua-Bund beeinflußte die Bildung des I-He-Ch'uan, die »Fäuste der Rechtmäßigen Harmonie«, die im Westen als die »Boxer« bekannt sind. Alle diese Sekten übten ähnliche

Das Fresko auf den nächsten beiden Seiten aus dem Shaolin-Tempel, das in der Zeit zwischen 1640–1800 entstand, zeigt Mönche beim waffenlosen Kampf.

Diesem Gemälde liegt der Mythos von den indischen Lehrmeistern und den chinesischen Schülern zugrunde, obwohl es sehr unwahrscheinlich ist, daß Inder zu dieser Zeit in Tempeln lehrten. Alle Gruppen bis auf eine kämpfen auf diesem Wandgemälde partnerweise. In der mittleren Gruppe wehrt ein indischer Lehrmeister den Angriff von drei Gegnern ab. Den Gegner rechts hat er eben geworfen, während er einen zweiten mit einem Handbeugehebel sichert.

Es überrascht, daß auf dem Wandgemälde keine Schüler abgebildet sind, die Einzelformen ausführen, da Formen im heutigen nördlichen und südlichen Shaolin-Tempelboxen eine zentrale Stellung einnehmen. Es ist jedoch anzunehmen, daß der Künstler die optisch interessantesten und informativsten Unterrichtsteile darstellen wollte. Nur ein Schüler ganz rechts tritt mit dem Fuß; die meisten anderen zeigen Handtechniken. Andere, wie z. B. diejenigen im Vordergrund und links von der mittleren Gruppe üben vermutlich Blöcke, da sie jeweils nur mit einem Arm Kontakt haben. Die Schüler der zweiten Gruppe rechts vom linken Bildrand arbeiten jedoch mit beiden Armen und stehen fest am Boden, was darauf schließen läßt, daß sie das auf Seite 72 beschriebene Training der »sticking hands« praktizieren. Das Paar im Vordergrund rechts von der Mitte zeigt die berühmteste Shaolin-Haltung, die Tigerstellung.

Praktiken. Sie trafen sich heimlich während der Nacht, sangen Hymnen, psalmodierten, rezitierten Gedichte, übten sich in den Kampfkünsten und wandten möglicherweise besondere Atemtechniken zur Herbeiführung der Trance an. Die Boxer waren vollständig davon überzeugt, daß sie gegen den Tod gefeit wären, was auch immer der Angriff sei.

Gemeinsam war allen Sekten der Haß auf die Fremdherrscher, und während der langen Zeit der Manchu-Herrschaft (die Manchu- oder Ch'ing-Dynastie währte von 1644 bis 1911) galt bei den Gesellschaften der Wahlspruch »Stürzt die Ch'ing, holt die Ming«.

Als die Boxer ins Rampenlicht traten, waren allerdings andere Ausländer im Lande, die aus dem fernen Westen kamen. Der Boxeraufstand richtete sich weniger gegen die Autorität des chinesischen Staates, als vielmehr gegen die Eindringlinge aus dem Ausland, nämlich die Vertreter Großbritanniens, Frankreichs, Amerikas, Japans, Rußlands und Deutschlands, die sich in China festgesetzt hatten und das Land aussaugten. Die Boxer überfielen Missionare und die von ihnen Bekehrten, was Hunderte das Leben kostete. Die betagte Kaiserin von China zögerte, ob sie die Boxer niederwerfen oder als Verbündete einsetzen sollte, um mit ihrem Heer die Fremden zu vertreiben. Die Rebellion endete nach der Entsetzung der von der offiziellen chinesischen Armee belagerten Gesandtschaften in Peking durch Hilfstruppen. Damit konnten die Diplomaten die Ausplünderung des Landes fortsetzen. Die Boxer verschwanden, und man hat nie mehr etwas von ihnen gehört; man weiß jedoch, daß viele von ihnen nach der Zerschlagung des Aufstands in Taiwan Zuflucht fanden.

Eine andere im Westen bekannte Organisation ist die Triade. Diese hing mit dem Weißen Lotos und seinen Ablegern zusammen, entwickelte sich jedoch getrennt davon in Südchina, möglicherweise deshalb, weil Chinesen aus anderen Teilen des Landes die dort gesprochene Sprache nicht verstanden. Der Name geht auf den Titel »Die Dreieinigkeit« zurück, wobei mit »Drei« oder »Triade« die Trinität von Himmel, Erde und Mensch gemeint ist.

Die Mitglieder der Triade sagen, daß ihre Gesellschaft 1674 zur Zeit eines weiteren Aufstands gegründet wurde, durch den der herrschende Kaiser der verhaßten Ch'ing-Dynastie aus dem Amt gejagt werden sollte. Erschreckende Zahlen werden im Zusammenhang mit der Unterdrückung dieses Aufstands genannt: 700000 Menschen sollen innerhalb eines Monats in einer einzigen Provinz hingerichtet worden sein; 100000 flohen nach Formosa.

Die Triaden erwiesen sich immer als Opportunisten, die sich stets den Rebellionen anderer Organisationen anschlossen und keine Gelegenheit ausließen, um die Ch'ing anzugreifen. So eroberten sie Shanghai und besetzten es 18 Monate lang, während sie gleichzeitig Kanton belagerten. Die Organisation hat einen sehr viel tieferen Hintergrund, als ihre heutigen Verbindungen zur Unterwelt vermuten ließen. Viele der religiösen Vorstellungen der Triade stammen aus dem chinesischen Volksglauben oder gehen auf die fünf Vorväter zurück, die aus dem brennenden Shaolin-Tempel entkamen.

Über ihre Abenteuer gibt es eine berühmte Sammlung chinesischer Volkserzählungen, die in der Grundtendenz stark an die Legenden um Robin Hood erinnern. Hiervon kann jedoch bei den heutigen Triaden keine Rede mehr sein. Die Einweihungsriten haben viel mit denjenigen der Freimaurer gemeinsam. Es gibt eine Feuer- und Wasserprobe, das entblößte Bein und den schrecklichen Eid der Geheimhaltung. Schließlich überschreiten sie die kleine chinesische Brücke in die Welt der vollen Mitgliedschaft, mit der heute leider das Recht auf einen Anteil an den Gewinnen aus Schutzgelderpressungen, Drogenhandel, Prostitution und allen nur denkbaren Verbrechen verbunden ist. Triaden des 20. Jahrhunderts gibt es in allen großen Städten der Welt, vor allem in Hongkong und Singapur, in amerikanischen Städten mit hohem chinesischen Bevölkerungsanteil und in London.

In der Vergangenheit war die Triade ausgesprochen regierungsfeindlich, und letztlich gelang es ihr sogar, den ersten Teil ihres Wahlspruchs, »Vertreibt die Ch'ing«, wahrzumachen. Sun Yat-Sen, der Präsident der Republik China nach dem Sturz der Ch'ing im Jahre 1911, war Mitglied der Triade. Er benutzte sie zur Finanzierung und Propagierung seiner Revolution, und sie war nach seinem Erfolg in China sehr einflußreich.

Einige Jahre lang genoß die Triade dadurch im republikanischen China rechtliche Anerkennung; jedoch schon Chiang Kai-shek ächtete sie wieder. Diese schwankende Haltung des Staates hinsichtlich der Legitimität der Geheimbünde findet ihr genaues Gegenstück in der Haltung aufeinanderfolgender Dynastien und ihrer Regierungen bezüglich der Kampfkunstschulen. Einerseits hatte es unbestreitbare Vorteile, eine Gruppe höchst einsatzfreudiger und bestens ausgebildeter Kämpfer zur Verfügung zu haben, wenn man ein so großes und politisch instabiles Land wie China unter Kontrolle halten wollte. Bei mindestens zwei

Gelegenheiten riefen in der Tat Kaiser Shaolin-Boxer zur Hilfe, die ihnen die Macht retteten. Andererseits kann es sich kaum eine Regierung leisten, schlagkräftige Kampfkunstzentren außerhalb ihrer Kontrolle zu dulden.

In China kam hier noch hinzu, daß die Beamten durchwegs Konfuzianer waren, die traditionell kein gutes Verhältnis zu Taoisten und Buddhisten hatten. Die Shaolin-Mönche waren Buddhisten, und wir werden in Kapitel V die Rolle des Taoismus näher beleuchten, der zum tragenden Element der inneren chinesischen Kampfkünste werden sollte.

Die Geschichte dieser Kampftraditionen ist also geprägt von ständigem Wechsel zwischen offizieller Billigung und offiziellem Mißtrauen, zwischen der Rolle einer geachteten kulturellen Einrichtung und der eines unruhigen Horts aufrührerischer Gefühle und subversiver Tätigkeiten als Geheimbünde.

Im 18. und 19. Jahrhundert waren die Aktivitäten der chinesischen Geheimbünde Vorzeichen der fälligen fundamentalen Veränderungen in der Struktur der chinesischen Gesellschaft. Die Zukunft brachte jedoch nicht die Wiederherstellung der Ming-Dynastie, die zum Symbol für eine Ära des Friedens und der Wohlfahrt in der chinesischen Geschichte geworden war, sondern den Erfolg der kommunistischen Revolution und die Gründung der Volksrepublik China.

Diese grundlegende Änderung der chinesischen Gesellschaft wirkte sich auch auf die Rolle der Kampfkünste auf dem Festland aus. Während der ersten Jahre der Revolution stand man der Ausübung der Kampfkünste eher indifferent gegenüber; während der Kulturrevolution in den sechziger Jahren war sie offiziell verpönt. Wie es im heutigen China aussieht, ist schwer zu beurteilen. Paradox erscheint jedenfalls die offizielle Haltung gegenüber den Kampfkünsten angesichts der Tatsache, daß täglich im Morgengrauen Millionen von Chinesen gesundheitsfördernde T'ai-Chi-Übungen ausführen. Diese Menschen folgen offenbar bei ihrer Gymnastik und der Praxis der Kampfkünste taoistischem Gedankengut, ohne vermutlich mit der taoistischen Philosophie etwas im Sinn zu haben.

Zweitausend Jahre lang konnten Meister der chinesischen Kampfkünste ungestört ihre Schulen gründen, auch wenn dies offiziell unerwünscht war. Unter ihrem Schutz konnten sich nicht wenige Geheimgesellschaften entwickeln (ein System, das auch im heutigen Hongkong praktiziert wird), und so mancher Meister muß den Behörden ein Dorn im Auge gewesen sein.

Die traditionelle Lehre der chinesischen Kampfkünste findet man allerdings nicht mehr im chinesischen Mutterland, sondern jenseits seiner Grenzen in Hongkong und Taiwan. Es ist schier unglaublich, wie viele Kung-Fu-Schulen es allein in Hongkong gibt, und in welcher Vielfalt. Es ist praktisch unmöglich, die unterschiedlichen Kung-Fu-Stile, die heute ausgeübt werden, alle aufzuzählen; es dürften jedoch über einhundert sein.

Kung-Fu

Die harte chinesische Kampfkunst Kung-Fu wird heute in weiten Teilen des chinesischen Mutterlandes, in Hongkong, Taiwan und in den chinesischen Bevölkerungsgruppen Südasiens, Nord- und Südamerikas und Europas ausgeübt. Obwohl es eine große Vielzahl recht unterschiedlicher Stilrichtungen gibt, behaupten doch fast alle Kung-Fu-Meister, daß ihre Kunst auf die große Tradition des Shaolin-Tempelboxens zurückgeht. In der Tat wird in Taiwan der Ausdruck Kung-Fu für alle Stilrichtungen des chinesischen Boxens und die zugehörigen Übungen verwandt; die spezifisch harten Stilrichtungen werden Shaolin genannt.

Die Shaolin-Tradition selbst wird in zwei Schulen unterteilt, die nördliche und die südliche. Alle Chinesen kennen den Satz »Nördliches Bein – südliche Faust«, und dieser grundlegende Unterschied ist bei der Mehrzahl der harten chinesischen Boxschulen zu beobachten. Es ist möglich, daß diese technische Unterscheidung auf die Existenz zweier verschiedener Shaolin-Tempeltraditionen hinweist; für die meisten Chinesen beruht dieser Unterschied jedoch auf den geographischen Gegebenheiten ihres Landes.

Das Land im Norden besteht hauptsächlich aus weiten, sanft gewellten Ebenen, und die Menschen sind daran gewöhnt, große Strecken zu Fuß oder zu Pferde zurückzulegen. Ihre kräftigen Beine wurden daher allmählich zu ihrer Hauptwaffe für Angriff und Verteidigung. Die Landschaft Südchinas dagegen wird von einer Vielzahl von Wasserläufen durchschnitten, an deren Ufern die Menschen seit jeher leben. Sie bewegten sich tagtäglich rudernd und stakend über das Wasser, wobei sie vor allem eine kräftige Armmuskulatur entwickelten; folglich wurde die Faust ihre Hauptwaffe in den Kampfkünsten. Mag sein, daß diese Theo-

Das umseitige Bild zeigt den Eingang zum Shaolin-Tempel in Zentralchina. Vor wenigen Jahren noch befand sich der Tempel in sehr schlechtem Zustand. Zur Zeit wird er restauriert und ist für Besucher wieder geöffnet.

林寺

rie etwas zu sehr vereinfacht ist; sie gibt jedoch den Grundunterschied zwischen den beiden Boxtraditionen wieder.

Der erste und stärkste Eindruck bei den nördlichen Stilrichtungen, die wir zuerst betrachten wollen, sind ihre graziösen, fast ballettartigen Bewegungen. Die Hauptelemente des Stils, den man heute in der Volksrepublik Shaolin Ch'uan nennt, sind eindeutig nördlichen Ursprungs, und höchstwahrscheinlich ist das, was die Welt heute durch die Erzeugnisse der Filmindustrie unter Kung-Fu versteht, weitgehend mit dem nördlichen Stil identisch. Man kann weiterhin davon ausgehen, daß die nördlichen Stilrichtungen die Grundlage der Balletteinlagen sind, die den Höhepunkt vieler Peking-Opern bilden.

Im nördlichen Stil sind die Stellungen meist sehr weit und offen. Arme und Beine werden bei Angriff und Verteidigung häufig ganz gestreckt, und blitzschnelle Sprünge, Wendungen und andere fließende Bewegungen spielen eine große Rolle. Die Tiere, deren Bewegungen diese Stilrichtungen anerkanntermaßen beeinflußt haben, zeigen ähnlich ausladende, fließende Bewegungen, u.a. der Kranich, das Pferd und die Gottesanbeterin.

Das bekannteste Merkmal dieser Stilrichtungen ist wohl ihr Repertoire an Beintechniken. Die nördlichen Boxer wenden während der Aufwärmphase des Trainings sehr viel Zeit für eine Vielzahl von Dehnungsübungen auf. Dadurch erlangen sie die Fähigkeit, hoch in die Luft zu springen und einen, zwei oder sogar drei Fußstöße zum Gesicht, zum Hals oder zur Brust auszuführen, bevor sie wieder landen. Ein Fußstoß seitwärts, der fast im Laufen gegen die Brust eines Gegners geführt wird, kann zum Rippenbruch führen.

Der spektakulärste aller Fußstöße, der damit auch zur Lieblingstechnik der Kung-Fu-Filmindustrie avancierte, ist der eingesprungene Fußstoß seitwärts. Für diesen Tritt nimmt der Kämpfer einen kurzen Anlauf und springt hoch; in der Luft bleibt das Führungsbein dann durchgestreckt und der Fuß eingedreht, so daß die Fußkante die Auftrefffläche bildet; das hintere Bein wird von unten vor den Rumpf hochgezogen, während die Arme in Verteidigungsstellung sind. Der Angriff sollte in einer Höhe von etwa 1,20m bis 1,80m über dem Boden erfolgen.

So schön diese Technik aussieht, so unsinnig ist sie auch gegen einen am Boden stehenden Gegner, da sie aus der Distanz erfolgen muß und der Angreifer in der Luft keine Möglichkeit hat, die Richtung zu ändern. Der Gegner braucht lediglich einen Schritt zur Seite zu machen und dem vorbeifliegenden Angreifer einen Schlag zu versetzen, um ihn auszuschalten. Man nimmt jedoch an, daß dieser Tritt ursprünglich dazu diente, um Kavalleristen aus dem Sattel zu heben, wobei der Fuß des Angreifers den berittenen Gegner in Höhe der Hüfte traf. Es dürfte vermutlich für den Reiter sehr schwierig gewesen sein, innerhalb der ein bis zwei Sekunden, die zwischen der Einleitung und dem Abschluß der Technik lagen, sich und sein Pferd aus der Gefahrenzone zu bringen, so daß der Tritt ursprünglich höchst wirkungsvoll war. Die meisten südlichen Boxer halten wenig von den hohen Fußstößen ihrer nördlichen Kollegen, da es ihrer Ansicht nach ein Leichtes ist, einen Gegner zu überwinden, der sein Gleichgewicht so leichtsinnig aufs Spiel setzt. Allerdings darf man den Überraschungseffekt nicht unterschätzen, den eine solche Taktik im Kampf haben kann.

In den nördlichen Stilrichtungen nimmt das Üben von »Formen« einen breiten Raum im Training ein. Die meisten von ihnen sind sehr langwierig und kompliziert. Für ihre Ausführung ist sehr viel Platz erforderlich; meist handelt es sich um geradlinige Bewegungen längs oder quer durch den Raum oder auch im Winkel von 45° zu diesen Achsen.

Bei einigen Kung-Fu-Stilen gibt es auch Wurf- und Hebeltechniken; im allgemeinen sind jedoch für den nördlichen Stil Schläge und Konter typisch, die mit voll ausgestreckten Armen und Beinen aus der Distanz geführt werden. Auch Waffen werden in den nördlichen Stilen in großer Vielfalt eingesetzt, u.a. Schwerter, Speere, Stöcke, Krummsäbel, Hellebarden und sogar ein »Kriegsfächer« mit eisernen Rippen. Die Formen sind auch bei den Waffenübungen offen und graziös, wiewohl ihre Schönheit nicht bedeutet, daß sie für den Kampf ungeeignet wären.

Die meisten südlichen Stilrichtungen unterscheiden sich ganz deutlich von denjenigen des Nordens. Für den Kämpfer des Südens sind ein sicherer Stand und ein gutes Gleichgewicht Grundvoraussetzungen. Dies mag damit zusammenhängen, daß früher in Booten und auf dem glitschigen, schlammigen Boden des südchinesischen Marschlands gekämpft werden mußte, weshalb auch der Einsatz der Hände und Arme außerordentlich weit entwickelt ist.

Gemeinsam ist den südlichen und nördlichen Schulen, daß sie sich von der Natur inspirieren lassen, wobei man im Süden eher nach plötzlichen, überrumpelnden, kraftvollen Bewegungen Ausschau hält. Vorbilder findet man hier eher beim Angriffsverhalten von Tiger, Leopard, Adler und Affe.

Die Techniken der südlichen Stilrichtungen zielen darauf ab, auf Angriffe blitzschnell zu reagieren und das Prinzip der Gleichzeitigkeit von Angriff und Verteidigung in die Praxis umzusetzen. Ein wesentlicher Aspekt der südlichen Technik ist z. B., daß beide Arme fast immer gleichzeitig eingesetzt werden. Während die Linke einen Schlag abblockt und den abgeleiteten Arm gegen die Kehle des Gegners führt, führt die rechte Faust gleichzeitig einen kraftvollen Schlag gegen das Gesicht, den Hals oder den Oberkörper des Angreifers. Innerhalb von Sekunden ist der Gegenangriff abgeschlossen, und der südliche Boxer sieht aus seiner Ausgangsstellung zu, wie der Angreifer zu Boden geht.

Im südlichen Boxen kommt es vor allem darauf an, instinktiv auf einen Angriff zu reagieren und den Gegner mit einer Serie von Schlägen einzudecken; dabei vermeidet man es, sich fassen zu lassen oder selbst beim Gegner einen Wurf anzusetzen. Die südlichen Boxer sind überzeugt, daß sie durch die Schnelligkeit und Kraft ihrer Angriffe und ihrer Verteidigung die »weichen« Boxer mit ihrer Betonung des Geistigen leicht besiegen können. Die Ergebnisse von Vergleichskämpfen geben ihnen jedoch nicht immer Recht.

Gekämpft wird im südlichen Stil praktisch immer in der kurzen Distanz, wobei »schnappende« Schläge aus dem Gelenk, Ellbogenstöße und Handkantenschläge mit Blöcken zu einer einzigen Bewegung von enormer Schnelligkeit und Durchschlagskraft zusammengefaßt werden.

Ziel des südlichen Boxers ist also sofortige Reaktion und unverzügliche Ausschaltung des Angreifers. Um dies zu erreichen, lernen die Schüler Formen, Sequenzen schneller Handbewegungen und Ausweichschritte und einige Hand- und Fußfeger sowie tiefe Tritte gegen die Vorder- oder Rückseite des Knies, die Schienbeine und die Hüfte. Bei einigen Richtungen werden diese Formen stets ohne Partner geübt, während andere Schulen sie in kurze Teilabläufe zerlegen, die die Schüler mit größtmöglicher Geschwindigkeit zu zweien üben. Geübt werden kann im Stand oder im Gleiten vorwärts und rückwärts. Wie bei den nördlichen Stilrichtungen werden Formen meist in geraden Linien in alle Richtungen und in einem Winkel von 45° zu einem imaginären Angrei-

Eine junge Adeptin des nördlichen Shaolin-Tempelboxens zeigt während einer Vorführung in der Volksrepublik China ihr Können mit dem Schwert. Das Schwert zeigt genau zur Kamera und ist daher kaum zu sehen. Die weiten Gesten dieser Schülerin sind typisch für den nördlichen Stil.

fer ausgeführt. Allgemein kann man sagen, daß die Formen des südlichen Stils kompakter sind und der Ausübende kürzere Wege zurücklegt als ein Vertreter des nördlichen Stils. In einer berühmten Variante des südlichen Shaolin-Boxens, dem *Wing-Chun* (»immerwährender Frühling«), besteht die gesamte erste Form nur aus Arm- und Handbewegungen, wobei der Ausübende im übrigen völlig ruhig und wie angewurzelt stehen bleibt.

Zur Verbesserung von Geschwindigkeit, Timing und der Vorwegnahme der Aktionen des Gegners wird auch bei einigen südlichen Stilrichtungen die schnelle, paarweise ausgeführte Übungsform *sticking hands* trainiert, die in den weichen, inneren chinesischen Künsten weit verbreitet ist (siehe Kapitel V). Die Schüler stehen dabei etwa 60 cm voneinander entfernt und legen die Arme aneinander. Dann bewegen sie die Arme und müssen versuchen, den Kontakt beizubehalten. Ab und zu führt einer der Schüler einen schnellen Schlag aus, den der andere möglichst sofort abblocken und kontern muß. Wenn die Schüler in dieser Weise üben, hallt im Übungsraum das scharfe Stakkato der Schläge und Stöße, wenn ein Schüler die Deckung des anderen durchdringt und gegen dessen Brust schlägt.

Holzpuppen mit einem Mittelbalken, der Rumpf und Kopf darstellt, drei davon abstehenden Armen und einem einzelnen gekrümmten Bein sind bei den südlichen Boxern beliebte Trainingshilfen. Wer mit ihnen arbeiten will, sollte jedoch im Training bereits fortgeschritten sein, um das Gerät sinnvoll nutzen zu können. Es dient hauptsächlich zur Abhärtung der Unterarme und Hände und zur Verbesserung der Treffgenauigkeit mit Händen und Beinen. Immer wieder werden Fußtritte, Blöcke und Fauststöße gegen den Rumpf und die Beine der Puppe geübt, bis die Techniken vervollkommnet sind.

In vielen südlichen Stilrichtungen und teilweise auch im Norden gibt es schließlich noch verschiedene Formen von gemäßigtem Sparring. Vollkontakt ist nicht erlaubt, ebenso verschiedene gefährliche Schläge, vor allem mit den Ellbogen und den Füßen. In vielen Stilrichtungen werden die Schüler ausdrücklich angehalten, ihre Fähigkeiten unter möglichst kampfnahen Bedingungen zu erproben. Wettbewerbe, bei denen Meister gekürt werden, sind im allgemeinen verpönt; freies Sparring

Ein Schüler des Wing-Chun zeigt die zweite Form. Bei den südlichen Stilrichtungen, zu denen Wing-Chun gehört, werden Fußtritte immer tief ausgeführt.

Sifu Simon Lau (oben) lernte 15 Jahre lang Wing-Chun. Hier zeigt er einen Ellbogenschlag zur Kehle. Nahkampftechniken wie diese sind besonders gefährlich.

Sifu Simon Lau und ein Schüler üben Angriff und Verteidigung mit Wing-Chun-Formen (unten). Diese Techniken verbessern bei häufigem Training die Geschwindigkeit und Treffgenauigkeit.

wird dagegen als eine Form der kontrollierten Kampferfahrung durchaus ernst genommen.

Ein junger, gesunder Mensch kann es in drei bis vier Jahren konzentrierten Trainings durchaus zum Könner in einer der vielen Stilrichtungen des Kung-Fu bringen. Um die Techniken einer Richtung mit wahrer Meisterschaft beherrschen zu können, und um eine Vorstellung von dem inneren Reichtum des Kung-Fu zu erlangen, sind jedoch mindestens zehn Jahre Geduld und Ausdauer erforderlich. Die wenigsten Schüler halten jedoch so lange durch, und viele Meister, mit denen wir sprachen, klagten darüber, daß die meisten ihrer Schüler nur so lange am Unterricht teilnahmen, bis sie die Grundzüge ihrer Kunst beherrschten. Mit diesen rein technischen Kenntnissen ausgerüstet, würden sich viele Schüler dann der Unterwelt, der Triade und anderen Geheimorganisationen anschließen, anstatt ihr Wissen zur Selbstverteidigung und zur Kultivierung und konstruktiven Weiterentwicklung ihrer Persönlichkeit im positiven Sinne zu nutzen.

Kampfkünste und Unterhaltung

In ganz Asien üben die Kampfkünste auf Menschen, die sie nicht selbst betreiben, seit Jahrhunderten eine starke Faszination aus. In vielen asiatischen Ländern sind Kampfkunstvorführungen von offiziellen Anlässen nicht wegzudenken. In einem Land, in dem Geheimhaltung seit Jahrtausenden einen hohen Stellenwert hat, haben öffentliche Darbietungen geheimer Kampfkünste immer für ein volles Haus gesorgt.

In Wirklichkeit gewähren Meister der Kampfkünste dem Publikum praktisch nie Einblick in ihre wahren Fähigkeiten. Sie haben allerdings Mittel und Wege gefunden, um das Publikum mit geschickt choreographierten Shows von virtuoser Akrobatik zu unterhalten. Es haben sich hier zwei traditionelle Formen herausgebildet: Der Löwentanz und die Peking-Oper. In jüngster Zeit wurde diese Tradition um eine moderne Variante bereichert: Den Kung-Fu-Film.

Bruce Lee war es, der praktisch allein den Aufstieg der Kung-Fu-Filmindustrie bewirkte. In seiner Heimat Hongkong begann er Wing-Chun zu lernen, als er fünfzehn war. Wing-Chun war in Hongkong schon seit etwa einem Jahrhundert sehr beliebt, möglicherweise deshalb, weil es für die Straßenbanden, von denen es in der Kolonie so viele gibt, im Nahkampf sehr nützlich war.

Lee studierte etwa drei Jahre in Hongkong und machte dort seinen Abschluß in Philosophie. Anschließend ging er in die USA, wo er im

gleichen Fach ein Aufbaustudium absolvierte. Dort kam er mit vielen anderen Kampfstilen sowohl asiatischen als europäischen Ursprungs in Berührung.

Er war äußerst experimentierfreudig und eignete sich mühelos viele neue Techniken aus den Künsten an, die er kennenlernte. Als er achtundzwanzig war, kam sein erster größerer Film heraus, und innerhalb von zwei Jahren war er in Film und Fernsehen ein gefeierter Star. Die Techniken, die er in seinen Filmen zeigte, entstammten keineswegs alle den chinesischen Kampfkünsten; seine gründliche Ausbildung in Wing-Chun gab ihm jedoch die Schnelligkeit, die Kraft und Beweglichkeit, durch die er nicht nur zu einem meisterhaften Kampfkünstler, sondern auch zu einem exzellenten Schauspieler wurde.

Für diejenigen, die Bruce Lee kannten, war er nicht nur einfach ein Könner der Kampfkünste, sondern auch ein Denker und Erneuerer. Er konnte jeden beliebigen Stil lernen, sich jede Technik aneignen und jeweils das in sein Repertoire aufnehmen, was ihm für seine Kunst nützlich erschien.

Als Kämpfer hielt er sich nicht mit den Förmlichkeiten und Zeremonien auf, die die meisten Kampfkünste umgeben. Ein Mann mit einem Ruf wie Bruce Lee wird immer wieder herausgefordert, entweder zu einem freundschaftlichen Vergleich oder zu einem wirklichen Kampf. Nicht selten endeten aber auch die freundschaftlichen Vergleiche mit bitterem Ernst.

Dan Inosanto, ein Kalifornier, der lange Jahre mit Bruce Lee arbeitete, berichtete, daß Lee zunächst seinen Gegner »abtastete« und dann so blitzschnelle Aktionen folgen ließ, daß in der Regel ein Kampf innerhalb von 10 Sekunden vorüber war. Es war meist kein schöner Kampf, aber, wie Dan Inosanto meinte: »Was sollen wunderschöne Gesten? Sie ziehen nur den Kampf in die Länge, und man gibt sich Blößen. Was glauben Sie, was der Gegner macht, wenn Sie dastehen und mit den Armen fuchteln?«

Bruce Lees Kampfsystem war unkonventionell. Er nannte es Jeet-Kune-Do, den »Weg der explodierenden Faust«. Es war eigentlich kein Kampfsystem, sondern eher ein Verfahren, sich in den Kampf hineinzufinden. Er wollte die Menschen dazu bringen, darüber nachzudenken, was für sie am besten war; sie sollten sich nicht in ein System pressen lassen, das ein anderer erdacht hatte.

Andererseits war ihm sehr daran gelegen, ein möglichst guter Unterhalter zu sein. Er benutzte die spektakulärsten Techniken aus allen asiatischen Systemen, aber auch aus dem westlichen Boxen, um seinem Publikum die bestmögliche Unterhaltung zu bieten. Dabei gab es zu keiner Zeit das Problem, ob es sich mit dem Ethos eines Kampfkünstlers vertrage, in Kung-Fu-Streifen aufzutreten. Die Chinesen sehen dies als natürliche Erweiterung der Kampfkünste.

Kampfkünstler treten regelmäßig in der chinesischen Oper auf, wo sie die spektakulärsten Szenen bestreiten.

Die Heldin der Oper, die lässig die Speere abwehrt, die vier Schurken auf sie schleudern, hat Kung-Fu gelernt, seit sie als kleines Mädchen in die Opernschule aufgenommen wurde.

Der Löwentanz

Die traditionelle Verbindung zwischen Unterhaltung und Kampfkünsten zeigt sich auch am Löwentanz. Kein chinesisches Fest ist vollständig ohne den langen und bunten Papierlöwen, der von einer Kette tanzender Menschen zum Leben erweckt wird, von denen nur die Beine sichtbar sind. Die Tänzer in Maske und Leib des Löwen, aber auch die Musiker, die sie anfeuern, kommen immer aus Kung-Fu-Schulen. Damit können sich die Schüler ein Taschengeld verdienen. Sie tanzen bei der Eröffnung von Supermärkten und Banken und auf dem jährlichen Polizeifest. In den Chinesenvierteln der westlichen Städte windet sich der Löwe bei der Feier des chinesischen Neujahrsfests durch die Straßen mit den chinesischen Restaurants und den orientalischen Supermärkten. Die Tanzbewegungen, die unter der Maske zu sehen sind, gleichen Bewegungsformen aus dem Kung-Fu, die jedoch ganz leicht aussehen. Das Geschick der Ausführenden zeigt sich gerade an den graziösen Bewegungen. Meister Chan, der Kung-Fu-Experte, der uns beriet, erklärt: »Dieser Löwe ist ein intelligentes Tier. Wenn er erscheint, ist er vorsichtig, zögernd, er wagt sich nicht in die Straßen. Er würde am liebsten zu Hause bleiben. Er steckt den Kopf durch das Tor und kommt schließlich doch in die Straßen und tanzt. Dort liegt aber dann Futter. Und dieses Futter könnte vergiftet sein. Er muß also erst daran riechen und davon kosten, bevor er es ißt, und dann schläft er ein.«

Der Tanz ist jedoch in Hongkong nicht mehr das, was er früher war. Es gibt kein Feuerwerk mehr, weil es verboten ist. Das Futter wird auch nicht mehr wie früher hochgehängt,

Bruce Lee war ein ausgezeichneter Kampfkünstler und Schauspieler. Die Armhaltung, die er auf diesem Filmplakat zeigt, ist typisch für die südlichen Stilrichtungen des chinesischen Boxens.

so daß es der Löwe jetzt relativ leicht schnappen kann. Dies war der akrobatischste und spektakulärste Teil des Tanzes, wenn ein Tänzer auf den Rücken des anderen sprang.

Dieser Verfall der Kunst ist leider typisch für Kung-Fu überhaupt, und der Trend wird sich wahrscheinlich fortsetzen. Wenn die Behörden im chinesischen Mutterland einmal eingesehen haben werden, daß die Kampfkünste ein einmaliges Erbe sind, für das sich die übrige Welt interessiert, wird die Regierung dieses Erbe nicht anders behandeln als die anderen darstellenden Künste: Jedes Kind, das früh schon Talent auf diesem Gebiet erkennen läßt, wird in eine spezielle Schule geschickt. In den meisten Großstädten Chinas gibt es Schulen für Zirkusakrobaten, und man wird ähnliche Schulen für Kampfkünstler einrichten.

Der Rest der Bevölkerung wird bei Trainern die körperlichen Fähigkeiten ohne die dahinterstehende Philosophie erlernen können. Diese werden wahrscheinlich der Gymnastik näher stehen als dem praxisorientierten Kampf, da die chinesischen Beamten vermutlich ein gutes Gedächtnis haben dürften. Es ist sehr zweifelhaft, ob ihnen eine große Zahl bestens trainierter Kämpfer außerhalb der Streitkräfte willkommen ist, mit denen schon ihre Vorgänger von der Ching-Dynastie ihre Schwierigkeiten hatten.

In Hongkong, Taiwan und anderswo braucht Kung-Fu nicht mehr in eine sportliche Form der Unterhaltung umgewandelt zu werden. Kung-Fu hat dort seit jeher das Publikum unterhalten und den Unterhaltern ein Einkommen beschert. In vielerlei Hinsicht ist daher die Entstehung der Kung-Fu-Filmindustrie nichts weiter als eine neue Facette eines alten Systems. In Hongkong scheint es so zu sein, daß die Filmindustrie durch Beschäftigung von Kampfkunstschülern viele Kung-Fu-Schulen indirekt unterstützt.

Der Meister begutachtet einen Löwentanz, der in seinem Club geprobt wird (oben). Neben dem Maul des Löwen kann man das rechte Bein eines fortgeschrittenen Schülers sehen. Der Löwentanz kann nur von Kung-Fu-Schülern aufgeführt werden.

Kung-Fu: Ansichten eines chinesischen Meisters

In Taiwan, wo das chinesische Leben in den letzten Jahren kaum durch politische Veränderungen gestört wurde, gibt es eine große Zahl von Shaolin-Schulen. In Taiwan trafen wir auch Meister Hung I-Hsiang zum erstenmal. Er ist vor allem ein Meister der weichen chinesischen Künste, beherrscht aber auch einen Stil des nördlichen Shaolin. Sein Wissen über die chinesischen Künste, das außerordentlich breit gefächert ist, geht hauptsächlich auf mündliche Überlieferung zurück. Meister Hung war der erste, der uns einige der Prinzipien und Unterschiede in den chinesischen Kampfkünsten erklären wollte. Er wurde von zwei Meistern unterrichtet, die vor der kommunistischen Machtübernahme das Mutterland verließen.

Sifu Simon Lau erläutert zwei Schülern den Gebrauch des Schlagpfahls. Bei vielen Angriffen im Wing-Chun schlagen beide Hände oder eine Hand und ein Fuß gleichzeitig.

Beide Meister gaben ihr Wissen an ihn weiter, wie auch er nun seine Schüler unterrichtet, vor allem seinen zweiten Sohn Tze-Han. Die Gespräche mit Meister Hung wurden stets von Tze-Han gedolmetscht, der häufig noch Erläuterungen und Ergänzungen zu den Antworten seines Vaters gab.

Mit der ersten Frage an Meister Hung wollten wir ergründen, welches die korrekte Bezeichnung für die chinesischen Kampfkünste ist:

»Während der T'ang-Dynastie hießen die Chinesen im Ausland ›Männer von Tang‹. *T'ang-Shou* bedeutet daher ›Hände von Tang‹. Im Ausland nannte man dann die chinesischen Kampfkünste T'ang-Shou-Tao, ›den Weg der Hände von Tang‹. ›Tang‹ war gleichbedeutend mit ›China‹.«

Tze-Han ergänzte:

»Seit jeher wurde der Ausdruck T'ang-Shou-Tao zur Bezeichnung der chinesischen Kampfkünste benützt. Die Chinesen nannten ihre Kampfkünste Kuo-Shu oder ›nationale Künste‹. Kung-Fu ist ein moderner Ausdruck, der durch die Kung-Fu-Filme verbreitet wurde. Der Ausdruck ›T'ang-Shou‹ dient heute zur Bezeichnung der traditionellen chinesischen Kampfkünste.«

Der Ausdruck *Kuo-Shu* oder »nationale Künste« rückt die Kampfkünste in den Mittelpunkt des chinesischen Denkens, da die alten Künste der Medizin und der Oper wie auch die Kampfkünste, die insgesamt ein wesentliches Element der chinesischen Kultur sind, sämtlich nationale Künste genannt werden. Der Ausdruck Kung-Fu bezeichnet keine traditionelle Kampfkunst; es ist ein Wort für die Zeit und Energie, die jemand für die Entwicklung einer bestimmten Fertigkeit aufwendet, sowie für den Grad der erreichten Geschicklichkeit. Nach dieser Definition sind Margot Fontain, Olga Korbut und Otto Klemperer Meister des Kung-Fu.

Dann ging Meister Hung auf die Ursprünge der harten und der weichen chinesischen Kampfkünste ein:

»Die verschiedenen Kampfkünste haben alle die gleiche Quelle. Die Unterschiede sind auf spätere theoretische Entwicklungen zurückzuführen. Die einzelnen Schulen der chinesischen Kampfkünste nahmen in der Regel den Namen des Gebirges an, in dem sie entstanden; so gibt es z.B. die Wu-Dan-Schule, die O-Mei-Schule, die Chung-Nan-Schule usw.«

Zu der Zeit, als es noch keine Gliederung der Kampfkünste in Schulen gab, sammelten die Generäle aus der Zeit der Streitenden Reiche (480–221 v.Chr.) auf dem Schlachtfeld viel persönliche Erfahrung. Als sie älter wurden, zogen sie sich in die Shaolin-Tempel zurück, um von den dortigen Meistern neue Fertigkei-

Meister Chans Leben ist einfach, aber ausgefüllt. Es spielt sich hauptsächlich im Parterre eines Miethauses an der Hauptstraße durch Kowloon ab. Im rückwärtigen Teil befindet sich Meister Chans kleine Praxis, denn er ist nicht nur ein Meister des Hung Kuen, eines südlichen Shaolin-Stils des Kung-Fu, sondern auch Arzt, der auf Quetschungen, Verrenkungen und Knochenbrüche spezialisiert ist. Er betreibt weder Akupunktur noch Kräutermedizin, sondern behandelt seine Patienten hauptsächlich mit Packungen. Einfache Brüche scheinen bei ihm sehr schnell zu heilen.

Neben seiner Praxis liegt der Trainingssaal. Nach den Standards anderer Länder ist er sehr klein, aber Land ist in Hongkong so teuer wie nirgends sonst in der Welt. Für ihn ist es praktisch, da er direkt von seiner Praxis zu den Schülern hinübergehen kann, die dort üben.

In der Mitte von Meister Chans Komplex kleiner Gebäude befindet sich das Reisebüro seines Sohnes sowie eine Schneiderei, durch die seine Patienten auf dem Weg in die Praxis hindurchmüssen. Diese Geschäfte sowie die Tabakläden und die Lebensmittelhandlungen draußen auf der Straße gehören ihm. Meister Chan berichtete uns von seinen ersten Jahren in Hongkong:

»Ich kam 1923 nach Hongkong, als ich zwölf war. Mein Bruder arbeitete in einer Schule in der Kennedy-Road, und ich verdiente mir meinen Lebensunterhalt in einem Lebensmittelstand im St. Joseph's College. Ich besuchte Lam Sai-Wings Kampfkunstschule im Central District. Es dauerte drei Monate, bis ich die Grundstellung der ›Tigerfaust‹ konnte, weil ich langsam lernte. Ich übte jeden Abend von 7.00 bis 12.00 Uhr und stand um 4.00 Uhr am nächsten Morgen wieder auf, um zu üben. Nach einem halben Jahr wurde ich besser, und mein Interesse nahm zu. Ich übte jeden Abend fünf Stunden lang. Man muß Selbstdisziplin und Initiative haben. Man darf nicht nur üben, wenn der Lehrer dabeisteht.«

Meister Chan berichtete uns über die Ursprünge des Kung-Fu:

»Die Kampfkünste gehen überwiegend auf den Shaolin-Tempel zurück. Dort wurden die Kampfkünste nach der körperlichen Konstitution gelehrt. Wer eher schwach war, bekam Kampfkunstübungen, die nicht viel Kraft erforderten. Wer stark war, mußte anstrengende Übungen machen.

Das Hung-Kuen, unsere Schule, stammt von unserem Begründer Hung Hsi-Kuan, der es von den Shaolin-Mönchen lernte. Es heißt Hung-Kuen, weil Hung sein Familienname war. Er war sehr stark und er legte fest, daß man Kampfkünste nicht dazu lernen kann, andere einzuschüchtern. Es dient nur zur eigenen körperlichen Ertüchtigung und zur Selbstverteidigung. Dadurch wird man bescheidener. Genauso müßten Leute, die Kampfkünste lernen, immer damit rechnen, daß ihr Gegner nicht weniger kann als sie selbst, so daß sie sich hüten müssen, ständig in Kämpfe verwickelt zu sein. Wenn jemand Hung-Kuen lernen will, fragen wir nach seiner Familie, seinem Beruf usw., um zu sehen, ob er von der Persönlichkeit und seiner Herkunft her zu uns paßt. Niemand wird bei uns unterrichtet, der einen schlechten Charakter hat.«

Meister Chan ist einer der Meister aus Hongkong, die über die derzeitige Situation dieses Stadtstaats nicht glücklich sind. Er weiß um die Probleme, die heute entstehen:

»Zu meiner Zeit gehorchten die Schüler den Lehrern mehr als ihren Eltern, und dadurch war das Unterrichten sehr viel leichter. So konnte z.B. der Lehrer von seinen Schülern verlangen, stundenlang hart zu trainieren, ohne eine Klage zu hören. Dies ist heute nicht mehr so. Man nennt uns nicht mehr Lehrer, sondern Trainer. Der Schüler hat keinen Respekt mehr vor dem Lehrer, weil sie der Auffassung sind, daß sie ja schließlich bezahlt haben, und sie wollen für ihr Geld etwas sehen. Diese Haltung macht es dem Lehrer unmöglich, den Schülern das Wesentliche der Kunst beizubringen. Aus diesem Grund sind von den Tausenden meiner Schüler nicht einmal zehn als Lehrer geeignet. Hung-Kuen ist sehr schwierig zu erlernen und niemand kann andere unterrichten, wenn er nicht selbst ein Könner ist. Ich brauche mindestens acht Jahre, um einen Schüler richtig auszubilden, während die meisten nach zwei oder drei Jahren schon wieder weggehen. Auf der anderen Seite sehe ich selbst mit Beschämung und Bewunderung, wieviel Einsatz ausländische Lehrer der Kampfkünste wie z.B. die Japaner und Koreaner zeigen. Sie nehmen jeden Tag mehrere Stunden aktiv am Training teil und unterrichten, während die chinesischen Trainer ihre Schüler alleine üben lassen. Sie zeigen ihnen schon einmal eine neue Technik, aber nur, wenn sie dazu Lust haben.«

Dieser Vergleich mit dem Unterrichtssystem und den Gebräuchen Japans hinkt allerdings in mancher Hinsicht. Die japanischen Kampfkünste waren immer in die höheren Gesellschaftsschichten integriert. Sie werden mit großer Disziplin in einem durchgegliederten System geübt, so daß es eine einheitliche Vergleichsnorm gibt. Es gibt zwar eine gewisse Unterteilung der Kunst in rivalisierende Schulen, jedoch hat dies nicht den Grad der Zersplitterung erreicht, der in Hongkong zu beobachten ist. Ein Heer von Schülern in der ganzen Welt weiß, daß sie im Prinzip die gleiche Kunst erlernen wie in Japan. In Hongkong hat praktisch jede Schule ihre eigenen Normen, die außerhalb von Hongkong wenig gelten. Die traditionelle Geheimhaltung der chinesischen Meister ist natürlich zum Teil mit schuld an dieser Situation.

Meister Chan ist eine Säule der Gesellschaft von Hongkong. Er ist in vielen karitativen Organisationen tätig und hat seit Jahrzehnten kein Diner des Rotary Clubs versäumt. Eine Kung-Fu-Veranstaltung wäre nicht vollständig ohne ihn.

Die Art, wie Meister Chan von seinem Meister die Heilkunst erlernte, ist wiederum ein Beispiel der Tradition der Geheimhaltung:

»Wenn ein Schüler von einem Lehrer Kung-Fu lernt, der auch in der Kräuterheilkunde beschlagen ist, wird der Lehrer, wenn sein Schüler gewissenhaft ist und lernen will, diesem geduldig helfen. Der Schüler muß den Ehrgeiz haben, zu lernen und dadurch das Vertrauen des Lehrers gewinnen. Dafür wird dieser dem Schüler gerne beibringen, wie bei verschiedenen Verletzungen zu verfahren ist, z.B. bei der Reposition ausgerenkter Gelenke.

Der Schüler muß den Lehrer bei der Behandlung der Patienten beobachten und einschlägige Bücher lesen. Erfahrung ist für einen Kräuterarzt äußerst wichtig, und wenn der Schüler nicht ganz aufmerksam ist, wird er nichts lernen. Nur ein geeigneter Lehrer kann dem Schüler die Namen der einzelnen Kräuter und ihre Anwendungsweise erläutern. Der Lehrer kennt Zubereitungen für die Schmerzlinderung bei Quetschungen und andere, die für Verrenkungen gut sind. In jeder Zubereitung sind mindestens 40 Kräuter enthalten. Sie werden zu Pulver zerrieben und mit Alkohol angesetzt.

Die chinesische Heilkunst ist wunderbar. Es gibt eine Arznei, durch die Knochen wieder zusammenwachsen, die gebrochen waren. Viele Menschen glauben dies nicht, aber ich empfehle sie allen meinen Patienten, deren Verletzung auch einen Knochenbruch einschließt. Es ist eine Suppe, in der nach einem geheimen, uralten Rezept ein totes Insekt mit Schweinefleisch gekocht wird.«

ten zu erlernen. Hierbei handelte es sich um Fähigkeiten zur Verlängerung der Lebensdauer auf der Grundlage der Prinzipien des Taoismus. Diese Männer gründeten später ihre eigenen Schulen, in denen sie ihre Kampferfahrung und die im Tempel erlernten Prinzipien des Taoismus miteinander verbanden. Die Shaolin-Schule war eher buddhistisch, während Wu-Dan eher dem Taoismus zuzuordnen war.

Während im Westen Religionen einen sehr ausschließlichen Charakter haben, ist dies in China und im Osten allgemein keineswegs der Fall. Kein Chinese störte sich daran, daß taoistische Generäle in buddhistischen Klöstern Studien trieben. In seiner Antwort hat Meister Hung die Gründung des Shaolin-Tempels nicht zu früh angesetzt; er wollte zum Ausdruck bringen, daß es vor dessen Gründung Orte gab, an denen Generäle mit Meistern zusammentreffen konnten, und diese Praxis setzte sich sicherlich nach der Zeit der Streitenden Reiche fort. Wu-Dan war der Berg, dessen Name besonders mit der Entwicklung der taoistischen inneren Kampfkunstschule verbunden ist.

Meister Hung erklärte dann, wann und wie es zur Spaltung in die harte und weiche Schule kam:

»Die nördliche Schule des Shaolin besaß schon vor langer Zeit eine fortgeschrittene Atemtechnik. Das traditionelle Verfahren konzentrierte sich auf das Tan T'ien, den Schwerpunkt des Körpers etwa 7 cm unterhalb des Nabels. Es dauerte jedoch sehr lange, bis man diese Technik beherrschte. Als die Manchus die Ming-Dynastie angriffen und schließlich stürzten, hatten viele Patrioten, die die Ming gegen die fremden Invasoren verteidigen wollten, nicht die Zeit, die Kampfkünste richtig zu erlernen. Daher benutzten sie eine Atemtechnik oben in den Lungen, anstatt unten im Tan T'ien.

Die Lungenatmung ist zwar kurzfristig effektiv und möglicherweise sehr kraftvoll, aber trotzdem künstlich und falsch. Sie setzt in kurzer Zeit sehr viel Energie frei, aber sie ist nicht natürlich. So benutzten z. B. Mönche eine Atmung in dem oberen Lungenbereich, um äußerste körperliche Qualen ertragen zu können, und sie mußten sogar Prüfungen bestehen, bei denen sie mit Messinghandschuhen Schläge gegen die Brust erhielten. Mit all dem sollte der drohende Angriff der Manchu gegen Ende der Ming-Dynastie aufgehalten werden. Normalerweise hätte es zehn Jahre gedauert, um diese Könnerschaft zu erreichen. Da man im Shaolin-Tempel der Meinung war, daß es in zehn Jahren zu spät wäre, um das Land noch retten zu können, verkürzte man den Kurs auf drei Jahre. Dies war deshalb möglich, weil man die Bauchatmung zugunsten der Lungenatmung aufgab. Diese Atemtechnik verbraucht und vergeudet jedoch viel zu viel Energie.«

Tze-Han fügte hinzu:

»Als man mit der Lungenatmung begann, war alles viel leichter zu erlernen. Diese Methode schadete jedoch dem Körper sehr. Da sie es sich jedoch zur Aufgabe gemacht hatten, ihr Land zu retten, kümmerten sie sich nicht darum.«

Diese Darstellung steht im Widerspruch zu der bei westlichen Kampfkunstexperten gängigen Meinung, daß die harten Künste ebenso alt sind wie die weichen. Die frühesten Atemtechniken in den Kampfkünsten beruhten jedoch zweifellos auf der taoistischen Atmung, die nun einmal in das Tan T'ien erfolgte. Auch wenn diese Theorie den gängigen Vorstellungen zuwiderläuft, so ist sie doch historisch sinnvoll.

Wir fragten Meister Hung, welchen Beitrag Ta-Mo (der chinesische Name für Bodhidharma) und die anderen indischen Buddhisten zu den chinesischen Kampfkünsten geleistet haben. Hierzu sagte er folgendes:

»Es gibt keine historischen Zeugnisse darüber, wieviel von den chinesischen Kampfkünsten aus Indien kam. Eine wichtige Ausnahme ist jedoch Ta-Mo, der nach China kam, um die Ausbreitung des Buddhismus zu fördern. Obwohl sein Hauptanliegen die Verbreitung der Lehre der buddhistischen Texte war, lehrte er seine Schüler auch gewisse Atem- und Übungstechniken, die ihnen beim stundenlangen Meditieren und Lesen körperliche und seelische Erleichterung verschaffen sollten. Damit hinterließ er unschätzbares Wissen für die Kampfkünste, und er prägte auch den Begriff des *Wu-Te* (Kampftugend oder Kampfdisziplin). Er wies seine Schüler immer wieder und nachdrücklich darauf hin, daß sie die Kampfkünste nicht zum Kämpfen, sondern zur Stärkung des Körpers und zur Gesunderhaltung betrieben. Allerdings wurden die Kampfkünste in China schon lange vor der Ankunft Ta-Mos entwickelt.

Wu-Te beschreibt den Geist der Kampfkünste. Vor der Ankunft von Ta-Mo übten die chinesischen Kampfexperten hauptsächlich, um zu kämpfen, und es machte ihnen Spaß, Schwächere zu tyrannisieren. Ta-Mo brachte

Wing-Chun stammt aus dem südlichen Shaolin-Boxen. Wichtig sind bei diesem Stil der Einsatz der Hand und ein fester Stand. Diese Stellung, bei der beide Hände einen Block bilden, ist in der ersten Form enthalten.

Einer von Meister Chans Schülern wendet die klassische Tigerstellung an, um einen imaginären Angreifer mit einer Form aus dem Hung-Chuen-Kung-Fu zu vertreiben. Bei der Bewegung seitwärts schützt er sich gleichzeitig gegen einen weiteren möglichen Angriff.

Wu-Te und lehrte, daß der Sinn der Kampfkünste nicht die Förderung des Kampfes, sondern die geistige Entwicklung und Gesundheit ist.«

Meister Hung beschrieb den Grundgedanken hinter den chinesischen Kampfkünsten wie folgt:

»Kraft geht immer in eine bestimmte Richtung. Eine Kurve und eine gerade Linie treffen sich nur in einem Punkt. Beim Angriff muß man versuchen, seine Kraft aus dem günstigsten Winkel gegen diesen Punkt einzusetzen. Zur Verteidigung muß man versuchen, den Berührungspunkt zu vermeiden. Es kommt hierbei vor allem darauf an, den richtigen Punkt und den richtigen Winkel für die maximale Kraftentfaltung zu finden und dann im Augenblick des Kontakts alle Kraft einzusetzen.

Die meisten Menschen glauben, daß die kürzeste Entfernung zwischen zwei Punkten eine Gerade ist. Direkte frontale Angriffe sind daher meist schnell und wirksam. Aus diesem Grund spielen bei den meisten Kampfkunsttechniken kreisförmige Bewegungen eine große Rolle. Es kommt darauf an, die direkte Konfrontation zwischen zwei gerade Linien zu vermeiden, da dies selbstzerstörerisch ist. Da die Schnelligkeit eines jeden Gegners begrenzt ist, ist es immer möglich, einen direkten frontalen Angriff in einem Winkel abzuleiten.

Ein Wahlspruch lautet: ›Betone die innere Bedeutung, nicht die äußere Kraft.‹ Wenn ich spüre, daß ein Gegner stärker ist als ich, werde ich mich niemals auf einen Schlagabtausch mit ihm einlassen, weil dies sinnlos wäre. Ich werde mich vielmehr zurückziehen. Wenn ich stärker bin, werde ich jedoch von meinem Gegner nicht ablassen.

Wenn ein Gegner mit dem Fuß nach dir tritt, ist es unklug, zurückzuweichen, da man sich dann genau in die richtige Distanz für einen frontalen Angriff begibt. Man muß einem Fußtritt immer seitlich ausweichen und dann den nächsten Schritt des Gegners beobachten. In diesem Augenblick ist es am wahrscheinlichsten, daß er sich eine Blöße gibt.

Bei den traditionellen chinesischen Kampfkünsten gibt es keine hohen gesprungenen Fußstöße. Das Bein wird niemals höher als bis zur Hüfte gezogen, da man sonst dem Gegner gerade seine verwundbarste Stelle, nämlich die Genitalien, für einen furchtbaren Schlag darbietet. In unserer modernen Gesellschaft hätte ein solcher lebensgefährlicher Schlag zweifellos rechtliche Folgen für den Angreifer. Das Opfer kann auf Schadenersatz in Millionenhöhe klagen, und dem Angreifer droht eine Gefängnisstrafe. Hohe gesprungene Fußstöße werden daher auch heute selten angewandt, da niemand wegen der möglichen Rechtsfolgen einen Tritt in den Genitalbereich wagt. Dies ist auch der Grund, warum es heute bei Kung-Fu-Turnieren kaum mehr zu Todesfällen kommt. Wenn der Kampf jedoch ernst ist und beide

Wing-Chun eignet sich hervorragend für den Nahkampf. Hier zieht der Schüler rechts seinen Gegner, um seinen Fußstoß effektiver zu machen.

Gegner den Tod des anderen wollen, ist Vorsicht geboten. Man sollte sich hüten, empfindliche Stellen ungedeckt zu lassen.

Die Grundprinzipien unserer Kunst lauten: Schläge immer ableiten; aus der besten Distanz kämpfen und sich nicht zurückziehen; schlagen, wenn der Gegner schwach und in gestreckter Stellung ist.«

Tze Han erklärte, warum es so wichtig ist, in den weichen Künsten nicht nur den schnellen Kampf, sondern auch die langsamen Bewegungen zu üben:

»Beim Kung-Fu gibt es eine alte Weisheit: ›Wer nur den Kampf übt und nicht die Techniken, wird im Alter verbraucht sein.‹ Ein Boxer, der die Grundtechniken nicht übt, wird es im Alter bereuen. Diese grundlegenden Übungen, die langsam und rhythmisch ausgeführt werden, dienen zur Kräftigung des Körpers durch Übung des Chi, der Lebensenergie. Wenn es nötig ist, kann man sich im Kampf immer schnell bewegen. So steht hinter den Bewegungen, so langsam sie auch erscheinen mögen, immer ein schneller Wille. Es ist wie bei einer aufgezogenen Feder, die bei einem Angriff plötzlich auseinanderspringt. In der Praxis kommt es also darauf an, sich in Spannung zu halten. Beim Kampf muß man sich zunächst auf die Bewegungen des Gegners einstellen, was man nur mit weichen, langsamen Bewegungen kann. Beim Kampf müssen alle Bewegungen eine reflexartige Reaktion auf die Bewegungen des Gegners sein. Man muß also aufnahmebereit sein, und die hierfür erforderliche Empfänglichkeit kann nur durch weiche, geschmeidige Bewegungsabläufe geschult werden.«

Meister Hungs Neffe erläuterte:

»Wie schnell auch eine Faust auf dich zukommt – deine Reaktion folgt unmittelbar auf die Berührung.«

Tze-Han fuhr fort:

»Ein weiterer Grund für die langsame Bewegung ist der, daß sich die ganze geballte Kraft erst im Augenblick des Kontakts entfalten soll. Der Impuls entwickelt sich allmählich, wenn sich die Faust nach vorne bewegt, immer schneller wird, je mehr sie sich dem Körper des Gegners nähert, und schließlich genau im Moment des Auftreffens die größte Wucht und Geschwindigkeit hat.

Ein wichtiges Prinzip des T'ang-Shou-Tao liegt darin, den Schwung des Gegners auszunutzen. Der erste Schritt ist, ihn zu verwirren und aus dem Gleichgewicht zu bringen. Wenn seine Deckung aufgerissen ist, ist es ein leichtes, ihn zu besiegen.«

Das Kampfsystem, das Meister Hung lehrt, heißt Tang-Shou-Tao, der Weg der Männer von Tang. Es enthält Elemente des nördlichen Shaolin-Kung-Fu, basiert jedoch hauptsächlich auf den weichen Künsten des Hsing-I, Pa-Kua und T'ai-Chi-Ch'uan. Meister Hung und seine Familie erklärten die Bedeutung des Chi beim Kampf:

»Vor allen Dingen gilt, daß man ohne Chi nicht überleben kann. Am besten erreicht man jedoch Chi über einen gesunden Körper, und es muß aus dem Tan T'ien herkommen.

Beim Kung-Fu muß man die innere Kraft des Chi, die Basis der Energie entwickeln.

Chi ist jedoch nicht genau mit Atem gleichzusetzen. Das Chi beeinflußt z.B. auch den Kreislauf günstig. Wenn das Blut kraftvoll in allen Körperregionen pulsiert, können die Muskeln mit ihrer vollen Kraft eingesetzt werden. Heute umfaßt der Begriff des Chi, wie er beim Kung-Fu benutzt wird, ein breiteres Bedeutungsspektrum, u.a. den Willen zum Sieg.«

Meister Hungs Neffe gab hierfür ein Beispiel:

»Nehmen Sie den Zorn und die Wut, wie sie bei einem heftigen Streit zum Ausdruck kommen. Zorn zerstört das Chi und bringt die Körperfunktionen durcheinander, wodurch die verfügbare physische Energie drastisch abnimmt. Mit Zorn gewinnt man keinen Kampf; er hilft dem Gegner.«

Abschließend bemerkte Tze-Han:

»Manche Fortgeschrittenen haben die Fähigkeit, Chi an verschiedenen Stellen der Körperoberfläche zu sammeln und zu konzentrieren, um große körperliche Strapazen ertragen zu können. Dies verträgt sich jedoch nicht mit korrekter Ausübung der Kampfkünste und ist eigentlich ein Mißbrauch des Chi.

Zweck des Chi ist die Erhaltung der Energie, nicht das Ertragen schwerer Körpertreffer. Solche Schläge führen zu einer Stauung des Bluts und des Chi. Diese Stauungen führen dazu, daß mit zunehmendem Alter von den verwundeten Stellen alle möglichen Leiden ausgehen. Das richtig strömende Chi folgt dem natürlichen Energiefluß und der Blutzirkulation im Körper. Chi hat so viele Bedeutungen, daß man es eigentlich mit Worten nicht beschreiben kann.«

V

DIE WEICHEN KÜNSTE CHINAS

Die große Shaolin-Tempeltradition des harten oder äußeren Boxens entwickelte sich in China parallel mit dem Buddhismus. In diesem Kapitel wenden wir uns einem anderen chinesischen Kampfsystem zu, dem weichen oder inneren System, das sich gemeinsam mit einer anderen Religionsphilosophie Chinas entwickelte, dem Taoismus.

Zwischen den harten und den weichen Kampfsystemen gibt es viele Gemeinsamkeiten; beide benutzen z.B. Tierstellungen und -formen, und beide beinhalten die fünf Elemente. Aufgrund des taoistischen Einflusses sind die weichen Künste jedoch stärker und tiefer mit dem Naturgeschehen verbunden. Da diese Lehren in uralten Glaubensvorstellungen der Chinesen wurzeln, sind sie für einen westlichen Menschen schwer zu verstehen. Bevor wir daher die weichen Künste Hsing-I, Pa-Kua und T'ai-Chi-Ch'uan behandeln, müssen wir uns zunächst mit den ersten Anfängen des Denkens im alten China beschäftigen.

Die Wurzeln der chinesischen Philosophie

Nach Ansicht des großen Sinologen Dr. Joseph Needham von der Cambridge University handelte es sich bei den ältesten religiösen Vorstellungen in China um einen schamanistischen Naturalismus, eine Denkweise, bei der die Beziehungen zwischen Menschen, Dingen und anderen Wesen durch mystische (oder analoge) und logische Verbindungen gebildet werden. Eine solche Denkweise besteht heute noch bei einigen Völkern der Mongolei und ihren Verwandten, den Indianern Nord- und Südamerikas, deren Vorfahren vor über 20000 Jahren in den Norden Asiens und über die Landbrücke wanderten, die Sibirien mit Alaska verband. Diese alte Philosophie ist jedoch den Menschen der heutigen industrialisierten Welt kaum bekannt und meist auch unverständlich.

Lange bevor der Ackerbau in China bekannt wurde, lebten in den Bergen, Ebenen und Tälern des Landes Menschen, die sich von Jagd, Fischfang und dem Sammeln wilder Pflanzen und Insekten ernährten. Aus Studien bei Jägergesellschaften, die sich bis in unsere Zeit erhalten haben, weiß man, daß ein Leben in so enger Abhängigkeit von der Natur eine tiefe Vertrautheit mit dem Naturgeschehen erfordert. Das Überleben war den Jägern und Sammlern nur dadurch möglich, daß sie bis ins kleinste über ihre Umwelt Bescheid wußten und Veränderungen in ihrer Umgebung minutiös beobachteten.

Außerdem kannten die Menschen jener fernen Zeiten noch nicht den Dualismus zwischen immateriellem oder geistigem Wesen und materiellem, körperlichem Wesen. Die Welt wurde sowohl von immateriellen Kräften als auch von materiellen Dingen und Wesen bevölkert und bewegt, und Fragen darüber, warum und wie sich Dinge ereigneten, beantwortete man sich mit metaphysischen und physischen Erklärungen. Lebende Wesen, zu denen nicht nur die Menschenwesen, sondern auch all die Pflanzen und Tiere der Welt gehörten, waren die höchsten Beispiele für diese Verschmelzung von Geist und Materie.

In vielen der Jägergesellschaften, die heute noch bestehen, stellt man sich die Natur, der man Nahrung, Kleidung, Wohnung, Arzneien, Werkzeuge, Waffen und alle lebensnotwendigen Dinge verdankt und die den Kontext für alle Wechselfälle des Lebens liefert, selbst als wesenhaft vor. Wenn wir westliche Menschen heute noch von Mutter Natur sprechen, ist dies auch nur ein Relikt der ehemals engen Vertrautheit des Menschen mit dem Naturgeschehen.

Nichts ist weicher und nachgiebiger unter dem Himmel als Wasser.
Doch nichts ist besser für das Angreifen des Festen und Starken.
Nichts kommt ihm gleich.
Das Weiche kann das Harte überwinden.
Das Bewegliche kann das Starre überwinden.
Jedermann unter dem Himmel weiß dies,
Doch niemand setzt es in die Tat um.

TAO-TE-CHING (LAO-TSE)

Lao-Tse, ein chinesischer Weiser, der um 600 v. Chr. als erster die Philosophie des Taoismus schriftlich niedergelegt haben soll, auf einem Wasserbüffel reitend. Er war ein Asket, der den größten Teil seines Lebens als Einsiedler in der freien Natur zubrachte. Die weichen chinesischen Kampfkünste Hsing-I, Pa-Kua und T'ai-Chi beruhen auf seiner Lehre, die er aus der Naturbeobachtung entwickelte.

Der Einfluß des Taoismus

Auf dieser Grundlage entstand vor Jahrtausenden in China der Taoismus, der als einzige der großen Weltreligionen dieser alten Vorstellung über den Platz des Menschen im Universum treu geblieben ist. Während der Konfuzianismus die Rolle des Menschen in der Gesellschaftsordnung betont, lehrt der Taoismus, daß der Mensch in Harmonie mit der Natur leben und diese Harmonie durch genaue Beobachtung und Aufnahme der Wesenheiten und Ereignisse der Natur entdecken soll.

Der Kanon des Taoismus, das Tao-Te-Ching, wird Lao-Tse zugeschrieben und soll um 300 v. Chr. entstanden sein. Es gibt jedoch keinen Zweifel, daß die in diesem Werk geäußerten Ideen sehr viel älteren Ursprungs sind. Allerdings war Lao-Tse der erste, der die Weltanschauung der Taoisten in einem grundlegenden Werk zusammenfaßte.

Zu dieser Zeit hatten die chinesischen Philosophien bereits die Grundbausteine des Kosmos auf einige wenige Grundelemente reduziert. Während für die griechischen Philosophien die Ursprünge des Universums in der Umwandlung des Chaos in Ordnung begründet waren, war für die chinesischen Weisen das Weltprinzip das Tao, der Pfad oder Weg, der jenseits von Existenz und Nichtexistenz liegt.

Das Kernelement innerhalb des Tao war die Energie, das Chi. Als das Chi entstand, sagten die Weisen, teilte sich das Universum in Licht und Schatten, heiß und kalt, hart und weich, und alle diese Gegensätze vereinten sie in den beiden kosmischen Elementen Yin und Yang. Als sich diese Trennung vollzogen hatte, erzeugten endlose Übergänge zwischen Yin und Yang das große Wunder des seienden Universums.

Als sich die Taoisten den profaneren Dingen der Welt und den Wesen zuwandten, die sie bevölkerten, legten sie bei ihrer Suche nach den Grundelementen des Lebens und der Existenz in dieser Welt eine ganz ähnliche Konzeption zugrunde.

Als Grundbausteine der Welt destillierten sie die fünf Elemente Erde, Wasser, Feuer, Metall und Holz heraus, und alle Wesen betrachteten sie als Kombinationen dieser Elemente in un-

Meister Hung ist Buddhist und Kampfkünstler, und er hält daher sein Gemälde des Bodhidharma (rechts) in Ehren, das in seiner Praxis hängt. Seine Kampfkünste leiten sich jedoch von der taoistischen Philosophie her, und sein Gemälde zeigt die zwölf Gebirgstiere, die den Taoisten begegneten und die im Hsing-I eine Rolle spielen. Unterhalb der Gestalt des Bodhidharma hat Meister Hung Berge gemalt.

terschiedlichen Anteilen. Dabei sehen die Chinesen, anders als wir, die Elemente nicht als getrennte, individuelle, statische Dinge. Sie betrachten sie als Wesen, die gemäß ihrer Natur wirken; Wasser ist immer fließend, lösend, nährend oder löschend, und jedes der anderen Elemente wirkt nach seiner Art.

Nach chinesischer Anschauung gibt es zwei Entwicklungsrichtungen der Elemente: Jedes entwickelt sich aus dem anderen und kann das jeweils nächste vernichten. Außerdem wurden bestimmte Eigenschaften wie Kraft und Schwachheit, Widerstand und Nachgiebigkeit, Weggehen und Wiederkehren usw. als wesentliche Attribute aller lebenden Materie entdeckt, die insbesondere der menschlichen Existenz eingeprägt sind. Lao-Tse drückt dies so aus:

> Ein Mensch kommt zart und nachgiebig zur Welt.
> Bei seinem Tode ist er hart und starr.
> Frische Pflanzen sind weich und voller Lebenskraft.
> Bei ihrem Tode sind sie verdorrt und trocken.
> Daher ist das Starre und Unbeugsame der Schüler des Todes.
> Das Weiche und Nachgiebige ist der Schüler des Lebens.
> So gewinnt eine Armee ohne Wendigkeit niemals eine Schlacht.
> Ein Baum, der unbiegsam ist, wird leicht gebrochen.
> Das Harte und Starke wird vergehen.
> Das Sanfte und Schwache wird andauern.
>
> *Tao-Te-Ching,* Kapitel 76

Die alten Taoisten blickten damit hinter den Spiegel der äußeren Welt, in der das Starke das Schwache besiegt und das Harte das Weiche zerstört, und suchten die inneren, verborgenen Gesetze der Natur zu ergründen. Dort entdeckten sie Gesetze, die ihrer Ansicht nach das menschliche Tun leiten sollten:

> »Das Weiche und Schwache überwindet das Harte und Starke.
> Fische können tiefe Gewässer nicht verlassen,
> Und die Waffen eines Landes sollten nicht offen zur Schau gestellt werden.«
>
> *Tao-Te-Ching,* Kapitel 36

Wer waren die Menschen, die diese Bewegung anführten und sich der Entwicklung dieser Gedanken widmeten? Nach den bekannten Quel-

Der Meister in der Tigerstellung aus dem Hsing-I. Seine Arme bilden die Kiefer des Tigers, seine Finger die Zähne.

len waren die frühen Taoisten sämtlich Einsiedler. Es waren Männer, die bewußt dem Getriebe der Welt entsagten und sich in die Öde der Berge zurückzogen, um in Meditation und Studium das Naturgeschehen zu betrachten und sich auf die Suche nach der Natur des Menschen zu begeben.

Ein taoistischer Mönch, der sich in die Berge zurückzog, begab sich auf die Reise an einen höchst gefährlichen Ort, für die man besonders gerüstet sein mußte. Joseph Needham beschreibt, was ein Mönch im 4. Jh. n. Chr. in der Regel mit sich nahm:

»Die Mönche hatten ein großes Schutzbedürfnis, psychisch gegen die Götter und Geister der Schluchten und Wildnisse, physisch gegen giftige Tiere und Pflanzen, stürzende Bäume, Erdrutsche usw. Sie gingen nur an einem günstigen Tag in die Berge; sie führten von Zeit zu Zeit einen bestimmten Schritt aus, den berühmten ›Wu-Schritt‹; sie trugen Spiegel auf dem Rücken, um böse Geister abzuwehren, und führten Diagramme mit sich... oder Kräuterbüschel, die unsichtbar machten oder Erscheinungen vetrieben.«

Science and Civilisation in China, Bd 5, Teil 3

Die Kunst des Hsing-I

Mit ihren meditativen Praktiken versuchten die Taoisten, die Reinheit wiederzuentdecken, wie sie z. B. in der Atmung eines Kleinkindes verwirklicht ist, und den natürlichen Platz des Menschen in der Welt so nahe wie möglich zu erfahren.

Diese Ziele sind der Ursprung der »weichen« oder »inneren« Kampfkünste Chinas. Meister Hsung I-Hsiang aus Taiwan, unser Gewährsmann für diese Künste, erläutert dies wie folgt:

»Der Mensch ist das schwächste der Tiere. Unsere Anpassungsfähigkeit und Überlebensfähigkeit war relativ gering, da wir weder über scharfe Zähne noch Klauen verfügten. Allerdings hatte der Mensch die höhere Intelligenz. Die alten Meister beobachteten die Bewegungen verschiedener Vögel und Tiere, und von diesen Geschöpfen lernten sie ihre grundlegenden Kampf- und Verteidigungsstellungen.

Eine niederschießende Schwalbe, wie es in der Schwalbenform des Hsing-I ausgestaltet wird (unten). Hung-Tse-Han, der zweitälteste Sohn des Meisters, zeigt, wie man nach dem Prinzip der Schwalbe den Knöchel eines Gegners faßt.

Anstatt jedoch diese Bewegungen (Hsing) genau zu kopieren, übernahmen die Meister nur das Grundprinzip (I). So kam es zur Entstehung des *Hsing-I*... Man wollte also das I (Bedeutung) hinter dem Hsing (Form) erkennen. Das Hauptaugenmerk galt dabei immer den Verteidigungs-, nicht den Angriffsstellungen.

Von einem Bären z.B., der eine gewaltige Kraft in seinen Armen und Tatzen besitzt, lernen wir das Greifen. Eine Schwalbe ist leicht und sehr schnell, also lernen wir von der Schwalbe das blitzschnelle Niederstoßen.« Beim Hsing-I-Boxen, wie es Meister Hung I-Hsiang aus Taipei lehrt, lernen die Schüler eine Serie von Formen, die auf den Bewegungen von zwölf Tieren beruhen, und zwar Pferd, Affe, Tiger, Bär, Leopard, Schwalbe, Kampfhahn, Auerhahn, Drache, Schlange, Wasserläufer und Falke. Es sind sämtlich Bewohner der wilden Bergregionen, in die sich die taoistischen Meister einst zurückzogen. In den Schulen anderer Meister können auch andere Tiere nachgeahmt werden. In der Tat gleichen die Formen in gewissem Maße den Bewegungen der Tiere, jedoch kommt es den Schülern, wie Meister Hung betont, weniger darauf an, die physische Form (Hsing) der Bewegungen zu

Das Gesamtgewicht Tse-Hans ist bei der Hühnerform (oben) auf ein Bein verlagert. Arme, Beine und Schultern sind gerundet, und die rechte Hand ist bereit, in einer dem Picken ähnlichen Bewegung nach vorne zu schießen.

Meister Hung greift in vornübergebeugter Haltung mit krallenähnlichen Händen in dieser Adlerform des Hsing-I (rechts). Diese Form würde man z.B. im Kampf zum Fassen eines Glieds verwenden.

Meister Hung zeigt die Feuerstellung Pao (oben). Dies ist die sogenannte »explosive« Haltung. In dieser Stellung können schnelle Angriffe mit jeder Hand oder dem vorgesetzten Fuß vorgetragen werden.

Tse-Han in der Metallstellung (links). Sie wird Pi genannt, die »Hack«-Stellung. In dieser Stellung kann der Angriff eines Gegners leicht zunichte gemacht werden.

In der Erdstellung, die im Chinesischen »Heng« heißt (Horizontale)), kann Meister Hung (unten) wegen seines weiten Stands Angriffe aus allen Richtungen leicht abwehren.

Die Wasserform heißt im Chinesischen »Beng«, was »Umkippen« bedeutet. Aus einem sehr sicheren Stand kann der Meister (links) einen Gegner mit einem einzigen Faustschlag fällen.

Hier zeigt Tse-Han die Holzform (oben), die im Chinesischen »Dzuan« heißt, was »Umgeben« bedeutet. In dieser sehr tiefen Stellung ist Tse-Han vor Angriffen geschützt, kann aber auch jederzeit zum Gegenangriff übergehen.

erschließen, als vielmehr ihre innere Bedeutung (I). Indem die Schüler lernen, diese Bewegungen auszuführen, verstehen sie auch, warum diese Bewegungen gemacht werden.

In einer fortgeschrittenen Trainingsstufe lernen die Schüler des Hsing-I fünf grundlegende Stellungen. Jede Stellung entspricht einem der Grundelemente und ist so gestaltet, daß sie dem kosmologischen Ablauf folgt, bei dem Wasser (-stellung), Feuer (-stellung) schlägt; Feuer schlägt Metall, Metall schlägt Holz usw.

In dieser Weise geht Hsing-I vom Studium und der Nachahmung der Natur über zu einer konkreten Darstellung der Verbindungen und Trennungen, die die Grundelemente der Welt durchlaufen. Wenn die Schüler Hsing-I üben und später die fortgeschritteneren inneren chinesischen Künste Pa-Kua und T'ai-Chi, inszenieren sie buchstäblich die elementaren Dramen der Schöpfung und Vernichtung in der Welt.

Hsing-I weist nicht nur eine grundlegende Übereinstimmung mit der alten taoistischen Philosophie auf, sondern verfügt auch über besondere Qualitäten als Kampfkunst.

Für das ungeschulte Auge sieht Hsing-I kaum anders aus als Shaolin oder irgendein anderer harter chinesischer Boxstil. Als Schüler fühlt man jedoch, daß die Kunst etwas ganz Eigenes hat. Die Aktionen und Stellungen des Hsing-I gleichen denjenigen des Shaolin-Boxens. Es gibt Schläge und Blöcke, tiefe Fußstöße und viele andere Arten von Schlägen. Der Schüler bewegt sich in einer geraden Linie, wendet und gleitet wieder vorwärts. Hiermit sind die Ähnlichkeiten zwischen der harten und der weichen Schule jedoch schon erschöpft.

Beim Hsing-I sind Körper und Schultern gerundet, fast nach vorne gebeugt. Die Blöcke beschreiben geschwungene Linien, und es werden tiefe Stellungen eingesetzt, bei denen die Beine gebeugt, fast gerundet sind. Pausenlos führt der Schüler Bewegungen aus, die eher an Tierbewegungen erinnern als an imaginäre Kampfabläufe. Schwalben schießen blitzschnell herab; Kampfhähne stehen auf einem

Ein fortgeschrittener Schüler von Meister Hungs Schule in Taipei zeigt die Hühnerform aus dem Hsing-I (links). Hähnchen können zwar so nicht stehen, jedoch haben die Chinesen das Wesentliche an den Bewegungen des Tiers herausgearbeitet und in menschliche Bewegungen umgesetzt.
Bei der Schlangenform des Hsing-I (rechts) repräsentieren die Finger von Tse Hans linker Hand die gespaltene Zunge der Schlange, und mit seinem intensiven Starren will er den Gegner hypnotisieren. In dieser Kauerstellung ist er jederzeit angriffs- oder verteidigungsbereit.

Die ältesten chinesischen Zeichen waren Bilder. Ein Kreis stellte die Sonne dar, ein Halbmond den Mond und eine horizontale Linie eine Eins oder eine Ebene. Bald mußten jedoch diese Piktogramme erweitert werden, um abstraktere Vorstellungen ausdrücken zu können. So bekam z. B. eine Pflanze, die auf einer horizontalen Linie wuchs, die Bedeutung »Erde«. Schließlich wurden mehrere solcher Ideogramme, die eng aneinander geschrieben wurden, zu einem Zeichen, einer Zusammenfassung von Vorstellungen. So bildet z. B. das Ideogramm für »Frau« neben dem Ideogramm für »Kind« das Zeichen für »gut« oder »lieben«; das Zeichen für »Osten« besteht aus dem Piktogramm für »Sonne«, die sich hinter dem Piktogramm für »Baum« erhebt.

一

i = eins oder eben

土

t'u = Erde (die Ebene, auf der Pflanzen wachsen)

坐

tso = sitzen (zwei Menschen sitzen auf der Erde)

下

hsia = unten (etwas unterhalb der Ebene)

上

shang = oben (etwas oberhalb der Ebene)

Bein; Bären greifen und umklammern; Affen hocken auf ihren Absätzen; Schlangen winden sich und pendeln von einer Seite zur anderen usw. Auch wenn beim Hsing-I überwiegend Kraft gegen Kraft eingesetzt wird, wird der Körper des Schülers biegsam und geschmeidig, seine Reflexe harmonisch und sein Auftreten ruhig.

Die Ursprünge des Hsing-I

Meister Hung ist der Ansicht, daß Hsing-I die älteste der chinesischen Kampfkünste ist. In Kapitel II erwähnten wir eine chinesische Beschreibung von Tierkämpfen, die aus dem Jahre 200 n. Chr. stammt. Viele der Tiere, die dort erwähnt werden, werden auch heute noch im Hsing-I nachgeahmt.

Meister Hung ist überzeugt, daß die meisten Gelehrten irren, wenn sie die harte Shaolin-Schule des Boxens für die älteste in China halten. In Kapitel IV haben wir erläutert, warum er glaubt, daß vor dem 17. Jh. n. Chr., als die barbarischen Manchu- oder Ch'ing-Kaiser die herrschende Ming-Dynastie aus China vertrieben, das Boxen des Shaolin-Tempels viel weicher war als heute.

Weiterhin haben wir in Kapitel IV ausgeführt, wie im Shaolin-Tempelboxen die Formen nach den verschiedenen Tieren benannt werden. Zum Teil sind die Eigenschaften der Tiere beim Shaolin-Tempelboxen noch ganz deutlich zu erkennen. Meister Hung glaubt, daß Shaolin seine heutige energische Form erst annahm, als man sich im Shaolin-Tempel entschloß, außerordentlich harte und zähe Kämpfer heranzubilden, die sich den Ch'ing-Invasoren entgegenstellen sollten. Die Kämpfer wurden in nur drei Jahren ausgebildet, und sie sollten in den Händen ihrer Feinde auch Folter ertragen können.

Meister Hung ist der Ansicht, daß die Shaolin-Ausbildung vor der Ch'ing-Invasion zehn Jahre dauerte und von einer weichen, runden, geistig durchgebildeten Form war, die im Grunde mit Hsing-I gleichzusetzen ist.

Schließlich glaubt Meister Hung, daß eine der anderen großen Unterscheidungen in den chinesischen Boxstilen, die Unterteilung in nördliche und südliche Stilarten, nicht, wie allgemein üblich, dem Shaolin-Boxen zuzuschreiben ist, sondern dem Hsing-I:

»Beim Hsing-I-Boxen gibt es zwei grundlegende Stellungen. Die eine ist Ma-Pu (Reitstellung), die andere Ch'uan-Pu (Ruderstellung). In der chinesischen Tradition und im chinesischen Sprachgebrauch steht die Ruderstellung für die Menschen des Südens, die sich viel auf dem Wasser bewegen, und die Reiterstellung für die Menschen des Nordens, die sich viel zu Pferde bewegen; daher kommt der Ausdruck ›nan-ch'uan pei-t'ui‹, was bedeutet ›südliche Faust, nördliches Bein‹. Das südliche Rudern bestimmt die Armbewegungen, das nördliche Reiten die Beinbewegungen. Südchinesen der Hsing-I-Schule betonen mehr die Ruderstellung, während die Nordchinesen die Pferdstellung bevorzugen.«

Das Wesen des Hsing-I

Was ist das Besondere an Hsing-I? Wodurch zeichnet es sich im Vergleich mit den harten chinesischen Stilrichtungen aus? Die Nachahmung von Tierbewegungen verbessert sicherlich das Gleichgewicht und die Koordination der Schüler, vielleicht sogar ihr Naturverständnis; die Frage ist, ob sie dadurch auch zu siegreichen Kämpfern werden.

Die Antwort auf diese Frage könnte in der Übersetzung der Wörter *Hsing* und *I* liegen. Da Hsing »Form« (das äußere Wesen oder die äußere Erscheinung einer Person oder einer Aktion) und I »Absicht«, »Idee« oder »Geist« (die immaterielle Kraft, die die äußere Form bewegt) bedeutet, versuchen also die fortgeschritteneren Schüler des Hsing-I, hinter der Form den Willen oder die Absicht einer Person oder Aktion zu ergründen.

Diese Vorgehensweise hat ihre Wurzeln in der Grundlage der chinesischen Kultur, in der Beziehung der Menschen zu ihrer Schrift. Diese Beziehung ist eine völlig andere als diejenige des westlichen Menschen. Die chinesische Sprache wird mit Zeichen geschrieben, die für Vorstellungen stehen, nicht mit Buchstabenketten, die aneinandergereiht mit dem geistigen Auge zu Vorstellungen umgesetzt werden. Meister Hung führt hierzu aus:

»Hsing-I beruht auf Ideogrammen oder bildlichen Vorstellungen, die die Gestalt eines äußeren Objekts annehmen. Wenn ein Schüler z.B. Tiere kämpfen sieht, versucht er, die Idee hinter den Bewegungen des Tiers aufzunehmen. Zweck der Übung ist es, nur die Grundidee zu erfassen. Manchmal wird diese Art des Trainings als Hsing-I oder ›Herz und Intention‹ bezeichnet; es ist, mit anderen Worten, ein Versuch, die Vorstellungen des Geistes auszudrücken, ein Versuch, den Geist oder die Intentionen auszuformen.«

In der Praxis bedeutet dies, daß ein ausgebildeter Hsing-I-Kämpfer das I, die Absicht oder Intentionen eines Gegners im voraus erkennen können sollte, um dessen Angriff vorwegzunehmen und zu kontern und ihn mühelos zu besiegen. Aber auch diese hohe Stufe der Kampfkunstausbildung ist nur ein Teil dessen, was ein Hsing-I-Schüler lernt. Um Meister Hung bei der nachfolgenden Beschreibung der höheren Ebenen des Hsing-I folgen zu können, muß man etwas über den Begriff des Chi wissen, der Energie oder Lebenskraft bedeutet. Für den Chinesen ist Chi sowohl der grundlegende Aspekt des menschlichen Daseins als auch das Grundelement des Universums:

»Wer sein Chi richtig kultiviert, erlangt die Fähigkeit, den Ort des Chi bei seinem Weg durch den Körper festzustellen. Hsing (Form, Gestalt) manifestiert sich außerhalb des Körpers, während Chi nur im Körper existiert.

Ein Mensch ohne Kampfschulung besitzt weder Hsing noch I. Der Anfänger wird Hsing erwerben, das jedoch noch nicht vom I gestützt wird (d.h. Form ohne Bedeutung). Wer die Ausbildung bis zu einem fortgeschrittenen Stadium weiterführt, wird sowohl Hsing als auch I erlangen.

Ein versierter und gut ausgebildeter Kämpfer zeigt in der Regel seine wahren Fähigkeiten nicht. Von einem solchen Kämpfer könnte man sagen, daß er I ohne Hsing besitzt, d.h. er hat die Bedeutung und die Fähigkeit, ohne dies nach außen erkennen zu lassen. Aber auch dies ist noch nicht die höchste Stufe der Entwicklung. Die höchste Stufe heißt vielmehr ›keine Form, keine Bedeutung‹, und solche Kämpfer zeigen weder Form noch Kampfabsichten. Was bedeutet dies? Wenn ein Kämpfer I besitzt, bleibt er mit der Idee oder der Bedeutung einer Bewegung beschäftigt. Dies erfordert eine fortwährende geistige Anpassung an eine ständig sich ändernde Situation, z.B. plötzliche Schläge eines Gegners, und die Reaktion ist daher langsam. Um also die höchste Stufe der Hsing-I-Entwicklung zu erreichen, muß der Kämpfer von Hsing und I frei sein; in anderen Worten, er hat einen vollständigen Zyklus vollendet und ist zum Ausgangspunkt zurückgekehrt, an dem es ebenfalls weder Hsing noch I gab. Der Unterschied ist, daß der Kämpfer jetzt Hsing und I in sich aufgenommen und zu einem natürlichen Bestandteil seines Wesens gemacht hat. Er ist jetzt in der Lage, jeden Augenblick gemäß den Umständen zu agieren und zu reagieren, ohne der Motivation durch eine endlose Reihe festgelegter Vorstellungen zu bedürfen.«

Der Neffe des Meisters fügte hinzu: »Ein Mensch, der von Hsing und I frei ist, sieht nicht anders aus als jemand, der keine Schulung durchlaufen hat.«

Sein Sohn bemerkte abschließend: »An diesem Punkt hat man die vollkommene Harmonie mit der Natur erreicht: Du bist Natur und die Natur ist in Dir.«

So wird beim Hsing-I uralte und tiefgründige Philosophie auf höchstem Niveau in menschliche Bewegung umgesetzt.

Die Kampfkunst der *acht Diagramme*

Hsing-I wird nicht unbedingt alleine gelehrt. Viele Meister chinesischer Künste lehren Hsing-I zusammen mit *Pa-Kua.* Es wird überliefert, daß gegen Ende des 18. Jahrhunderts der berühmte Hsing-I-Meister Kuo Yun-Shen den besten Meister des Pa-Kua, Tung Hai-Ch'uan, herausforderte. Der Kampf wogte zwei Tage hin und her; am dritten Tag griff Tung entschlossen an und besiegte Kuo. Nach dem Kampf wurden sie Freunde fürs Leben und schworen, ihre Künste die Schüler gemeinsam zu lehren.

Obwohl Pa-Kua erst seit 200 Jahren ausgeübt wird, sind seine theoretischen Grundlagen ebenso alt wie das Hsing-I. Die Philosophie ist jedoch eine andere. Pa-Kua bedeutet »acht Diagramme«, und dieser Name bezieht sich auf die acht Hexagramme, die die Grundlage des großen und alten konfuzianischen Textes I-Ching, des Buchs der Wandlungen sind. Das I-Ching, wie wir es heute kennen, ist eine Sammlung, kein einzelnes Werk. Seine ältesten Teile stammen etwa aus dem 8. Jh. v. Chr. oder später, die jüngsten aus der Zeit um 200 n. Chr. Das Buch wird teilweise Konfuzius zugeschrieben, jedoch ist es nach heutiger Kenntnis unwahrscheinlich, daß irgendein Teil von ihm stammt. Dennoch trägt das Buch stark konfuzianische Züge. Es behandelt im wesentlichen die Errichtung der menschlichen Sozialordnung und versucht, in Zufallsspielen Hinweise auf diese Ordnung zu erhalten.

Die acht Trigramme

Name	Attribut	Bild
Ch'ien, das Kreative	stark	Himmel
Sun, das Sanfte	eindringend	Wind, Holz
Chen, das Erregende	anfeuernde Bewegung	Donner
K'ann, das Unergründliche	gefährlich	Wasser
Ken, stillhaltend	ruhend	Berg
K'un, das Empfangende	hingebungsvoll, nachgiebig	Erde
Li, das Haftende	lichtspendend	Feuer
Tui, das Fröhliche	fröhlich	See

Über die Entstehung des in diesem Buch dargestellten Systems gibt es verschiedene Theorien. Eine davon geht von dem Weissagungsverfahren mit Hilfe von Schafgarbenstengeln aus. Die ältesten Schriftzeugnisse Chinas sind Ideogramme, die auf Stücke eines Schildkrötenpanzers, auf Knochen oder Muscheln eingeritzt sind. Diese wurden zu Weissagungen benutzt. Die Bauern jener Zeit, die Analphabeten waren, benutzten ein Bündel Schafgarbenstengel, aus denen sie weissagten, wie die Ernte des Jahres ausfallen würde, wie das Wetter werden würde usw. In dem Bündel gab es lange und kurze Stengel. Aus der Lage der langen und kurzen Stengel ergaben sich genau festgelegte Deutungen.

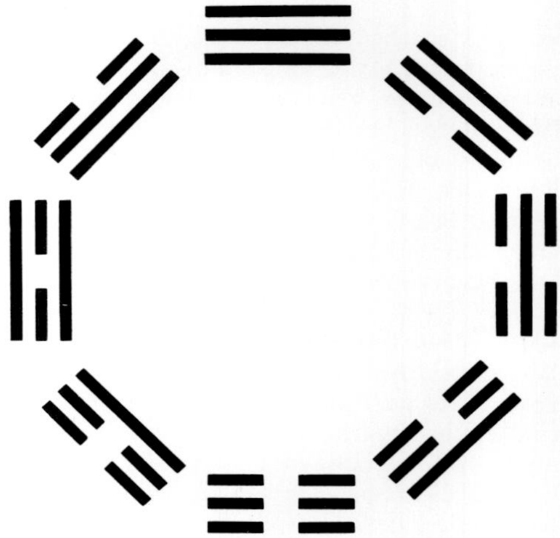

Man weiß nicht, wann die kreisförmige Anordnung der klassischen Trigramme des I-Ching (oben) entstand; als es jedoch einmal vorhanden war, bestand auch die Möglichkeit einer Interpretation nach den Himmelsrichtungen. Man muß annehmen, daß es Pa-Kua vor dem Auftreten dieses Diagramms noch nicht gab, da es bei dieser Kampfkunst gerade darum geht, die verschiedenen Formen und Änderungen gemäß der Lage der einzelnen Trigramme auszuführen.

Als dieses alte Verfahren Teil des I-Ching wurde, hatten die Stengel die Symbolgestalt gerader und unterbrochener Linien angenommen, die als Trigramme in Dreiergruppen angeordnet waren. Es kristallisiert sich eine Anordnung von acht benannten Trigrammen heraus. Das Trigramm aus drei durchgehenden horizontalen Linien z. B. hieß Ch'ien, »das Erschaffende«, das dem Himmel zugeordnet wurde; das Trigramm aus drei in der Mitte unterbrochenen horizontalen Linien hieß »K'un«, »das Empfangende«, und gehörte zur Erde.

Durch zweimaliges Werfen der Weissagungsstengel erhielt ein Ratsuchender 2 Trigramme (mit jeweils 3 Linien), die ein Hexagramm bildeten, und jedes Trigramm konnte im I-Ching nachgeschlagen werden, wo der Betreffende entsprechende Hinweise auf sein Schicksal fand.

Zu einem späteren Zeitpunkt, der nicht genau bekannt ist, entdeckten die Chinesen, daß

Diese Holzstatue des Konfuzius ist ein Werk von Ju-Ming, einem Taiwanesen, der in letzter Zeit wegen seiner T'ai-Chi-Figuren international berühmt wurde. Die Lehre des Konfuzius und das I-Ching sind die theoretischen Grundlagen des Pa-Kua.

diese Trigramme in Kreisform angeordnet werden konnten. Ein Vorläufer dieser Anordnung hat sich beim Hsing-I erhalten, wo die 5 Elemente wie folgt auf die Himmelsrichtungen verteilt werden:

	WASSER	
METALL	ERDE	HOLZ
	FEUER	

Als diese Anordnung der Trigramme zu einem Kreis gelungen war, möglicherweise ist dies den großen Neo-Konfuzianern der Sung-Dynastie (960–1279 n. Chr.) zuzuschreiben, war der Grundstein für die Kampfkunst Pa-Kua gelegt.

Ausweichtechniken

Beim Pa-Kua beschreibt der Schüler in meist aufrechter Haltung ständig einen Kreis. Einem Uneingeweihten muß das Ganze recht albern vorkommen. Ein junger Mann durchläuft behende einen Kreis, taucht plötzlich ab, durchquert seinen Kreis und dreht sich dann in der Gegenrichtung weiter. Dann ein erneutes Abducken, Abdrehen des Körpers, blitzschnelle Arm-, Bein- und Körperbewegungen, und weiter dreht sich der Schüler in immer neuen Kreisen.

Daß Pa-Kua zu den Kampfkünsten gehört, ist nicht sofort zu erkennen, und man braucht einen kundigen Führer, um dies zu sehen. Meister Hung erläuterte uns das wichtigste Prinzip des Pa-Kua:

»Beim Pa-Kua liegt der Schwerpunkt auf Tricks und geschickten Ausweichaktionen. Anders als beim Hsing-I muß man seinem Gegner nicht direkt gegenüberstehen. Beim Hsing-I werden 1000 kg Kraft mit 1000 kg Kraft beantwortet. Beim Pa-Kua bewegt man sich in Kreisen, um der direkten Konfrontation auszuweichen, so daß man 1000 kg Kraft mit nur 100 g ableiten und ins Leere laufen lassen kann. Hsing-I ist direkt und linear, Pa-Kua

Meister Hungs Bruder, Hung Hsien-Mien (links oben und unten) ist ebenfalls Meister des Pa-Kua. Wie Meister Hung I-Hsiang lernte auch er bei Chang Chao-Tung, der Hsing-I- und Pa-Kua-Spezialist war.

Das Pa-Kua-Boxen besteht hauptsächlich aus Drehungen. Der Ausführende beschreibt einen engen Kreis und leitet in regelmäßigen Abständen mit Abtauchen und Durchqueren des Kreises einen schnellen Richtungswechsel ein (unten).

ist indirekt und kreisförmig. T'ai-Chi wirkt in alle Richtungen.«

Einige Pa-Kua-Schulen lehren Übungen, die an typische Kampfkunstaktionen erinnern, wie z.B. Ausweichen, Kontern und Abtauchen; im allgemeinen ist das Kampfkunstelement im Pa-Kua jedoch stets im Hintergrund verborgen. Dieses Verbergen ist geradezu ein Kernpunkt der Kunst und verwirklicht das, was uns Meister Hung im Zusammenhang mit Hsing-I sagte:

»Wer seinen Stil verbergen kann, wer sich bewegen kann, ohne seine Absichten zu verraten, verschafft sich einen erheblichen Vorteil.«

Die erhobenen Arme des Schülers in diesem Bild zeigen an, daß er sich bei seiner Übung an dem symbolischen Augenblick zu Beginn der Pa-Kua-Form befindet, an dem sich das Universum in Yin und Yang teilt.

Man vergegenwärtige sich auch einmal die Vorteile desjenigen, der einen Angreifer unter ständigen Täuschungen, Drehungen und Schlägen mit großer Geschwindigkeit umkreist. Nur wenige untrainierte Menschen könnten sich wahrscheinlich auf diese Situation einstellen, und wer gelernt hat, in gerader Linie anzugreifen und zu verteidigen, käme hiermit überhaupt nicht zurecht.

Im Vordergrund steht jedoch beim Pa-Kua wie auch bei seiner geistigen Grundlage, dem I-Ching oder Buch der Wandlungen, die Veränderung. Die Schüler des Pa-Kua lernen nicht nur, in Kreisen zu gehen, sondern auch wie, wann und auch warum diese Kreise zu verändern sind.

Die Wurzel dieser Kunst ist der taoistische Glaube an die ständig sich ändernde Natur des Universums. Das Dasein ist im ständigen Fluß, und bei dieser Kunst lernt der Schüler, eins zu werden mit dem Prozeß der Veränderung und mit dem Strom der Dinge mitzugehen. Zu Beginn lernt der Schüler Stellungen, die den Trigrammen entsprechen. Bei der Ausführung

von Pa-Kua-Formen wendet er an der richtigen Stelle des Kreises, wobei er eine Stellung aufgibt und entsprechend der Stelle des Wiedereintretens in den Kreis eine neue einnimmt. Allerdings ist wie bei allen chinesischen Künsten auch beim Pa-Kua das letzte Ziel, die Versklavung an die Form zu überwinden und zu

Als Arzt erscheint auf diesem Ausschnitt aus einer Hängerolle aus der Ch'ing-Dynastie (1644–1911) die Gottheit des Langen Lebens. Inmitten klassischer chinesischer Symbole für ein langes Leben, zu denen u.a. der Hirsch, der Kranich und der starke Ast zählen, enthüllt der Weise das Geheimnis des langen Lebens, das T'ai-Chi-Symbol, das links vergrößert dargestellt ist. Der Hirsch trägt ein Pilzstück im Maul, das ein Universalelixier, eine Panazee für alle Krankheiten ist. Die Rolle trägt den Titel »Die drei Symbole des Glücks, der Wohlfahrt und des langen Lebens« und ist eine Kopie eines früheren Werks. Der Künstler ist unbekannt.

einem freien und natürlichen Agieren und Reagieren zu kommen.

Einer von Meister Hungs älteren Pa-Kua-Schülern sagte uns, bevor er uns seine Kunst sehen ließ: »Wenn ich Pa-Kua mache, wiederhole ich den chinesischen Mythos von der Schöpfung des Kosmos. Am Anfang bin ich ruhig; alles ist Tao. Mit meiner ersten Bewegung erhebe ich meine Hände über meinen Kopf; dann führe ich sie nach außen und unten, so daß jede Hand die Hälfte eines großen Kreises bildet; dies ist die Teilung des Kosmos in die beiden Elemente Yin und Yang. So beginne ich meine Bewegungen. Mit dem Ingangsetzen von Yin und Yang werde ich Teil des unbegrenzten, endlosen Wechsels, der das Leben des Kosmos ist.«

Etwas später bemerkte Meister Hung, daß man Pa-Kua nicht mit Worten, sondern in der Praxis erklären sollte. Worte schaffen erhebliche Beschränkungen, die die Kunst nicht hat.

Der höchste Pol

Das T'ai-Chi-Symbol ist uralt. Die älteste erhaltene Darstellung findet sich auf einer fast 3000 Jahre alten Metallurne, und sein Erscheinen auf geschichtlichen chinesischen Dokumenten hat, so sporadisch es ist, stets besonde-

Diese Darstellungen aus dem Hsi-Yuan-Lu aus dem Jahre 1247, dem ältesten existierenden Buch über forensische Medizin, zeigen die Nervenpunkte auf der Vorderseite (links) und der Rückseite (rechts) des Körpers.

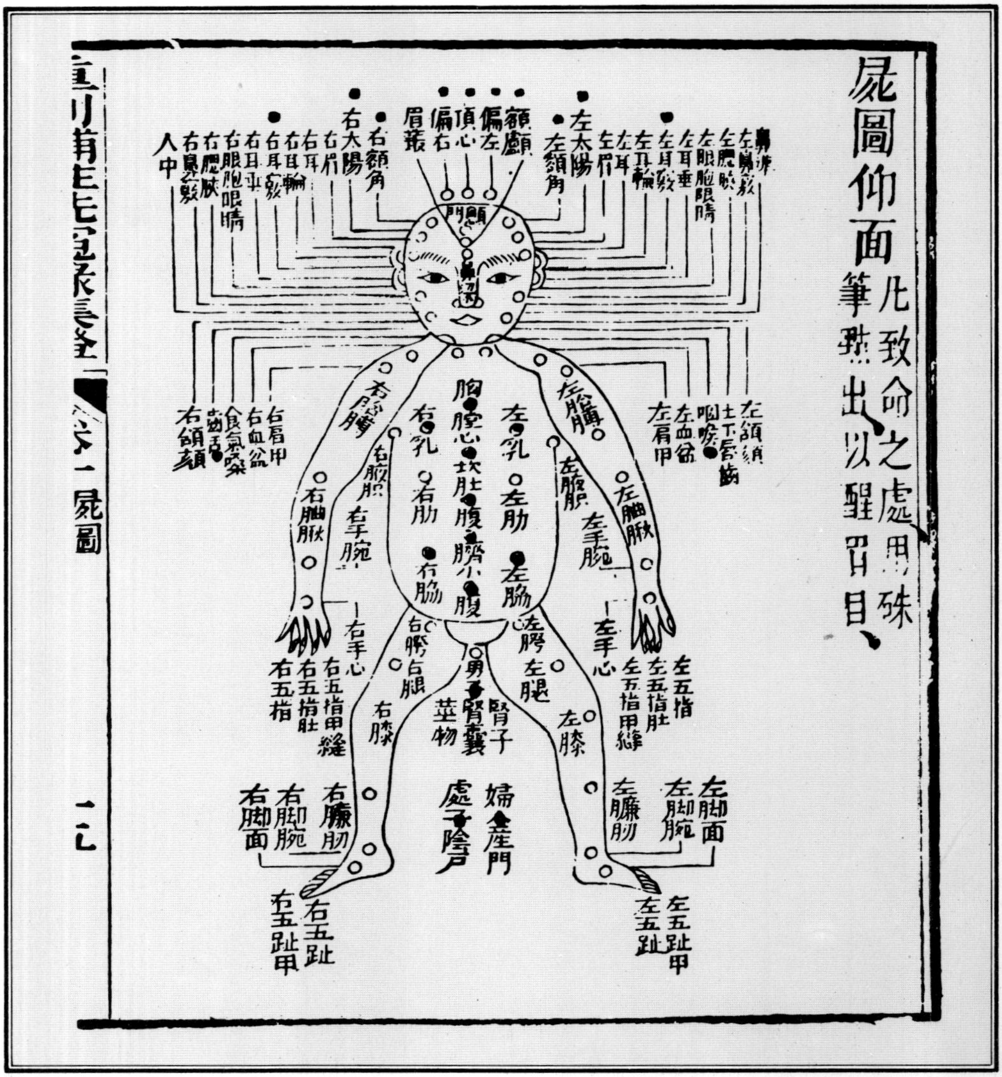

re Bedeutung. Der äußere Kreis ist der Kosmos, der das Yang (Licht) und das Yin (Dunkel) enthält. Die geschwungene Linie, die die beiden trennt, steht für die ewige Bewegung der miteinander verbundenen Elemente, und die kleinen Punkte geben an, daß sich auch im Yang Yin befindet und umgekehrt. Das Ganze ist das T'ai-Chi, und es ist in vielerlei Hinsicht synonym mit dem Inhalt des Tao. Das Tao ist der »Weg«, d.h. die Bewegung des ganzen Universums; das T'ai-Chi ist irgendwie konkreter als das Tao.

Die Philosophen der Sung-Dynastie (960–1279 n.Chr.) entwickelten aus dieser Vorstellung einen Begriff, der als »der höchste Pol« übersetzt wird. Im Jahre 1173 beschrieb ihn Chu-Hsi wie folgt:

»Dasjenige, das keinen Pol besitzt! Und doch (ist es selbst) der ›höchste Pol‹. Es ist die Ursubstanz jener Bewegung, die das Yang hervorbringt und jenen Rest, der das Yin hervorbringt... All die unzähligen Dinge (des Universums) gehen auf den einen höchsten Pol zurück.«

Die Kampfkunst, die diesen Titel erhalten hat, ist das T'ai-Chi-Ch'uan, »die Faust des höchsten Pols«. Auf jeder Ebene geht es beim T'ai-Chi-Ch'uan um den Einsatz des Chi, der chinesischen Bezeichnung für den Begriff der Lebenskraft.

Die Lebenskraft

Im weitesten Sinne bedeutet Chi Energie. Es wird von den Chinesen auf vielen verschiede-

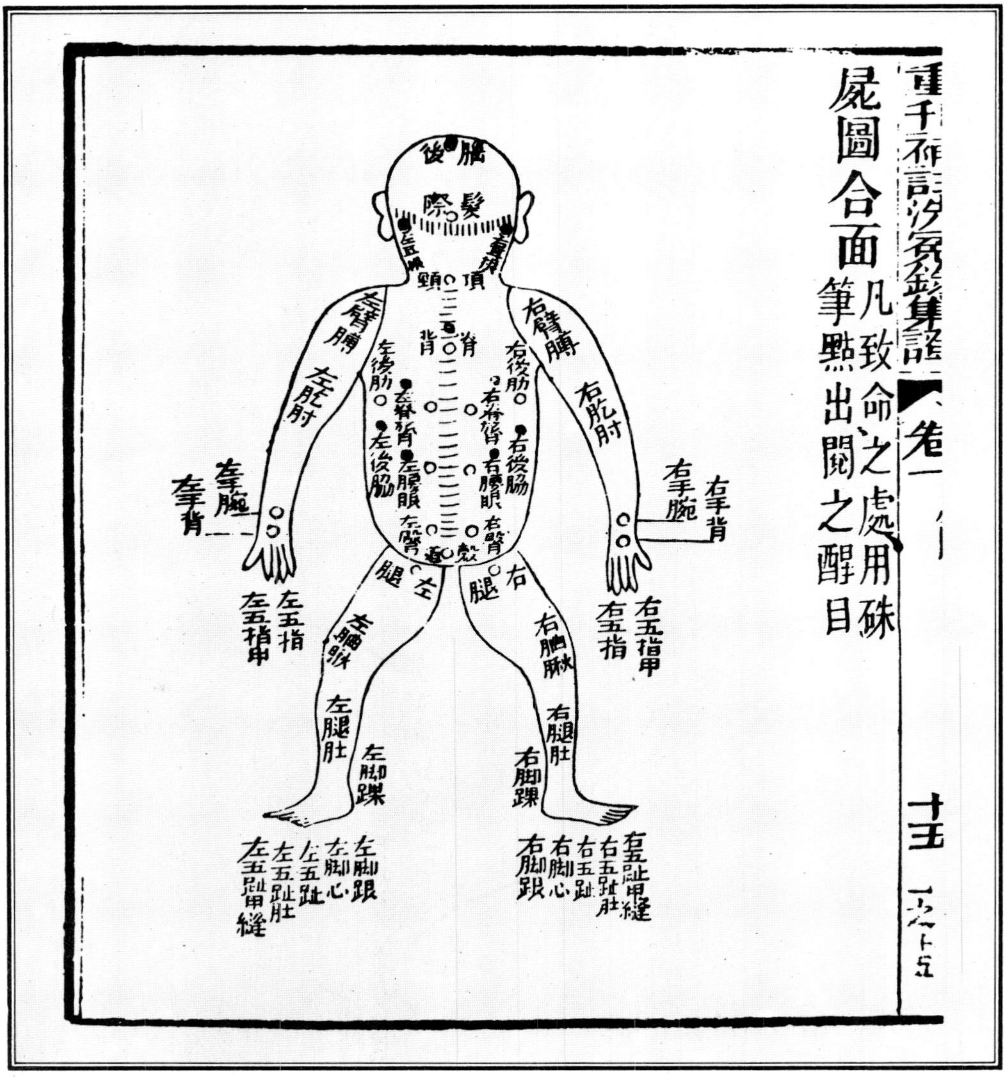

nen Ebenen benutzt. Es ist das grundlegende Element des Universums, tritt aber auch innerhalb der Grenzen der Erde in Erscheinung. Nebel, Wind und Luft enthalten viel Chi, ebenso die Menschenwesen.

Atem ist Chi, aber Chi ist mehr als einfach nur Luft. Es ist die Kraft, die uns am Leben erhält. Die Chinesen glauben, daß das Chi in ähnlicher Weise wie das Blut, jedoch unabhängig davon, durch den Körper pulsiert.

Das Chi war es, worum es den taoistischen Einsiedlern vor allen Dingen ging. Sie glaubten, daß ein Leben in den Bergen (umgeben von Nebel-Chi) und die Ausübung spezieller Atem- und Gymnastikübungen, sexueller Praktiken und vielleicht auch Kampfkunstübungen es dem Menschen ermöglichen könnten, das Chi in seinem Körper zu beherrschen. Sie glaubten, daß man lernen könne, es zu speichern und aufzubewahren, es auch an einer bestimmten Körperstelle zu konzentrieren oder, mit verheerenden Folgen, plötzlich freizusetzen. Letztlich sollte die Kenntnis des Chi nicht nur zu langem Leben, sondern zu Unsterblichkeit führen. Chi ist jedoch nicht nur in den Körpern einiger taoistischer Einsiedler vorhanden. Es ist grundlegender Bestandteil aller menschlichen Wesen. Es fließt längs bestimmter Pfade oder Kanäle durch den Körper, die als Meridiane bezeichnet werden. An genau bekannten Stellen dieser Wege kann man den Strom des Chi beeinflussen, und zwar nicht nur auf diesem Weg, sondern auch an anderen Stellen des Körpers, die direkt mit diesem bestimmten Weg verbunden sind. So ist z. B. das Chi, das durch einen Punkt am Unterarm fließt, über einen tiefen Weg mit der Leber, ein anderes mit der Milz verbunden.

Die Akupunktur ist das bekannteste Verfahren zur Beeinflussung des Chi-Stroms durch den Menschen zu medizinischen Zwecken. Diagnostische und therapeutische Akupunkturverfahren wurden erstmals etwa 300 v. Chr. schriftlich festgelegt; nach Ansicht der meisten Fachleute ist das System jedoch noch sehr viel älter und dürfte etwa vor 5000 Jahren entstanden sein.

Lebenswichtige Punkte

Bei der klassischen Akupunktur-Theorie gibt es bestimmte Stellen, an denen man keine Nadeln setzen darf. Schläge mit einer Waffe oder

der Faust, aber auch Fingerstiche gegen diese und viele andere Stellen, die in der Akupunktur-Literatur nicht erwähnt werden, führen bei dem Betreffenden zu Betäubung, Lähmung, Bewußtlosigkeit oder Tod.

In Kapitel III wurde dargestellt, daß die Marma-Experten in Südindien 108 solcher Stellen entdeckt haben. Die meisten chinesischen Meister glauben, daß es sehr viel mehr gibt, möglicherweise über 300; im allgemeinen sind sie sich jedoch einig, daß es 108 hochempfindliche Punkte gibt, von denen 36 tödlich sind.

Die Lage dieser Punkte ist absolut geheim, jedoch konnten wir mit Fachleuten in Taiwan, Südindien und Japan einige der bekannteren Punkte überprüfen, und es zeigte sich eine fast völlige Übereinstimmung. Allein dieser Umstand würde schon genügen, um die Richtigkeit dieser Annahmen zu bestätigen; dennoch befragte Dr. Joseph Needham britische Gerichtsmediziner über die wahrscheinlichen Folgen eines Schlags gegen einige dieser lebenswichtigen Stellen. Die Antworten dieser Fachleute bestätigten bis ins Detail, was die chinesischen und japanischen Kampfkunstmeister gesagt hatten.

Die Bedeutung der Theorie des Chi für die inneren chinesischen Künste erschöpft sich bei weitem nicht in dem Wissen um die lebenswichtigen Punkte und die Art, wie dort Treffer anzubringen sind. Vor allem dient die Ausübung des Hsing-I, Pa-Kua oder T'ai-Chi dazu, den Strom des Chi durch alle Teile des Körpers anzuregen. Das Zentrum des Chi liegt im Tan-T'ien, einem Punkt etwa 8 cm unterhalb des Nabels (wo auch der Schwerpunkt des menschlichen Körpers liegt), und eines der Hauptziele der Atmungs- und Meditationsübungen der inneren Kampfkünste ist die Konzentration und Kräftigung des Chi in dieser Stelle.

Der Haupteinwand von Meister Hung gegen die äußeren, harten Künste wie das Shaolin-Boxen liegt darin, daß hier seiner Ansicht nach das Chi des Kämpfers hoch in der Brust konzentriert wird, wo es nicht kontrolliert werden kann und dem Kämpfer großen Schaden zufügt. Das Absenken des Chi ist ein Hauptziel der inneren Künste. Wenn das Chi des Kämpfers tief ist, ist sein Stand fest und im Gleichgewicht, und sein Geist bleibt ruhig und ungetrübt von Zorn. Bei fast allen Übungen und Formen des T'ai-Chi wird dieser Zustand als eines der Hauptziele angesehen.

Viele Fachleute glauben, daß die in den T'ai-Chi-Formen festgelegten Bewegungen bei richtiger, d.h. sehr langsamer Ausführung den

In Ju-Mings Skulptur (links) ist eine Stellung aus dem T'ai-Chi festgehalten. Meister Hung (oben) zeigt eine Reihe von Pa-Kua-Bewegungen. Dies zeigt deutlich, daß die Künste auf den gleichen körperlichen Bewegungen aufgebaut sind, wenn sie auch in anderer Reihenfolge ausgeführt werden.

Strom des Chi durch den Körper erheblich verbessern und zu einer Funktionsstärkung der wichtigsten inneren Organe (Herz, Leber, Milz, Nieren und Lungen) beitragen und zu einer Kräftigung der Muskeln, Bänder und Knochen des Körpers führen.

Die Formen des T'ai-Chi

Beim T'ai-Chi gibt es außer den Formen zwei Hauptübungen. Diese werden meist als *pushing hands* und *sticking hands* bezeichnet. Pushing hands, wie es im Westen meist praktiziert wird, besteht darin, daß sich zwei Personen gegenseitig am Handgelenk umfassen. Einer von ihnen schiebt in einer geraden Linie in Richtung des anderen, der die Handbewegung nach außen und an seinem Körper vorbeileitet,

Pa-Kua basiert auf dem I-Ching, dem Buch der Wandlungen. Das Prinzip der Kunst liegt darin, daß der Ausführende seine Haltung und Richtung häufig und in unregelmäßigen Abständen ändert, was bei seinem Gegner Verwirrung und Desorientierung hervorruft. Es gibt 8 grundlegende Änderungen mit 64 Variationen. Die hier dargestellte Änderung ist eine der komplexesten.

wobei er gleichzeitig Hüften und Oberkörper abdreht und den Angriff ableitet.

Dann schiebt die erste Person in Richtung der zweiten zurück, und die Bewegungen werden wiederholt. Während manche Menschen im Westen bei dieser rhythmischen, wiegenden Bewegung fast in Trance geraten, wird die Übung in China meist mit viel Einsatz und Energie ausgeführt. Die Partner attackieren sich gegenseitig, und es wird mit großem Kraftaufwand gearbeitet.

Beim sticking hands legt eine Person eine Hand auf den Handrücken des Partners, der diese Hand dann in alle Richtungen bewegt. Dabei muß die Hand der ersten Person ständig auf der des Partners liegenbleiben.

Aus-dem-Gleichgewicht-bringen ist eine dritte, in China sehr beliebte Übung. Hierbei muß eine Person fest auf dem Boden stehenbleiben, während die andere versucht, sie nach hinten zu schieben. Dies ist ein beliebtes Vergnügen nach T'ai-Chi-Stunden und -Zusammenkünften. Vordergründig verbessert dies das Timing; die verborgene Wirkung liegt darin, daß sich die Ausführenden sowohl auf die Stellung (Hsing) und die Absicht (I) des anderen konzentrieren. Wenn man es geschickt anstellt, kann man mit dieser Technik leicht jemanden nach hinten zu Fall bringen; bei einem T'ai-Chi-Kenner ist dies jedoch schwierig, weil er die Taktik von Widerstand und Nachgiebigkeit zu gut beherrscht. Die einzige Technik, die zum Erfolg führt, ist, gleichzeitig nach oben und nach außen zu drücken. Die ersten Zeugnisse über die Ausübung des T'ai-Chi stammen, wie beim Pa-Kua, aus dem späten 18. Jahrhundert. Wir haben jedoch bereits erwähnt, wie weit die philosophischen Wurzeln der Kunst zurückreichen und wie leicht Kampfkunsttechniken in mystische Praktiken des Taoismus eingegliedert werden konnten. Es ist daher sehr gut möglich, daß T'ai-Chi in irgendeiner Form von Generationen von Einsiedlern im geheimen weitergegeben wurde, die traditionell in den Wutang-Bergen in der Provinz Hopei (Nordwestchina) lebten, vielleicht schon Jahrtausende, bevor schließlich Außenstehende darüber berichteten. Meister Hung wies uns darauf hin, daß in der Einsamkeit der Berge die Kenntnis eines Selbstverteidigungssystems praktisch lebensnotwendig war, um sich gegen die Angriffe von Räubern verteidigen zu können.

Allerdings scheinen die T'ai-Chi-Formen kaum zur Selbstverteidigung geeignet zu sein. In der Tat wird im Westen T'ai-Chi kaum als Kampfkunst, sondern hauptsächlich wegen seiner günstigen Wirkungen auf die Gesundheit, auf die geistige Entwicklung, den inneren Frieden und die Lebenserwartung ausgeübt.

Dies kann daran liegen, daß T'ai-Chi in Europa fast immer für sich allein gelehrt wird, während man es in China immer neben einer der inneren Kampfkünste erlernen kann.

Wenn man die Ausführung von T'ai-Chi-Formen beobachtet, scheint die westliche Auffassung zunächst bestätigt zu werden. Die Formen werden außerordentlich langsam ausgeführt, und in kaum einer der Stellungen und Gesten kommt eine Kampfbewegung zum Ausdruck.

Bei näherem Hinsehen erkennt man jedoch eine große Vielzahl von Schlägen, Stößen, Blöcken, Tritten, Ausweichtechniken und kreisförmigen Würfen, Hebeln und Riegeln. Als uns Meister Hung die Anwendungsmöglichkeiten einiger Sequenzen aus den Formen demonstrierte, offenbarte sich in der Tat eine Fülle von Kampftechniken.

Die Meister der drei inneren Künste betrachten T'ai-Chi stets als die höchste Vollendung der Kampfkunstfertigkeiten. Viele Meister halten sogar ihre Schüler von T'ai-Chi fern, solange sie nicht in Hsing-I und Pa-Kua eine gewisse Meisterschaft erreicht haben. Sie alle sagen, daß es viele Jahre dauert, bis man die T'ai-Chi-Formen beherrscht.

Die Grundsätze des T'ai-Chi

In Meister Hung-I-Hsiangs Schule in Taipei gibt es einige Kinder und Jugendliche, die zunächst einige Grundformen des harten Shaolin-Boxens lernen. Wenn sie alt genug sind, führt Meister Hung sie in Hsing-I und später in Pa-Kua ein; T'ai-Chi lernen sie erst nach zehn Jahren. Nur wenige Schüler erreichen diese Stufe, und heute unterrichtet er hauptsächlich seine Familie und enge Freunde in dieser Kunst.

Die Verwandtschaft des T'ai-Chi zur Philosophie haben wir bereits behandelt; es gibt jedoch einige Grundprinzipien aus der Philosophie, die näher behandelt werden müssen. Das erste ist das Prinzip des Nachgebens.

Es ist ein Grundsatz des Taoismus, daß Weichheit und Nachgiebigkeit Stärke ist. Im Sinne der Kampfkünste bedeutet dies, daß ein Gegner, der sich nur auf Kraft verläßt, durch Ableiten des Angriffs unschädlich gemacht werden kann. Meister Hung erläutert dies:

Die Beliebtheit des T'ai-Chi beweist die Tatsache, daß in ganz Asien jeden Morgen Millionen von Chinesen üben. Auch vor dem Tempel des Himmlischen Friedens in Peking (rechts) vollführen Arbeiter ihre täglichen Übungen für die Erhaltung der Gesundheit und ein langes Leben.

»Es gibt Situationen im Kampf, in denen unsere Fäuste und Füße mit denjenigen des Gegners zusammenprallen. Man kann hier jedoch keine harten Formen einsetzen, da dies beiden weh tut. Wie sollen wir uns also unter diesen Umständen verteidigen? Ein harter Zuammenprall bedeutet für beide das Aus, wenn nur genügend Kraft im Spiel ist. Es ist also besser, sich in Kreisen zu bewegen. Auf diese Weise gelangt man auch leichter an das Hsueh-Pao (Lebensenergie-Punkte) des Gegners. Mit Kreisbewegungen kann man den Gegner leichter verletzen, während man gleichzeitig dessen Kraft ins Leere laufen läßt.«

Nicht-Loslassen ist ein anderes Grundprinzip des T'ai-Chi. Wenn ein Angriff abgewehrt ist, faßt der Schüler den Gegner (und hier kommt die Übung der »sticking hands« ins Spiel). Wenn der Gegner gefaßt ist, wird der Angriff neutralisiert, und es können Hebel, Festhaltetechniken oder Druck gegen empfindliche Stellen angewandt werden.

Wenn das Prinzip des Vertreibens angewandt werden soll, schleudert der Schüler den Angreifer weg. Es gibt zahllose Geschichten über Meister, die Gegner durch Wände oder über Flüsse geworfen haben, und sicher sind einige von ihnen wahr. Es handelt sich hierbei um eine kraftvolle Freisetzung des Chi. Bei solchen Aktionen kommt häufig das Prinzip des Umkehrens und Umlenkens zum Ausdruck, wobei in einem mehr kosmischen Sinne das Gleichgewicht durch Umkehren der Angriffsenergie des Gegners wiederhergestellt wird. Diese Denkweise geht auf die Vorstellung zurück, daß Energie sinnlos vergeudet wird, wenn Kraft mit Kraft beantwortet wird. Eine harmonische Antwort auf einen kraftvollen Angriff besteht darin, die eingesetzte Kraft aufzufangen und in vorteilhafter Weise umzuwandeln. Bei einem solchen Vorgehen geht keine Energie verloren.

Auf einer elementareren Ebene ist die äußerste Langsamkeit des T'ai-Chi eine bewußte Übersteigerung der Langsamkeit, Entspannung und Ausgewogenheit, die bei den inneren Künsten verlangt wird. Langsame Bewegungen lassen viel Zeit zum Denken, und dies ist die Basis für korrekte, in ruhiger Haltung vorgetragene Aktionen. Wenn ein Schüler die Übungen langsam ausführen will, muß er entspannt sein. Daher muß der Schüler durch ständiges Üben zu einer entspannten und ruhigen Haltung kommen. Später kann dann ein Schüler, der die Technik der Entspannung erlernt hat, im Kampf die Formen mit großer Schnelligkeit ausführen, während er im Inneren völlig ruhig bleibt.

Die Einheit der drei Systeme

Wir haben bereits gesehen, daß Meister Hung die drei inneren Künste in fester Reihenfolge lehrt. Zuerst kommt Hsing-I, dann Pa-Kua und schließlich T'ai-Chi. Es mag Zufall sein, daß diese Reihenfolge dem jeweiligen Alter der Künste entspricht; sicher ist jedenfalls, daß diese Anordnung dem Schwierigkeitsgrad entspricht.

Hsing-I ist in Theorie und Praxis relativ einfach zu erlernen und gleicht nach außen den meisten anderen waffenlosen Kampfsystemen Asiens. Auch die Ausführung der Hsing-I-Bewegungen bereitet keine größeren Schwierigkeiten: Es gibt Fußtritte, Schläge mit der Hand, Blöcke, Haltegriffe und Würfe.

Pa-Kua ist hinsichtlich der theoretischen Grundlagen, der praktischen Ausführung und der tieferen Bedeutung seiner Techniken erheblich komplexer. Für das Verständnis seiner technischen Vielfalt braucht der Ausführende ein hohes Maß an Können und Einfühlungsvermögen.

Ähnlich komplex ist das T'ai-Chi-Ch'uan, in dem die praktischen Fertigkeiten des Hsing-I und Pa-Kua zusammengefaßt sind, das jedoch auch viele neue Techniken enthält. Ideologisch schließt T'ai-Chi-Ch'uan eine große Vielfalt esoterischen taoistischen Wissens in sich und wurzelt in der neo-konfuzianischen Weltanschauung der Sung-Dynastie, die trotz ihres Namens eindeutig taoistisch ist. Jede Stellung des T'ai-Chi-Ch'uan hat einen mystischen Namen, und die Durchführung aufeinanderfolgender Serien von Stellungen oder Formen soll Geist, Seele und Leib des Ausführenden harmonisieren. Für T'ai-Chi als Kampfkunst bedeutet dies, daß der Reichtum an Techniken hinter dem gelassenen Äußeren für den außerordentlich hohen Entwicklungsstand spricht. In diesem Sinne können die drei inneren chinesischen Künste als grundsätzlich verschiedene Künste betrachtet werden, die nach dem Grund ihrer jeweiligen Komplexität hierarchisch angeordnet sind. Für den Außenstehenden sind diese Unterschiede offensichtlich: Bei der einen Kunst führen die Schüler in geraden Bewegungen Blöcke, Schläge und Fußtritte aus; bei der anderen bewegt sich der Ausführende rasch in einem gedachten Kreis, taucht plötzlich ab, dreht sich und taucht wieder auf, und beschreibt schließlich wieder den gleichen Kreis; bei der dritten führt der Meister langsame und rhythmische Schrittdrehungen in alle Richtungen aus, wobei Arme und Oberkörper zahllose Gesten aneinanderreihen, unterbrochen von Augenblicken vollkommener Ruhe.

Dennoch gibt es eine Verbindung zwischen diesen drei Künsten, die einem Beobachter, der zehn- oder zwanzigmal bei ihrer Ausführung zugesehen hat, nicht entgehen kann. Sie besitzen eine gemeinsame Grundtendenz, die bei näherer Betrachtung eine tiefere Übereinstimmung enthüllt.

Meister Hung erklärte uns bei unseren ersten Gesprächen, daß sorgfältige Kontrolle der Atmung und die Kultivierung des Chi die Grundziele der inneren Künste sind. Sie sind auch die Hauptziele anderer Praktiken in der taoistischen Philosophie. Es gibt eine uralte Tradition taoistischer Atemübungen, die Gesundheit und ein langes Leben bewirken sollen. Diese Techniken werden häufig mit kalisthenischen Gymnastikübungen verbunden, die die Gesundheit durch Übung der inneren Organe sowie der äußeren Struktur der Muskeln, Sehnen und Knochen verbessern sollen.

Meister Hung I-Hsiang hält jeden Tag am frühen Morgen in Taipei eine Übungsstunde ab. Dabei führen seine Schüler, von denen viele sechzig Jahre oder älter sind, diese alten Atem- und Gymnastikübungen nach der taoistischen Tradition aus.

Viele der Übungen sind in chinesischen heilkundlichen Texten beschrieben, die mindestens 500 Jahre alt sind. Viele der in den Texten angegebenen und von Meister Hung praktizierten Stellungen sind in den Formen des Hsing-I, Pa-Kua und T'ai-Chi enthalten. Beim Hsing-I sind sie wegen der Schnelligkeit der Ausführung kaum wahrnehmbar; daß sie dennoch existieren, zeigen Momentaufnahmen, wie sie auch in diesem Kapitel enthalten sind. In der ältesten, aus dem Jahre 1621 stammenden Darstellung der Heilübungen, die der chinesische Arzt Hua Tuo um 200 n.Chr. entwickelte, sind genau die Bewegungen von Bär, Affe und Tiger enthalten, wie sie heute im T'ai-Chi, Pa-Kua und Hsing-I üblich sind.

In ähnlicher Weise entsprechen verschiedene der T'ai-Chi-Stellungen des chinesischen Holzbildhauers Ju Ming genau den Pa-Kua-Stellungen, die Meister Hung und seine Schüler für unsere Kameras zeigten.

Es gibt daher keinen Zweifel, daß die drei Künste nicht nur durch ein theoretisches Gedankengebäude zusammengehalten werden. Es gibt eine Kongruenz zwischen den Elementen, die der praktischen Ausführung der Künste zugrunde liegen, und diese Elemente sind Teil des weiteren Rahmens der traditionellen taoistischen Denk- und Handlungsweise.

Uns geht es hier hauptsächlich um die Kampftauglichkeit dieser Künste. Diesbezüglich lernen Schüler der chinesischen weichen Künste, in einer Kampfsituation natürlich und ruhig zu reagieren und sich nicht durch die zur Anwendung kommende Technik, durch Furcht oder Unentschlossenheit verwirren zu lassen. Der ausgebildete »innere« Boxer sollte folgende Reihenfolge verinnerlicht haben: Der Wille oder Geist (I) befiehlt, die Kraft (Li) gehorcht und die Energie (Chi) folgt.

Der Reiz des T'ai-Chi

Alle diese Prinzipien sind in allen drei weichen Künsten enthalten; in keiner von ihnen treten sie jedoch in reinerer Form zutage als beim T'ai-Chi. Dies ist vielleicht einer der Gründe, warum T'ai-Chi bei allen Chinesen, wo auch immer sie leben, so ungemein beliebt ist. In Shanghai, Peking, Canton, Hongkong, Taipei, Singapur, ja sogar in den Chinesenvierteln der amerikanischen Städte sind in den Morgenstunden alle Parks und öffentlichen Plätze belebt mit Menschen, die ihre T'ai-Chi-Übungen durchführen.

Es ist ein Anblick von eigenartigem Reiz, wenn betagte Männer im aufsteigenden Morgennebel ihre Singvögel im Käfig unter den Bäumen spazierenführen. Zwei ältere Damen plaudern miteinander, ein Bein lässig über die Rückenlehne einer Parkbank geschwungen, während ein Mann etwas abseits unter einer kleinen Weide schweigend seine feierlichen Formen ausführt. Sie kommen seit Jahrzehnten jeden Morgen an diesen Ort, und sie werden auch in den nächsten Jahren noch jeden Morgen hier erscheinen. Es kann keinen Zweifel geben, daß T'ai-Chi mit Abstand die meistpraktizierte aller Kampfkünste ist.

Dieses klassische neokonfuzianistische Symbol ist aus der Verschmelzung des T'ai-Chi-Symbols mit den acht Trigrammen des I-Ching, des Buchs der Wandlungen, hervorgegangen. Die Kampfkunst Pa-Kua beruht auf dieser Vereinigung der Ideen.

EINE FAMILIE VON KAMPFKÜNSTLERN

Meister Hung I-Hsiang, Meister der weichen oder inneren chinesischen Kampfkünste, lebt in Taipei, der Hauptstadt von Taiwan. Wir hatten vereinbart, daß er uns bei unserer ersten Zusammenkunft etwas über die Geschichte und Philosophie des kaiserlichen China erzählen sollte.

Wir hatten einen chinesischen Dolmetscher mitgebracht und ließen uns in Meister Hungs Sprechzimmer nieder. Er lebt im historischen Viertel der Stadt in einem Straßenkomplex, in dem die Grundelemente der chinesischen Küche en gros verkauft werden. Das Sprechzimmer ist gleichzeitig sein Wohnzimmer, und am einen Ende befindet sich ein Korridor, durch den ständig Hausbewohner ein- und ausgehen.

An den Wänden hängen Vitrinen voller Trophäen aus aller Welt. In der Mitte des Raums steht ein großer, niedriger, hochglanzpolierter Tisch. Auf der Seite gegenüber der Tür befinden sich die Instrumente eines chinesischen Arztes für die Akupunktur und das Einrichten von Knochen, und darüber hängt sein Gemälde mit den Tieren, die zu der seltsamen Kampfkunst Hsing-I gehören.

Meister Hungs Äußeres täuscht. Er ist ein sanfter, fast plumper Mann, der sich plötzlich mit erstaunli-

Hung I-Hsiang ist seit über 25 Jahren ein anerkannter Meister der inneren chinesischen Künste. Obwohl er mittlerweile auf die 60 zugeht, ist seine Kraft und Schnelligkeit noch immer verblüffend.

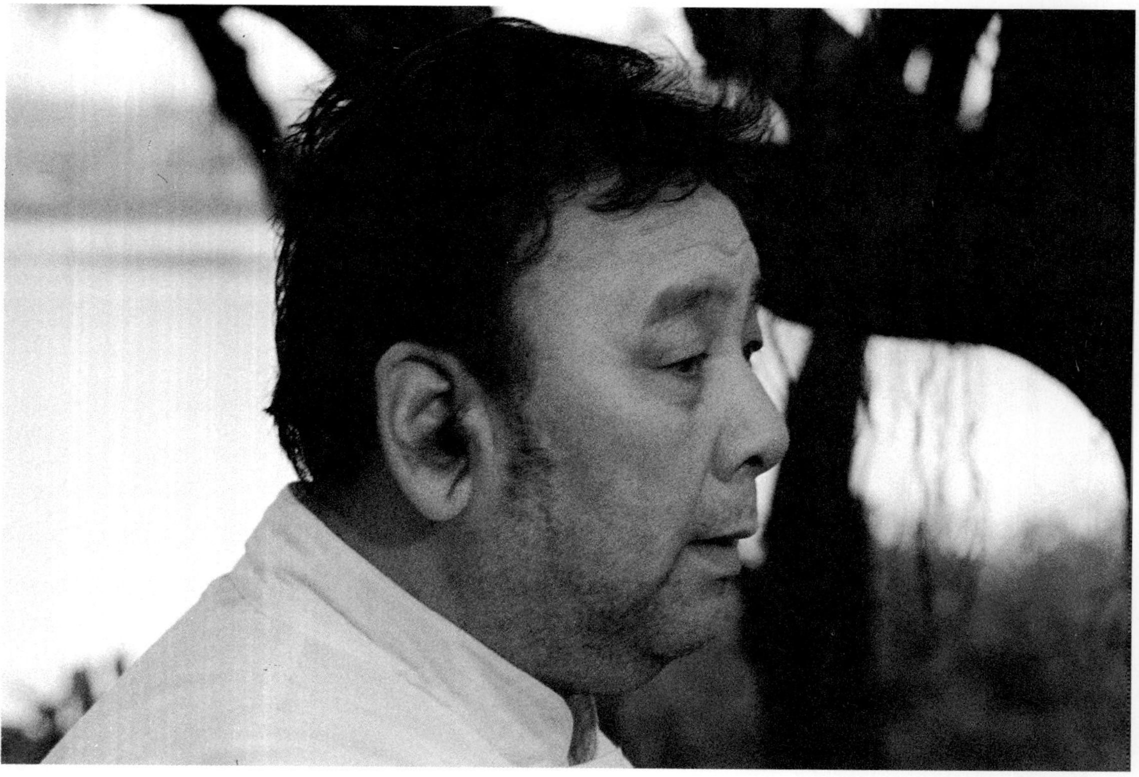

cher Anmut und Kraft bewegen kann. Zur Unterstützung des Meisters bei seinen Erläuterungen waren auch einige seiner Schüler anwesend, darunter zwei seiner Söhne und ein Neffe.

Sie antworteten an seiner Stelle, wenn sie die richtige Antwort wußten. Wenn Meister Hung anderer Meinung war oder etwas hinzufügen wollte, sprach er taiwanesisch, sein jüngster Sohn übersetzte in Mandarin, und der Dolmetscher tat sein Bestes, dies in Englisch wiederzugeben.

Es überrascht nicht, daß der Dolmetscher Schwierigkeiten hatte, denn er mußte Dinge übersetzen, die eigentlich nicht übersetzbar sind. Wir schwankten zwischen Erheiterung, Frustration und Ärger, denn wir spürten, daß hier Wesentliches gesagt wurde, was uns neue Erkenntnisse über viele Aspekte der Kampfkünste bringen konnte.

Als wir uns nach einigen Stunden mit summenden Köpfen und bis zur Unleserlichkeit gefüllten Notizblöcken verabschiedeten, gingen wir zur Entspannung in Caves Bookshop. Dort kann man in anderen Ländern erschienene Bücher, die in Taiwan nachgedruckt wurden, zu erstaunlich günstigen Preisen kaufen.

In einem der Regale entdeckten wir Dr. Joseph Needhams umfassendes Werk »Science and Civilisation in China«, dessen bisher erschienene Bände eine gute Einführung in die schwierige Materie der chinesischen Philosophie und Kultur geben. Einem der Bände verdanken wir ein besseres Verständnis des Grundkonzepts hinter dem T'ai-Chi-Ch'uan. Als wir den Band aus dem Regal nahmen, öffnete er sich gerade an der Stelle, an der der Begriff des »höchsten Pols« behandelt wird, dessen Verständnis uns bisher große Schwierigkeiten bereitet hatte. Es war erstaunlich, wie gut die Angaben aus dieser gelehrten Quelle und die Aussagen des Meisters, die auf traditioneller Weisheit beruhten, übereinstimmten. Es überrascht nicht, daß Meister Hung ein so profundes Wissen besitzt. Er hat sein Leben außerhalb des Mutterlandes in Taiwan verbracht. Diese Insel, die früher Formosa hieß, ist seit Jahrhunderten Zufluchtsort für Schriftsteller, Verwaltungsbeamte, Philosophen und sonstige verfolgte Gruppen, denen das Leben auf dem Festland zu gefährlich wurde.

In Taipei herrscht eine ganz andere Atmosphäre als in Städten wie Kanton oder Hongkong. In Taipei sind die Chinesen entspannter, offener, weniger hektisch. Man hat sich das Empfinden für alte Werte bewahrt und lebt ohne Spannung, trotz des schlechten Verhältnisses zu China auf der anderen Seite des Meeres. Die politischen Spannungen halten an, seit die chinesische Nationalregierung 1949 nach Taiwan floh, als die Rote Armee unter Führung von Mao Tse-Tung in Peking die Macht übernahm.

Mit den Politikern zogen sich viele hervorragende Männer zurück, u.a. auch Meister der Kampfkünste.

Meister Hungs Familie lebt allerdings schon seit Generationen auf Taiwan. Sein Vater begann vor etwa achtzig Jahren sein Erwerbsleben mit dem Verkauf von Kerzen, und bis zur Einführung der Elektrizität war er der größte Kerzenverkäufer auf der Insel.

Der Neunzigjährige steht auch heute noch jeden Morgen um drei Uhr auf und geht fünf Kilometer durch die Stadt zu seinem Lieblingsplatz. Es ist eine Stelle auf einem kleinen Hügel unter einigen Bäumen, wo die Luft kurz vor der Morgendämmerung gesund und voll Chi ist.

Er macht seine Übungen, spricht mit Freunden und ist dann gerade wieder zu Hause, wenn seine Tochter seinen Laden, den traditionellen Familienbetrieb, aufschließt, in dem heute Räucherwaren statt Kerzen verkauft werden. Dann schlürft er seinen Tee aus Brustbeeren und einer Ginseng-Art, die die Beine kräftigt.

Über ihm hängt, in feiner Schönschrift ausgeführt, sein Gedicht für ein langes Leben:

> Gesund schlafen, früh aufstehen,
> Beim Essen aufhören, wenn man noch ein Viertel essen könnte,
> immer zu Fuß gehen und lächeln, immer lächeln,
> sei unbeschwert und arbeitsam jeden Tag,
> so wirst Du nicht altern.

Bis zum Ende des 2. Weltkriegs war Taiwan von den Japanern besetzt, die die Unterrichtung in den chinesischen Kampfkünsten verboten hatten. Er sorgte trotzdem dafür, daß seine Söhne ausgebildet wurden, indem er Wachleute für seinen Laden mietete und

Jeden Tag setzt sich Meister Hung am frühen Morgen mit seiner Familie und Schülern in einem Tempel in Taipei zusammen, um gemeinsam zu frühstücken und über die Kampfkünste zu sprechen.

nachts heimlich unterrichtete. Geübt wurden damals die harten, externen Stilrichtungen, jedoch starb sein ältester Sohn in jungen Jahren. Vater Hung führte dies auf schädliche Wirkungen der harten Techniken zurück und ließ seine Söhne von da an nur noch die weichen Künste üben. Als die Japaner nach dem Kriege Taiwan verlassen hatten, lernte Meister Hung Jr. bei einem Meister aus China. Sein Sohn Tse Han erzählte die Geschichte:

»Mein Großvater war Kerzenmacher. Vor langer Zeit, als es auf Taiwan noch keinen Strom gab, waren Kerzen ein unverzichtbarer Haushaltsartikel. Als Kerzenmacher wurden wir sehr wohlhabend, aber wir hatten auch viel zu tun. Um seinen Söhnen Kultur beizubringen und sie in der Selbstverteidigung zu unterrichten, ließ mein Großvater mehrere renommierte Kung-Fu-Meister in unser Haus kommen. Zunächst waren es alle Meister der Shaolin-Schule, aber sie gehörten nicht zu den besten.

Mein Großvater liebte es, Menschen mit Kenntnissen in den verschiedensten Kampfkünsten als Gäste in unser Haus einzuladen. Diese Leute kamen meist vom Festland. Einer von ihnen war Chang Chuenfeng, der später der Lehrer meines Vaters wurde. Mein Vater war der vierte von fünf Söhnen. Von den fünf Söhnen meines Großvaters lernten der zweite, der dritte, der vierte mit großer Begeisterung Kung-Fu. Sie lernten oft unter Meister Chang.

Obwohl jeder der drei in mindestens einer Fertigkeit besonders gut war, konnte keiner von ihnen jemals den Meister überwinden. Daher beschloß mein Großvater, Meister Chang zu unserem Hauslehrer zu machen. Chang war auf Hsing-I und Pa-Kua spezialisiert.

Ein anderer Meister war Cheng Han-ming, ein Ingenieur, der früher auf dem Festland beim Yellow River Engineering Bureau arbeitete. Cheng war Meister des Shaolin-Boxens, Hsing-I und T'ai-Chi. Er stellte fest, daß seine Schüler T'ai-Chi nicht gelernt hatten, und er hielt dies für einen Mangel. So bat er meinen Großvater sehr höflich, ob er nicht einen seiner Söhne, den er sehr gern hatte, als persönlichen Schüler haben könnte. Das war mein Vater.

Mit Zustimmung seines ersten Lehrers, Meister Chang, lernte nun mein Vater bei Meister Cheng. Allerdings sprach Meister Cheng mit einem starken Shantung-Akzent, und mein Vater wiederum verstand den Mandarin-Dialekt zunächst sehr schlecht. So mußten sie sich zunächst mit Gesten unterhalten, was den Lernerfolg jedoch nicht beeinträchtigte. Allerdings lernte mein Vater dadurch mehr Praxis als Theorie.

Nachdem mein Vater seine Lehrer so lange beobachtet hatte und eigene Studien trieb, entwickelte er das System des *T'ang-Shou-Tao,* in dem Elemente von Hsing-I, Pa-Kua, T'ai-Chi und etwas Shaolin zusammengefaßt sind.«

Meister Hung lernte fünfzehn Jahre bei seinem Meister und unterrichtete weitere fünf Jahre für ihn. Vorübergehend spielte er mit dem Gedanken, zu anderen Lehrern zu gehen; Meister Cheng jedoch sagte zu ihm: »Fordere die Schüler der anderen heraus; wenn sie gewinnen, geh' zu den anderen Meistern. Wenn du gewinnst, bleibst du bei mir.« Nach zwanzig Kämpfen war er überzeugt und blieb. Heute unterrichtet er an seiner eigenen Schule in Taipei.

Da er nicht nur Kampfkunstlehrer, sondern auch Arzt der traditionellen chinesischen Heilkunst ist, verbringt er den Tag in seiner Praxis. Ständig kommen und gehen Schüler, die ihm zuhören, helfen oder Verletzungen behandeln lassen. Endlos sind die Gespräche über das I-Ching, über die Ursprünge und Entwicklung der Künste, und der Meister scheint die ganze Zeit über wie abwesend, bis er plötzlich jemanden korrigiert, der etwas Falsches sagt. Manchmal holt er mit einer Geschwindigkeit, die für einen Mann seiner Leibesfülle unglaublich erscheint, einen Schüler heraus, drückt gegen einen Nervenpunkt, setzt einen Hebel an oder verriegelt ein Glied, um seine Bemerkung zu illustrieren.

Dann schiebt er mit einem listigen Lachen den verdatterten Schüler zur Seite und wendet sich wieder seiner Arbeit zu. Wenn man ihn in seinem Haus oder seinem Trainingsraum besucht oder an den Frühstücksbesprechungen teilnimmt, die er in einem Straßencafé nach dem morgendlichen Training abhält, hat man eher das Gefühl, in einem Hörsaal zu sitzen als unter kämpfenden Männern.

Alle seine Schüler, von denen manche noch Kinder sind, andere jedoch schon über sechzig Jahre alt, scheinen ganz im Unterricht aufzugehen, und sie sind ständig auf der Suche nach den höheren und tieferen Wahrheiten, die in den inneren chinesischen Künsten verborgen sind.

In Europa hört man oft, daß die von den Japanern aus Vorhandenem synthetisierte Kunst des *Shorinji-Kempo* die »Kampfkunst des denkenden Menschen« ist; in Wirklichkeit scheint jedoch auch deren komplexe Philosophie bedeutungslos neben Hsing-I, Pa-Kua und T'ai-Chi.

VI DIE KLASSISCHEN WAFFENSCHULEN JAPANS

Im Jahre 1447 war Heinrich VI. König von England. Die englischen Armeen waren gerade zum zweiten und letzten Male aus Frankreich vertrieben worden, und es brach die Zeit der Rosenkriege an.

Für junge Männer von Stand war es Pflicht, das Waffenhandwerk zu erlernen. Sie wurden im Gebrauch von Schwert und Streitaxt unterrichtet, und sie übten sich in der Kunst des Turniers, dem ritterlichen Zweikampf mit Lanze, Keule und Schild. Nach einer rituellen Initiation, die mit einer Nachtwache vor dem Altar begann, verpflichtete sich der junge Mann für den Rest seines Lebens zur Einhaltung des ritterlichen Ehrenkodexes.

Japan war 1447 keine einheitliche Nation. Die Bevölkerung war in sich befehdende Gruppen gespalten, die von Feudalherren (Daimios) angeführt wurden. In dieser kriegerischen Zeit lernten die jungen Männer Bujutsu, die Kampfkünste. Hierzu gehörten u.a. »Kyu-Jutsu«, die Kunst des Bogens; »Ken-Jutsu«, die Kunst des Schwertes, »Naginata-Jutsu«, die Kunst der Hellebarde, »So-Jutsu«, die Kunst des Speers und viele andere Waffenkünste.

Der wesentliche Unterschied zwischen diesen beiden Kulturen liegt darin, daß in Japan diese alten Künste heute noch gelehrt werden. Die älteste noch bestehende Kampfschule Japans wurde 1447 gegründet. Dort wird heute noch die Lehre weitergegeben, die von ihrem Gründer festgelegt wurde.

Andere zu kennen bedeutet Weisheit;
Das Selbst zu kennen bedeutet Erleuchtung.
Andere zu meistern erfordert Kraft;
Das Selbst zu meistern erfordert Stärke.

Wer weiß, daß er genug besitzt, ist reich.
Ausdauer ist ein Zeichen von Willensstärke.
Wer da bleibt, wo er ist, hält durch.
Zu sterben, aber nicht zu vergehen, ist ewige Gegenwart.

TAO-TE-CHING (LAO-TSE)

Tenshin Shoden Katori Shinto Ryu

Die erste unter Japans Kampfkunstschulen liegt einige Kilometer von Narita, dem neuen internationalen Flughafen von Tokio entfernt, in einer einstmals friedlichen ländlichen Gegend. Man stelle sich zum Vergleich etwa vor, daß es in der Nähe des Frankfurter Rhein-Main-Flughafens eine Schule gäbe, in der seit dem Mittelalter die Kunst der Tjost und des Turnierkampfs gelehrt würde.

In der Tenshin Shoden Katari Shinto Ryu lernt man in der Tat, wie man mit einem Samurai-Schwert gegen einen in einer mittelalterlichen Rüstung steckenden Menschen kämpft, der einen Stock, eine Hellebarde, einen Speer, ein langes oder kurzes Schwert schwingt. Daß die Lehre der Schule nicht durch Anpassung an das 20. Jahrhundert kompromittiert wurde, offenbart eine Zielgerichtetheit, die sogar für japanische Verhältnisse ungewöhnlich ist.

Die Schüler des Tenshin Shoden Katori Shinto Ryu erlernen eine reine Kampfkunst. Diese zu perfektionieren und an Techniken zu feilen, für deren Verbesserung früher Männer starben, ist das Ziel der Schule. Wesentlicher Bestandteil des Unterrichts sind Erfahrungen, die im Kampf gesammelt wurden. Dies ist der Grund für das ausgeprägte Effektivitätsdenken der fortgeschrittenen Schüler, denn es ist nicht zu bestreiten, daß es praktische Vorteile hat, hier zu lernen statt an einer Schule, an der eine der Selbstverteidigungskünste wie z.B. Aikido oder Karate gelehrt werden. Die Schüler lernen hier das klassische System des Kampfwaffentrainings, bei dem jede Bewegung den Tod oder eine tödliche Wunde zur Folge haben kann.

Die Ziele der Schule sind seit der Gründung vor fast 550 Jahren die gleichen geblieben,

Otake Sensei, Ausbildungsleiter an der Tenshin Shoden Katori Shinto Ryu verehrte uns diese Kalligraphie. Sie bedeutet »Schwertseele«. Die umrandeten Stempel sind seine persönlichen Siegel.

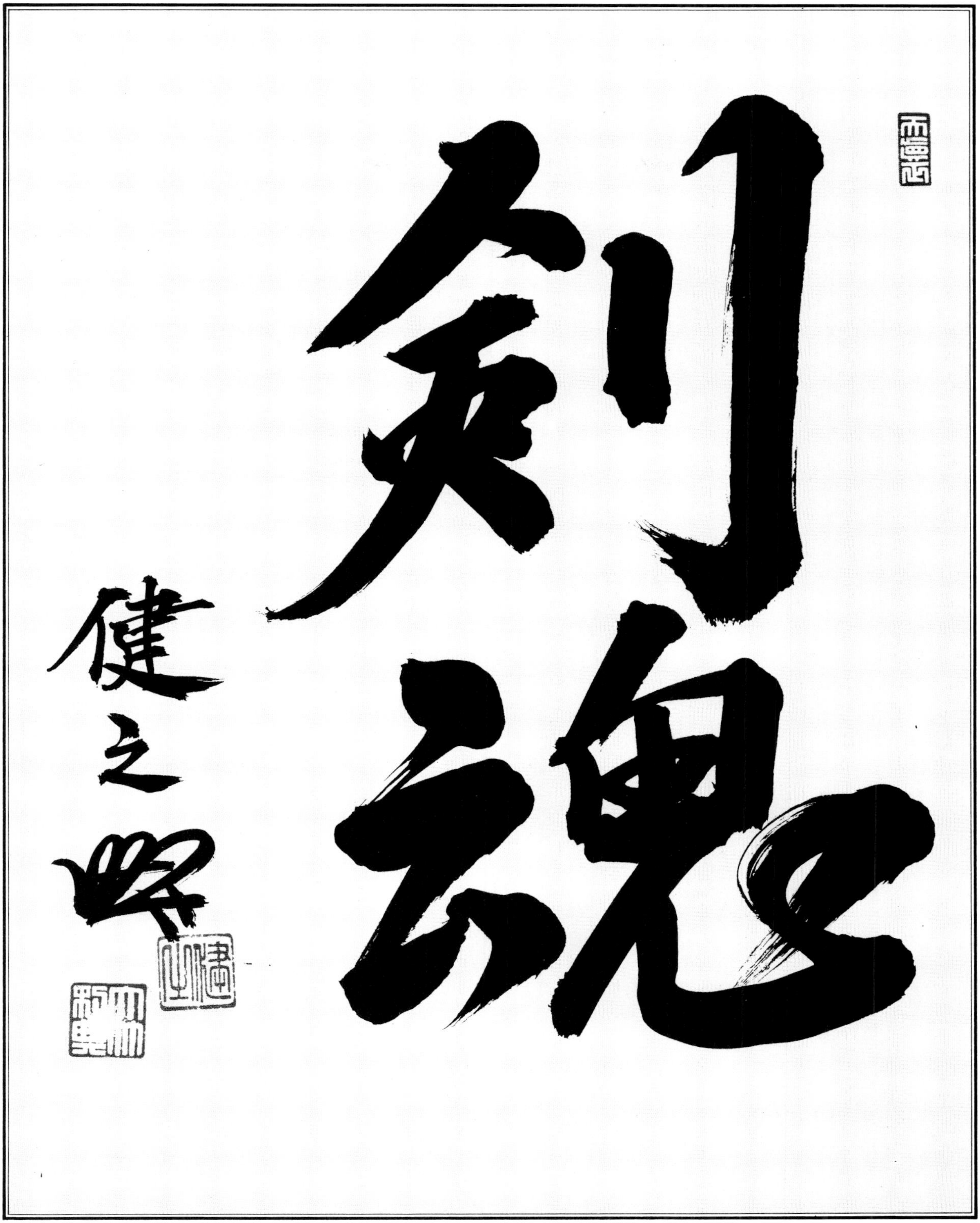
剣魂
健之

nämlich Schwertkämpfer hervorzubringen, die in allen Aspekten der Kriegskunst geschult sind, vom Waffenhandwerk bis hin zu taktischen, logistischen und sogar medizinischen Kenntnissen.

Die Schüler lernen in dem Bewußtsein, daß sie ein einmaliges und historisches Wissen erwerben, das gepflegt und für die kommenden Generationen erhalten werden muß. In Anerkennung dessen hat die japanische Regierung der Schule den Ehrentitel eines »unantastbaren Kulturguts« verliehen.

Feudale Ursprünge

Meister Otake, der Ausbildungsleiter, erzählt uns die Geschichte von der Gründung der Schule:

Die Tenshin Shoden Katori Shinto Ryu wurde im Jahre 1447 von Iizasa Choisai Ienao Sensei gegründet (unten). Der heutige Leiter der Ryu, Meister Otake, weist stets auf den gelassenen, friedlichen Gesichtsausdruck des Gründers in dieser Darstellung hin, der ganz im Gegensatz zu den grimmigen Mienen steht, mit denen Meister der Schwertkunst in der Regel dargestellt werden.

»Der Gründer der Katori Shinto Ryu, Iizasa Choisai Ienao Sensei oder Choisai Sensei (der Beiname Sensei bedeutet ›Meister‹) wurde im Jahre 1387 im heutigen Takomachi in der Präfektur Chiba, das etwa 64 Kilometer von Tokio entfernt liegt, geboren.

Er war schon als junger Mann wegen seiner Fähigkeiten mit Schwert und Speer berühmt. Er diente der Chiba-Familie, deren Söhne damals dieses Gebiet beherrschten, als Gefolgsmann (Samurai). Anscheinend verbrachte er auch einige Zeit in Diensten von Ashikaga Yoshimi, einem der Ashikaga-Shogunen oder -Militärherrscher in Kyoto, der damaligen Hauptstadt. Er muß wohl an einigen Schlachten teilgenommen haben, und vermutlich durch diese Erfahrung kam er zu der Erkenntnis, daß die stattfindenden Kämpfe und Schlachten nur zur Ausrottung der eigenen Familie und des eigenen Geschlechts führen konnten.

Als die Familie Chiba schließlich in Ungnade fiel und geschlagen wurde, sagte er sich von seiner eigenen Familie los und zog sich in die innersten Bereiche des Katori-Schreins zurück. Er war sechzig Jahre alt, als er sich entschloß, im Schrein ein Leben in Abgeschiedenheit zu führen.«

Zwei Schreine gibt es vor allem in Japan, die wegen ihrer Beziehung zu den Kampfkünsten berühmt sind. Der Katori-Schrein liegt auf einem flachen Hügel, der mit mächtigen alten Bäumen bekrönt ist. Um die ältesten von ihnen wurden nach shintoistischer Manier dicke, schwere Seile geschlungen. Unter den Bäumen befinden sich den Schreingebäuden zugeordnete Tempel. Gleich in der Nähe befindet sich der Kashima-Schrein; beide sind heute noch bedeutende und vielbesuchte Wallfahrtsorte.

»Zu jener Zeit wusch einmal einer der Schüler des Gründers ein Pferd in einer Quelle in der Nähe des Katori-Schreins, die ›göttliche Quelle‹ oder ›Quelle des Gottes‹ genannt wurde; kurze Zeit später begann das Pferd an Schmerzen zu leiden und starb.

Für Choisai war dieses Ereignis eine Offenbarung der göttlichen Macht, der Shinto-Gottheit, die im Katori-Schrein verehrt wurde und deren Name Futsunushi-no-Kami war. Der Tod des Pferdes vermittelte ihm eine Art spiritueller Einsicht in die Macht der Gottheit. Er beschloß daher, tausend Tage lang täglich im Katori-Schrein zu beten. Während dieser Zeit führte er strenge Reinigungszeremonien durch und hielt einen strengen Ausbildungsplan in den Kampfkünsten ein.

Am Ende dieser Periode der Entsagung und des Kampfkunsttrainings begründete er die Lehre des Katori Shinto Ryu. Choisai Sensei glaubte, daß er die direkte und wahre Lehre des Gottes Futsunushi-no-Kami, der im Katori-Schrein verehrt wurde, empfangen hatte, und daher setzte er den Ausdruck tenshin shoden, was ›himmlische, wahre, rechte Tradition‹ bedeutet, vor den Namen Katori Shinto Ryu. So entstand der vollständige Name der Tradition ›Tenshin Shoden Katori Shinto Ryu‹, was bedeutet ›die Kampftradition, die der Weg der Götter ist‹. Mit dem Wort ›Shinto‹, was ›der Weg der Götter‹ bedeutet, ist der wahre und rechte Weg gemeint, dem die Menschen, wie bei allen Shinto-Traditionen, die seit urdenklichen Zeiten von Generation zu Generation weitergegeben wurden, mit aufrichtigem Herzen folgen sollten. Diesen Gedanken wollte Choisai Sensei offenbar in seine Kampfkunsttradition einbringen.«

Die Reihenfolge der Nachfolger wurde seither nicht unterbrochen. Der heutige Meister des Tenshin Shoden Katori Shinto Ryu ist der zwanzigste in dieser Linie, der allerdings kein aktiver Meister ist. Aus diesem Grund ist Ausbildungsleiter Otake Sensei derjenige, der den Schülern die Tradition weitergibt. Er lehrt nicht nur die Kampftechniken, sondern vermittelt auch das gelehrte Wissen einer esoterischen buddhistischen Sekte.

Die Gründungsphilosophie

Der Begründer, Choisai Sensei, wurde 102 Jahre alt. Er hinterließ eine reiche Fülle philosophischer und praktischer Lehren, die heute von Meister Otake weitergegeben werden. Von zentraler Bedeutung in der Lehre ist ein Wortspiel. Es wird in japanischer Sprache ausgedrückt; die Pointe liegt jedoch in der chinesischen Schreibung der gleichen Worte: »Aus der Lehre von Choisai Sensei erfahren wir, daß das Wort Heiho, mit japanischen Zeichen geschrieben, ›die Vorgehensweise des Soldaten‹ bedeutet. Mit den chinesischen Zeichen geschrieben bekommt Heiho jedoch die Bedeutung ›friedlich‹ oder ›ruhig‹.

Unser Weg ist also ein Weg des wahren Kampfes, und doch entdecken wir, wenn wir

Der Katori-Schrein (unten), eines der bedeutendsten Shinto-Heiligtümer Japans, ist Futsunushi-no-kami gewidmet, der Gottheit des Schwertes. Hier gründete Choisai Sensei die Tenshin Shoden Katori Shinto Ryu.

鹿嶋大神宮

den ganzen Lehrplan (der Katori Shinto Ryu) bewältigen können, daß es ein Weg des Friedens ist. Wir werden feststellen, daß ein Sieg, bei dem wir unseren Gegner niedermetzeln, kein echter Vorteil ist. Dies ist der Sinn des Friedens.

Wir üben also im Bujutsu, in den Kampfkünsten, Techniken, die darauf abzielen, einen Menschen zu töten. Im Training üben wir Künste, die, wenn sich einer der Partner bewegt, tödlich sind. Und doch besagt Choisai Senseis Lehre, daß es nicht recht ist, Menschen niederzumetzeln. Choisai sagt, daß Menschsein mehr bedeutet, als kräftig und stark zu sein. Es liegt nichts Produktives darin, nur die Kraft zur Zerstörung zu haben.

Wenn dem so wäre, würden die Tiere, die sich zum Überleben ausschließlich auf ihre Kraft verlassen, wie z. B. Löwen und Tiger, sich unaufhörlich vermehren und schließlich allein die Welt bevölkern. Wir sehen jedoch, daß dies nicht der Fall ist. Die ausschließliche Anwendung roher Gewalt ist die Art der Tiere.

Als Menschen müssen wir einen anderen Weg einschlagen, der u. a. einschließt, daß man seine Kraft nicht offen zeigt. Beim Bujutsu, den Kampfkünsten, ist Kraft sehr wichtig. Nicht minder wichtig ist aber, daß wir unsere Kraft nicht zeigen. Wir müssen eine höhere Form menschlicher Weisheit erreichen und unsere grobe Kraft verborgen halten. Deshalb sprach Choisai Sensei von Heiho, dem Weg des Friedens.«

Die Entwicklung der Katori Shinto Ryu

Krieger und Strategen aus Japan pflegen zu den Schreinen von Katori und Kashima zu kommen, um den beiden Kampfkunstgottheiten ihre Verehrung entgegenzubringen. Es war daher nur natürlich, daß sie, nachdem sie die lange Anreise zum Schrein auf sich genommen hatten, auch Choisai Sensei einen Besuch abstatteten, um zu sehen, ob sie etwas lernen könnten.

»Wenn in der damaligen Zeit der Leiter eines Dojo, der Trainingshalle, herausgefordert wurde, kam es zu einem Shiai, einem Kräftemessen, bei dem meist das Holzschwert benutzt wurde. Bei einem solchen Kampf schenkte man sich nichts. Ein Schlag mit dem Holzschwert konnte schwere Verletzungen hervorrufen. Ein Treffer auf dem Schädel konnte tödlich sein. Choisai Senseis Schule im Katori-Schrein war so berühmt, daß es sicherlich fast jeden Tag Tote gegeben hätte, wenn er Shiai-Vergleiche zugelassen hätte. Daher untersagte er Kämpfe ausdrücklich.

Auch heute ist es den Schülern der Katori Shinto Ryu nicht erlaubt, sich in Kämpfe mit anderen einzulassen, bevor sie nicht den Menkyo-Grad, die Meisterlizenz, erlangt haben. Es ist unausweichlich, daß einer der Kämpfer schwer verletzt oder auch getötet wird. Deshalb sagt man auch, daß ein Shiai, ein Vergleichskampf, gleichbedeutend ist mit Shiniai, was bedeutet ›sich auf Leben und Tod begegnen‹. Auch damit kommt wieder zum Ausdruck, daß jede Art von Kampf eine Angelegenheit auf Leben und Tod ist.

Deshalb sind bis heute im Katori Shinto Ryu Wettkämpfe verboten. Choisai Sensei lehrte, daß die ideale Art des Sieges diejenige ist, die ohne Kampf oder Waffeneinsatz erreicht werden kann.

Unterhalb der Ebene des Sieges, den man im Vergleichskampf erringt, ist der Sieg aufgrund einer Verletzung des Gegners. Die dritte und geringste Form des Sieges ist diejenige, die man durch Niederschlagen und Töten erreicht. Choisai Sensei lehrte, daß die ideale Form des Sieges diejenige ist, die man ohne Kampf und ohne Gewaltanwendung erreicht.«

Unter den Lehren ist eine, die den Titel »Kumazasa no oshie« trägt, was bedeutet »die Lehren des Zwergbambus«. Unter diesem Titel werden im Katori Shinto Ryu eine Reihe von Geschichten darüber zusammengefaßt, wie Choisai Sensei von verschiedenen Besuchern in seinem Dojo herausgefordert wurde: »Nach dieser Lehre und den Geschichten, die damit zusammenhängen, pflegte Choisai Sensei zu den Fremden, die ihn in seinem Dojo herausforderten, zu sagen: ›Gut, doch setzen wir uns zuerst.‹«

Dann ließ er jemanden aus dem Dojo eine Strohmatte auf ein Gerüst aus feinen Bambusstäben legen, so daß sich die dünne Strohmatte etwa dreißig Zentimeter über dem Erdboden befand.

Choisai Sensei kletterte dann auf diese Matte und setzte sich nieder. Das Gerüst brach weder zusammen, noch bogen sich die Stäbchen unter seinem Gewicht. Dann lud er den Herausforderer ein, heraufzukommen und sich neben ihn zu setzen.

Nach der Legende wurde den Herausforderern bei diesem Anblick sofort klar, daß sie es mit einer außerordentlichen Persönlichkeit zu tun hatten, und sie bekannten sofort ihre Niederlage. Sie wußten, daß sie diesem Menschen

Meister Otake sitzt während des Trainings in traditioneller Haltung auf einer kleinen Raphia-Matte neben dem Schrein des Dojos. Von hier aus beobachtet er die Schüler, wie sie den Bokken kreuzen, ein hölzernes Übungsschwert, wie es hier auf seinen Knien liegt.

nicht gewachsen waren. Sie waren gekommen, um mit Choisai Sensei zu kämpfen und sich mit ihm zu messen, doch er konnte sie überzeugen, daß es für niemanden von Vorteil wäre. Er kam dann von seiner Matte herunter und bot ihnen Gastfreiheit in seinem Dojo an. Die Bedeutung der »Lehre des Zwergbambus« liegt darin, daß Choisai Sensei, weit davon entfernt, nur die Technik des Tötens zu lehren, es auch verstand, seine Herausforderer zu einem dem Menschen geziemenden Verhalten zu bewegen. Es heißt, daß die Krieger, die dem Schrein von Katori einen Besuch abstatteten, sämtlich gereift und gefestigt zurückkehrten.

Meister Otake

Otake wurde auf einem Bauernhof in der Nähe des Geburtsorts des Gründers geboren. Er wuchs in einer Atmosphäre der Kriegslüsternheit auf, die in Japan in den Jahren vor dem Zweiten Weltkrieg herrschte.

Otake war in großer Unruhe wegen der Propaganda, die von ihm die Bereitschaft forderte, für den Kaiser zu sterben. Er fürchtete, den Anforderungen nicht gewachsen zu sein. Um das Sterben zu lernen, schrieb er sich im Katori Shinto Ryu ein. Nach einem recht kurzen und langweiligen Militärdienst kehrte er am Ende des Krieges zurück und begann im Ryu intensiv zu lernen.

Zu dieser Zeit hielt der Meister den Unterricht auf seinem Bauernhof ab. Katori Shinto Ryu war zu einer kleinen Landtradition verkümmert, die nahe daran war, ganz zu erlöschen. Als der Meister erkrankte, übernahm der junge Otake als designierter Nachfolger nach und nach dessen Aufgabe.

Hierzu gehörte auch die Heilung von Patienten nach buddhistischer Art. Einst mußte er einen jungen Mann exorzieren, der vom Geist eines Fuchses besessen war. Nach zwei Nächten aufreibenden Kampfes trieb er den Geist schließlich mit einem furchtbaren Schwertstreich aus. Dies war sein einziger Exorzismus; es war eine Erfahrung, die er kein zweites Mal machen möchte.

Bis vor kurzem war Meister Otake Viehzüchter und Züchter edler Rennpferde. Er gab diese Tätigkeit auf, um sich intensiver dem Katori Shinto Ryu widmen zu können. Es hatte sich in unverfälschter Form als Kampftradition erhalten, die generationenlang vor allem von den ländlichen Samurai, den militärischen Gefolgsleuten der Daimios, ausgeübt wurde. In den letzten 50 Jahren hat sich jedoch in den ländlichen Gebieten Japans, nicht anders als in Europa, vieles geändert. Otake Sensei erkannte, daß er den Auswirkungen dieser Änderungen auf Katori Shinto Ryu nur dann begegnen konnte, wenn er sich ganz seiner Schule widmete. So führte z.B. die Schaffung einer Schnellzugverbindung und der Ausbau des Straßennetzes zur Hauptstadt dazu, daß immer mehr Schüler aus Tokio und immer weniger vom Lande kamen.

Auch heute gibt es dort nur etwa 50 Mitglieder, die regelmäßig üben. Katori Shinto Ryu hat niemals Scharen von Schülern angezogen;

Otake Sensei schreibt eigenhändig die Rollen für seine Schüler, wenn sie einen Ausbildungsabschnitt abgeschlossen haben.

es ist kein Ort für die Ausbildung der Massen.

Techniken und Training

Katori Shinto Ryu stand immer Schülern aller Gesellschaftsschichten offen. Die einzige Qualifikation, die verlangt wird, ist der Wille, dabeizubleiben. Es gehört einiger Mut dazu, die vielfältigen Bewegungen schnell zu üben. Der Bokken, die Holzschwerter und andere Übungswaffen sausen gefährlich nahe an Gesicht und Körper vorbei. Eine kurze Konzentrationslücke, die die Genauigkeit und den Rhythmus der Bewegungen stört, hat zumindest einen schmerzhaften Treffer zur Folge. Es werden drei Graduierungen unterschieden. Äußeres Zeichen des Übergangs von einer Stufe zur anderen ist die Übergabe einer Schriftrolle, die der Meister des Ryu eigenhändig vom Original des Gründers abgeschrieben hat.

Ein fleißiger Schüler erhält die erste Rolle etwa nach fünf Jahren. Danach darf er am Unterricht für die Fortgeschrittenen teilnehmen, wobei er sich im Gebrauch der gefährlichsten Waffen übt, und sich in die erste Phase der eso-

Übungswaffen

Die an der Tenshin Shoden Katori Shinto Ryu benutzten Trainingswaffen sind aus Hartholz. Die Spitze des Speers ist mit Leder bezogen.

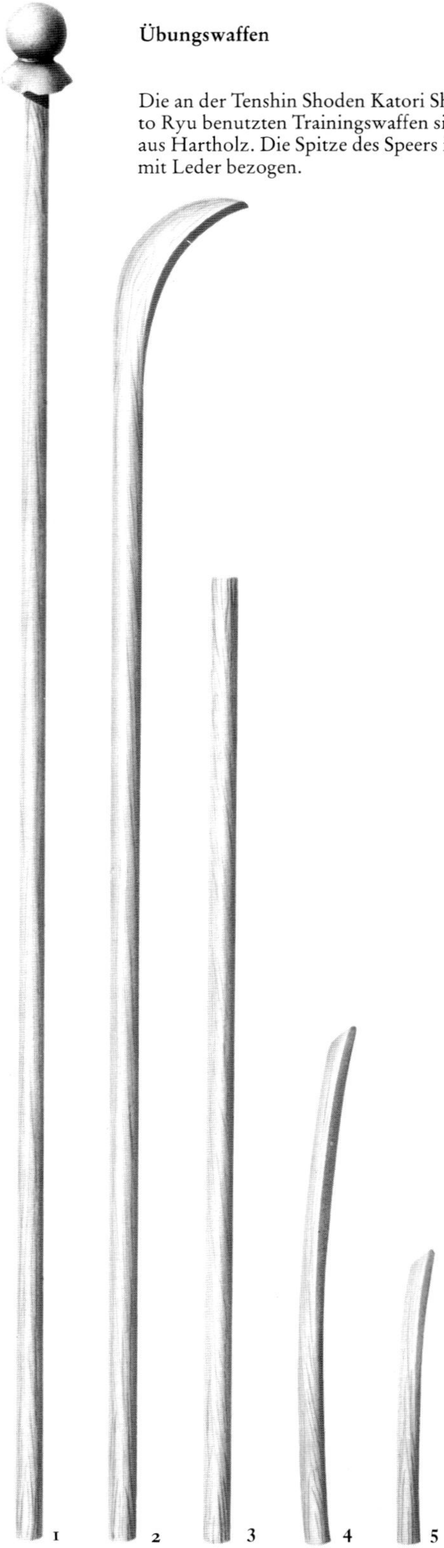

1 2 3 4 5

Die längste Waffe, der Yari oder Speer (1), ist 2,90 m lang und wird mit drehenden, stoßenden Bewegungen eingesetzt.

Die Naginata oder Hellebarde (2) ist mit einer Länge von 2,53 m gerade noch geeignet, um über dem Kopf geschwungen zu werden. Das gekrümmte Ende stellt eine Klinge dar und wird zum Schneiden und Stechen verwendet. Das stumpfe Ende dieser Waffe wird beim Nahkampf eingesetzt.

Der Bo oder Stab (3) ist 1,83 m lang und kann sowohl im Training als auch im echten Kampf eingesetzt werden. Er kann über dem Kopf geschwungen werden, wodurch man einen großen Bereich abdeckt. Beide Enden eignen sich zum Greifen wie zum Schlagen, und gute Kämpfer wechseln je nach Erfordernis häufig von einem Ende zum anderen.

Der Bokken (4), der im Training das Samurai-Schwert ersetzt, ist 97 cm lang. Schläge mit dem Bokken sind hart und schmerzhaft und können sogar tödlich sein.

Das Kodachi oder Kurzschwert (5), 55 cm lang, war die zweite Waffe des Samurai. Es wurde stets mit der Linken entweder allein oder zusammen mit dem Langschwert geführt. Es wurde vor allem für die kurze Kampfdistanz eingesetzt.

terischen Erkenntnisse des Gründers über Strategie, Religion und Medizin versenken.

Die zweite Rolle wird nach etwa zehn Jahren verliehen; die dritte ist erfahrenen Lehrern vorbehalten und wird in der Regel frühestens nach 15jähriger Lehrzeit im Ryu vergeben. Der renommierte amerikanische Gelehrte Donn Draeger, Autor mehrerer Standardwerke über die japanischen Kampfkünste, ist der einzige Nicht-Japaner, der je diesen Rang im Ryu erreicht hat.

Otake Sensei hält dreimal in der Woche Unterricht; da jedoch viele Schüler aus dem 64 km entfernten Tokio kommen, können die wenigsten öfter als zweimal in der Woche erscheinen. Ihre ausgezeichnete körperliche Verfassung zeigt jedoch, daß sie fast alle an den übrigen Tagen zu Hause üben. Bei den Kampfkünsten ist es die Regel, daß nur sehr wenige Studenten den ganzen Kurs durchhalten. Beim Karate z. B. geht man davon aus, daß es von 1 000 Anfängern nur einer so weit bringt, daß er als Trainer arbeiten kann.

Im Katori Shinto Ryu ist dies jedoch anders. Ein Grund hierfür kann darin liegen, daß die Schüler sich hier vor Aufnahme des Trainings mit einem Blutseid zu ernsthafter und ausdauernder Arbeit verpflichten müssen. Es gibt keinen Zweifel, daß die Mitglieder des Ryu mit großem Ernst bei der Sache sind. Das Ryu ist nicht groß, und Otake Senseis Dojo (die Trainingshalle, eigentlich »der Ort des Weges«), bietet nur zwei Paaren von Schülern gleichzeitig Platz zum Üben. Höchstens vier Schüler können die Soloformen der Kunst des Schwertziehens (Iai-Jutsu) gleichzeitig üben, wobei scharfe Kampfschwerter benutzt werden.

Das reguläre Training wird stets mit Waffen durchgeführt, und es werden nur »Formen« geübt, die im Japanischen *Katas* heißen. Im Gegensatz zu praktisch allen anderen Kampfkünsten gibt es keine rituelle Dehnungs- oder Aufwärmgymnastik, und es werden auch keine einfachen Techniken geübt. Es gibt nur die langen, fließenden Folgen von Hieb-, Stoß-, Schnitt-, Stich- und Abwehrtechniken, die zu den genau festgelegten Bewegungsmustern zusammengefaßt sind, aus denen jedes Kata besteht.

Die Katas weisen ebenfalls eine starre Reihenfolge auf, an deren Anfang die relativ einfachen Bewegungen des Schwertziehens stehen. Dann folgt das Omote-Ken-Jutsu, das Schwertkunstkata des Anfängers, das, wie alle folgenden, paarweise ausgeführt wird. Jeder Schwertkämpfer muß schließlich in dem Kampf-Kata beide Rollen lernen. Bei Otake

Die beiden Söhne von Otake Sensei üben im Freien Ken-Jutsu. Sie tragen die traditionellen Schuhe aus Segeltuch und Leder (oben).

Otake Sensei demonstriert Zanshin oder völlige Konzentration im Moment des Auftreffens beim Üben mit seinem jüngsten Sohn, der eine Naginata oder Hellebarde schwingt (links).

Sensei vollzieht sich der Aufbau durch allmähliches Fortschreiten im Lehrplan von dem ersten Kata zu den vielseitigeren und komplizierteren fortgeschrittenen Stufen.

Dem Schwertkata des Anfängers folgen Bo-Formen, Stock gegen Schwert. Schließlich kommt der Übergang zu den Naginata oder Hellebarden, die in der Katori Shinto Ryu 2,5 m lang sind und die schwierigste Waffe darstellen, deren Beherrschung die jungen Mitglieder lernen müssen. Sie werden in weiten Schwüngen durch die Luft bewegt, und hin

Otake Senseis Sohn wehrt mit dem Schaft seiner Hellebarde einen Schlag seines Vaters ab (oben links). Die Aufnahme unten zeigt den Abschluß der Hellebarden-Kata. Otakes Sohn ist mit seiner letzten Technik nach vorne gesprungen und hat den Meister zwischen Hals und Schulter geschlagen.

Otake Senseis jüngster Sohn führt einen Schlag von unten gegen das Handgelenk seines Gegners, der erfolgreich geblockt wird (unten). Rechts hat er soeben mit der rechten Hand sein Schwert losgelassen, damit es ihm nicht durch einen Schlag seines Gegners nach oben aus den Händen geschlagen wird.

und wieder muß der Hellebardenkämpfer hochspringen, um mit der Waffe Platz für einen Schlag nach oben zu gewinnen. Der gegenüberstehende Schwertkämpfer wahrt Distanz und versucht, die Hellebarde abzuleiten, um dann in seinen Gegner eindringen zu können. Alle Bewegungen sind vorab genau festgelegt. Die Katas der Mittelstufe sind sehr schwierig, schnell und kurzlebig. Die Bewegungen sind so präzise, daß manchmal die Handfläche der linken Hand zur Hilfe genommen wird, um die Klinge zu unterstützen und zu führen. Ge-

Zum Ausbildungsplan der Katori Shinto Ryu gehört auch Nin-Jutsu, die Kunst der Ninja (Spitzel und gedungene Mörder in der japanischen Feudalzeit). Auf diesen Aufnahmen zeigt ein höhergraduiertes Mitglied des Ryu das Werfen von Shuriken oder eisernen Wurfpfeilen. Dieser Teil des Lehrplans ist geheim, jedoch ließ uns Otake Sensei die Grundwürfe sehen.

Shuriken sind Waffen, die unhörbar den Tod bringen können, und Nin-Jutsu ist die Kunst des lautlosen Tötens. Der Mann auf diesen authentischen Aufnahmen, den ersten, die jemals veröffentlicht wurden, übt täglich 400–500 Würfe. Er ist in der Lage, aus einer Entfernung von 5 m 6 Wurfpfeile in einen Kreis von weniger als 5 cm Durchmesser zu schleudern.

Bei der Einleitung des Wurfs (links) wird das Gewicht auf das Standbein verlagert, während Führungsarm und -hand als Visier dienen. Beim Wurf (unten) wird das Gewicht auf das vordere Bein verlagert und der Wurfarm kraftvoll und gleichmäßig nach vorne gezogen.

genhiebe prasseln aus fast jedem nur denkbaren Winkel nieder.

Diese Katas sind wie die anderen auch offensichtlich höchst anstrengend. Auch die durchtrainiertesten jungen Leute kommen nach zehn- bis fünfzehnminütigem Üben schweißtriefend von der Matte. Die anstrengendste aller Waffen ist jedoch der Speer. Mit dieser 3m langen Waffe werden nur mit einer schraubenden Bewegung vorgetragene Angriffe ausgeführt. Schwingen wäre einfach zu schwierig. Nach einem Gang mit dem Speer gegen Otake Senseis Schwert taumeln die Schüler keuchend und nach Luft ringend von der Matte.

Interessant ist, daß mit allen Waffen, ob einzeln oder kombiniert, immer nur gegen ein einzelnes Schwert gekämpft wird. Der Schwertkämpfer lernt dadurch, wie er mit Waffen der verschiedensten Gattungen zurechtkommen kann und wo ihre Schwachstellen sind. In gewissem Sinne ist daher Katori Shinto Ryu eher eine Schule für Schwertkämpfer als für denjenigen, der alle Waffen einsetzen will. Angesichts der engen Verbindung der Schule mit dem Katori-Schrein, der das bedeutendste Shinto-Heiligtum der Gottheit des Schwertes ist, kann dies kaum überraschen.

Wenn die Schüler den Speer und die anspruchsvollsten Schwerttechniken gemeistert haben, dürfen sie sich dem Studium der an der Katori Shinto Ryu gelehrten Geheimtechniken zum Fassen und Werfen voll bewaffneter Gegner zuwenden oder sich in der Anwendung von Spezialwaffen wie den Shuriken üben, bei denen es sich um eiserne Wurfbolzen handelt. Über diese Techniken wissen wir nur sehr wenig. Sie sind nur denjenigen zugänglich, die jahrelang im Ryu trainiert haben.

Otake Sensei erklärte sich aber doch bereit, über einige grundsätzliche Punkte der Ausbildung Auskunft zu geben. So erklärte er uns, daß es sich bei dem lauten Gegeneinanderschlagen der Waffen im Training um einen gewollten Täuschungseffekt handelt. Wenn man die Waffen gegeneinanderprallen läßt, dient dies allein der Abhärtung der Hände; wenn man zwei scharfe Schwerter in dieser Weise gegeneinanderschlagen würde, würden beide Klingen beschädigt werden oder sogar brechen.

In einem echten Kampf würden die beiden Gegner einen halben Schritt näher aneinanderstehen als bei der Kata. In dieser Distanz würden bei den gleichen Schlägen nicht die Klingen aneinanderprallen, sondern die Körper der Gegner aufgeschlitzt und ihre Gliedmaßen abgeschlagen bzw. die Angriffe abgeleitet werden. Dies ist deutlich auf den Aufnahmen dieser und der folgenden Seiten zu sehen, wo Otake Sensei Angriffe gegen einen mit einer Rüstung bekleideten Gegner demonstriert. Häufig trifft sein Schwert an zwei Stellen gleichzeitig, wenn er die Schläge praxisnah demonstriert. Beim Training ist es für einen Beobachter sehr schwierig, den wahren Zweck eines Schlags zu erkennen, weil die Schwert-

Tenshin Shoden Katori Shinto Ryu ist ein Kampfsystem, durch das Krieger die Befähigung erhalten sollen, in echten Kämpfen ihre Gegner zu schlagen. Der Begründer lehrte seine Anhänger, auf die verwundbaren Stellen der traditionellen japanischen Rüstung zu zielen. In den Aufnahmen auf dieser und den folgenden Seiten zeigt Otake Sensei, wie dies aussieht. Hier trifft Otake Senseis Schwert zwischen Schulterpanzer und Helm hindurch zum Hals (unten).

kämpfer die Bewegungen in eine andere Richtung umlenken. Daß in dieser Weise Geheimhaltung geübt wird, hat in der Katori Shinto Ryu Tradition. Kiebitze oder zufällige Beobachter sehen nur, daß zwei Holzschwerter aufeinanderprallen, wo die Kämpfer genau wissen, daß im Ernstfall jeder Schlag ein Treffer gewesen wäre. In der Katori Shinto Ryu erfolgen Angriff und Verteidigung gleichzeitig, und jede Bewegung in jeder Kata ist diesem Grundsatz untergeordnet.

Ein wesentlicher Unterschied zwischen der wahrhaft kriegerischen Kunst an Otake Senseis Schule und allen anderen Kampfkünsten und -systemen, die in diesem Buch beschrieben werden, liegt darin, daß der einfachste Schlag, der korrekt geführt wird, tödlich ist, und daß die geringste Fehleinschätzung des Kämpfers ihn selbst das Leben kostet, manchmal in Sekundenschnelle. Ein Schlag zwischen die Beine führt nach 20 Sekunden zum Tode; bei einem Schlag in die Achselhöhle tritt der Tod in noch kürzerer Zeit ein, und ein Treffer seitlich am Hals durchtrennt die Drosselader und ist in drei bis vier Sekunden tödlich. Die Katana, das traditionelle japanische Kampfschwert, hat die Schärfe einer Rasierklinge. Aus diesem Grund ist in keinem anderen Kampfsystem jede Bewegung im Wortsinn so lebensentscheidend wie im Ken-Jutsu, der Kunst des Schwertkämpfers.

Korrektes Kämpfen im Stil dieser Tradition bedeutet, das Schwert in vielen verschiedenen Arten gegen eine begrenzte Anzahl von Zielen einzusetzen. Diese Ziele sind naturgemäß die Schwachstellen der japanischen Rüstung. Die Schläge zielen auf das Gesicht, auf die Unterseite der Handgelenke, die Innenseite des Bizeps, seitlich zum Hals und seitlich und in die Mitte des Rumpfs auf Höhe der Taille sowie zwischen die Beine. Schläge mit der Hellebarde werden auch zu den Unterschenkeln geführt, ein Ziel, für das das Schwert eine zu ge-

Hier hat der Meister das Schwert umgedreht (links), so daß die Schneide nach oben zeigt. Während die Spitze der Klinge ins Gesicht fährt, schneidet die Klinge in die verletzliche Unterseite des Handgelenks seines Gegners.

Otake Senseis Schwert trifft zwischen Brustpanzer und Hüftschutz in Höhe der Taille (unten). Gleichzeitig führt der Schüler in der Rüstung mit dem Schwert einen Angriff zum Hals des Meisters, ein Beispiel für einen gleichzeitigen Angriff beider Kämpfer.

ringe Reichweite hat. An all diesen Stellen gibt es erstens Lücken in der Rüstung, und zweitens verlaufen hier die Hauptarterien und -venen des menschlichen Körpers. Es ist bemerkenswert, daß diese logischen Ziele des Schwertkämpfers in der Sportform des Schwertfechtens, dem Kendo, weitgehend ausgeklammert werden. Beim Kendo sind die Ziele die Oberseite des Kopfs, die Kehle, die Schultern, Mitte und Seite der Brust und die Oberseiten der Hände und Handgelenke. An diesen Stellen ist der Schwertkämpfer in einer traditionellen Rüstung vollständig geschützt. Im Kampf ist Kendo daher praktisch wertlos.

Während beim Sport-Kendo die Kata eine völlig untergeordnete Rolle spielt, wird im Katori Shinto Ryu gerade ausschließlich die Kata geübt. Wir befragten Otake Sensei bei verschiedenen Gelegenheiten zu diesem Punkt.

Erster und wichtigster Punkt ist für Otake Sensei, daß die Katas nach seinem festen Glauben göttlichen Ursprungs sind. Der Gründungsmeister empfing sie in einer Vision vom Himmel und schrieb sie nieder, damit sie seine Nachfolger für alle Zeiten weitergeben sollten. Warum sollte man also das Irdische erlernen, wenn man zum Himmlischen Zugang hat?

Zum Zweiten werden Göttlichkeit und Perfektion gleichgesetzt: Die Bewegungen der Kata berücksichtigen praktisch alle denkbaren Aktionen, die mit einem Schwert möglich sind, und diejenigen, die nicht berücksichtigt sind, sind mit großer Wahrscheinlichkeit nutzlos.

Drittens glaubt Otake Sensei, daß aus dem Freikampf schlechte Gewohnheiten resultieren. Die Schüler beginnen ihre Schläge zu »ziehen«, d.h. abzustoppen, bevor sie die volle Durchschlagskraft entwickelt haben. An die Stelle der Zusammenarbeit im Wettkampf tritt ein Konkurrenzdenken, und an die Stelle eines tiefen Verantwortungsgefühls und des Bewußtseins für die Gefahren, die mit dem Umgang einer echten Waffe verbunden sind, tritt die Unbekümmertheit des Spielenden, der eine Spielzeugwaffe handhabt.

Mit Nachdruck wies Otake Sensei schließlich darauf hin, daß der besondere Wert der Kata nicht nur darin liegt, daß sie Reaktion, Gleichgewicht, Timing, Schnelligkeit und Genauigkeit des Schülers verbessert, sondern vor allem darin, daß der Schüler durch sie Selbstbeherrschung und Disziplin einübt. Die Kata lehrt den Menschen, wie man tötet – aber sie lehrt nicht weniger, wie man es gerade vermeidet, zuzuschlagen.

Otake Sensei grüßt den Schrein des Dojos (unten), bevor er sein Schwert aufnimmt. Wenn er völlig gesammelt und ruhig ist, schiebt er mit dem linken Daumen das Schwert aus der Scheide und ist zum Ziehen bereit (rechts).

Iai-Jutsu

Das Kampftraining mit Holzwaffen ist nur der eine Teil der Ausbildung. Der andere Teil, das Iai-Jutsu, ist die klassische Einzelübung mit einem echten Schwert. Jeden Morgen verläßt Meister Otake sein Haus und durchquert den Park, dessen Bäume er selbst gezogen und in elegante Formen gebracht hat. Er geht in den Dojo und rezitiert eine buddhistische Sutra. Dann führt er rituelle Schwertbewegungen aus, kurze, explosive Bewegungsabläufe, denen Pausen ruhigen Wartens folgen. Viele Menschen in Japan üben Iai-Jutsu und Iai-Do aus, die meisten von ihnen jedoch zur körperlichen Ertüchtigung oder als eine Handlung des Zen-Buddhismus. Wenn Meister Otake sein Schwert aus der Scheide zieht, wird dahinter eine Entschlossenheit zur Tat sichtbar. Er sieht einen wirklichen Gegner vor sich; er ist sich jederzeit bewußt, welchem furchtbaren Zweck sein Schwert dient.

Iai-Jutsu besteht zum größten Teil aus dem einzelnen, perfekten Schwertstreich. Der Kampf ist hier zu einem einzigen schrecklichen Augenblick verdichtet, wie es in den berühmten Filmen Akira Kurosawas »Die Sieben Samurai« und »Sanjuro« exemplarisch dargestellt wurde. Es erhebt sich zwangsläufig die Frage, was geschieht, wenn ein zweiter Schlag erforderlich ist. Im Katori Shinto Ryu lernen die

Otake Sensei nimmt bei einer Iai-Jutsu-Kata kurzzeitig eine Verteidigungsstellung ein (oben), bevor er mit einer Drehung um 180° einen Angriff von hinten kontert.

Der Schlag nach unten (oben links), der über Otake Senseis Kopf begann. Die Aufnahme wurde in der Mitte des Schlages gemacht, und das Schwert bewegte sich so schnell, daß die Klinge verwischt wurde. Otakes Körper und Arme bleiben jedoch in völliger Ruhe.

Der Augenblick völliger Ruhe am Ende des Schlages nach unten (unten links). Es folgt das rituelle Abschütteln des Bluts von der Klinge und das Zurückstecken des Schwerts in die Scheide.

Schüler eine Sequenz von Schlägen, die der Praxis in einer echten Konfrontation sehr nahekommt.

Viele der Katas des Iai-Jutsu beginnen in einer tiefen Kauerstellung. Diese Katas dienen als Übungsabläufe für Angriffe im Dunkeln. Der Ausführende bleibt in tiefer Stellung und damit für seinen Angreifer unsichtbar; im letzten Augenblick springt er auf und führt fast gleichzeitig einen oder mehrere Hiebe aus. In den Katas werden systematisch Angriffe von vorne, von der Seite und von hinten sowie aus mehreren Richtungen gleichzeitig erfaßt. Quintessenz der Kunst ist blitzartige Schnelligkeit und unfehlbare Genauigkeit, wobei es darauf ankommt, einen Angreifer mit so wenig Schlägen wie möglich niederzustrecken. Große Aufmerksamkeit wird der richtigen Unterbringung des Schwerts im Gürtel des Ausführenden vor Beginn der Bewegung und dem schnellen und wirksamen Zurückschieben der Klinge in die Scheide nach dem Kampf gewidmet.

Während für die meisten Japaner Iai-Jutsu und Iai-Do eng mit dem Zen-Buddhismus verbunden sind, gilt dies überraschenderweise für die Katori Shinto Ryu nicht. Dort wird ein System buddhistischer Beschwörungen für das Schlachtfeld gelehrt.

Der Krieger, der sich mit esoterischem Buddhismus befaßt hat, macht eine Reihe magischer Handbewegungen, die Meister Otake erläutert:

»Im Rahmen des Lehrplans für das Heiho (›die Methode des Soldaten‹), d.h. der Kunst des Krieges, gibt es etwas, das wir ›Kuji no in‹ nennen, ›das Einschreiben der neun Buchstaben oder der neun Zeichen‹. Diese Praxis ist zweifellos einer der Beiträge des mystischen Buddhismus zur Kunst der Strategie. Sie ist ein

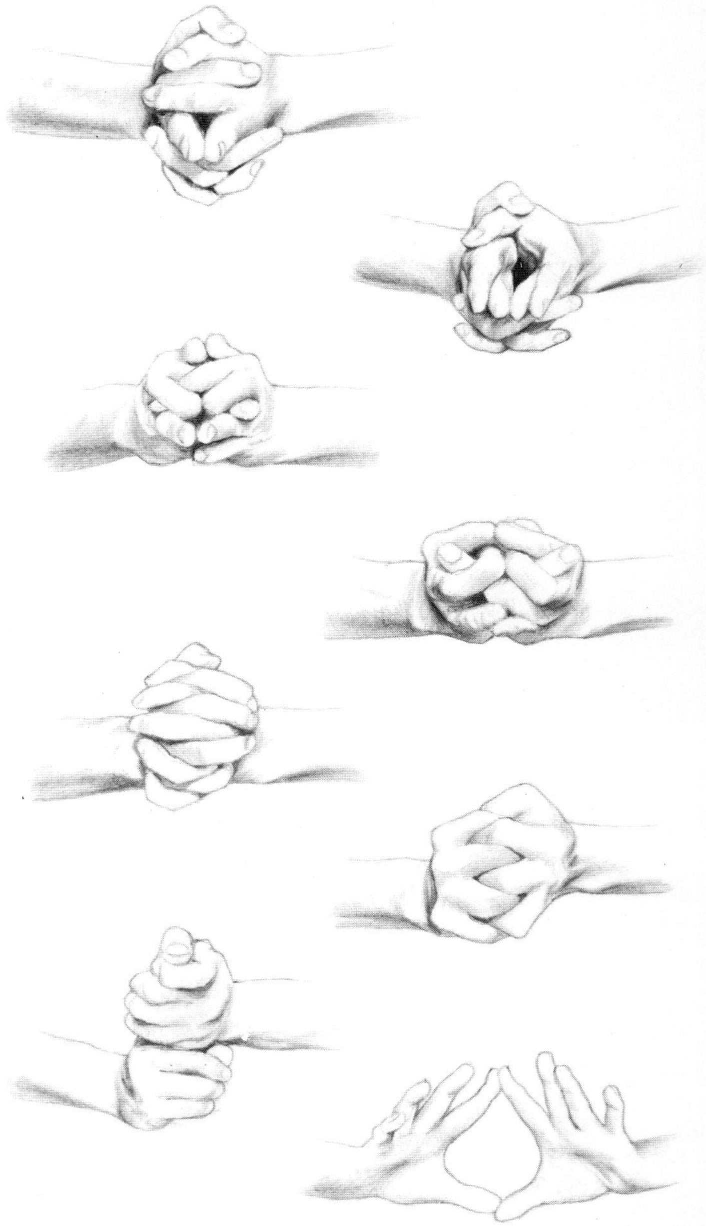

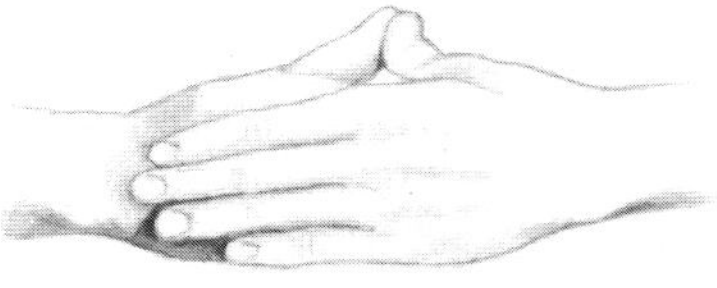

Das »Kuji no in«, die neun Buchstaben oder Zeichen, eine Praxis der esoterischen buddhistischen Mikkyo-Sekte, der viele japanische Kampfkunstexperten anhängen. Die Mikkyo ist eine Sekte des Shingon-Buddhismus, der »Schule des wahren Wortes«. Sie wurde etwa im Jahre 806 von Kobo Daishi gegründet, der glaubte, daß jede Religion einer der zehn Abschnitte auf dem Weg der Menschheit zur wahren Buddhaschaft ist.

Teil der praktischen Kasteiungen des Mikkyo-Buddhismus, der sich mit mystischen Praktiken, Zauberformeln und Beschwörungen befaßt.

Es gibt neun Zeichen, die die folgenden Namen tragen: Rin; Pyo; To; Sho; Kai; Jin; Retsu; Zai; Zen. Diese bilden das Kuji no in. Wenn man diese beherrscht und Körper und Geist durch diese Übungen geeint hat, kann man von dem sogenannten ›zehnten Buchstaben‹ Gebrauch machen. Hierfür macht man das Handschwert, indem man neun Linien auf die Handfläche zeichnet (Otake Sensei zeigt sie). Jede der Linien steht für einen der neun Buchstaben, und sie bilden zusammen ein Gitter. Das Einsetzen eines weiteren Zeichens in die Mitte dieses Gitters nennt man ›das Verfahren des zehnten Zeichens‹ oder ›zehnter Buchstabe‹.

Ein zehnter Buchstabe wird in die Mitte des Gitters eingesetzt, einer aus einer bestimmten Anzahl chinesischer Zeichen, unter denen man in den unteschiedlichsten Situationen dasjenige auswählt, das Hilfe bringt. Wenn man z. B. angreift oder angegriffen wird, oder wenn man Schiffbruch vermeiden oder eine Krankheit heilen will, setzt man jeweils das geeignete Zeichen in die Mitte.

Nehmen wir etwa den Fall, daß man eine Schiffsreise unternehmen möchte. Man würde dann die Gitterform der neun Buchstaben zeichnen und in die Mitte das Zeichen für ›Drache‹ setzen. Wenn Sie dann Schiffbruch erleiden würden, wären Sie vor dem Ertrinken geschützt. Sie brauchen nur rasch die Zeichen machen und die Beschwörungsformel sprechen. Durch die Beschwörung würden Sie das Vertrauen gewinnen, daß Sie gerettet werden, auch wenn das Schiff sinken sollte.

Dieses Verfahren des zehnten Buchstabens braucht man, wenn man sich etwas vorgenommen hat und eine Stütze und Entschlußkraft braucht, d. h. den Glauben an den Erfolg. In einem solchen Fall benutzt man das Einschreiben der neun Buchstaben oder das Verfahren des zehnten Buchstabens, um diese Haltung in Geist und Seele zu bewirken.

Im Hinblick auf die Kampfstrategie ist es wichtig, daß man ein unerschütterliches Vertrauen in seine eigenen Fähigkeiten hat. Man muß eine Überzeugung in sich tragen, die jede Schranke durchbricht, jedes Hindernis überwindet.

Ich möchte Ihnen hierzu eine alte Geschichte über ein Liebespaar erzählen. Das Mädchen wurde von einem menschenfressenden Tiger angefallen und zu Tode verwundet. Vergeblich bemühte sich ihr Liebhaber, ihr Leben zu retten. Sie war das Opfer des Tigers geworden, und in seinem tiefen Schmerz beschloß er, den Tod seiner Geliebten an dem Tiger zu rächen.

Er schulterte Pfeil und Bogen und durchstreifte rastlos den Dschungel, um den Tiger zu finden. Eines Tages entdeckte er plötzlich in einiger Entfernung einen schlafenden Tiger, und er wußte sofort, daß dies die Bestie war, die seine Geliebte getötet hatte. Er spannte den Bogen, zielte sorgfältig und schoß den Pfeil ab. Der Pfeil senkte sich tief in den Körper des Tigers, und er eilte hinzu, um sich vom Tod des Tiers zu überzeugen. Wie erstaunt war er jedoch, als er feststellte, daß sein Pfeil tief in einem gestreiften Stein steckte, dessen Form zufällig der Gestalt eines schlafenden Tigers ähnelte.

Die Nachricht davon verbreitete sich rasch, und man rühmte ihn im Dorf wegen seiner Kraft, die ihn befähigte, mit einem Pfeil einen Stein zu durchbohren. Andere wollten eine Probe seines Könnens sehen. Doch wie sehr er sich nun auch bemühte – seine Pfeile prallten einfach ab. Der Grund hierfür war einfach der, daß er jetzt versuchte, einen Pfeil in einen Stein zu schießen. Als er das erste Mal den Stein für einen Tiger gehalten hatte, war er durch seine Entschlossenheit, den Tod seiner Geliebten zu rächen, imstande, auch einen Stein mit einem Pfeil zu durchbohren. Auf diese Geschichte geht das japanische Sprichwort zurück: ›Ein starker Wille kann einen Stein durchbohren.‹

Der Stratege muß genau diesen starken Willen oder diese unerschütterliche Überzeugung haben, denn nur aus dieser Einstellung entspringen unglaubliche Leistungen. Ohne diese starke Überzeugung sind alle Bemühungen umsonst. Dies gilt natürlich nicht nur für die Kampfstrategie, sondern für alle Bereiche des Lebens. Aus der japanischen Geschichte ist ein weiteres Beispiel überliefert. Während der Kämpfe zwischen den Clans der Taira und Minamoto in dem Abschnitt der japanischen Geschichte, in dem die Kriegerkaste entstand, forderten die Taira-Krieger in der Schlacht von Yashima im Jahre 1184 die Minamoto-Krieger heraus, einen Fächer von der Mastspitze eines ihrer Schiffe herabzuschießen. Die Minamoto-Krieger, die vom Land aus die Schiffe betrachteten, erkannten, daß es für einen Menschen fast unmöglich war, einen Pfeil überhaupt so weit zu schießen, geschweige denn das Ziel zu treffen, das am schwankenden Mast eines in stürmischer See treibenden Schiffs befestigt war. Dennoch trat ein Krieger namens Nasu no Yoichi vor und sagte, daß er einen Versuch wagen wolle, den Fächer von der Spitze des Mastes herabzuschießen. Nach dieser Ankündigung trieb er sein Pferd in die Brandung. Er legte einen Pfeil ein und machte sich zum Schuß bereit, doch mußte er erkennen, daß es bei dieser rauhen See außerordentlich schwierig wäre, auf den über den Wellen tanzenden Fächer zu zielen. Er rief seine Schutzgottheit an und die Schutzgottheit des Minamoto-Clans, den großen Bodhisattva Hachiman, zu dem er festes Vertrauen hatte.

Er gelobte dem großen Bodhisattva Hachiman, dem Gott des Krieges, daß es ihm um sein Leben nicht leid wäre, auch wenn ihn morgen schon der Tod ereilen sollte, wenn er nur mit seinem Pfeil den Fächer treffen könnte. Er flehte zu Hachiman, die Wellen zu beruhigen, damit das Ziel nicht so heftig schwanken würde. Wie durch ein Wunder beruhigte sich die See in diesem Augenblick tatsächlich. Er spannte seinen Bogen, ließ den Pfeil von der Sehne schnellen und traf das Ziel. Die Krieger auf beiden Seiten bejubelten seine große Leistung.

Dieses Wunder ist wohl symbolisch zu verstehen. Die Beruhigung der Wogen kann ein Symbol sein für das Ruhigwerden seines eigenen Geistes nach der Anrufung seines Schutzpatrons. Nur wegen dieser inneren Gelassenheit konnte er wohl den Fächer genau an der Stelle treffen, an der die Rippen zusammenlaufen.

Dies meine ich mit Glauben oder Überzeugung. Krieger mußten mit besonders schwierigen Situationen fertig werden.«

Die Anwendung der neun Zeichen

Otake Sensei hat bereits erklärt, wie der Gründer der Katori Shinto Ryu, Choisai Sensei, aus der buddhistischen Tradition geeignete esoterische Techniken übernahm, die dem Krieger Vorteile bringen konnten. Dies wurde dadurch erreicht, daß die als *Kuji no in* bezeichneten Handgesten wiederholt wurden und der Zauber anschließend mit einer geheimen zehnten Bewegung besiegelt wurde. Dieses System kann in vielfältiger anderer Weise vorteilhaft angewandt werden, wenn man die Kunst beherrscht.

»Es ist für alle Menschen eine ganz natürliche Reaktion, daß man beim Auftreten von Problemen nach einem Halt sucht, nach Mitteln und Wegen, um mit der Situation besser fertig werden zu können. Für die japanischen Krieger war dieser Halt die Lehre der buddhistischen Sekte, die sich mit Beschwörungsformeln und Mystik befaßt. Ich sage dies, obwohl man heute häufig hört, daß sich die Künste des Kriegers und die Schwertkämpferschaft mit den Künsten des meditativen Buddhismus dekken, und für viele Menschen sind Schwert und Zen eins.

Zen ist zwar auch nur eine Form des Buddhismus, jedoch ist hierfür eine außerordentlich lange Ausbildungszeit erforderlich. Es gehört z.B. zu den Übungen, daß man einfach einer Wand gegenübersitzt. Es gibt keine andere Anweisung als die, an nichts zu denken, und auch nicht daran zu denken, daß man an nichts denken darf. Um dies zu erlernen, muß man jahrzehntelang üben. Das Eindringen in das Reich des Nicht-Ich dauert unglaublich lange.

Die Mikkyo-Sekte dagegen bietet eine konkrete Übung oder Tätigkeit an, mittels derer man in den Zustand der Selbstauslöschung gelangen kann. Hierbei handelt es sich um die Bildung der ›neun Buchstaben‹ oder Handzeichen. Die Anwendung einer solchen konkreten Technik führt viel schneller zum Ziel.«

Diese magischen Praktiken können auch zur Heilung Kranker eingesetzt werden. Ein Patient, der zu Meister Otake kommt, setzt sich ruhig nieder, während dieser auf Papiersteifen Zaubersprüche schreibt. Er zeichnet einen einfachen Umriß des menschlichen Körpers und daneben die schraffierten neun Linien des Kuji no in an der Stelle, an der sich das behandlungsbedürftige Körperteil befindet. Dann fügt er das zehnte Zeichen hinzu. Dann wird die Zeichnung zu einem Fächer gefaltet und mit einem dünnen Stock zusammengehalten, der als Griff dient.

Dann bringt Meister Otake den Fächer über dem Familienaltar an und macht, während er davorsteht, die neun Handzeichen. Als nächstes nimmt er den Papierfächer und legt ihn an der Stelle auf den Körper des Patienten, an der sich der Krankheitsherd befindet. Anschließend muß der Patient den Fächer an das Ufer eines Flusses bringen und, nachdem er drei brennende Räucherstäbchen in die Erde gesteckt hat, den Fächers ins Wasser werfen und weggehen, ohne sich umzusehen. Diese Lehre des Gründers der Katori Shinto Ryu ist in allen Lebenslagen anwendbar:

»Die führenden Krieger vertieften sich in viele Dinge, zu denen u.a. magische Praktiken und die Kunst des Zauberns und Beschwörens gehörten. Bestandteil dieser Geheimpraktiken waren Künste, mit denen man Krankheiten heilen konnte, Verfahren, wie man in die Verteidigungsanlagen oder die Burg eines Feinds eindringen konnte und Methoden, durch die man seine eigene Burg uneinnehmbar machen konnte. Die Vielfalt der dazugehörenden Künste ist kaum zu überblicken.

Die Klinge ist der kostbarste Teil eines japanischen Schwertes. Das Schmieden war eine religiöse Handlung, die erst in Angriff genommen wurde, nachdem man die Werkstatt gereinigt und der Gottheit des Schwertes Gebete dargebracht hatte. Das fertige Schwert wird mit Ehrfurcht und als geheiligter Gegenstand behandelt. Der Meister reinigt regelmäßig sein Schwert (oben), indem er es mit einem feinen Pulver bestreut und abwischt. Anschließend wird es mit einer dünnen Schicht chinesischen Öls bestrichen.

Die japanische Rüstung (rechts), die den Krieger vor Angriffen schützen sollte. Der Schwertkämpfer lernt bei seiner Ausbildung, den Träger an den Schwachpunkten anzugreifen, der Kehle, den Hüften, der Taille, den Unterarmen und den Innenseiten der Oberschenkel.

Diese Künste werden in der Katori Shinto Ryu bewahrt, wo man z.B. Verfahren kennt, um Gegenstände aus dem Auge zu entfernen und Mittel zur Heilung von Krankheiten. Heilpraktiken dieser Art nennt man in Japan Te-ate. Dieser Name bedeutet ›Berühren mit der Hand‹ oder ›Auflegen der Hände‹.

Die Hand kann zur Erzeugung von Energie dienen. In alten Zeiten war ihre diesbezügliche Kraft wahrscheinlich größer als heute. Nehmen wir das Beispiel eines Kindes, das Bauchschmerzen hat und weinend zu seiner Mutter kommt. Die Mutter eilt vielleicht mit dem Kind zum Arzt, der jedoch nicht zu Hause ist. Sie versucht überall, jemanden zu finden, der das Kind behandeln kann, aber es ist niemand erreichbar. Aus Verzweiflung und Mitleid tröstet sie schließlich das Kind, indem sie es selbst mit ihren Händen berührt.

Wie durch ein Wunder geht es dem Kinde plötzlich besser, und sogar die Schmerzen las-

Beim Iai-Jutsu, der Kunst des Schwertziehens, werden echte scharfe Schwerter benutzt. Aus der Drehung heraus richtet der Schwertkämpfer die Klinge mit der linken Hand aus, bevor er einen Schlag nach vorne führt. Um den Schlag noch kraftvoller zu machen, geht der Schwertkämpfer mit dem ganzen Körper mit nach unten, wobei er jederzeit wieder zu einem neuen Angriff übergehen kann.

Schon bald, nachdem wir unsere Arbeit mit Otake Sensei aufgenommen hatten, begann uns die Frage zu interessieren, wie die traditionelle Waffe des japanischen Kriegers, das Schwert, hergestellt wurde. Otake Sensei konnte uns hierzu berichten, daß es in Japan noch fünf Schwertschmiedemeister gibt. Die Qualität der Schwerter unterlag im Laufe der japanischen Geschichte starken Schwankungen. Es gab Zeiten der Massenfertigung, in denen fast alle Klingen relativ minderwertig waren, und es gab Zeiten, in denen nur erstklassige Schwerter hergestellt wurden. Otake Senseis eigenes Schwert datiert aus der Zeit der Gründung der Tenshin Shoden Katori Shinto Ryu vor etwa 550 Jahren. Es ist sehr stark gekrümmt und von perfekter Handlichkeit für den Kampf.

Otake Sensei ist mit dem Schwertschmied Yoshihara Yoshindo befreundet, der am Stadtrand von Tokio lebt. Otake Sensei rief Yoshihara San an und vereinbarte für uns einen Besuchstermin.

Yoshihara San zeigte uns einen Haufen harter, bröckeliger, brauner Erde. In den nächsten beiden Wochen würde er aus diesen drei Kilo Eisenerz eine schimmernde, rasiermesserscharfe und perfekt gearbeitete Schwertklinge machen. Das Erz kommt aus einer speziellen Mine in Japan.

Der erste Schritt bei der Herstellung des Schwerts besteht darin, daß das Erz zu einem quaderförmigen Block mit einem langen Stiel gegossen wird, der später abgeschert wird. Dieser Block wird dann flachgehämmert. Dieses flache Stück wird dann mit Stroh bestreut oder in ein Bad getaucht, durch das Verunreinigungen im Metall entfernt werden. Die noch rotglühende Platte wird dann mit einem harten Meißel in der Mitte bis auf einen dünnen Steg gespalten. Die beiden Hälften werden dann aufeinandergelegt, so daß sich wieder die Rechteckform ergibt. Dann kommt das Werkstück erneut in das Schmiedefeuer. Dieses Verfahren wird viele tausend Male wiederholt. Durch dieses Umschlagen und Hämmern und erneute Umschlagen erhält das Material eine außerordentliche feine Schichtung, durch die die Klinge, zusammen mit dem anschließenden speziellen Anlaßverfahren,

Ein Schmiedehelfer schlägt das Grundmetall auf einem Amboß flach. Er faltet das Metall und wiederholt dieses Verfahren fünfzehn- bis zwanzigmal. Dieser »Rohling«, der aus Tausenden von harten und weichen Materialschichten besteht, wird dann zu einer Klinge ausgeschmiedet.

ihre unvergleichliche Güte erhält. Vor dem Anlassen wird die Klinge zunächst abgeflacht und mit einer dünneren Kante versehen, an der später die Schneide entsteht. Das Metall wird auf eine ganz bestimmte Temperatur erhitzt, die nur der Schmiedemeister an der Farbe der erhitzten Klinge erkennt. Dann wird es in eine kalte Flüssigkeit getaucht. Aufgrund der unterschiedlichen Dicke zeigen die beiden Seiten der Klinge ein unterschiedliches Schrumpfungs- und Dehnungsverhalten, wodurch die Klinge die typische, gleichmäßig gekrümmte Form bekommt. Außerdem wird durch das Abschrecken die äußere Schicht der Klinge gehärtet, während die innere vergleichsweise weich bleibt. Dadurch wird die Klinge weniger spröde und bleibt elastisch. Nun ist die Klinge fertig zum Polieren. Dies erfolgt von Hand, wobei Schleifsteine mit immer feinerer Körnung verwendet werden, bis die Oberfläche spiegelblank ist. Zu diesem Zeitpunkt kann Yoshihara San nach Wahl des künftigen Besitzers ein Symbol eingravieren oder in Längsrichtung der Klinge eine Nut anbringen, in der das Blut ablaufen kann. Dadurch wird das Schwert etwas leichter. Schließlich wird die Klinge zur letzten Behandlung zu einem professionellen Schleifer und Schärfer gebracht, bevor sie ihrem Besitzer übergeben wird.

Der Enddreißiger Yoshihara San ist für sein Gewerbe noch relativ jung; dennoch sind seine Klingen schon in ganz Japan berühmt. Sie erzielen höchste Preise und gelten als gute Investition. Deshalb ist Yoshihara San ein wenig traurig, daß die meisten seiner Schwerter direkt in Banksafes kommen, ohne jemals benutzt zu werden. Er hat sich jedoch inzwischen darauf eingestellt und legt daher geringfügig mehr Gewicht auf die äußere Schönheit der Klinge als auf ihren Gebrauchswert.

Otake Sensei hält jedoch immerhin noch so viel von diesen Meisterwerken, daß er für seine beiden Söhne zwei Stück erwarb, von denen eines Yoshihara San und eines dessen Bruder anfertigte, der ebenfalls Waffenschmied ist.

Die rohe Klinge wird mit nassen Schleifsteinen geglättet und poliert. Der Polierer beginnt mit einem Stein grober Körnung und schleift die Klinge mit langen Strichen. Die Feinbearbeitung erfolgt mit feinen Steinen und kurzen, gleichmäßigen Strichen.

sen nach. Es ist in einem solchen Fall die Liebe der Mutter, die aus ihren Händen auf das Kind übergeht und es tröstet und schließlich Linderung bringt. Es ist die Energieübertragung durch die Mutter, die das Kind heilt. Diese Energie kann manchmal sehr viel wirksamer sein als die Bemühungen eines Fremden im Arztkittel, der fragt: ›Wo tut es denn weh?‹

Aus diesem Grund können sich manche Menschen, die z. B. irgendwo eine Schwellung oder Schmerzen haben, durch die Macht des buddhistischen Gesetzes Linderung verschaffen oder sich sogar selbst heilen. Sie nutzen ihre eigene psychologische Kraft, d. h. die Kraft Gottes: Ihre Wirksamkeit hängt von der eigenen Überzeugung ab.

In letzter Zeit hört man so viel über Psychokinese oder psychische oder okkulte Fähigkeiten. Um diese Fähigkeiten, wie immer man sie nennen mag, aktivieren zu können, muß man den unbedingten Glauben an die Existenz dieser Kraft haben und von ihrer Wirksamkeit überzeugt sein.

Wer ganz davon überzeugt ist, daß ihn dieses Verfahren heilen wird, wird tatsächlich auf wunderbare Weise geheilt. Ich habe diese Dinge unzählige Male erlebt. Aus diesem Grund bin ich der Meinung, daß man hier nicht von okkulten Vorgängen oder auch von Wundern sprechen sollte.

Ich weiß aus eigener Erfahrung, daß diese wahrhaft geheimnisvollen Dinge eintreten. Dieser Glaube kann Wunder hervorbringen. Ich rede hier nicht von jenen Zufällen, bei denen jemand gerade an etwas denkt, das dann zufällig eintritt. Die Überzeugung kann wirkliche Wunder bewirken. Es ist eine Frage des Glaubens. Viele Menschen glauben heute nicht mehr an Gott oder Buddha. Doch was sie auch sagen mögen – es gibt solche wunderbaren Ereignisse.«

Das Studium des Yin und Yang

Der japanische Krieger mußte sich nicht nur mit vielen geheimen, metaphysischen Dingen beschäftigen, sondern sich auch praktischen Dingen zuwenden. Allerdings ging er hierbei völlig anders vor, als es ein Europäer getan hätte.

Der Samurai studierte nicht nur die Lehren der Geheimsekten des Buddhismus, sondern auch Musik, die Lehren des Konfuzius und viele andere Wissenszweige, wie z. B. das Gleichgewicht von Yin und Yang. In der chinesischen Kosmologie sind dies die fundamentalen Elemente des Universums, das positive und das negative Prinzip; bei den Japanern werden sie *In* und *Yo* genannt.

»Alle diese Studien waren im Leben des Kriegers wichtig. Die Lehre von Yin und Yang kam z. B. zur Anwendung, wenn er sich ein Haus bauen oder, falls er reich und mächtig war, eine Burg errichten wollte. In jenen Zeiten pflegte er das Gleichgewicht zwischen Yin und Yang zu betrachten, um die richtige Lage und Orientierung des Gebäudes zu ermitteln. Er wußte, daß alle seine Bemühungen umsonst waren, wenn die Umgebung für eine Festung ungeeignet war.

Diesbezüglich gab es in den alten Künsten der Strategie Lehren über die Bedeutung der Himmelsrichtungen. So war es z. B. wichtig, im Norden hochgelegenes Gelände zu haben, während es ein großer Nachteil war, wenn im Süden Berge aufragten. Hohe Berge im Norden sicherten den Schutz des Gottes, der Schildkrötenschlange genannt wurde. Im Osten sollte möglichst fließendes Wasser, ein Fluß oder ein Strom sein. Es hieß, daß dann diese Seite der Stellung durch die Macht des blauen Drachengottes geschützt sei. Im Süden war es günstig, freien Raum oder Felder zu haben, um sich den Schutz des Roten Sperlingsgottes zu sichern. Im Westen galt eine breite Straße als besonders günstig. Dadurch gewann man den Schutz des Weißen Tigergottes.

Einen solchen Ort, wie er in dieser Kunst beschrieben wurde, nannte man einen Platz, der von den vier Gottheiten geschützt war: im Norden von der Schildkrötenschlange, im Osten vom Blauen Drachen, im Süden vom Roten Sperling und im Westen vom Weißen Tiger. All dies ist Teil eines Systems, das die Wirkungen der positiven und negativen Kräfte genau betrachtete, und die Menschen hielten sich unbedingt daran. In der heutigen Metropole Tokio, die früher Edo hieß, wurde die im 16. Jh. entstandene Burg Edo von den Tokugawa-Shogunen genau nach diesen Anweisungen erbaut. Heute ist die Burg Teil des Kaiserpalastes.

Nach der Lehre von Yin und Yang gibt es kein Zweifel, daß ein Haus, das nach diesen Anweisungen erbaut ist, große Vorteile hat. Bei meinem eigenen Haus wurden diese Hinweise beachtet, und ich stelle in der Tat fest, daß der hohe Berg im Norden den Wind abhält, so daß mein Haus viel wärmer ist als es sonst wäre.

Es ist interessant, daß in Japan, einem Land, das praktisch in Ost-West-Richtung verläuft und an dessen Längsachse sich eine Bergkette erhebt, der größte Teil der Bevölkerung südlich dieses Gebirges lebt, an der Seite, die der Sonne gegenüberliegt, während die Rückseite ihrer Häuser in Richtung der Bergkette liegt, die den Wind aus Sibirien abhält. Ich glaube, daß die Lehre von Yin und Yang das Ergebnis natürlicher Neigungen ist, aufgrund derer die Menschen so und nicht anders leben. Wenn sie diesen Vorschriften folgen, leben sie in sicherer Harmonie mit der Natur.

Vor kurzem haben Archäologen Schwerter aus der japanischen Hügelgräberzeit zwischen 300 und 400 n. Chr. ausgegraben. Einige davon sind gerade Schwerter mit Gold- und Silbereinlagen auf einer oder auf beiden Seiten. Diese eingelegten Muster entsprechen denjenigen, mit denen die Himmelsrichtungen dargestellt werden. Andere sind mit den Symbolen der Sonne und des Mondes verziert, die ebenfalls die positiven und negativen Kräfte von Yin und Yang darstellen.

Die fünf Elemente in der altjapanischen Weltanschauung

In der Nachfolge der chinesischen Tradition beschäftigten sich die Krieger Japans nicht nur mit dem Wechselspiel der beiden antagonistischen Grundbausteine der Welt, sondern auch mit den fünf Elementen, die sich in endloser Vielfalt miteinander verbinden und alles erschaffen, was in der Welt existiert. Otake Sensei erläuterte uns diesen Aspekt des Weltbildes des japanischen Kriegers:

»Die Wochentage sind nach den Prinzipien von Yin und Yang benannt. Der erste Tag der Woche ist der Tag der Sonne, Sonntag; der zweite Tag der Woche ist der Tag des Mondes, Montag; die restlichen fünf Tage der Woche sind nach den fünf Hauptelementen benannt, wie sie sich aus dem Studium des positiven und des negativen Prinzips im alten Asien ergaben. Die Tage sind benannt nach den fünf Elementen Feuer, Wasser, Holz, Metall und Erde. Nach den Prinzipien von Yin und Yang können diese fünf Elemente in zweierlei Weise angeordnet werden. Zum einen ist eine Ordnung möglich, in der sie einander hervorbringen; dies ist die harmonische Anordnung. Zum anderen können sie nach ihrem Widerstreit miteinander angeordnet werden. In dieser zweiten Reihenfolge löschen sie sich unvermeidlich gegenseitig aus.

In der harmonischen Zusammenstellung der fünf Elemente erzeugt Holz Feuer und Feuer verwandelt das Holz in Asche, das heißt, es wird Erde erzeugen. Die Erde erzeugt Metall; Metall erzeugt Wasser und Wasser erzeugt Holz. Die zweite Anordnung nach der Konkurrenz dieser Elemente beginnt mit dem Holz. Dieses zerbricht die Erde; Erde saugt Wasser auf oder hemmt es; Wasser löscht Feuer; Feuer schmilzt Metall und Metall schneidet Holz.

Dieses Studium der positiven und negativen Kräfte im Universum, das Studium des Buddhismus der Beschwörungen und Zauberformeln, das ›Mikkyo‹ genannt wird, das Studium der fünf Elemente und das Studium der Zaubersprüche spielten sämtlich eine Rolle in der Selbsterziehung der Kämpfer und der Generäle in der Vergangenheit. Diese Studien bildeten die Basis ihrer Ausbildung.

Der wahre Gehalt dessen, was man traditionell die Kampfkünste nennt, sind nicht nur die Techniken zum Töten anderer Menschen. Es steckt viel mehr dahinter. Der Gründer des Shinto Ryu, Choisai Sensei, entwickelte Studien zur Förderung einer wechselseitigen Harmonie und einer grundsätzlich friedlichen Koexistenz zwischen Mensch und Natur und zwischen Mensch und Mitmensch. Dies schwebte ihm vor Augen, als er sagte, daß die Kampfkünste Künste des Friedens sein müssen. Die seriösen Krieger und Befehlshaber der Vergangenheit beherrschten eine Vielzahl von Künsten neben derjenigen, andere Menschen zu töten. Ohne ihren philosophischen Inhalt wären die Kampfkünste nichts weiter als die Aneignung einer tierisch rohen Kraft.«

Miyamoto Musashi

Der berühmteste Schwertkämpfer des mittelalterlichen Japans war Miyamoto Musashi. Er war ein Mann von Bildung, ein Dichter, Künstler und Schriftsteller. Sein Buch »Gorin no sho«, »Das Buch der fünf Ringe«, ist ein Klassiker der japanischen Literatur; sein Ruf gründet sich vor allem darauf, daß er in zahlreichen Kämpfen alle seine Herausforderer tötete. Meister Otake indes hält wenig von ihm:

»Es gibt keinen Zweifel, daß dieser Musashi außerordentliche Fähigkeiten hatte, und man mag ihn zu Recht hier in Japan einen Kensei oder ›Heiligen des Schwerts‹ nennen. Nur: Er war nie verheiratet, er hatte keine Kinder, er hatte überhaupt keine Nachkommen, und er hatte nur drei Schüler, die seine Kunst erlernten. Seine Ausbildungsmethode zeichnete sich durch ungewöhnliche Härte aus, und für einen durchschnittlichen Menschen war es völlig unmöglich, das Ziel zu erreichen. Er schlief z. B. niemals auf gepolsterten Matten; er nahm niemals ein Bad, noch kämmte er sein Haar. Gewiß ist eine solche Art der Ausbildung etwas Außergewöhnliches; ich frage mich aber doch, ob er nicht dem Erfolg als Schwertkämpfer seine Menschlichkeit geopfert hat.

Sogar die bescheidenen Gräser rings um unseren Dojo verwenden einen großen Teil ihrer Energie darauf zu wachsen, einen Stengel und

Blätter zu bilden und schließlich Samen hervorzubringen. Sie haben Verfahren entwickelt, mit denen sie Vögel anlocken, die die Samen fressen und verbreiten. Selbst das Gras möchte sicherstellen, daß es Nachkommen hat. Durch seine Bemühungen, die es sogar das Leben kosten, blüht im nächsten Frühjahr an seinem Standort überall neues Gras. Für mich liegt hierin eine Lehre für die Menschheit. Ein Mensch, der so sehr auf ein einziges Ziel fixiert ist, daß er nicht mehr den inständigen Wunsch verspürt, seine Nachkommen gedeihen zu sehen, ist für mich herzlos und kein hochstehendes menschliches Wesen.

Ganz im Gegensatz zu Miyamoto Musashi wurde Choisai Sensei in einer Zeit voller Zank und Hader 102 Jahre alt, ohne je von einem Unglück betroffen zu werden. Die Familie Choisai Senseis steht heute in direkter Linie in der 20. Generation. Der heutige Meister des Ryu ist ein direkter Nachfahr von Choisai Sensei. Wegen dessen hoher menschlicher Qualitäten war es seiner Familie vergönnt, bisher 20 Generationen hervorzubringen.

Für jede Familie ist es ein Anlaß zu berechtigtem Stolz, auf 20 Generationen zurückblikken zu können. Wenn man bedenkt, daß diese Familie in allen 20 Generationen eine Kampfkunst lehrte und daß die Familie Zeiten wie die Sengoku-Periode überstand (die 100 Jahre dauernde ›Zeit der Kämpfenden Provinzen‹, die 1470 begann und als der kriegerischste und düsterste Abschnitt der japanischen Geschichte gilt), erscheint diese Leistung noch bemerkenswerter.

Ich kann nicht umhin, den Generationen von Lehrern Hochachtung zu zollen, die unendliche Mühe darauf verwenden, die Traditionen der Katori Shinto Ryu und der Familie Iizasa zu pflegen und weiterzubilden. Daß die Techniken, die Trainingsmethoden und die spirituellen Lehren der Katori Shinto Ryu so unverfälscht erhalten geblieben sind, ist nur durch die Kostbarkeit und Großartigkeit der Lehren zu erklären, die in dieser Tradition erhalten sind.«

Die Rolle des Zen

Viele Lehrer sagen, daß man nur dann Kampfkunstexperte werden kann, wenn man auch Zen-Meditation betreibt. Seit Generationen werden Geschichten überliefert, wie Angehörige berühmter Familien Zen ausübten und wie Miyamoto Musashi von dem berühmten Priester Tokuan Zen lernte. Zen erlebt in jüngster Zeit eine Blüte, was zum Teil durch das häufig zitierte Klischee zu erklären ist, daß das Schwert und Zen eins sind.

»In Japan beschäftigten sich aber die großen Generäle, Strategen und Krieger nicht mit Zen, sondern mit Beschwörungen und mystischen Praktiken. Der Beweis hierfür sind die Schwerter, die in Museen als nationale Kulturgüter gehütet werden oder sich noch in Privatbesitz befinden, und deren Verzierungen einen Bezug zu den geheimen, magischen Sekten des Buddhismus haben. Während bei Zen das Ideal der Lehre angestrebt wird, steht bei der Shingon-Sekte mit ihren mystischen Praktiken und Beschwörungen der Gedanke der ›Vollheit‹ im Vordergrund, man konzentriert sich darauf, das Leben des Universums zu verstehen.

Sowohl die esoterische Form des Buddhismus aus auch Kampfkunststrategie sind naturgemäß geheim. Heiho, ›der Weg der Strategie‹, wurde bis vor kurzem als Geheimnis bewahrt. Wer heute in die Katori Shinto Ryu kommt, muß einen Blutseid ablegen und sich verpflichten, die Techniken niemandem zu zeigen. Die Zeiten haben sich jedoch geändert, und der Meister der Ryu kann eines Tages, wenn er dies für richtig hält, die Techniken öffentlich zeigen; die Grundphilosophie der Kunst ist jedoch nach wie vor geheim.«

Diese Geheimhaltung ist ein weiterer Grund, warum die okkulte und mystische Sekte des Buddhismus zu allen Zeiten so eng mit der Kampfkunststrategie verbunden war.

Bushido

Zu der Zeit, als die Tenshin Shoden Katori Sinto Ryu gegründet wurde, wurden die Kampfkünste in Japan unter der Bezeichnung »Bujutsu« zusammengefaßt. Der Wortstamm »Bu« bedeutet »Kampf« und »Jutsu« »Fähigkeit« oder »Kunst«. Der Ausdruck wird in Japan heute vielfach fälschlich gebraucht; im eigentlichen Sinne kann sich Bujutsu nur auf diejenigen Schulen beziehen, in denen ausschließlich Kampffertigkeiten gelehrt werden. Dies ist der Fall bei der Tenshin Shoden Katori Shinto Ryu. Jahrhunderte nach der Gründung der Schule begannen buddhistische Einflüsse in die japanischen Kampfkünste einzusickern, und als nach den Tagen der kämpfenden Kriegsherren die Edo-Zeit (1603–1867), eine lange Ära des Friedens anbrach, wandelten sich auch die Ideale der Kampfkünste. Zu dieser Zeit entstand der Begriff des *Budo.* Budo bedeutet »Kampfkunstweg« oder »-pfad«. Do geht auf das chinesische Wort Tao zurück und bezeichnet einen Weg durch das Leben. Budo wurde und wird zur Bezeichnung von Kampfkunstsystemen mit und ohne Waffen benutzt, in denen einige der funktionellen Aspekte der Kriegskünste meist aus ästhetischen Gründen

Dieser Ausschnitt aus einem japanischen Gemälde zeigt einen berittenen General in voller Rüstung bei einem Angriff während der Schlacht am Uji-Fluß im Jahre 1184.

abgewandelt wurden. Das Konzept des Budo beinhaltet jedoch mehr. Wenn sich in dieser Zeit des Friedens ein japanischer Krieger entschloß, dem »Weg der Kriegskunst« zu folgen, verpflichtete er sich vor allen Dingen zur Einhaltung eines Weges, der über das Kampfkunsttraining zur geistigen Weiterentwicklung führen sollte. Die Wirksamkeit dieser Ausbildung im Kampf wurde dadurch zweitrangig. Die Kampfkunst des Ken-Jutsu, die Schwertkunst, wurde dadurch zu Kendo, dem Weg des Schwertes. Naginata-Jutsu, die Kunst der Hellebarde, wurde zu Naginata-Do, dem Weg der Hellebarde usw. In den älteren Kampf- (oder Jutsu-)Schulen beherrscht also die Funktion die Form, während in den weiterentwickelten (oder Do-)Schulen Form und Stil manchmal über die Effektivität im Kampf dominieren.

Beim *Bushido,* »dem Weg des Kriegers«, geht es jedoch hauptsächlich um die geistige Einstellung und die Ziele des Feudalkriegers. Otake Sensei glaubt, daß Bushido, der Ehrenkodex der Samurai, gegenüber seiner ur-

sprünglichen Bedeutung stark verzerrt wurde, vor allem in letzter Zeit, wo man sie zur Rechtfertigung militaristischer und nationaler Strömungen mißbrauchte. Otake erläutert uns dies:

»Vor allem in letzter Zeit denken die Menschen bei dem Wort Bushido an den kürzlichen Selbstmord von Yukio Mishima (ein Romancier, dessen Bücher auch im Westen veröffentlicht wurden), und sie meinen jene Art von Bushido, wie sie in dem Buch ›Hagakure‹ des Priesters Joche Yamamoto dargestellt ist. Nicht nur, daß Joche Yamamoto Prieser war; er schrieb auch während der Genroku-Zeit (1688–1704), die eine Periode des Friedens in der japanischen Geschichte war. Ich fürchte, daß ihm an einigen Stellen Fehler unterlaufen sind, während andere Abschnitte so dargestellt sind, daß sie zu Mißverständnissen Anlaß geben können.

In seinem Werk kommt zum Ausdruck, daß für ihn Bushido bedeutet, den Tod zu suchen; Bushido heißt aber keineswegs, einfach hinzugehen und zu sterben. Wegen solcher Mißverständnisse glauben viele Menschen im Ausland, daß Bushido mit dem rituellen Selbstmord Seppuku oder Harakiri gleichbedeutend ist.

Bushido bedeutet aber gerade, in der Welt etwas zu tun, etwas zu hinterlassen, um dann seinen menschlichen Leib ablegen und den Tod akzeptieren zu können. Hier gibt es aber immer noch große Mißverständnisse. Es handelt sich um etwas ganz anderes als einfach den Tod zu suchen. Wenn man etwas erreichen möchte, aber aus irgendeinem Grund scheitert und dann sagt: ›Ich habe versagt, ich muß mich töten‹, so ist dies kein sehr produktives Denken. Bushido hat mit einer solchen verantwortungslosen Lebensweise nichts zu tun. Wenn man versucht hat, etwas Bestimmtes zu leisten, dies aber nicht erreicht, gibt es auch im Bushido die Möglichkeit weiterzuleben, wenn auch in Unehre, sofern die Möglichkeit besteht, das Unrecht, das man begangen hat, wiedergutzumachen oder die Situation, die man geschaffen hat, wieder in Ordnung zu bringen. Dies ist das wahre Bushido.

Das wahre Bushido ist durch den Geist der Selbstaufopferung geprägt. Mit diesem Geist der Selbstaufopferung ist gemeint, daß man sich bemüht, den Menschen zu helfen oder in der Welt etwas Gutes zu tun, selbst wenn es das eigene Leben kosten sollte, wenn es einem guten Zweck dient.

Der Shintoismus ist die älteste Religion Japans. Diese Zeichen für »Shinto« bedeuten »der Weg der Götter«.

Natürlich kennt auch der Buddhismus dieses Konzept. Es ist in dem buddhistischen Begriff des Mitleids eingeschlossen. Auch hier findet sich der Grundsatz, daß es gut ist, anderen Menschen zu helfen, in der Welt Gutes zu tun, auch wenn dies mühselig ist oder sogar das eigene Leben kostet. Hier liegen Buddhismus und Bushido auf einer Ebene. Dieses Konzept ist ja auch im Christentum in Gestalt des Postulats der Nächstenliebe vorhanden.

Hier in Japan haben wir den Shintoismus. Wenn man den Namen dieser Religion mit chinesischen Schriftzeichen schreibt, bedeutet er ›Gottesweg‹ oder ›der Weg der Götter‹. Das chinesische Zeichen für ›Weg‹ oder ›Straße‹ oder ›Pfad‹ besteht aus zwei Teilen. Der rechte Teil ist das chinesische Zeichen für Hals oder Kopf; der linke Teil bedeutet ›laufen‹. Die eigentliche Bedeutung des Zeichens, das als ›Weg‹ oder ›Straße‹ oder ›Pfad‹ gelesen wird, ist ›den Kopf in die Hände nehmen und irgendwohin laufen‹.

Über dieses Zeichen schreiben wir das Wort für Gott und erhalten damit das Wort ›Weg der Götter‹ oder ›Shinto‹. Wenn wir über das nämliche Zeichen die zwei Zeichen der Bedeutung Bushi oder ›Krieger‹ schreiben, erhalten wir ›Bushido‹. Damit ist in diesem Wort eine Bedeutungsnuance eingeschlossen, nach der es sich um einen Weg handelt, der eine gewisse Verantwortung erfordert; mit anderen Worten, es handelt sich um einen Weg, bei dem man ›seinen Hals riskiert‹.

All die unterschiedlichen Künste der Selbsterziehung werden mit dem Wort Do geschrieben. Dies besagt also, daß dies der rechte Weg ist, dem die Menschen folgen sollen.

Ich möchte Ihnen eine Geschichte erzählen, die recht gut illustriert, was gemeint ist. Ich glaube, daß sie zumindest einen wahren Kern hat. Um das Jahr 1576 wurden die Gefolgsleute eines Herrn Okudaira, einem engen Verwandten der Tokugawa-Shogune, in ihrer Festung eingeschlossen. Unter diesen Leuten befand sich ein gewisser Torisunaemon, ein Krieger von sehr niedrigem Stand. Die Männer befanden sich in der Burg Nagashino und wurden von den Kriegern der Familie Takada eingeschlossen. Der Befehlshaber wollte nun einen Boten zum Herrscher schicken, um ihn über die Lage zu informieren und um Hilfe zu bitten.

Als der Befehlshaber fragte, wer den Auftrag ausführen wolle, meldeten sich viele befähigte Leute; schließlich erhielt jedoch Torisunaemon, der als ausgezeichneter Schwimmer bekannt war, den Auftrag, aus der Burg auszubrechen und sich zum Shogun Tokugawa Ieyasu durchzuschlagen, um ihm das Hilfeersuchen zu überbringen. Die Nahrungsmittel waren inzwischen so knapp geworden, daß die Eingeschlossenen die Rinde von den Kiefern aßen, um nicht zu verhungern. Der Befehlshaber erbat Hilfe innerhalb von drei Tagen. Danach wollten sie sich selbst den Tod geben, um die Aushungerung zu beenden. Torisunaemon gelangte glücklich durch die feindlichen Reihen und erreichte Tokugawa, der innerhalb von drei Tagen Hilfe zu senden versprach. Auf seinem Rückweg wurde der Bote jedoch von den Leuten Takadas gefangengenommen. Als ihr Anführer sah, daß Torisunaemon von sehr niedrigem Stand war, gedachte er, ihn für seine Zwecke einzusetzen. Er sagte also zu Torisunaemon: »Wenn du dich morgen früh vor die Burg hinstellst und den Leuten drinnen sagst, daß sie keine Hilfe zu erwarten haben und besser aufgeben könnten, mache ich dich zu einem Offizier in meiner Armee.‹

Torisunaemon sprach nun zu sich: ›Wenn ich einen solchen Aufstieg machen könnte, wäre meine Mutter sehr glücklich. Sie würde sich gewiß sehr freuen, wenn sie sähe, wie weit ich es in meinem Leben gebracht habe.‹ So willigte er in den Vorschlag ein.

Am nächsten Tag wurde er wie ein Gefangener gebunden und vor die Burg geführt. Dann rief er den Eingeschlossenen zu:

›Hört alle her; ich habe euch etwas zu sagen.‹ Als die Leute in der Burg sahen, wer es war, versammelten sie sich an der Burgmauer, um zu hören, was er zu sagen hätte. So stand er in seinen Fesseln und alle die Menschen, die ihm vertraut waren, blickten über den Burgwall zu ihm hinunter.

Dann dachte er bei sich: ›Gewiß wäre meine Mutter glücklich, wenn ich Offizier in einer Armee wäre und es in meinem Leben zu etwas bringen würde; aber wäre ihr Glück nicht vollkommener, wenn ich loyal bliebe und den Menschen in der Burg helfen könnte, diese Schlacht zu überleben, auch wenn es mein Leben kosten sollte?‹ Nun wußte er, was er zu tun hatte, und er rief mit lauter Stimme: ›Hört alle genau her.‹ Dann sagte er: ›Gebt nicht auf; Hilfe naht, haltet noch drei Tage aus.‹ Im selben Augenblick durchbohrten ihn die Speere der Krieger Takadas, und er starb.

Dies ist die wahre Bedeutung der Selbstaufopferung, dies ist die Essenz des Bushido.«

VII KARATE: DIE KUNST DER LEEREN HAND

In den beiden vorangegangenen Kapiteln haben wir die Wurzeln der Kampfkünste in China und Japan betrachtet. Dabei wurden die Künste der kleineren Länder, die zwischen diesen beiden großen Nationen liegen, nur am Rande gestreift.

Seit über 1000 Jahren erfüllte Korea eine wichtige und anerkannte Funktion als Nahtstelle und Bindeglied zwischen der chinesischen und der japanischen Kultur; sehr viel weniger Aufmerksamkeit wurde jedoch der Inselkette gewidmet, die die Hauptinseln des südlichen Japans mit der dem chinesischen Festland vorgelagerten Insel Taiwan (Formosa) verbindet. Die Japaner nennen dieses Archipel nach der chinesischen Bezeichnung Liu Ch'iu die Ryukyu-Inseln. Die größte Insel und zugleich Hauptstadt ist Okinawa. Es liegt etwa 550 km südlich von Kyushu, der größten südlichen Insel Japans, 550 km nördlich von Taiwan und etwa 740 km östlich des chinesischen Festlandes.

Okinawa, das fast von allen Seiten von Korallenriffen umgeben ist, ist kaum 10 km breit und nur 110 km lang. Die meiste Zeit des Jahres herrschen wegen der warmen Strömungen um ihre Küsten angenehme Temperaturen, jedoch wird die Insel häufig von Wirbelstürmen heimgesucht, die in dieser Gegend nicht selten auftreten. Die Böden sind überwiegend mittelmäßig bis schlecht, und im nördlichen Teil sind praktisch zwei Drittel von Kiefernwäldern bedeckt. Auch heute noch finden auf den Ryukyu-Inseln nur knapp eine Million Menschen ein Auskommen, wovon 5 % Angehörige der amerikanischen Streitkräfte mit ihren Familien sind.

Was andere lehren, lehre auch ich – dies ist:
»Ein gewaltsamer Mensch wird eines gewaltsamen Todes sterben.«
So lautet der Kern meiner Lehren.

TAO-TE-CHING (LAO-TSE)

Die Geschichte Okinawas

Man nimmt an, daß die ersten Bewohner von Okinawa nicht nur aus China, sondern auch von den nördlichen japanischen Inseln und aus Südasien kamen. Aufgrund archäologischer Ausgrabungen steht fest, daß es mindestens seit 300 v. Chr. kulturelle Einflüsse aus Japan und China gegeben hat.

Die Menschen dieser Zeit führten ein sehr einfaches Leben. Haupternährungsquellen waren ein primitiver Ackerbau, Fischfang auf See und das Sammeln von Schaltieren. Mehrere militärische Invasionen durch die Japaner zwischen dem 6. und dem 9. Jh. v. Chr. veranlaßten die einheimische Bevölkerung offenbar, sich zu Dorfgemeinschaften zusammenzuschließen, an deren Spitze ein Häuptling stand.

Die Japaner waren die ersten, die die strategische Bedeutung Okinawas erkannten. Auf ihren Fahrten von und nach China fuhren sie an den Inseln vorbei und ankerten manchmal in dem geschützten Hafen von Naha. Diese Kontakte und die sporadischen Besuche durch die Chinesen waren die Grundlage für die ruhige Weltgewandtheit der Menschen von Okinawa. Gegen Ende des 13. Jahrhunderts wurde von Japan her der Buddhismus eingeführt.

Im Jahre 1340 war Okinawa in drei miteinander rivalisierende Königreiche gespalten, und ein Jahrzehnt später wurde das größte dieser Königreiche China tributpflichtig, was im

Das japanische Zeichen für Kara-te (Karate) bedeutet »Leere Hand«. Damit wurde die aus Okinawa stammende waffenlose Form im 20. Jahrhundert bezeichnet.

空手

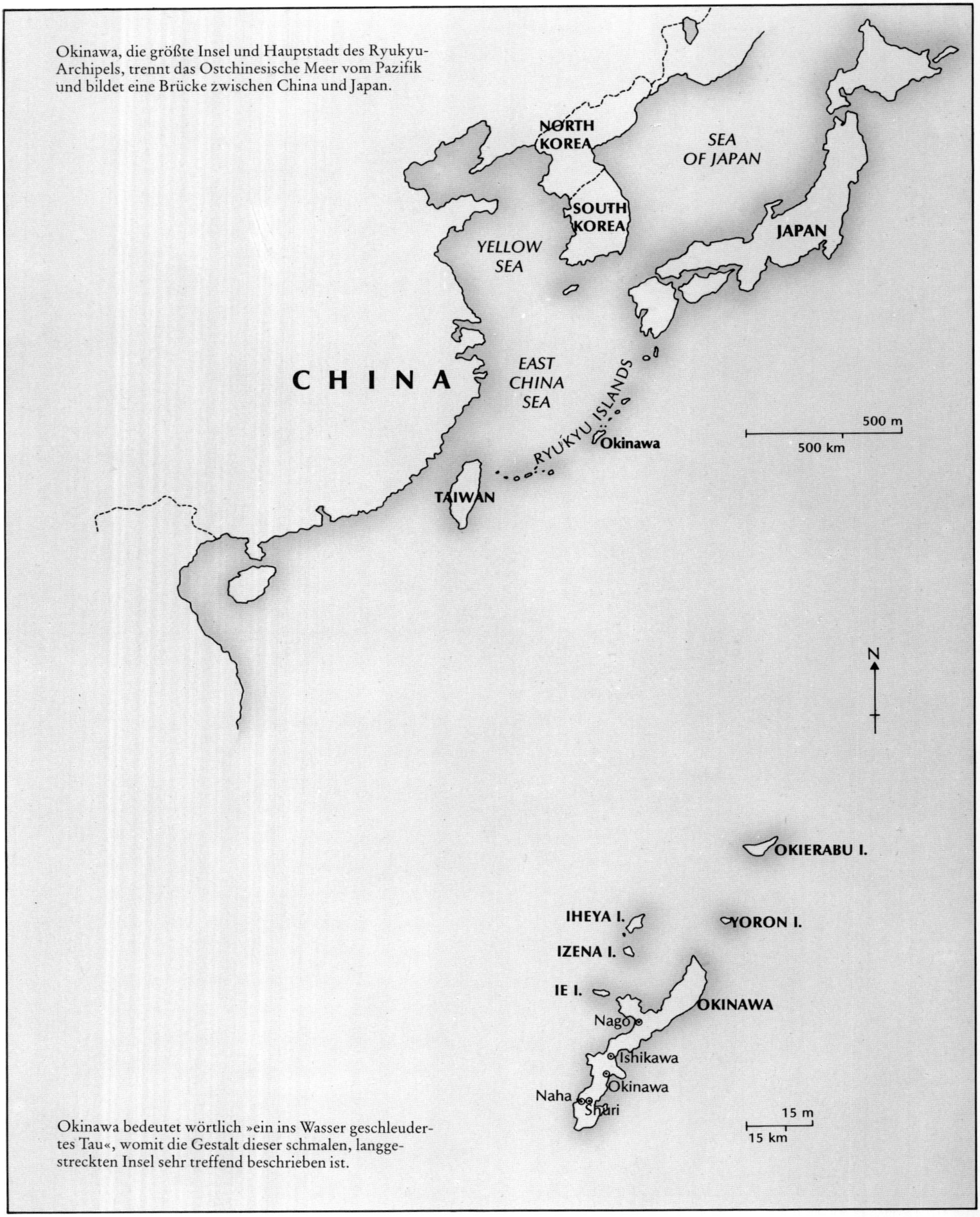

Okinawa, die größte Insel und Hauptstadt des Ryukyu-Archipels, trennt das Ostchinesische Meer vom Pazifik und bildet eine Brücke zwischen China und Japan.

Okinawa bedeutet wörtlich »ein ins Wasser geschleudertes Tau«, womit die Gestalt dieser schmalen, langgestreckten Insel sehr treffend beschrieben ist.

Jahre 1372 vom chinesischen Kaiser bestätigt wurde. Wie fast alle Nachbarn Chinas, mit Ausnahme Japans, sandten daher auch die Bewohner von Okinawa jährlich eine Delegation auf das Festland, die dem Kaiser den Tribut überbrachte. Einige Edelleute aus diesen Delegationen erhielten die Erlaubnis, von der Küste weiter zum kaiserlichen Hof zu reisen. Einige jüngere Fürsten schrieben sich sogar in den Schulen ein, die in Peking für Ausländer eingerichtet worden waren, wo sie viele Jahre die chinesische Kultur, Kunst und Wissenschaft studieren konnten, bevor sie wieder nach Hause zurückkehrten. Dadurch wurden viele wichtige Familien auf Okinawa mit dem städtischen und höfischen Leben in China sowie mit den Traditionen und der Gelehrsamkeit dieses Landes vertraut.

Im Jahre 1339 sandten die Chinesen eine Gruppe von Geistlichen, Handwerkern und Angehörigen anderer Berufsgruppen nach Okinawa. Diese machten die dortige Bevölkerung mit den chinesischen Traditionen und Fertigkeiten in Schiffbau, Navigation, Verwaltung, Papier-, Tinte- und Federherstellung, mit Keramik- und Lackarbeiten vertraut.

Im Jahre 1429 wurde Okinawa nach einigen kleineren internen Geplänkeln unter einem einzigen König vereint, der die erste Dynastie (Sho) begründete. Damit war der Grundstein für die goldene Zeit der Geschichte Okinawas gelegt. Die Bevölkerung wandte sich dem Handel zu und baute nach und nach ein Netz von Handelsverbindungen auf, das nicht nur Japan und China umfaßte, sondern auch Indochina, Thailand, Malaysia, Borneo, Indonesien und die Philippinen. Okinawa wurde das Venedig oder Genua des Ostens, ein mächtiger Umschlagplatz für seltene Hölzer, Gewürze, Räucherwaren, Nashornhörner, Elfenbein, Zinn und Zucker aus dem südlichen Asien. Im Gegenzug fanden feine Keramikwaren, Textilien, Heilkräuter und Edelmetalle aus Japan, Korea und China ihre Abnehmer. Die Seeleute und Kaufleute Okinawas besuchten nicht nur Japan und China, sondern alle großen Häfen Ostasiens, ein Faktor, dem man im heutigen Okinawa große Bedeutung für die Entwicklung der einheimischen Kampfkünste beimißt.

Das Verbot der Waffen

Ein weiteres Ereignis von entscheidender Bedeutung fällt etwa in diese Zeit. Um 1740 führte der Zusammenbruch der Sho-Dynastie zu einer Periode politischer Wirren, die erst durch die Errichtung einer neuen Sho-Dynastie im Jahre 1477 beendet wurde. Der neue König Sho Shin mußte gegen rebellische Warlords vorgehen, die sich im ganzen Land in ihren Burgen verschanzt hatten. Eine seiner ersten Amtshandlungen bestand darin, daß er das Tragen von Schwertern für alle, Edle und Bauern, verbot. Als nächstes ließ er alle Waffen einsammeln und in seiner Burg in königlichen Gewahrsam nehmen. Schließlich gab er Befehl, daß alle – nunmehr entwaffneten – Edelleute sich in seiner Nähe in der königlichen Hauptstadt niederzulassen hatten.

Es ist interessant, daß diese Vorgehensweise, aufrührerische Gefolgsleute zunächst zu entwaffnen und dann aus ihren Burgen zu entfernen, historisches Vorbild für die gleichen Maßnahmen in Japan wurde: Dem gleichen Zweck dienten die Schwerterlässe des Toyotomi im Jahre 1586 und der Befehl des Tokugawa-Shoguns aus dem Jahre 1634, daß sich die Daimios oder Gebietslehensfürsten in seiner Hauptstadt zu versammeln hätten.

Das Goldene Zeitalter Okinawas währte bis 1609. In diesem Jahr fiel das gerade geeinte Japan, durch Okinawas Weigerung gereizt, die Hegemonie des neuen Shoguns anzuerkennen, auf der Insel ein und unterwarf sie. Der König wurde nach Edo (dem heutigen Tokio) gebracht und durfte erst nach drei Jahren zurückkehren, wobei ihm nurmehr die Rolle einer Marionette der Japaner zugestanden wurde.

Es ist typisch für die komplexen Beziehungen zwischen China und Japan, daß die Shogune es den Okinawanern nicht untersagten, ihr Lehnsverhältnis zu den Chinesen beizubehalten. Im Gegenteil, sie zwangen die Okinawaner sogar, nach außen hin den Chinesen gegenüber Loyalität zu bewahren. Wenn Abgesandte vom Festland kamen, verbargen sich die japanischen Herrscher und versteckten alles, was ihre Anwesenheit hätte verraten können. So unterhielten die Japaner über Okinawa indirekte Kontakte zu China, die sie brauchten und wünschten, während die Wirtschaftskraft und die politische Unabhängigkeit Okinawas de facto 1609 an Japan verlorengegangen war.

Von wesentlicher Bedeutung für die nachfolgenden Ausführungen war der Umstand, daß die Japaner nach 1609 das Verbot des Waffentragens aufrechterhielten und der Adel die Stadt Shuri nicht verlassen durfte. Auch in der weiteren Geschichte Okinawas war es der einheimischen Bevölkerung offensichtlich verboten, Waffen zu tragen; als Napoleon im Jahre 1816 von einem Kleinstaat namens Okinawa hörte, in dem die Menschen keine Waffen trugen, bemerkte er: »Ich kann ein Volk nicht verstehen, das nicht am Krieg interessiert ist.«

Bei dieser vorletzten Stellung der Suparimpei-Kata demonstriert einer der höhergraduierten Schüler von Higaonna Sensei die große Ähnlichkeit zwischen den Kampfkünsten Chinas und Okinawas. Diese Stellung (oben) ist die klassische chinesische Reiterstellung; die Hände ahmen die Klauen eines Tiers nach.

Im heutigen Okinawa sind die meisten Karate-Meister der Ansicht, daß das Waffenverbot durch einen ihrer ersten Könige ein Akt sublimer Weisheit und keine Unterdrückungsmaßnahme war.

Die Kunst der Hand

Dieser kurze geschichtliche Abriß liefert uns den Rahmen für die Behandlung der großen okinawanischen Tradition des *Te,* der Kampfkunst der Hand, bei der der menschliche Körper die Funktion aller Waffen übernimmt, die man zur Selbstverteidigung braucht.

Die königlichen Archive von Okinawa fielen im Zweiten Weltkrieg praktisch vollständig mit dem ganzen architektonischen und materiellen Kulturbesitz der Nation einem Brand zum Opfer. Dadurch wurden die Forschungen vieler führender Karatemeister von Okinawa erheblich behindert, die selbst die eifrigsten Erforscher ihrer eigenen Kampfkunst sind. Zum Glück hatten bereits frühere Meister einige der geschichtlichen Quellen studiert, und da es auf diesem Gebiet eine reiche mündliche Tradition gibt, ist vieles heute bereits wieder schriftlich niedergelegt. Und schließlich gibt es auch noch die Kunst selbst, heute Karate oder Karate-Do genannt, die uns viel über ihre Ursprünge verrät.

Karate in seiner heutigen Form ist weitgehend das Ergebnis einer auf das 18. Jahrhundert zurückgehenden Synthese aus der einheimischen Kunst des Te und den chinesischen Künsten des Shaolin-Tempelboxens und anderen südlichen Stilrichtungen, die zu jener Zeit in der Provinz Fukien ausgeübt wurden. In den letzten 60 Jahren haben japanische Kampfkünste das dort praktizierte Karate beeinflußt, jedoch ist von diesen Einflüssen wenig nach Okinawa gelangt.

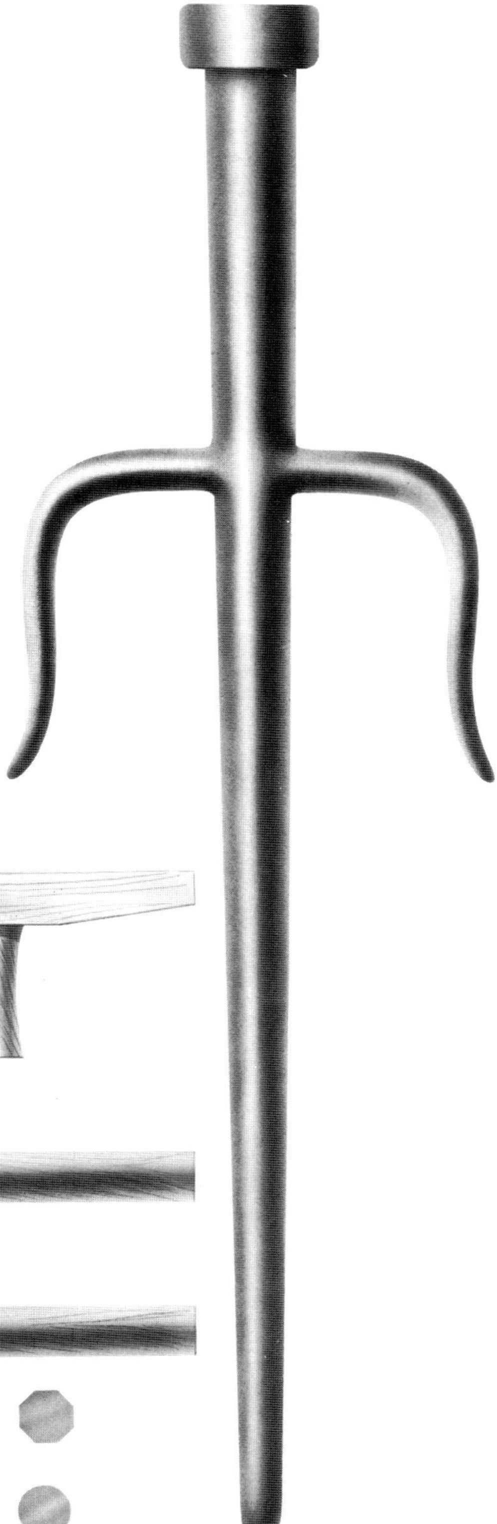

Die Sai waren vermutlich Polizeiwaffen, die zum Blokken und vor allem zum Abfangen von Schwertklingen dienten.

Tuifu oder Tonfa sind die Griffe von Mühlsteinen, mit denen Reis gemahlen wurde. Sie eignen sich insbesondere zum Abblocken von Waffenangriffen, können aber auch als Angriffswaffen zum Stechen benutzt werden.

Das Nunchaku ist eine Waffe aus zwei Holzstäben von etwa 30 cm Länge, die an einem Ende mit Kettengliedern oder einer Schnur miteinander verbunden sind. Die Waffe wird schnell über dem Kopf geschwungen und ist wegen des sich ergebenden Peitscheneffekts außerordentlich gefährlich.

Te dürfte mindestens 1000 Jahre alt sein. Die Okinawaner vor 1000 Jahren waren nicht reich und Waffen waren knapp. Das Land war nicht geeint, und Kenntnisse in Selbstverteidigung müssen sehr wichtig gewesen sein und dürften den entscheidenden Anstoß zur Entstehung einer einheimischen Kampfkunst geliefert haben. Als die Okinawaner im 15. und 16. Jahrhundert weite Reisen unternahmen, kamen sie mit vielen der großen Kampfsysteme Südasiens in Berührung, die ihre einheimische Kunst beeinflußten. Einige Techniken aus dem heutigen Karate scheinen aus diesem Teil der Welt zu stammen. Der Stil Okinawas jedoch ist einmalig, und fremde Einflüsse wurden stets so abgewandelt, daß sie mit den einheimischen Kampfprinzipien übereinstimmten. Wichtigstes Merkmal ist der Einsatz der Hand (Te), insbesondere der geballten Faust.

Die Vielfalt der Künste Okinawas

Als König Sho-Shin die Adligen entwaffnete und in der Stadt Shuri versammelte, dürften auf Okinawa vermutlich zwei Bewegungen entstanden sein. Die Edlen entschieden sich für die waffenlose Kunst des Te, die sie erlernten und weiterentwickelten. Die Fischer und Bauern dagegen entwickelten Waffensysteme, bei denen Werkzeuge und landwirtschaftliche Geräte eingesetzt wurden. Dreschflegel, Mahlsteingriffe, Sichel, Pferdezaumzeug und sogar Paddel wurden zu tödlichen Waffen umfunktioniert.

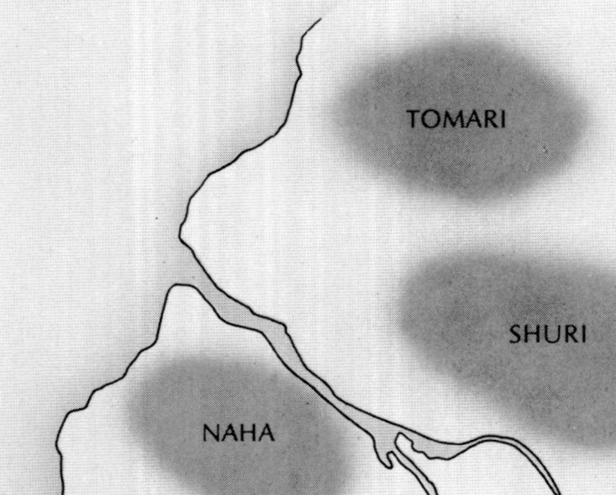

Im 19. Jahrhundert gab es drei Hauptrichtungen der okinawanischen Kampfkunst Te, die nach den Städten, in denen sie entstanden, Shuri-Te, Naha-Te und Tomari-Te genannt wurden. Die Städte Shuri, Naha und Tomari liegen nur wenige Kilometer voneinander entfernt, weshalb die Hauptrichtungen des Te einander recht ähnlich sind.

Die waffenlosen wie die bewaffneten Traditionen wurden unter strengster Geheimhaltung betrieben und blieben weitgehend auf die jeweiligen sozialen Klassen beschränkt. Te wurde von den Edlen des königlichen Hofes betrieben, während sich Ryukyu-Bujutsu (Ryukyu-Waffenkünste) im Volk verbreiteten. Auch im 20. Jahrhundert waren und sind einige der größten Karatemeister Nachkommen der königlichen und adligen Familien von Shuri.

Die ersten schriftlichen Aufzeichnungen über die Ausübung chinesischer Kampfkünste in Okinawa stammen aus dem Jahre 1761. Bekannt ist auch die persönliche Geschichte einiger Te-Meister aus jener Zeit. Man weiß, daß einige von ihnen, u.a. Chatan Yara, in die chinesische Provinz Fukien reisten und dort lernten. Der große chinesische Meister Kusanku hielt sich sechs Jahre auf Okinawa auf. Im 19. Jahrhundert bürgerte sich für die Kunst Okinawas die Bezeichung *T'ang-Te,* »chinesische Hand«, ein.

Obwohl die Kunst unter größter Geheimhaltung an abgelegenen Orten meist nachts oder im Morgengrauen praktiziert wurde, breiteten sich von den drei urbanen Zentren im Umkreis der Hauptstadt drei verschiedene Stilrichtungen aus. Shuri-Te, die Kunst, die in Shuri entwickelt wurde, wurde von den Samurai des Hofes betrieben, während in der nahe gelegenen Hafenstadt Naha und in Tomari die Menschen ihren eigenen, unabhängigen Te-Stil entwickelten.

Der Grund für die Unterschiede dürfte in der Beeinflussung durch unterschiedliche chinesische Traditionen liegen. Es weist einiges darauf hin, daß Shuri-Te auf das Shaolin-Tempelboxen zurückgeht, während im Naha-Te (der in Naha praktizierten Kunst) viele Elemente aus den weichen, taoistischen Techniken enthalten sind, was z.B. die Atmung und die Kontrolle des Ki, die Lebenskraft betrifft, die im chinesischen Chi heißt. Tomari-Te (die in Tomari betriebene Kunst) nährte sich offenbar aus beiden Traditionen.

Es darf hierbei jedoch nicht vergessen werden, daß die Städte Shuri, Naha und Tomari nur wenige Kilometer auseinander liegen, und daß die Unterschiede zwischen ihren Künsten nur Nuancen betreffen und nicht grundsätzlicher Natur sind. Hinter diesen oberflächlichen Unterschieden sind die Verfahren und Ziele des Okinawa-Karate absolut gleich.

Am Ende des 19. Jahrhunderts hatten sich die Bezeichnungen für die Stilrichtungen erneut geändert. Die Künste von Shuri und Tomari wurden unter dem Namen *Shorin-ryu* zu-

Die schreckliche Verwüstung und Besetzung Okinawas im 2. Weltkrieg ist nur das letzte Kapitel einer Geschichte ständiger Okkupationen des Landes durch fremde Mächte. Der Stoizismus der Menschen von Okinawa ist gewiß auf ihre bewegte Geschichte zurückzuführen, die auch die besondere Beziehung der Okinawaner zu den Kampfkünsten erklärt.

Higaonna Sensei geht in der Sanchin-Stellung mit schweren Eisengewichten. Früher hätte man für diese Übung große Keramikkrüge benutzt, die mit Sand gefüllt waren.

sammengefaßt, was »die flexible Kiefernschule« bedeutet. Naha-Te wurde als *Goju-ryu* bezeichnet, »die harte und weiche Schule«, die von dem großen Meister Higaonna Kanryo entwickelt wurde. Beim Shorin-ryu lassen sich weitere geringfügig unterschiedliche Stilrichtungen unterscheiden, während Goju-ryu stilistisch weitgehend homogen geblieben ist. Daneben hat sich in Okinawa und in Japan auch eine Tradition entwickelt, in der beide Stilrichtungen miteinander verschmolzen wurden und als eine einzige Kunst gelehrt werden. Die größte Schule hierfür ist die japanische Shitoryu unter der Leitung von Meister Mabuni. Shorin-ryu gilt traditionell als die leichtere und schnellere Richtung, und die Stellungen sind in der Regel höher als beim Goju-ryu. Auch bei den Katas, wie die Formen hier heißen, gibt es geringfügige Unterschiede. Beim Goju-ryu werden die Arme und Beine mehr abgewinkelt und in kreisförmigen Bewegungen geführt, und die Atmung spielt eine größere Rolle. Frühe Aufnahmen von den Meistern zeigen jedoch fast immer Anhänger verschiedener Stile zusammen, und alle guten Trainer betonen ganz bewußt die Einheit aller Karate-Ka, wörtlich der »Karate-Männer«. Im Jahre 1935 setzte sich eine Kommission okinawanischer Meister aus allen Stilrichtungen zusammen, um einen gemeinsamen Namen für ihre Kunst zu finden. Sie entschieden sich für Karate, was »waffenlose« Verteidigungskunst oder »Kunst der leeren Hand« bedeutet. Einige Meister ziehen es vor, auch die japanische Endung »-do«, »der Weg«, an den Namen anzuhängen.

Heute ist Karate auf Okinawa beliebter denn je. Die grausame Schlacht zwischen den Verbündeten der Vereinigten Staaten und den Japanern im Jahre 1945 hat die historischen Bauten und Archive der Insel und einen Großteil ihres einmaligen Erbes zerstört; desto mehr schätzen die Menschen heute ihre immateriellen Kulturgüter, zu denen Tanz, Musik und Karate gehören.

Nach alter Tradition gehören Karate-Meister zu den geachteten Würdenträgern der Gesellschaft Okinawas, und in den wieder aufgebauten Vierteln von Naha und Shuri gibt es eine unübersehbare Zahl von Dojos oder Trainingshallen. Es gibt keinen Meister aller Stilrichtungen, dafür aber um so mehr Freundschaft und wenig Konkurrenzdenken zwischen den führenden Repräsentanten der Kunst.

Die Dojos

Ebenfalls nach alter Tradition sind die Dojos oder Trainingshallen der Meister in der Regel klein und nicht selten ganz aus Holz gebaut. Die Wände sind mit den typischen Waffen und Trainingshilfen Okinawas wie z.B. irdenen Bushi-Krügen, steinernen Hanteln und eichenen Makiwaras oder Schlagpfählen geschmückt.

Der Bushi-Krug ist ein meist mit Sand gefülltes Keramikgefäß, das oben gefaßt und umhergetragen wird, um die Hand- und Fingermuskeln zu kräftigen. Die Steinhanteln gleichen schweren Hämmern aus Stein. Sie werden an dem hölzernen Griff gefaßt und geschwungen, um die Handgelenke und Unterarme zu kräftigen. Makiwaras sind schwere Eichenpfähle, die fest im Boden verankert sind. Die oberen fünfzehn Zentimeter sind mit Schnüren umwickelt. In diesem Bereich werden Faust-stöße geübt, um die Knöchel abzuhärten.

Außen an der Schule hängen geschnitzte Kalligraphien mit dem Namen und der Stilrichtung des Meisters. An einer zentralen Stelle im Dojo hängt meist ein Porträt Dharumas, wie Bodhidharma bei den Japanern heißt, und daneben Photographien der oder des Meisters des Lehrers. Zur Vervollständigung des Schreins und gemäß der chinesischen Sitte, Schutzgeister über die Trainingshallen wachen zu lassen, sitzt meist ein Paar okinawanischer Löwenstatuen vor dem Dojo. Der eine hat das Maul fest geschlossen und atmet ein; der andere, der den Rachen weit aufgerissen hat, als ob er brüllen würde, atmet aus.

Im Dojo wird absoluter Respekt erwartet. Die Schüler ziehen ihre Schuhe aus und verbeugen sich beim Betreten und Verlassen vor dem Schrein. Nach dem Training erwartet man von ihnen, daß sie den Boden und die Wände reinigen. In vielen Dojos auf Okinawa hängen große Plakate an den Wänden, auf denen die Etikette der Übungshalle festgehalten ist: »Sei reinen Geistes. Lerne Ausdauer durch eifriges Training und das Überwinden von Schwierigkeiten. Halte die Trainingskleidung und den Raum sauber. Karate beginnt und endet mit Höflichkeit. Befreie den Geist während des Trainings von egoistischen Gedanken durch Harmonisierung von Atem und Aktion. Übe mit vollem Einsatz. Das Dojo ist der heilige Ort, an dem der menschliche Geist geschmiedet und geschliffen wird.« Von Neulingen erwartet man, daß sie diese Gebote auswendig lernen; Fortgeschrittene werden angehalten, diesbezüglich Vorbild zu sein.

In den meisten Dojos ist praktisch immer Betrieb, sei es, daß einzelne für sich üben, sei es, daß in kleinen Gruppen gemeinsam trainiert wird. Offizielles Training hält der Meister an fast allen Wochentagen und an den Wochenenden ab. Meist besteht eine Trennung zwischen Anfängern und Fortgeschrittenen. Teilweise trainieren auch beide Gruppen zu Beginn des Unterrichts gemeinsam und werden erst später getrennt. Dies gibt den Anfängern die Möglichkeit, von den Älteren zu lernen.

Zur Bildung einer geeigneten Kampffaust muß der Karateka die Finger ganz fest zusammenrollen und den Daumen unter Zeige- und Mittelfinger spannen. Beim Schlagen muß der Unterarm eine Linie mit dem Handrücken bilden. Damit die Faust nicht abknickt, muß das Handgelenk starr bleiben.

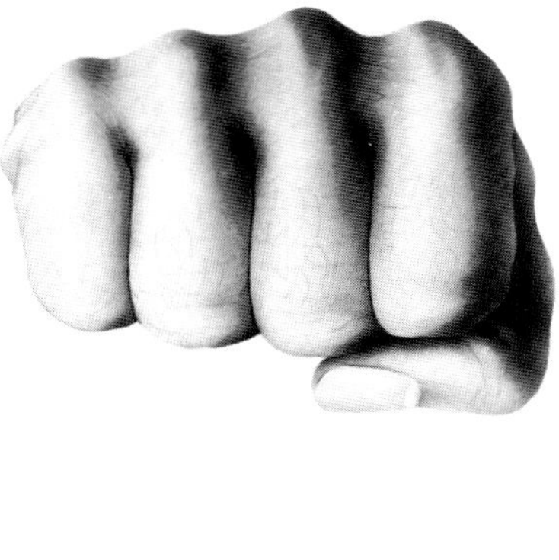

Zu Beginn des Unterrichts sitzen die Schüler in einer Reihe und verneigen sich tief vor dem Schrein und dem Leiter des Dojos. Nach einigen Minuten Zazen-Meditation in völliger Ruhe folgt eine weitere Verbeugung in Richtung des Schreins, woraufhin die Schüler aufgefordert werden, sich zu erheben.

Aufwärmgymnastik

Die Aufwärmgymnastik beim Karate ist außerordentlich gründlich und systematisch. Es beginnt mit Übungen für die Fußsohlen und die Zehen in den Stellungen, die beim Ausführen der verschiedenen Fußtritte benützt werden. Anschließend werden systematisch die Gelenke des Körpers bewegt, indem die Sehnen und Muskeln, die die Gelenke verbinden, gestreckt, angespannt und entspannt werden. Die Fußgelenke werden durch Kreisen und Hochziehen der Füße beansprucht. Die Kniegelenke werden gedreht, und mit der Hand wird gegen die Kniescheibe gedrückt. Die Schüler stellen sich auf Zehenspitzen und gehen langsam in die Hocke, um die Beinmuskeln aufzuwärmen. Kreisen des ganzen Beins lockert die Hüftgelenke, und mit einer Vielzahl von Dehnungsübungen, wie sie auch in der Leichtathletik üblich sind, werden die Kniesehnen und andere wichtige Sehnen des Beins gelockert. Anschließend wird systematisch die Wirbelsäule beweglich gemacht: nach vorne (durch Berühren der Zehen mit den Händen), nach hinten (durch Zurückbeugen, wobei die Handflächen gegen das Kreuz drükken), und seitlich (durch Rumpfseitbeugen im Seitgrätschstand). Als nächstes werden die Halsmuskeln durch Senken des Kopfs vorwärts (ohne Atem) gedehnt. Dann wird der Kopf wieder gehoben (einatmen) und nach hinten gekippt (ausatmen), so daß der Schüler nach oben blickt. Dann kehrt der Kopf in die horizontale Lage zurück (ohne Atem), und die Bewegungen werden wiederholt. Dann wird der Kopf nach links und nach rechts gedreht, wobei der Schüler nach vorne und nach rechts, wieder nach vorne und nach links blickt; diese Bewegung wird mehrmals wiederholt. Dann wird der Kopf seitwärts gekippt, wie dies auch schon beim Rumpfseitbeugen der Fall war, wobei jedoch jetzt die Wirbelsäule aufrecht

Higaonna Sensei demonstriert die Anwendung der Suparimpei-Kata und wirft einen Gegner zu Boden. Einem Doppelschlag in die kurzen Rippen folgt ein Fußfeger und ein Schlag in die Genitalien, der, wenn er nicht abgestoppt würde, vermutlich tödlich wäre.

bleibt. Nach dieser Übung folgt Kopfkreisen in beiden Richtungen und mit normaler Atmung, wobei Mund und Augen geöffnet bleiben.

Bei den Armübungen wird jede Hand fest zu einer »Karatefaust« geschlossen. Hierzu werden die oberen Fingerglieder eingerollt und fest in die Handfläche gepreßt. Der Daumen wird über die oberen Glieder des Zeige- und Mittelfingers gelegt. Die geschlossenen Fäuste werden auf Brusthöhe gehalten und die Ellbogen horizontal nach außen gestreckt. Aus dieser Stellung wird die Faust horizontal nach außen gerissen, bis der ganze Arm wie zu einem Faustrückenschlag gestreckt ist. Die gleiche Übung wird dann in der vertikalen Ebene wiederholt. Die geschlossene Faust wird mit dem Daumen nach unten in einer senkrechten Stellung neben dem Ohr gehalten, von wo aus sie rasch nach außen und unten gezogen wird. Im letzten Augenblick wird das Handgelenk gekippt, woraus sich der typische Peitscheneffekt eines Karateschlags ergibt. Dabei ist das Zurückreißen der Faust nach dem Schlag ebenso wichtig wie die Ausführung des Schlags selbst; dadurch wird der Peitscheneffekt erheblich verbessert, während gleichzeitig die Armbeugemuskeln trainiert werden.

Nach all den anstrengenden Armübungen können sich in den Händen des Karatekas Krämpfe einstellen. Diesen begegnet man wirksam durch rasches Strecken und Anziehen der Finger. Schließlich wird noch die Schultermuskulatur durch Armkreisen vorwärts und rückwärts aufgewärmt.

An diesem Punkt kann man sicher sein, daß alle wichtigen Gelenke, Muskeln und Bänder betätigt wurden. Diese Übungen allein verbessern schon die Leistung von Lungen, Herz und Verdauungsorganen erheblich. Die Gymnastik des Karatekas ist hiermit jedoch noch nicht beendet. Es folgen Übungen für den ganzen Körper, bei denen Gruppen von Muskeln, Gelenken und Sehnen gleichzeitig beansprucht werden. Hierzu gehören u.a. hohe Fußtritte vorwärts, seitwärts und rückwärts, Hochreißen

Higaonna Sensei zeigt in vorbildlicher Haltung die Ausführung eines Fußstoßes vorwärts zum Kinn, während er gleichzeitig mit einer Hand deckt, Durch die enorme Schnelligkeit des Tritts ist das Bein in dieser Aufnahme verwischt.

Karate-Ausbildung

Bei der Karate-Ausbildung ist das Ziel des Trainers, bei seinen Schülern das Verständnis dafür zu wecken, wie gut sich jedes Körperteil als Waffe einsetzen läßt. Während der Schüler in der parallellaufenden »geistigen« Ausbildung lernt, daß es immer am besten ist, nicht zu kämpfen, wird gleichzeitig der Körper zu einem der komplexesten Waffensysteme ausgebildet, das man sich denken kann. Beim Karate lernt der Schüler, wie er diese natürlichen Waffen mit einer verblüffenden Zahl von Techniken zur Selbstverteidigung einsetzen kann.

Bei der Ausbildung muß der Schüler zunächst lernen, die richtige Stellung einzuneh-

Nach den Regeln der Grundschule (links) ist das hintere Bein ganz gestreckt, während der Fuß in einem Winkel von 45° nach vorne zeigt. Das vordere Bein ist stark gebeugt und trägt die Hauptlast des Körpergewichts; der vordere Fuß zeigt nach vorne.

In der Kampfform der obigen Stellung (unten) sind beide Beine gebeugt, und die Füße sind nach außen gedreht. Das Körpergewicht ist gleichmäßig auf beide Füße verteilt.

der Knie zur Brust und andere kampfnahe Bewegungen. Es gibt außerdem eine große Vielzahl von Bodenübungen wie z. B. Liegestütze, die vor allem der Beweglichkeit des Rückens und der Beine dienen. Übungen mit längerer Anspannung der Hand-, Arm- und Brustmuskeln sowie des Bauchs und der Beine werden mit Atemübungen kombiniert, um das Ki zu entwickeln, die Lebensenergie. »Ki« ist die japanische Schreibung des chinesischen Wortes »Chi«.

Die Aufwärmgymnastik ist ein wesentlicher Teil des Karatetrainings und dient gleichzeitig dem Kraftaufbau. Aus diesem Grund werden die Übungen in der Regel viele Male wiederholt, bis der Anfänger glaubt, nicht mehr weiter zu können. Dadurch werden die Schüler in der Tat bei jedem Training kräftiger und geschmeidiger; ein Nebeneffekt ist dabei, daß Leute, die nicht die richtige Einstellung mitbringen, rasch abgeschreckt werden. Um den Schülern zu zeigen, daß das Ganze keine Schikane ist, machen viele Trainer alle Übungen mit. Ein weiterer wichtiger Zweck der Gymnastik ist, daß der Körper des Karatekas für die anschließenden anspruchsvollen Kampftechniken gelockert wird. Für richtiges Karate ist sowohl große Beweglichkeit als auch Kraftausdauer erforderlich. Ein gelockerter, geschmeidiger Körper hält Schläge, Stöße und Stürze leichter aus als einer, der steif und kalt ist.

men, aus der ein Angriff oder eine Verteidigung ausgeführt werden kann. Im Karate gibt es viele verschiedene Kampfstellungen; im Goju-ryu-Stil sind es vier und im Shorin-ryu-Stil drei, die eine Hauptrolle spielen. Beim ersten Stil gibt es eine reine Trainingsstellung, bei der das vordere Bein vor dem Rumpf gebeugt ist; das hintere Bein ist gestreckt, und der Fuß liegt in einem Winkel von 45° auf dem Boden. Der Stand ist tief, und Angriffe werden durch Vorwärtsschnellen des Körpers ausgeführt. Das Gewicht ruht hauptsächlich auf dem vorderen Bein.

Die zweite Grundstellung ist ebenfalls tief, jedoch sind hier beide Beine meist gespreizt und gebeugt, während die Füße leicht nach außen gedreht sind. Der Oberkörper ist aufrecht und genau in der Mitte, während das Gewicht gleichmäßig auf beide Beine verteilt ist. Zur Verteidigung oder bei Kontern drehen sich Kopf und Rumpf um einen Winkel von fast 180°. Es ist eine Kampfstellung von großer Effektivität und Stabilität, aus der oder in die der Karateka springen lernt.

Drittens gibt es eine hohe Stellung, bei der beide Beine leicht gebeugt sind und die Füße eine Linie bilden. Das hintere Bein wird etwas stärker belastet, so daß das vordere Bein rasch hochgerissen werden kann oder dem Körper bei einem Ausfall- oder Ausweichschritt als Stütze hilft. Dieser Stand ist die Grund-Kampfstellung, die manchmal auch »Katzenstellung« genannt wird, da sie dem Kämpfer die Möglichkeit gibt, rasch hochzuspringen, um z. B. die Deckung des Gegners von oben her aufzureißen.

Vertreter der Goju-ryu kennen schließlich noch eine Stellung, die Sanchin-dachi (»dachi« bedeutet »Stellung«) genannt wird. Bei diesem Stand ist das vordere Bein etwa 30 cm vorwärts und seitwärts gegenüber dem hinteren versetzt. Beide Füße zeigen nach innen und die Knie werden leicht gebeugt und zurückgedrückt. Die Hüfte ist eingedreht und die Arme schützen den Körper, wobei die Ellbogen so

Diese Stellung (oben rechts) wird häufig Katzenstellung genannt, da der Karateka wegen der hohen Vorspannung blitzschnelle Angriffe vortragen kann. Das Gewicht ruht hauptsächlich auf dem hinteren Bein, mit dem sich der Kämpfer nach vorne oder zur Seite schnellt. Der vordere Fuß ist kaum belastet und kann daher zu blitzschnellen Fußtritten herauskatapultiert werden.

Die Sanchin-Stellung (rechts) ist die wichtigste Verteidigungsstellung im Goju-ryu-Stil. Die Beine sind leicht gebeugt, die Knie nach innen gedreht, während die Hüfte nach vorne und oben geschoben wird. In dieser Stellung können Schläge aus fast allen Richtungen abgewehrt werden.

nahe wie möglich beieinanderliegen. Die Fäuste werden mit obenliegendem Daumen geballt. Dies ist die absolute Verteidigungsstellung, aus der der Karateka Schläge aus fast allen Richtungen abwehren kann, während er selbst sich nicht bewegt und wie am Boden angewurzelt verharrt. Auf dieser Stellung beruht eine ganze Serie von Katas, die in diesem Kapitel noch ausführlicher besprochen werden sollen.

Nach Einübung einer dieser Stellungen lernen die Schüler die grundlegenden Tritt-, Schlag- und Blocktechniken. Diese Techniken werden meist in Kombinationen ausgeführt; aus Gründen der Anschaulichkeit sollen sie jedoch einzeln beschrieben werden.

Fußtechniken

Karatetritte werden meist gegen tiefe Ziele bis Hüfthöhe gerichtet. Beim Fußstoß vorwärts wird das Knie hochgezogen und der Fuß nach vorne zum Ziel gestoßen; anschließend wird er wieder in die Vertikale zurückgenommen, bevor das Knie abgesenkt und der Fuß wieder am Boden abgesetzt wird. Fußstöße können mit den Zehen, den Fußballen oder den Fersen aus-

Fußtechniken

Die Ferse ist ein sehr harter, unempfindlicher Teil des Fußes. Sie wird hauptsächlich als Waffe für Angriffe nach vorne und gelegentlich auch für Tritte nach unten verwendet; Zehen und Fußballen sind dabei nach oben gespannt.

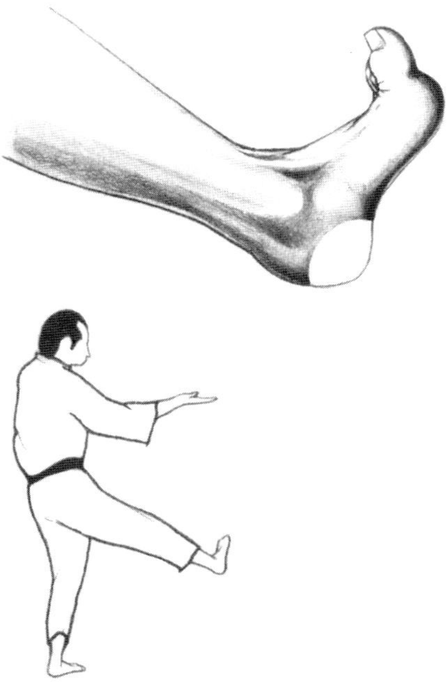

Der Fußballen ist die häufigste Auftrefffläche. Der Tritt erfolgt mit nach oben gebogenen Zehen als gerader Fußstoß zur Körpermitte des Gegners oder als Kreisfußstoß. Auch der Fußballen ist eine harte, unempfindliche Fläche, die kraftvolle Stöße aushält.

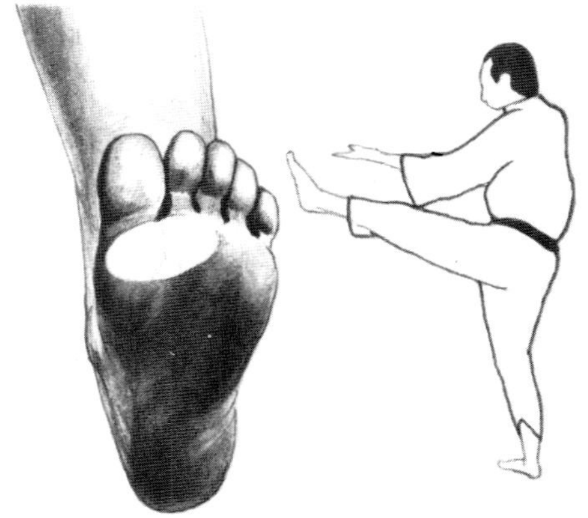

Auch die Zehen können als Auftrefffläche bei Fußtritten vorwärts eingesetzt werden, vor allem gegen weiche Ziele wie den Bauch oder den Unterleib.

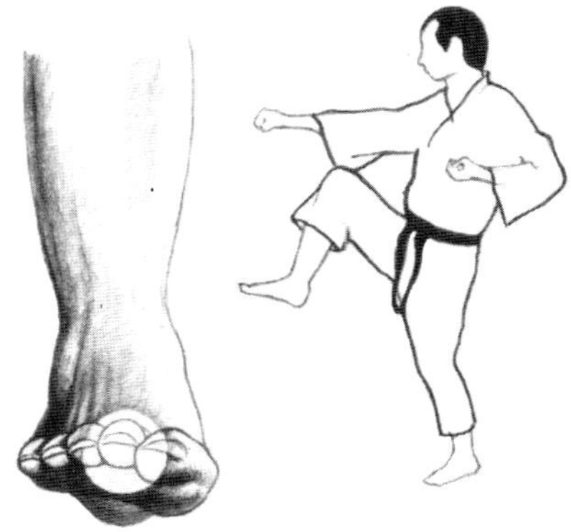

Der Rist wird mit nach unten gekrümmten Zehen bei geraden Fußstößen oder Kreisfußstößen eingesetzt. Für harte, knochige Ziele ist er jedoch wegen seiner Empfindlichkeit nicht geeignet.

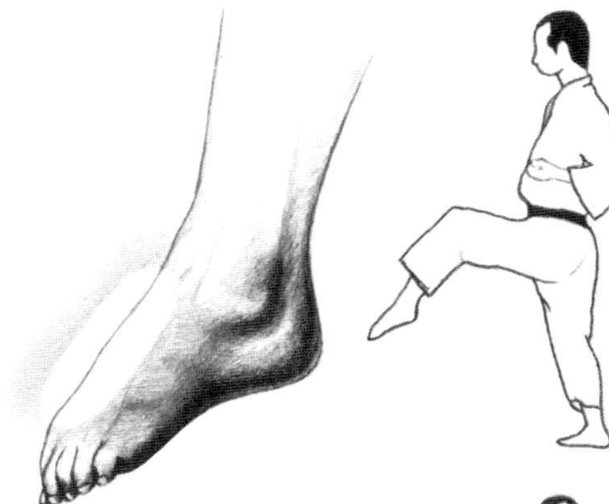

Die Fußkante wird nur für Fußstöße seitwärts zur Körpermitte verwendet. Bei richtiger Ausführung muß der große Zeh nach oben und hinten gekrümmt sein, während der kleine nach vorne und unten zeigt. Der Fuß sollte daher im Moment des Auftreffens parallel zum Boden liegen.

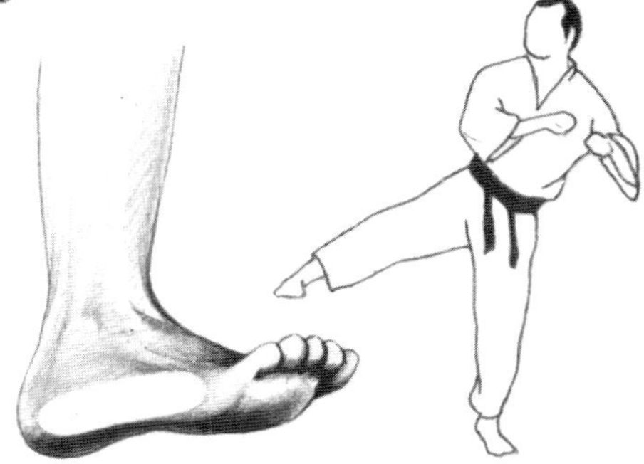

geführt werden. Indem das Zurückreißen des Beins ebenso aktiv erfolgt wie der Angriffsstoß, wird die Schnappbewegung des Beins verbessert, der Fuß ist vom Gegner weniger leicht zu fassen, und man hat nach der Technik sofort wieder einen sicheren Stand. Ziele sind die Schienbeine, die Leistengegend, der Nabel und das Sonnengeflecht. Es ist nicht schwierig, aber gefährlich, diesen Tritt zum Kinn des Gegners zu führen. Alle Fußstöße sind bei einwandfreier Ausführung außerordentlich wirkungsvoll, jedoch ist es schwieriger, mit den Beinen die erforderliche Schnelligkeit und Genauigkeit zu erreichen, als mit den Armen. Fußtechniken erfordern daher ein umfassendes Training.

Seitliche Fußstöße werden hauptsächlich in zwei Formen ausgeführt. Die eine Technik ist der Kreisfußstoß, bei dem zunächst das Knie hochgezogen und um 90° gedreht wird und anschließend der Gegner mit dem Fuß an der Seite oder gelegentlich auch an der Schläfe getroffen wird. Auftrefffläche ist bei diesem außerordentlich schnellen Stoß der Fußballen oder der Rist. Bei der anderen Technik, einem echten Fußstoß seitwärts, wird zunächst das Gewicht auf ein Bein verlagert und der Körper um 90° gedreht, während der tretende Fuß auf eine Ebene mit dem Knie des Standbeins gehoben wird. Aus dieser Stellung schnappt das Bein heraus, so daß die Fußaußenkante das Knie, die Leiste, den Magen oder die Brust des Gegners trifft.

Hier wird nun der Sinn der oben beschriebenen Fußgymnastik klar, denn dadurch wird das Eindrehen des Fußes und gleichzeitige Anziehen der Zehen geübt, wodurch die Fußkante und nicht die Sohle zur Auftrefffläche wird.

Diese beiden seitlichen Fußstöße kommen wie der Fußstoß vorwärts auch im südindischen Kalarippayat und in den Traditionen des chinesischen Shaolin-Tempelboxens vor, das in Kapitel IV beschrieben ist.

Fußstöße rückwärts werden ähnlich eingeleitet wie der zweite der oben beschriebenen Fußstöße seitwärts, wobei jedoch der Fuß nach hinten katapultiert und mit der Fußkante oder der Ferse getroffen wird. Gelegentlich werden auch Fußstöße nach unten ausgeführt, z. B. als Abschlußtechnik gegen einen am Boden liegenden Gegner oder als Schock gegen die Zehen oder den Rist. Neben diesen grundlegenden Fußstößen gibt es noch verschiedene kombinierte Formen und eingesprungene Fußstöße. Auch diese Techniken sind in der chinesischen Shaolin-Tradition bekannt.

Fußtritte dienen hauptsächlich der Überwindung größerer Distanzen, wenn der Gegner mindestens einen Meter entfernt ist. Wirksame Treffer sind bei Fußstößen, wie kraftvoll sie auch sein mögen, weniger wahrscheinlich als bei der großen Vielfalt der Handtechniken, die es bei Karate, der Kunst der leeren Hand, gibt.

Gerader Fauststoß

Bei einem korrekten Fauststoß müssen die Knöchel von Zeige- und Mittelfinger die Auftrefffläche bilden. Knöchel, Handgelenk und Unterarm müssen eine Linie bilden, damit die Faust beim Auftreffen nicht abknickt.

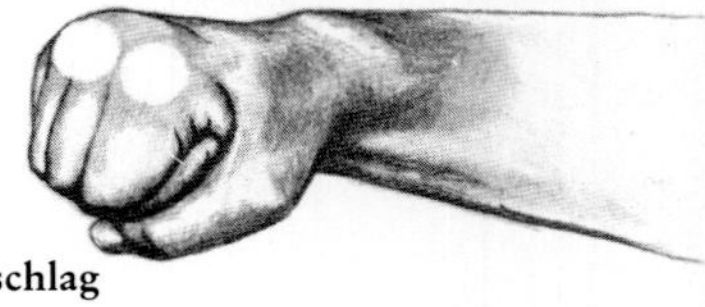

Handrückenschlag

Die Karatefaust kann als Rückhand nach außen und unten geschlagen werden. Dieser Schlag eignet sich besonders für den Nahkampf für Schläge gegen das Gesicht und die Schläfe. Der Körper bleibt dabei geschützt.

Hammerschlag

Der Faustballen ist eine stabile Schlagkante, mit der vor allem oben auf den Kopf geschlagen wird.

Handtechniken

Die geballte Faust ist die Grundlage der Karatetechniken. In der Praxis wird beim Fauststoß ein gestreckter Arm zurückgezogen, während gleichzeitig der andere nach vorne geführt wird. Dieses Zurückziehen des einen Arms bei gleichzeitigem Herausstoßen des anderen erhöht die Schlagwirkung ganz beträchtlich. Es ist, als ob die Energie des »Gegenläufers« über den (aufrechtbleibenden) Rücken in den Angriffsarm einfließen würde. Zusätzlichen Effekt erhält der Stoß durch Drehen der schlagenden Hand um 180° kurz vor dem Auftreffen. Zu Beginn der Vorwärtsbewegung zeigen die Knöchel der Faust nach unten; in der Endphase wird die Faust jedoch in einer schrau-

Messerhand 1 (Schwerthand)

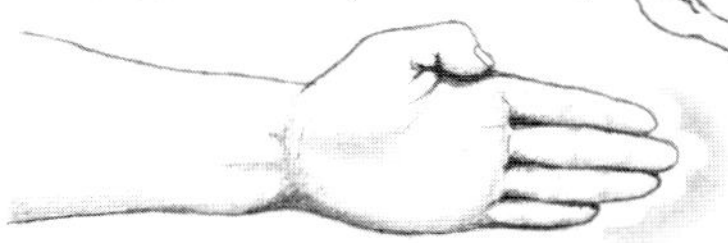

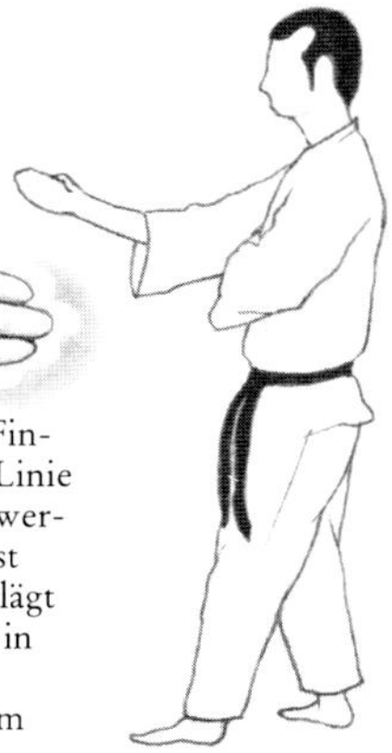

Wenn die Handfläche und die Finger gestreckt sind und in einer Linie mit dem Handgelenk gehalten werden, bildet die Hand eine höchst wirksame Waffe. Die Hand schlägt hier nach innen zum Hals oder in die Leistengegend des Gegners (oben). Diese Technik wird beim Karate als »Schwerthand« bezeichnet.

Messerhand 2 (Spatenhand)
Bei der Spatenhand können die Fingerspitzen wie ein Spaten gegen Ziele wie den Magen, das Gesicht und die Augen eingesetzt werden. Die knochige und unempfindliche Handkante eignet sich für Ziele wie den Hals oder die kurzen Rippen.

Handballen
Der Handballen der offenen Hand kann beim Nahkampf zum Leistenbereich geschlagen werden, während der nach oben zeigende Ballen der anderen Hand zum Schlüsselbein zielt. Dies entspricht der Tigerstellung bei den chinesischen Künsten.

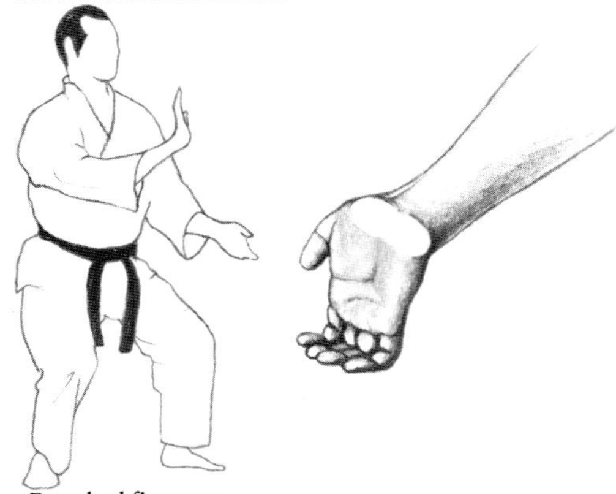

Messerhand 3 (Innenhandkante)
Die Seite und der Knöchel des Zeigefingers erweisen sich für die Ausführung horizontaler Angriffe im Nahkampf als äußerst wirksam.

»Bunched fingers«
Die zusammengepreßten Fingerspitzen können für Angriffe gegen das Gesicht ähnlich der Pickbewegung eines Vogels eingesetzt werden; wenn die Finger etwas geöffnet bleiben, erinnert die Hand an eine Klaue, mit der man ziehen und reißen kann. Bei diesem Schlag bleibt die Hand horizontal.

benden Bewegung gedreht, was den Auftreffimpuls der Faust und die Durchschlagskraft des Schlags beträchtlich erhöht. Es ist typisch, daß solche gedrehten Schläge bei westlichen Boxwettkämpfen wegen ihrer verheerenden Wirkung absolut verboten sind. Beim geraden Fauststoß zum Gesicht oder zu vielen Teilen des Rumpfs wird nur mit den Knöcheln des Zeige- und Mittelfingers getroffen, während Handrücken und Unterarm eine Linie bilden müssen, damit die Faust nicht abknickt. Im Augenblick der größten Schlagwirkung muß der Arm fast ganz gestreckt sein und anschließend sofort zurückgerissen werden; das Ellbogengelenk darf dabei niemals durchgestreckt werden. Die Schlagwirkung der Faust läßt sich in verschiedener Weise erhöhen. Man kann z. B. den Zeige- oder Mittelfinger der geballten Faust etwas vorschieben und den Daumen zur Unterstützung auf die geschlossenen Finger

Die Abbildung zeigt die bekanntesten schmerzempfindlichen Punkte, die okinawanische Meister ihren Schülern beibringen. Es handelt sich jedoch um eine stark vereinfachte Darstellung, die nur der Unterweisung von Anfängern dient.

1. Schädel
2. Schläfe
3. Nasenwurzel
4. Oberlippe
5. Halsschlagader
6. Kehlkopf
7. Luftröhre
8. Sonnengeflecht
9. Sternalwinkel
10. Kurze Rippen
11. Unterleib
12. Genitalien
13. Oberschenkel innen
14. Schienbein
15. Rist
16. Handgelenk

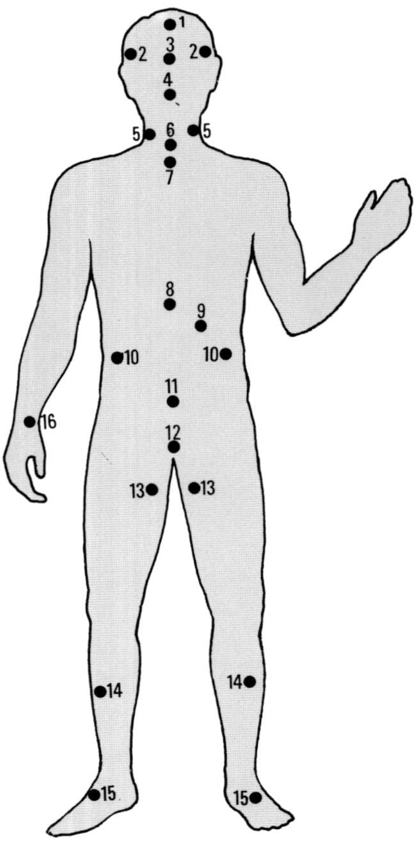

pressen. Bei diesem Schlag, für den man die Hände entsprechend abhärten muß, trifft zunächst nur das vorstehende Fingergelenk auf und senkt sich tief in das Fleisch des Angreifers, bis der Schlag durch die übrige Faust abgebremst wird. Gegen bestimmte Körperstellen eingesetzt, können solche Schläge eine verheerende Wirkung entfalten. Wir waren nicht überrascht, daß die Meister, die in Südindien, China (harte und weiche Traditionen) und Okinawa die Kunst des Schlagens gegen empfindliche Körperstellen praktizierten, für betäubende oder tödliche Angriffe diese Knöchelfaust einsetzten.

Beim Üben von Schlagtechniken gibt der Trainer eine obere Stufe (Kopf), eine mittlere Stufe (Gürtel bis Hals) und eine untere Stufe (bis zum Gürtel) an. Hierbei handelt es sich jedoch um eine Vereinfachung für Anfänger. Sauber gezielte Fauststöße sind gegen sehr kleine Ziele gerichtet, meist besonders empfindliche, die sich überall am Rumpf eines Angreifers befinden. Von fortgeschritteneren Schülern wird erwartet, daß sie Übungsschläge exakt gegen diese Punkte richten. Diese Kunst des Schlagens gegen schmerzempfindliche Punkte nennt man in Japan Atemi.

Die Faust kann auch in einer Rückhandbewegung eingesetzt werden, um z. B. mit den Knöcheln von oben gegen den Kopf oder seitlich gegen die Schläfen zu schlagen. Eine Variante der oben erwähnten Knöchelfaust besteht darin, daß nur die oberen beiden Fingerglieder gekrümmt werden und der Daumen unten in die Handfläche eingelegt wird. Auch diese Technik ist äußerst wirkungsvoll.

Die flache, geöffnete Hand wird beim Karate »Messerhand« genannt. Dies ist eine treffende Bezeichnung, denn die Hand kann hiermit zum Stechen (mit den Fingerspitzen), aber auch zum Schneiden oder Hacken (mit der Innen- oder Außenkante der Hand) verwendet werden. Handstiche werden mit waagrechter oder senkrechter Handhaltung gegen das Gesicht, die Kehle, den Magen oder die Leistengegend ausgeführt.

Mit der Handkante sind senkrechte Angriffe zum Schädel, diagonale Angriffe zum Hals, gegen die Schlüsselbeine oder die kurzen Rippen und horizontale Schläge zum Hals oder in die Niere möglich. Handkantenschläge können von innen oder von außen ausgeführt werden.

Es gibt eine große Vielzahl von Fingerstichen, wobei entweder zwei Finger (in die Augen) oder ein einzelner Finger (zum Gesicht, Hals oder Bauch) eingesetzt werden. Der Handballen ist ebenfalls eine sehr harte, wir-

Ellbogenschläge und -stöße
Bei Ellbogenschlägen (unten) muß die Handfläche zur Schulter zeigen. Wenn die Handfläche um 90° gedreht wird, so daß sie seitlich zum Kopf zeigt, sind beim Auftreffen Verletzungen der Armknochen möglich.

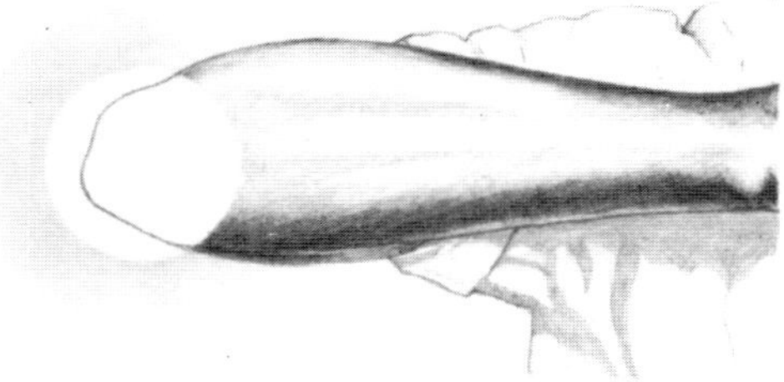

Der Ellbogenschlag in der Grundform erfolgt nach oben zum Brustkorb (rechts). Gegen einen Angriff von hinten kann der Ellbogen kraftvoll nach hinten gezogen werden (Mitte rechts). Hält man die Hand nahe am Körper, kann der Ellbogen zur Ausführung eines wirksamen Blocks oder Schlags rasch von hinten zur Seite vorgezogen werden (ganz rechts). Der Ellbogenstoß von oben nach unten (oben rechts) ist eine riskante Bewegung, da man sich dabei den Knochen verletzen kann.

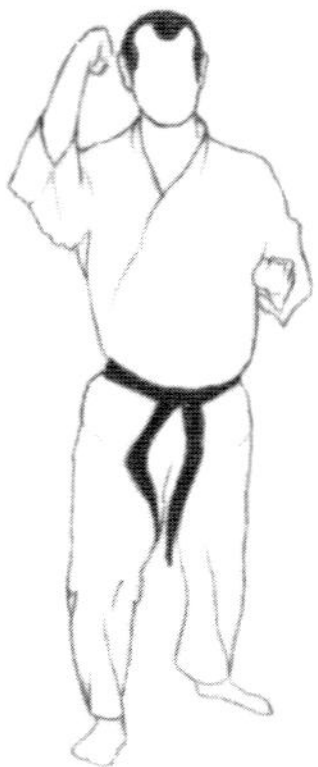

Kniestoß
Der Verteidiger legt die Hände hinter den Kopf seines Gegners und reißt ihn nach unten; gleichzeitig reißt er sein Knie zum Schlag mit der unten angegebenen Stelle hoch (unten rechts). Dann gehen beide Hände an der Stelle des Kontakts vorbei weiter nach unten, so daß sie sich wie unten links angegeben seitlich am Körper befinden.

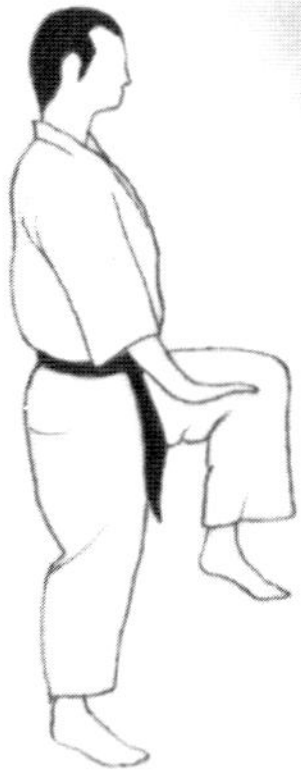

Blocktechniken
Die meisten Blöcke gegen Angriffe mit der Hand werden mit der Innen- oder Außenseite des Unterarms ausgeführt (unten). Gegen Schläge von oben wird der Unterarm um eine Vierteldrehung nach oben bewegt (unten links), während der Unterarmblock nach unten zur Ableitung tiefer Schläge oder Tritte dient (unten rechts).

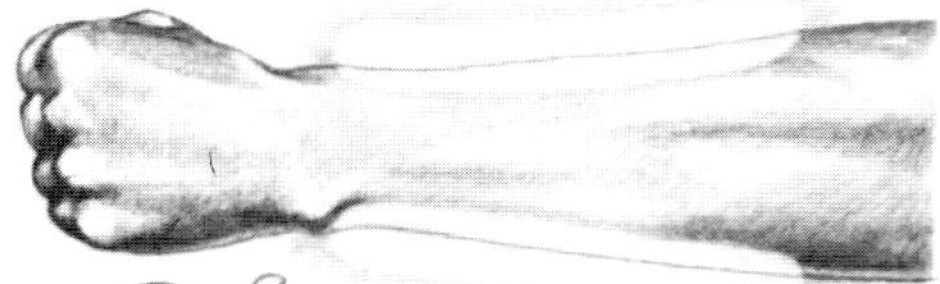

DIE PHILOSOPHIE DES HIGAONNA SENSEI

Higaonna Sensei wurde 1940 geboren. Sein Vater, ein Polizist, brachte die Familie vor der Invasion der Amerikaner auf Okinawa im Jahre 1945 nach Südjapan. Kurz nach dem Holocaust auf Okinawa kehrte die Familie in die Stadt Naha zurück. Über seine erste Begegnung mit Karate berichtet Higaonna:

»Mit 13 sah ich zum ersten Mal Karate. Mein Vater brachte einem guten Freund in unserem Haus eine Kata bei. Die Tritte und Schläge in der Kata waren außerordentlich kraftvoll, und ich war begeistert von Karate. Ich selbst begann dann einfach deshalb mit Karate, weil ich meinen Körper kräftigen wollte.

Ich hatte das große Glück, von guten Trainern und älteren Schülern lernen zu dürfen, die mir zeigten, wie wunderbar Karate ist, und ich wußte, daß ich diese Kunst mein Leben lang betreiben wollte.

Ich hatte eigentlich gar nicht vor, von Beruf Karate-Lehrer zu werden; ich war einfach hingerissen von Karate und wollte es mein Leben lang betreiben, um mich dadurch weiterzuentwickeln. Etwa mit 25 kam mir der Gedanke, daß ich mit Karate auch mein Brot verdienen könnte. Damals hatte ich mein Universitätsstudium abgeschlossen und gab viermal am Tag im Yoyogi-Dojo in Tokio Unterricht. Ich hatte etwa 1000 Schüler, so daß ich für eine andere Arbeit gar keine Zeit mehr hatte und Karate mehr oder weniger zwangsläufig mein Beruf wurde.«

Um diese Zeit begannen die Karate-Meister Okinawas gerade, das japanische Graduierungssystem mit farbigen Gürteln und dem schwarzen Gürtel mit zehn Dan-Graden einzuführen. Higaonna Sensei trug jahrelang den weißen (Anfänger-) Gürtel. Als ihn sein Meister schließlich graduierte, verlieh er ihm den vierten Dan.

Higaonna lehrte 15 Jahre in Tokio, und in dieser Zeit baute er eine internationale okinawanische Gojuryu-Föderation auf. 1980 entschloß er sich jedoch zur Rückkehr nach Okinawa. Hierfür gab es besondere Gründe:

»Im letzten Jahr gab es in der FAJKO (Federation All Japan Karate-Do Organization) eine deutliche Hinwendung zu einem rein sportlich orientierten Karate. Bis zum vorigen Jahr hatten die einzelnen Stilrichtungen ihre eigenen Organisationen. Letztes Jahr wurden sie jedoch unter dem Dachverband der FAJKO zusammengefaßt, und jetzt werden sie von der FAJKO kontrolliert.

Ich lehne Karate als Sport nicht rundweg ab, weil ich glaube, daß es eine Stufe oder eine Facette des Karate ist, und daß man Karate ruhig bei der Jugend populär machen sollte. Karate ist jedoch mehr, und wenn man nach einigen Jahren Sportkarate aufhört, hat man rein gar nichts gewonnen. Was wir wollen, ist ein Karate, das man auch noch mit 60, 70 oder 80 betreiben kann. Uns kommt es nicht darauf an, jemanden zu schlagen oder in einem Kampf zu gewinnen.

Sicher gibt es auch beim Sportkarate eine geistige Schulung. Der Schwerpunkt liegt aber darauf, einen Gegner in einem Wettbewerb zu besiegen. Unser Ziel ist es, die richtigen Techniken und die Katas, die uns aus der Vergangenheit überliefert sind, zu lernen und die kommenden Generationen zu lehren. Daneben ist uns natürlich auch das körperliche und geistige Training wichtig.

Wir sind nicht darauf aus, in Situationen zu geraten, in denen wir unser Karate anwenden können. Im Gegenteil: Wir versuchen gerade, solche Situationen um jeden Preis zu vermeiden. Wenn wir angegriffen werden und uns verteidigen müssen, werden wir dies selbstverständlich tun. Zweck des Karate ist die Verteidigung, und aus diesem Grund beginnen alle Katas mit einer Verteidigungsbewegung. Es gibt ein altes japanisches Sprichwort, ›Karate niwa sente nashi‹, das bedeutet, daß wir im Karate niemals die erste Bewegung machen, oder daß ein Karateka niemals als Erster angreift. Bei einem Angriff müssen wir den Angreifer unter Kontrolle halten, um uns selbst zu verteidigen. Karate ist eine pazifistische Philosophie.

Es ist eine defensive Kampfkunst, die keine Waffen einsetzt. Wer diese Kunst in allen Nuancen beherrscht, wird auf Okinawa ›Bushi‹ genannt. Im japanischen Mutterland versteht man unter Bushi einen Samurai; auf Okinawa ist dies dagegen jemand, der die rechte Art zu leben entdeckt hat und durch das Karate-Training eine gelassene Haltung erreicht hat. Die Menschen müssen eine Ausbildung haben, um diesen geistigen Zustand zu erreichen.

Karate ist mein Leben. Es ist das Objekt meiner Studien. Es ist wie eine Wolke, die man nirgendwo festhalten kann. Ich bemühe mich um Karate, indem ich jeden Tag übe und versuche, etwas davon zu erfassen, aber meist komme ich nicht weit. Karate ist außerordentlich schwierig, aber es dient dem Training des Geistes und des Körpers. Ich habe mit Karate begonnen, weil ich schwach war. Wenn ich stark gewesen wäre, hätte ich mich vielleicht mit anderen Dingen beschäftigt. Karate ist etwas, das man sein ganzes Leben betreiben kann, und deshalb übe ich jeden Morgen. Beim Sparring hat man einen Gegner, und es ist leicht, sich zu bewegen, weil man sich den Bewegungen seines Gegners anpaßt. Bei der Kata gibt es nur den Raum. Du selbst und der Raum. Kein Gegner, nichts, an dem man sich orientieren könnte. Wenn man übt und sich z. B. ein Ziel von 100 Wiederholungen setzt, wird man etwa bei der 60. oder 70. Wiederholung müde, und die Konzentration läßt nach. Dann muß man sich dazu aufraffen, die Übung noch einmal zu machen und dann noch einmal. Nur durch diese unablässige Willensanstrengung übt man sich.«

Higaonna Sensei ist die Abhärtung der Knöchel und der Handflächen sehr wichtig. Eine Stunde lang schlägt er jeden Morgen zunächst mit den Handflächen gegen einen Stein und später mit der Faust gegen einen soliden hölzernen Schlagpfahl, der »Makiwara« genannt wird. Alle paar Minuten reibt er die schwielige Haut seiner Handflächen und Knöchel mit einem chinesischen Öl ein.

kungsvolle Waffe, die gegen die verschiedensten Ziele vom Schädel bis zur Leistengegend eingesetzt werden kann. Bei dieser Technik zeigen die Knöchel entweder nach oben oder nach unten.

Die Angriffswirkung der Hände ist nur dann optimal, wenn man sich etwa eine Armlänge von seinem Gegner entfernt befindet; bei kürzeren Entfernungen kann sich die Wirkung nicht mehr voll entfalten, da nicht mehr genügend Platz ist, um den Arm zurückziehen und beim Angriff voll beschleunigen zu können. In der kurzen Distanz nützt der Karateka daher die verheerende Wirkung von Fersen-, Ellbogen- und Kniestößen aus.

Sonstige Schlagtechniken

Auf einen Angriff von hinten reagiert der Karateka mit einem Fersentritt nach oben in die Genitalien des Angreifers oder mit einem Ellbogenstoß nach hinten in Richtung des Sonnengeflechts. Aus der kurzen Distanz frontal dem Gegner gegenüber können die Ellbogen nach oben zur Brust, zum Kinn oder aus einer tiefen Stellung zu den Genitalien geführt werden. Befindet sich der Angreifer in einer tiefen Stellung, sind Ellbogenschläge abwärts oder seitwärts zum Kopf oder Hals möglich. Angriffe von der Seite können ebenfalls mit dem Ellbogen abgestoppt werden. Kniestöße werden aufwärts in die Genitalien des Gegners geführt; von besonders verheerender Wirkung ist eine Kombination, bei der der Karateka den Kopf des Angreifers entgegen der Aufwärtsbewegung des Knies nach unten zieht.

Natürlich werden im Karate auch Techniken gelehrt, mit denen diese Vielzahl von Schlägen und Tritten mit Füßen, Händen, Ellbogen und Knien gekontert werden können. Geblockt

Grundtechniken werden häufig mit Partner geübt. Hier härten Higaonna Sensei und ein fortgeschrittener Schüler ihre Unterarme ab, indem sie die Knochen der Arme immer wieder gegeneinander schlagen.

wird hauptsächlich mit den Unterarmen, mit denen Schläge von oben, von der Seite und von unten abgeleitet werden können. Meist wird hierbei der Angriff in einem Winkel von 45° abgewehrt, wobei gleichzeitig der Arm verdreht wird, da hierdurch die Muskeln und Knochen geschützt und der Schlag zur Seite gelenkt wird. Bei Blöcken im Winkel von 90° riskiert der Verteidiger einen Armbruch (vor allem, wenn der Angreifer eine Waffe benutzt), und nur schwach abgelenkte Schläge können trotzdem ins Ziel gelangen. Fußtritte von unten und von der Seite können durch Kreuzen der Unterarme erfolgreich gestoppt werden.

Ein wichtiger Punkt ist, daß die Karatemeister Okinawas und des chinesischen Festlands erkannt haben, daß alle diese Schlag- und Blockbewegungen nur dann mit optimaler Wirkung ausgeführt werden können, wenn die Energie, die dahintersteckt, aus dem Bereich des Unterbauchs kommt, der im chinesischen Tan-T'ien heißt. Dieser Bereich, der mit dem Schwerpunkt des menschlichen Körpers identisch ist, ist bei Akupunkteuren und den Heilern der traditionellen ostasiatischen Schulen, aber auch bei den Kampfkünstlern als das Zentrum des Ki, der Lebenskraft, bekannt. Von diesem Zentrum aus wird das Ki geregelt und durch den ganzen Körper geschickt.

Wenn Karate-Meister lehren, daß alle oben beschriebenen Handtechniken durch Eindrehen der Hüfte eingeleitet werden, und daß dadurch der Schlag kräftiger wird, haben sie zweifellos recht. Wenn sie weiterhin sagen, daß einem optimalen Fußstoß eine Anspannung der Muskeln des Unterbauchs voranzugehen hat, haben sie ebenfalls recht. Bei jeder Aktion, die wir ausführen, bei jeder Bewegung, die wir machen und nach der wir wieder in Ruhelage sein wollen, müssen wir das Gleichgewicht um den Schwerpunkt des Körpers, das Tan-T'ien, wiederherstellen. Man kann also mit gutem Recht sagen, daß sich hier ein wichtiges Zentrum für die Körperbeherrschung des Menschen befindet. Indem die chinesischen und okinawanischen Meister ihre Schüler hierauf aufmerksam machen, machen sie sie mit einem Grundprinzip der menschlichen Bewegungsmechanik vertraut, das im Westen überhaupt nicht berücksichtigt wird.

Handtechniken, Fußstöße und Blöcke werden entweder einzeln oder in Kombinationen geübt. Die Schüler können entweder einzeln oder mit Partnern arbeiten, wobei einer von ihnen angreift und schlägt, während sich der andere mit Blöcken verteidigt. Diese Übungen können mit Bewegungsabläufen verbunden werden, so daß sich ein Schüler rückwärts und der andere vorwärts bewegt. Nach einigen Schritten wird die Bewegungsrichtung umgekehrt, und der Angreifer wird zum Verteidiger und umgekehrt. Die Schüler »exerzieren« in dieser Weise im Dojo hin und her, wobei sie am entscheidenden Punkt jeweils ein *Ki-Ai* ausstoßen.

Für die Sanchin-Kata wird die Jacke ausgezogen, damit man die Muskelspannung überprüfen kann. Ein wesentlicher Bestandteil der Sanchin-Kata sind sehr tiefe Atemtechniken. Diese beiden Schüler atmen mit einer Grimasse aus dem Unterleib aus.

Ki-Ai bedeutet wörtlich »Begegnung des Geistes« oder »Einheit der Energie«. Im Kampf ist dies der Augenblick des Kontakts, wenn das Ki der Kämpfer aufeinandertrifft und einer von beiden unterliegt. Beim Karate, z. B. in der traditionellen japanischen Kunst des Tenshin Shoden Katori Shinto Ryu-Bujutsu, lernen die Schüler, in diesem Augenblick mit einem Schrei auszuatmen, um dadurch ihr eigenes Ki, ihre Lebenskraft, gleichzeitig herauszustoßen und zu schützen.

Die Katas

Karate-Techniken zählen zu den schnellsten und wirksamsten Verfahren zur Verteidigung gegen einen Angreifer bei gleichzeitiger Anwendung einer Gegentechnik. Karate geht jedoch über die engeren Grenzen der Selbstverteidigung hinaus, wenn diese Techniken zu langen Sequenzen zusammengefaßt werden, die man als Kata bezeichnet. Ein Karate-Kata besteht aus Grundstellungen, Schritten, Schlägen und Kontern, die durch fortgeschrittenere Aktionen wie z.B. Drehungen, Ausweichschritte, kombinierte Angriffe und Verteidigungen, Hebel, Würfe und Finten miteinander verbunden werden.

Jedes Kata hat einen eigenen Namen. Es gibt 13 verschiedene Goju-ryu-Katas; im Shorin-ryu-Stil sind es 18. Katas werden nach einem streng festgelegten Muster ausgeführt. Dem Anfänger werden die Bewegungen in allen Einzelheiten erklärt, und der ganze Ablauf kann eine Minute oder mehr in Anspruch nehmen. Die Bewegungen erfolgen in alle Richtungen, werden jedoch meist in geraden Linien und nicht in Kreisen ausgeführt. Die Bewegungen erfolgen vorwärts, rückwärts, seitwärts und diagonal von der Ausgangsposition aus. Hebel oder Blöcke werden häufig in der Gegenrichtung nach der anderen Seite wiederholt, um einen symmetrischen Ablauf zu erhalten, und auf die Perfektionierung aller Bewegungen wird größter Wert gelegt. Timing, Konzentration, Gleichgewicht, Ökonomie und Harmonie des Atems, Übereinstimmung von Körper und Geist sind die Ziele bei der Ausführung des Kata. Obwohl das Kata meist in Gruppen geübt wird, stehen sich hierbei keine Gegner gegenüber; es ist als Einzelübung gedacht, bei der der Ausführende nur mit seinem eigenen Ich konfrontiert ist.

Während unserer Studien in Okinawa arbeiteten wir eng mit Higaonna Sensei zusammen, der den Goju-ryu-Stil vertritt. Sein Hauptinteresse gilt dem Kata. Bei seiner Stilrichtung gibt es ein sehr einfaches Kata, bei der Spannungsübungen für die Muskeln mit Tiefatmung und reinen Verteidigungsbewegungen verbunden sind. Das Kata heißt wie die bereits

Suparimpei ist die am höchsten entwickelte der 13 Goju-ryu-Katas. Sie soll vor etwa 100 Jahren aus der Provinz Fukien in China nach Okinawa gelangt sein. Grundelemente sind schnelle und langsame Bewegungen, eine harmonische Atmung und viele ausgefeilte Karate-Techniken. Auf diesen Bildern zeigt Higaonna Sensei einige der Stellungen. Auf dem oberen Bild setzt er zu einem Handkantenschlag an, während er mit der Ferse einem Gegner am Boden den Rest gibt; rechts die Ausgangsstellung zum Fassen eines Gegners.

beschriebene Stellung »Sanchin«. Es besteht in langsamem Gehen in der richtigen Stellung, wobei mit den Armen und Fäusten rhythmische Schlag- und Blockbewegungen ausgeführt werden. Dieses Kata ist für Goju-ryu von so grundlegender Bedeutung, daß die Schüler früher angeblich drei Jahre lang nichts anderes als dieses Kata üben mußten, bevor sie im Dojo des Meisters das eigentliche Training aufnehmen durften. Higaonna Sensei beschreibt, beginnend mit der Atmung, die großen Vorzüge dieses Kata:

»Es gibt zwei Möglichkeiten der Atmung bei dem Sanchin-Kata. Die eine besteht darin, daß man direkt über die Nase in den Unterbauch atmet. Der anderen Methode liegt die Vorstellung zugrunde, daß die Luft zunächst nach oben in den Hinterkopf steigt und dann über das Rückgrat nach unten und wieder nach oben in den Unterbauch geht, wo sie wie eine Feder gespannt wird. Bei beiden Verfahren ist es erforderlich, die Atmung mit der Bewegung in Einklang zu bringen. Beim Yoga ist der Körper in der Regel entspannt; die Schwierigkeit beim Sanchin liegt darin, daß Atmung und Bewegungen mit einer Anspannung des Unterleibs und überhaupt allen Muskeln und Gelenken des Körpers erfolgen. Beim Sanchin ist die Stellung alles. Mit einer falschen Stellung kann man nicht effektiv atmen. Zur Durchführung des Kata muß man zunächst die richtige Haltung einnehmen, bei der man das Kinn nach unten drückt, die Schultern absenkt, die Ellbogen an den Körper heranzieht und die Knie zusammenpreßt, die Gesäßmuskeln anspannt, den Unterleib zu einer Feder aufrollt und mit den Füßen fest am Boden verwurzelt steht. Wenn man diese Stellung eingenommen hat und mit der richtigen Atmung beginnt, kann man auch das Sanchin-Kata korrekt ausführen.«

In diesem Abschnitt der Suparimpei-Kata (oben) faßt Higaonna Sensei den herankommenden Gegner mit der rechten Hand und versetzt ihm gleichzeitig mit der linken einen Handkantenschlag. Die Aufnahme links zeigt die letzte Bewegung in dieser Aktion.

Die Katas werden in der Gruppe geübt (oben). Ein Schüler, der mit einer neuen Kata beginnt, kommt in die Mitte der Gruppe, damit er von den anderen lernen kann.

Higaonna Sensei zeigt beim Training in seinem Dojo in Naha City, Okinawa, einen Kreisfußstoß. Das Bild entstand einen Augenblick nach Ausführung der Technik; dennoch ist Higaonnas Fuß wegen der Geschwindigkeit der Ausführung auf der Aufnahme noch verwischt.

Am anderen Ende der Skala steht das am höchsten entwickelte Kata im Goju-ryu-Stil, das »Suparimpei« genannt wird. Dieses Kata ist außerordentlich komplex und schwierig auszuführen, da es viele der ausgefeiltesten und geheimsten Techniken der Schule beinhaltet. Es soll aus 108 verschiedenen Kampfbewegungen bestehen. Higaonna Sensei gibt hierzu einige Erläuterungen:

»Suparimpei ist die okinawanische Aussprache der chinesischen Zeichen, wie sie in der Provinz Fukien geschrieben werden. Einige Leute nennen es auch ›Petchurin‹, jedoch ist mir die Herkunft dieses Ausdrucks bisher nicht klargeworden. Die chinesischen Zeichen stehen für die Zahl 108, für deren Bedeutung es jedoch zwei Theorien gibt. Die eine besagt, daß hier eine Beziehung zum Buddhismus besteht, in dem es 108 irdische Leidenschaften oder Sehnsüchte des Menschen gibt. Nach der anderen Theorie sollen 108 Karate-Meister an der Entwicklung dieses Kata mitgewirkt haben. Überliefert ist jedoch nur der Name. Dieses Kata ist das schwierigste im Goju-ryu.«

Dieses Kata kam vor etwa 100 Jahren aus China nach Okinawa. Es könnte mehr als bloßer Zufall sein, daß in einer Reihe chinesischer Kampfstile die alte südindische Lehre wiederauftaucht, daß es genau 108 Stellen am menschlichen Körper gibt, die gegen Angriffe besonders empfindlich sind. Allerdings sind die Meister des Goju-ryu-Stils wie auch Sifu Hung aus Taiwan (Meister der weichen chinesischen Künste) der Ansicht, daß es mehr als 108 Schmerzpunkte gibt. Sie glauben mit den Akupunkteuren, daß die Gesamtzahl eher bei 350 liegt und sich darüber hinaus je nach Tageszeit, Jahreszeit, seelischem Befinden usw. ändern kann.

Es gibt jedoch noch eine tiefere Bedeutung des Kata, die von einem ausgezeichneten Kenner des Themas, Richard Kim, der Autor vieler Bücher über die Kampfkünste ist, sehr gut dargestellt wurde. Nach Kim ist das Kata im Grunde ein religiöses Ritual. Das Kata gibt die Möglichkeit, durch ständiges Üben ein geistiges Ziel zu erreichen. Dieses Ziel ist die Überwindung des Ichs. Bei dem Kata gibt es nur imaginäre Gegner, und deshalb kämpft der Ausführende auf der Suche nach Perfektion nur gegen sich selbst. Wenn der Ausführende nach jahrelanger harter Arbeit so weit ist, daß er das Kata ohne Nachdenken ausführen kann, ist ein Ziel erreicht: Das Kata ergibt sich von selbst, ohne Zutun des Ausführenden. Es ist eine Körperbeherrschung ohne Empfindungen oder Gedanken erreicht, woraus sich direkte Auswirkungen darauf ergeben, wie der einzelne eine Situation innerhalb oder außerhalb der Kampfkünste beherrscht.

Die Philosophie des Okinawa-Karate

Okinawa ist reich an Parabeln, und Karate-Meister erzählen gerne die Geschichte von dem armen Fischer, dessen Schrein heute in einer Kleinstadt südlich von Naha steht. Dieser arme Mann hatte während der Zeit der japanischen Besatzung von einem Samurai Geld geliehen. Als der Tag kam, an dem er seine Schulden bezahlen sollte, besaß er nicht einen Pfennig Geld. Als der erzürnte Samurai sein scharfes Schwert zog, um den Fischer zu töten, rief der arme Mann aus: »Laß mich dir sagen, bevor du mich tötest, daß ich eben begonnen habe, die Kunst der leeren Hand zu erlernen, und dort brachte man mir als erstes bei, daß man niemals im Zorn zuschlagen dürfe.« Der Samurai war so verblüfft über diese Worte, daß er den Fischer laufen ließ.

Als der Samurai spät in der Nacht nach Hause zurückkehrte, sah er, daß in seinem Schlafzimmer Licht war. Er schlich sich auf Zehenspitzen zu der angelehnten Tür und blickte durch den Spalt hinein. Zu seinem Entsetzen mußte er sehen, daß seine Frau nicht allein im Bett war: Neben ihr lag ein Samurai. Von kalter Wut gepackt riß er sein Schwert heraus, um sich auf den Fremden zu stürzen, als ihm die Worte des Fischers einfielen: »Wenn du angreifst, sei nicht zornig. Wenn du zornig bist, greife nicht an.« Er ging also zurück und rief laut, daß er wieder da wäre. Im nächsten Augenblick trat seine Frau aus dem Schlafzimmer, begleitet von ihrer Mutter, die Männerkleider anhatte. Diese erklärte ihm, daß sie sich als Mann verkleidet hatte, um eventuelle Eindringlinge abzuschrecken...

Ein Jahr später kam der Fischer mit dem geschuldeten Geld zu dem Samurai. »Behalte das Geld«, sagte der Samurai, »ich bin es, der dir etwas schuldet, und nicht umgekehrt.«

Wir sehen also im Okinawa-Karate nicht nur die Verschmelzung der großen Kampfkunsttraditionen von China und Japan, sondern wir erkennen auch den Geist der okinawanischen Nation. Theorie und Praxis des Karate verkörpern den friedlichen Stoizismus der Menschen, die mit der ständigen Besetzung ihrer Insel durch größere Nationen leben mußten. Die Disziplin des fortwährenden Trainings führt beim Karateka von Okinawa einen Zustand unerschütterlicher Ruhe herbei, und die Ausführung der Kata bringt ihn dem letzten Ziel aller Kampfkünste näher, der geistigen und charakterlichen Vervollkommnung des Lernenden.

VIII DIE MODERNEN KAMPFKUNSTDISZIPLINEN JAPANS

Das Tao des Himmels ist wie das Spannen eines Bogens.
Das Hohe wird gesenkt und das Tiefe gehoben.
Ist die Sehne zu lang, wird sie verkürzt;
Genügt sie nicht, wird sie verlängert.

TAO-TE-CHING (LAO-TSE)

Miyamoto Musashi war einer der berühmtesten japanischen Schwertkämpfer. Als junger Mann war er ständig in Zweikämpfe verwikkelt, bei denen er über sechzig Herausforderer tötete. Als er sich seiner Überlegenheit ganz sicher war, bewaffnete sich Musashi nur noch mit zwei Übungsschwertern aus Holz, den Bokken. Mit diesen wehrte er seine Gegner ab.

Musashi verstand sich jedoch nicht nur auf die Handhabung seiner beiden Schwerter; er war auch ein ausgezeichneter Maler und schrieb klassische Gedichte. Einen großen Teil seines Lebens brachte er mit asketischen Übungen in den japanischen Bergen zu. Sein »Buch der fünf Ringe« galt jahrhundertelang in Japan als das Standardwerk über die Strategie des Schwertkampfs und fand vor kurzem auch in Europa und den Vereinigten Staaten große Verbreitung. Über all seinen künstlerischen Leistungen kann man jedoch nicht vergessen, daß er letztlich ein außerordentlich grausamer, egozentrischer Mensch war, der auf der Suche nach dem Geheimnis des Todes buchstäblich über Leichen ging.

Musashi lebte von 1584 bis 1645 in jenem bewegten Abschnitt der japanischen Geschichte, der der Befriedung und Einigung des Landes unter einem einzigen Militärdiktator voranging, dem Shogun Tokuwaga Ieyasu.

Nach der Einigung des Landes im Jahre 1603 ging der Shogun daran, seine Stellung zu festigen, indem er die Macht der Daimios, der Gebietslehensfürsten, brach. Jeder Daimio mußte wichtige Familienangehörige in die Hauptstadt Edo, das heutige Tokio, entsenden, das sie quasi als Geiseln und Bürgen für das Wohlverhalten ihres Herren nicht verlassen durften. Dadurch war die Unabhängigkeit der einzelnen Lehnsherrschaften stark beschnitten, und zum ersten Mal in Japans Geschichte wurde das Land von einer einzigen Familie, den Tokugawa, beherrscht.

Davor war es dem Kaiser niemals gelungen, die rivalisierenden Gebietslehnsfürsten unter Kontrolle zu halten, und jahrhundertelang war sein Amt lediglich mit symbolischen und religiösen Würden ausgestattet. Als die politische Macht in die Hände der Shogune übergegangen war, sank die Bedeutung des Kaisertums noch weiter, und der Kaiser war nurmehr symbolisches Staatsoberhaupt.

Mit der Unterbindung der endlosen Fehden unter den Daimios entfiel für die jungen Männer der Kriegerkaste auch die Notwendigkeit, sich in Bujutsu oder den »Kampfwaffensystemen« zu üben. Wie wir jedoch am Beispiel Musashis sehen, befriedigte der japanische Krieger seine geistigen und intellektuellen Bedürfnisse nicht nur durch die Beschäftigung mit den Kampfkünsten. Schon seit Jahrhunderten war im Verhaltenskodex des Bushido festgeschrieben, daß der Krieger durch das Studium der Literatur und der Schönen Künste moralische und geistige Integrität anstreben sollte.

Als die Tokugawa die Unruhen im japanischen Reich beendeten, hielten auch sie ihre Krieger an, sich intensiv mit dem Studium dieser Künste zu befassen. Unter den Kriegerkasten fanden völlig unkriegerische Aktivitäten wie das Cha no yu, die Teezeremonie, das Blumenstecken und die Kalligraphie Verbreitung; gleichzeitig begannen einige Lehrer, das Waffentraining auf eine spirituellere Grundlage zu stellen. An die Stelle der praktischen, traditionellen Aspekte der Waffenschulung trat das

Dieses berühmte Porträt des Schwertkämpfers Miyamoto Musashi, der im 17. Jahrhundert lebte, zeigt ihn beim Kampftraining mit einem Paar Hartholzschwertern, den Bokken. Lang- und Kurzschwert stecken griffbereit in seinem Gürtel in der Scheide.

報讐忠孝傳
宮本武蔵
應需 一筆菴誌
一勇齋國芳画

Streben nach Perfektion der Formen. Diese Strömung beeinflußte die einzelnen Kampfschulen in unterschiedlicher Weise. Wie wir in Kapitel VI dargestellt haben, hielten einige etablierte Kampfstile des Bujutsu wie z.B. Tenshin Shoden Katori Shinto Ryu alle Einflüsse des neuen Budo aus ihren Schulen fern. In diesen neueren Schulen jedoch, vor allem denjenigen, die von den herausragenden Schwertkämpfern dieser Zeit gegründet wurden, setzte sich Budo immer mehr durch.

Das japanische Wort und Zeichen Budo ist eine nähere Betrachtung wert. Es ist aus den Wörtern Bu und Do zusammengesetzt und bedeutet wörtlich »Kampfweg«; die Herleitung der Zeichen ist jedoch etwas komplexer. Das Zeichen für Budo besteht aus drei Grundzeichen, die »aufhalten«, »zwei« und »Speere« bedeuten. Die wörtliche Übersetzung des Zeichens ist daher »zwei Speere aufhalten«. Viele japanische Kampfkunstexperten interpretierten dies als »Kampfkunstweg zum Frieden« oder »Frieden durch Kampfkunstausbildung«.

Zwei Frauen üben die Schwertkunst Ken-Jutsu in einem traditionellen japanischen Dojo in Holzbauweise (oben). Sie benutzen Bokken und tragen Brust- und Hüftschutz, aber keine Handschuhe und Helme und keinen Schulterschutz.

Solche Assoziationen sind mit dem japanischen Wort Bujutsu nicht möglich, das schlicht »Kampfkunst« bedeutet. Mit dem Auftreten des Ausdrucks Budo im Japanischen war auch die Idee geboren, daß man durch die Ausübung von Kampfkunstdisziplinen sowohl den inneren, persönlichen Frieden als auch den äußeren sozialen Frieden herbeiführen kann.

Von der Schwertkunst zum Schwertweg

Wie in Kapitel VI dargestellt wird, war das Schwert die bei weitem bedeutendste Waffe der japanischen Krieger, und in der Schwertkunst waren auch die frühesten und deutlichsten Veränderungen zu beobachten. Schon in den alten Zeiten der inneren Unruhen hatten die Fechtmeister erkannt, daß es keinen Zweck hatte, zwei Kämpfer mit echten Schwertern trainieren zu lassen; die Gefahr von Verletzungen der Kämpfer oder einer Beschädigung der Schwerter war einfach zu groß.

Zur Beseitigung dieses Problems ersetzten sie die Stahlklinge durch eine solche aus Hartholz, meist aus Eiche. Diese Übungswaffe war hinsichtlich Gewicht, Länge, Krümmung und Griff mit einem echten Schwert identisch und wies lediglich hinsichtlich des aerodynamischen Verhaltens andere Eigenschaften auf als ein Stahlschwert. In den neuen Schulen des Kendo, »des Wegs des Schwertes«, wurde jedoch eine neue Trainingswaffe entwickelt. Diese hatte einen sehr langen Griff und war außerordentlich leicht, da sie aus gespaltenem Bambus hergestellt wurde. Der Klingenteil lief an der Spitze und unten konisch zu, war jedoch nicht gekrümmt; der Rücken der Klinge wurde durch ein Stück Schnur gekennzeichnet, die beliebig zwischen den beiden Enden gespannt wurde. Schläge mit dieser Waffe können sehr weh tun, sind jedoch bei weitem nicht so schmerzhaft oder gefährlich wie Schläge mit dem Hartholzschwert.

Im 17., 18. und 19. Jahrhundert wurde diese Waffe immer beliebter, wodurch gleichzeitig die Kampftauglichkeit der japanischen Fechtkünste immer geringer wurde. Durch das Training mit dem Bambusschwert wird der Schüler dazu verleitet, seinen Gegner mit schnellen Schlägen nur leicht zu touchieren, was nach Ansicht der Fachleute bei der Handhabung eines echten Schwerts völlig nutzlos ist. Durch die ungewöhnliche Länge des Griffs entsteht außerdem die Tendenz, das Bambusschwert in einer Schnappbewegung aus dem Handgelenk zu schlagen, ein Verfahren, das in einem echten Kampf ebenso sinnlos wäre.

Um das Verletzungsrisiko noch weiter zu verringern, ließen viele Kendo-Schulen ihre Schüler in einer leichten Schutzausrüstung trainieren, die derjenigen der Krieger glich, aber etwas mehr Bewegungsfreiheit ließ. Als weitere Sicherheitsmaßnahme wurden beim Kendo nur solche Zielpunkte ausgewählt, die von der Rüstung gut geschützt waren, während die ungedeckten Lücken und Übergangsstellen, die im Kampf bevorzugt angegriffen werden würden, bewußt ausgespart wurden.

Diese Umwandlung der Schwertkämpferkunst von einer Überlebenstechnik in einen Weg der geistigen Schulung stand völlig im Einklang mit dem entmilitarisierten Status der Nation während der gesamten Edo-Zeit (1603 bis 1867). Sie schuf in der Tat in perfekter Weise die Möglichkeit, die körperlichen Bedürfnisse und das geistige Streben der weitgehend dem Zen-Buddhismus anhängenden und jetzt überflüssigen Kriegerkaste jener Zeit miteinander zu verschmelzen.

Bei anderen Waffenschulen verlief die Entwicklung ähnlich. Aus dem *Iai-Jutsu*, der »Kunst des Schwertziehens«, wurde *Iai-Do*,

Schüler des Kendo, dem »Weg des Schwertes«, beim Kampftraining (unten). Bei dieser modernen Sportform des Fechtens ist die Waffe, das Shinai, ein aus gespaltenem Bambusholz hergestelltes Schwert. Eine Schutzausrüstung bedeckt alle Auftreffflächen am Körper der Schüler.

世田谷剣友
今田

der »Weg des Schwertziehens«, bei dem die Bewegungen gegenüber der alten Kampfkunstform sehr viel langsamer, perfekter gestaltet und weniger effektiv waren. Beim Iai-Do dauert es sehr lange, bis der Ausführende die perfekte Haltung und vollkommenes Gleichgewicht erreicht hat. Häufig wird die Hockstellung angewandt, die ursprünglich für Nachtangriffe gedacht war. Wenn der Augenblick des Ziehens kommt, konzentriert sich der Ausführende auf ein ruhiges, gleichmäßiges Herausziehen, eine perfekte Haltung beim Schlag mit dem Schwert und äußerste Sorgfalt beim Reinigen und Wiedereinstecken der Klinge. Viele Vertreter des Iai-Do benutzen ungeschärfte Schwerter ohne Schneidkante, damit sie sich nicht versehentlich in den Daumen oder in die Finger schneiden können.

Bei richtig ausgeführtem Iai-Do erzielt man eine ästhetische, fast ballettartige Handhabung des Schwertes, die jedoch kaum mehr etwas mit der Rasanz, der Ausgeglichenheit und Konzentration der Kunst des Iai-Jutsu zu tun hat. Für den Kampf ist das Studium des Iai-Do, vor allem mit einem stumpfen Schwert, praktisch wertlos; allerdings strebt der Anhänger dieser Kunst ja auch nach geistiger und körperlicher Harmonie und Entwicklung, nicht nach Effektivität im Töten.

Der Weg des Bogenschießens

In ähnlicher Weise hat sich *Kyu-Jutsu*, der Gebrauch von Pfeil und Bogen im Kriege in *Kyu-Do* verwandelt, den Weg des Bogenschießens. In dieser außerordentlich verfeinerten Disziplin wurde das Vorhaben, beim Einlegen, Zielen und Abschießen eines Pfeils von einem Bogen ein Ziel zu treffen, fast völlig durch die Konzentration auf vollkommene Harmonisierung von Atem, Denken und Handlung ersetzt. Es ist das erklärte Ziel des Kyu-Do-Schützen, im Augenblick des Schusses eine Verbindung zwischen seinem Geist und dem Ziel herzustellen. Das Treffen des Ziels ist nur von sekundärer Bedeutung; worauf es ankommt, ist, daß die vorbereiteten Handlungen, wie z.B. das Einlegen des Pfeils und das Emporheben und Spannen des Bogens, in perfekter Haltung ausgeführt werden. Für jede Bewegung ist eine harmonische Atmung und geistige Konzentration erforderlich, Techniken, die man sich erst im Laufe langer Jahre aneignet. Im Zen gibt es eine alte Redeweise, die sich auf das Bogenschießen bezieht: »Im Augenblick des Schusses kann man seinen eigenen Charakter finden.« Das Loslassen der Sehne ist Ausdruck der vollkommenen geistigen Ruhe des Schützen, und wenn der Pfeil in der Mitte des Zieles steckt, sagt man, daß sich der menschliche Geist durch die Einheit von Mensch, Bogen und Pfeil mit dem Ziel verbunden hat. Wenn man dieses Prinzip verstanden hat und praktiziert, entsteht eine Persönlichkeit, die mit allen anderen Aspekten des Lebens harmonisch eins werden kann.

Zwei Kendoka oder Schwertkämpfer bei den Vorbereitungen zum Sparring. Beide haben gemäß den Regeln den rechten Fuß vorgesetzt. Die Bambusschwerter werden mit solcher Geschwindigkeit gekreuzt, daß es unmöglich ist, vor dem Handeln nachzudenken. So wird durch das Üben der Kampfkünste der im Zen-Buddhismus angestrebte Zustand des Mushin, des »Nicht-Denkens«, erreicht.

Im alten Japan galt der Bogen als Glücksbringer, und auch heute noch werden viele wichtige Shinto-Rituale durch das Abschießen von Pfeilen mit Hohlspitzen eingeleitet, die in der Luft ein pfeifendes Geräusch erzeugen. Der Pfeil vertreibt die bösen Geister und besänftigt und erfreut die Götter. Diese Gebräuche werden heute im Einklang mit den Lehren des Zen-Buddhismus ausgeübt.

Schließlich wurde auch der Gebrauch der Hellebarde, verschiedener Arten von Stöcken und anderer mittelalterlicher Waffen in quasireligiöse Handlungen umgewandelt, bei denen die Perfektion der Form und nicht der Funktion das höchste Ziel wurde.

Spezialisierung und Wettbewerb

Zwei weitere Prozesse formten die japanischen Kampfkünste während der Edo-Zeit. Zum einen wurde die Verfeinerung der Kriegstechniken zu Kampfkünsten von einem Trend zur Spezialisierung begleitet. Es gab zwar weiterhin Schulen, in denen mit allen Waffen geübt wurde, jedoch setzte sich zunehmend die Beschränkung auf eine einzige Waffe durch. Es ist bemerkenswert, daß Japan das einzige asiatische Land ist, in dem dieses Spezialisierungsphänomen auftrat.

Zum zweiten konnte schon in der Anfangszeit des Kendo und anderer Waffenrichtungen durch die größere Beachtung der Sicherheit – was zur Verwendung »weicherer« Waffen aus Bambus, zum Tragen einer Schutzausrüstung, zur Einführung von Kampfregeln führte –, das Element des individuellen Wettbewerbs stärker in die Trainingshallen der Kampfkünste Einzug halten. Vor allem beim Kendo wurde die Erprobung der eigenen Geschicklichkeit im Scheinkampf zu einem wesentlichen Bestandteil der Ausbildung. Bei den klassischen Kampfschulen war Wettbewerb verpönt; bei den neuen Kampfkunstwegen war der Wert des Wettbewerbs zumindest anerkannt.

Sawada Sensei übt das klassische Naginata-Jutsu mit einer fortgeschrittenen Schülerin. Wegen ihres langen Griffs eignet sich die Naginata (Hellebarde) gut für tiefe Schläge. Hier schlägt Sawada gegen die Waden.

Inwieweit diese Änderung auf gewandelte Wertvorstellungen der japanischen Gesellschaft in der späten Edo-Zeit zurückzuführen ist, läßt sich schwer sagen. Es ist gewiß nicht so, daß das Wettbewerbsdenken nun plötzlich im Ausbildungsgang der meisten Schulen eine hervorragende Rolle gespielt hätte; andererseits hat dessen Auftreten in den Kampfkunstsystemen zu diesem Zeitpunkt den Boden für die wesentlichen Entwicklungen bereitet, die in den letzten hundert Jahren in den japanischen Kampfkünsten stattgefunden haben.

Das nächste historische Ereignis, das die japanischen Kampfkunstsysteme wesentlich beeinflußte, war die Wiedereinsetzung des Meiji-Kaisers, der nach 1867 Japan aus seinem postfeudalen Dasein herausführte und zum gleichberechtigten Partner der westeuropäischen Mächte machte. Vom Beginn der Edo-Zeit im Jahre 1603 bis zur »Erneuerung der Meiji-Zeit« hatte Japan allen Annäherungsversuchen der europäischen Länder widerstanden. Die Europäer waren zunächst als Kaufleute und Missionare in diesen Teil der Welt gekommen, später als imperialistische Eroberer, die sich

Den europäischen Versuchen, Anfang des 17. Jahrhunderts in Japan Missionsniederlassungen und Handelsposten zu gründen, war nur ein vorübergehender Erfolg beschieden. Die Siedler wurden bald wieder vertrieben und kehrten erst nach 200 Jahren zurück. Dieser Wandschirm (oben), der um 1600 während der Edo-Zeit entstand, zeigt die Ankunft der Portugiesen.

um die Vorherrschaft in Ostasien stritten; nach kurzen und sporadischen Kontakten im 16. Jahrhundert hatten die Japaner jedoch Fremden das Betreten des Landes verboten. Besuche der Amerikaner auf Okinawa und anderen Inseln in der Zeit nach 1850 überzeugten viele mächtige Persönlichkeiten in Japan davon, daß die Nation militärisch und technologisch rückständig und daher schwach und verwundbar war.

In einer Reihe durchgreifender Reformen zerschlug der Meiji-Kaiser in kürzester Zeit die alte politische Ordnung Japans. Eine seiner ersten und unpopulärsten Maßnahmen war die Entwaffnung der Samurai. Seine Erlässe, in denen er das Tragen des klassischen Lang- und Kurzschwerts in der Öffentlichkeit verbot und die Samurai zwang, den traditionellen Haar-

knoten abzuschneiden, führten zu kleineren Aufständen, die von dem neuen stehenden Heer rasch niedergeschlagen wurden. Die Armee rekrutierte sich aus allen Ständen und wurde im Gebrauch von Feuerwaffen ausgebildet. Außerdem wurde eine nationale Polizeitruppe geschaffen, die mit der Wahrung von Recht und Ordnung beauftragt war, einer Aufgabe, die traditionell die Samurai wahrgenommen hatten.

So wurden vor etwas mehr als hundert Jahren die letzten Reste einer Unabhängigkeit der japanischen Kriegerkaste beseitigt. Die Regierung kam immer mehr unter den Einfluß der Händler und Kaufleute, und Japan wurde mit unglaublicher Geschwindigkeit industrialisiert. Sowohl die materiellen als auch die ethischen Grundlagen der japanischen Gesellschaft erlebten grundlegende Wandlungen. Auf vielen Ebenen versuchte man, die japanischen Traditionen in die neue, weitgehend fremde Sozialordnung einzugliedern, und dieser Prozeß spiegelt sich auch in den Kampfkünsten jener Epoche wider.

Die Japaner haben ihr altes Kampfkunstwissen in die moderne Kriegführung eingebracht. Anfang des 20. Jahrhunderts wurde aus den traditionellen Speer- und Hellebardenkünsten der »Weg des Bajonetts« (unten) entwickelt. In Japan ist dieser Sport heute sehr beliebt.

Judo wird auf »Tatami« genannten Strohmatten trainiert (links). Die Schüler fassen sich an den Jacken und versuchen, einander nach vorwärts oder rückwärts zu werfen. Aus dieser Aufnahme wird deutlich, daß hierbei vor allem kreisförmige Bewegungen entstehen.

Beim Judo kommt es entscheidend darauf an, daß die Wurfansätze schnell und sauber ausgeführt werden. Wenn ein Wurf nicht ganz gelingt und beide Judoka zu Fall kommen, können sie mit Bodentechniken weiter arbeiten, an deren Ende ein Haltegriff oder ein Würgegriff steht.

Judo ist heute eine olympische Disziplin. Bei diesem internationalen Wettbewerb (oben) beobachten die Kampfrichter zwei Judoka bei den Vorbereitungen zum Kampf.

Die Entwicklung des Judo

Innerhalb der klassischen japanischen Kampfkünste gab es immer auch Schulen des waffenlosen Kampfes, wobei jedoch viele Stilrichtungen nur im Rahmen von Waffensystemen als Nebenfach gelehrt wurden. Mitte des 19. Jahrhunderts hatten jedoch verschiedene Stilrichtungen des *Ju-Jutsu,* der »Kunst der Geschmeidigkeit oder Sanftheit«, die Oberhand über die Waffensysteme gewonnen. Im Ju-Jutsu, das im Westen als Jiu-Jitsu bekannt wurde, gab es eine Vielzahl von Griff- und Wurftechniken, Hand- und Faustschläge, Fußtritte und Atemi-Techniken gegen schmerzempfindliche Punkte.

Zu dieser Zeit begann sich ein junger Mann namens Kano Jigori mit dem Studium dieser Systeme zu befassen. Wie so viele große Meister des waffenlosen Kampfes, deren Geschichte uns überliefert ist, war auch Kano ein kränkliches Kind und hatte sich dem Ju-Jutsu zugewandt, um seine Gesundheit und körperliche Verfassung zu verbessern. Sein Verdienst war jedoch, daß er im Ju-Jutsu auch den ethischen Kern der japanischen Kriegertradition entdeckte.

In der Zeit nach 1870 befaßte er sich intensiv mit verschiedenen klassischen Stilrichtungen des Ju-Jutsu, während er gleichzeitig die Entwicklungen seiner eigenen Zeit genau studierte. Er glaubte fest an den kulturellen Wert der körperlichen und moralischen Ausbildung, die im Ju-Jutsu angestrebt wurde; es war ihm jedoch klar, daß er zu dessen Verbreitung in der Meiji-Gesellschaft die lebensgefährlichen Aspekte der Kunst eliminieren und einen Ausbildungsplan festlegen mußte, der mit dem nationalen Erziehungssystem im Einklang stand. Er machte sich mit großem Eifer an die Arbeit, und 1882 war sein neues System fertig. Er nannte es Ju-Do, den »sanften Weg«. Die Ursprünge des Judo, das eigentlich eine Ringkunst ist, reichen weit zurück. Kano erkannte, daß die Wurzeln des Ju-Jutsu in den weichen, inneren Künsten Chinas lagen, und er versuchte, diesen weichen Aspekt in seiner neuen Kampfkunst weiterzuentwickeln.

Das zentrale Prinzip im Judo ist die mechanische Umwandlung der Kraft des Gegners in der Weise, daß aus dem Angriff die Niederlage entsteht. Das bedeutet, daß der Judo-Adept bei einem Angriff, bei dem sich ein Gegner auf ihn stürzt, nicht unerschütterlich stehenbleibt und dem Angriff trotzt. Er wird vielmehr die auf ihn einwirkende Kraft zu seinem Vorteil ausnutzen, indem er den Gegner faßt, meist an der Kleidung, ihn zu Boden wirft und dort festlegt.

Diese Grundprinzipien wurzeln direkt in der taoistischen Philosophie und werden in den weichen chinesischen Künsten, die in Kapitel V beschrieben wurden, in die Praxis umgesetzt. Techniken wie das »pushing hands«, die alle T'ai-Chi-Schüler praktizieren, zielen genau auf jenes Gespür für die einwirkende Kraft und die Flexibilität in der darauffolgenden Reaktion ab, die den Kern des Judo ausmacht. Kano hatte diese alten chinesischen Wurzeln erkannt und arbeitete auf ihrer Grundlage weiter.

In einem Zeitraum von etwa zehn Jahren arbeitete Kano nach und nach ein Curriculum von Techniken und Lehrmethoden aus, das er *Kodokan-Ju-Do* nannte. Kodokan bedeutet »der Ort des Wegs der Schöpfung«. Beinarbeit ist die Basis seines Systems. Die beiden Kämpfer, die sich meist an der Jacke gefaßt haben, schieben und drücken, um einander aus dem Gleichgewicht und zu Fall zu bringen. Ein gelungener Wurf zählt als voller Punkt, jedoch gehen meist beide Schüler in gegenseitiger Umklammerung zu Boden. Dann wird versucht, einen Armhebel, einen Würgegriff oder einen Festlegegriff anzusetzen, der dreißig Sekunden lang gehalten werden muß. In Japan wurden traditionell die Würgegriffe so lange durchgehalten, bis der Gegner bewußtlos war; es besteht jedoch die Möglichkeit der Aufgabe. Fortgeschrittene Schüler werden darin unterwiesen, wie man einen bewußtlos Gewürgten wieder auf die Beine bringt.

Im Judo-Training liegt der Schwerpunkt auf dem freien Kampf, wobei es ein Kämpfer jeweils mit mehreren Gegnern zu tun hat. Dies führt sehr schnell zu Erschöpfung. Außerdem lernen die Schüler nach und nach eine Vielzahl von Würfen und Hebeln sowie Katas, in denen diese Techniken in längeren Bewegungsfolgen zusammengefaßt sind. Es liegt wohl an dem Fehlen bösartiger Schläge, Blöcke und Tritte und an dem traditionellen erzieherischen Wert des Judo, daß sich diese Kampfkunst in Japan so großer Beliebtheit erfreut. Es wird sowohl von Frauen als auch von Männern ausgeübt. Es ist allerdings auch ein sehr anstrengendes

Aikido, »der Weg der göttlichen Harmonie«, ist eine rein defensive Kampfkunst (unten). Die Schüler lernen, Angriffe mit Würfen zu beantworten und den Angreifer durch Druck gegen Gelenke oder schmerzempfindliche Punkte zum Aufgeben zu zwingen.

Kampfsystem mit einem hohen Unfallrisiko, bei dem hauptsächlich Knochenbrüche, Zerrungen und Muskelverletzungen an Beinen, Rücken und Armen auftreten.

In einem Punkt unterschied sich Judo am Ende des 19. Jahrhunderts deutlich von den meisten anderen Kampfkunstsystemen, und zwar in der offenen Hinwendung zum Wettkampf. Das komplexe System, das Kano für die Ausübung und kampfrichterliche Beurteilung von Wettkämpfen entwarf, wurde nach und nach perfektioniert. Dieses Wettbewerbselement düfte neben dem erzieherischen Wert die Grundlage für den Erfolg des Judo im Laufe des 20. Jahrhunderts gewesen sein.

In relativ kurzer Zeit fand Judo in ganz Japan Verbreitung. Bald wurde es an den Universitäten populär, und im Jahre 1911 wurden Judo und Kendo an allen Schulen des Landes Pflichtfach im Rahmen der Leibeserziehung. Seither ist seine Beliebtheit ungebrochen, wenn man einmal von der Zeit nach 1945 absieht, als die Ausübung der meisten Kampfkünste in Japan verboten war.

Kano war einer der großen Pädagogen Japans. Durch seine Festlegung des Ausbildungsprogramms auf wissenschaftlicher Basis erhielt Judo eine innere Kraft und Komplexität, die unter den anderen Budo-Sportarten unserer Zeit ihresgleichen sucht. Durch die Kraft seiner Persönlichkeit schuf Kano auch eine Organisation, die geeint und erfolgreich blieb und die Grundlage dafür war, daß Judo bis heute die erste und einzige aus einer Kampfkunst hervorgegangenen Sportart ist, die olympische Disziplin wurde.

Judo ist zweifellos das am weitesten verbreitete und beliebteste japanische Kampfsportsystem. In Japan allein gibt es über acht Millionen aktive Judoka, über drei Millionen weitere in der übrigen Welt. Die Tatsache, daß sich Judo in knapp einem Jahrhundert aus einem Kampfsystem der Feudalzeit zu einem nationalen Lehrfach an den Schulen und zu einer olympischen Disziplin entwickelt hat, zeugt von seiner großen Tiefe und Universalität als körperliches, intellektuelles und moralisches Erziehungssystem.

Das Aufkommen des Karate

Die nächste große waffenlose Kampfkunst, die in Japan Einzug halten sollte, war das Karate aus Okinawa. Im Jahre 1921 stattete der Sohn des Kaisers, Prinz Hirohito, dieser Insel einen Besuch ab, wobei er einer Karate-Vorführung von Funakoshi Gichin, Meister des Shuri-Te-Karate, beiwohnte. Im Jahr darauf wurde Funakoshi nach Tokio eingeladen, um seine Kunst im japanischen Volk einzuführen, und aus diesen bescheidenen Anfängen wurde sein Stil, der später nach dem Namen seines Dojo als Shotokan bezeichnet wurde, zu einer Hauptströmung der japanischen Kampfkünste. Der Goju-ryu-Stil des okinawanischen Karate kam in den dreißiger Jahren nach Japan.

Einige der herausragendsten Schüler der okinawanischen Meister nahmen Techniken aus japanischen und koreanischen waffenlosen Künsten auf und begründeten ihre eigenen Stilrichtungen; die verbreitetste dieser synthetischen Stilrichtungen ist das Wado-ryu, das von Funakoshis Schüler Hidenori Otsuka geschaffen wurde. Die Japaner, die diese Stilrichtungen begründeten, änderten auch das Ausbildungsprogramm des Karate. Obwohl Funakoshi ein traditioneller okinawanischer Meister war, der jede Art des Kampfs kategorisch ablehnte und dem Kata absolut den Vorzug gab, spielt heute in seiner eigenen Stilrichtung, dem Shotokan, der Wettbewerb eine sehr große Rolle.

Nachdem sich Karate in Japan einen festen Platz erobert hatte, sind immer wieder okinawanische Meister in das Mutterland und japanische Schüler nach Okinawa gekommen; die meisten Karateka sind sich jedoch einig, daß es erhebliche Unterschiede im Karate der beiden Völker gibt, die nicht so sehr in der Technik als vielmehr in der Einstellung liegen. In Japan ist wegen der Ausbreitung neuer konkurrierender Stilrichtungen der Wettbewerb zwischen diesen sehr stark geworden, so daß heute Turniere und Freikampf das A und O des japanischen Karate sind. Dadurch, daß es vor 1945 teilweise auch im Rahmen der militärischen Ausbildung gelehrt wurde, gewannen die brutalen, undisziplinierten Aspekte der Kunst ein Übergewicht, und die heutige starke Betonung des freien Wettkampfs, bei dem mit Vollkontakt und Schutzausrüstung gearbeitet wird, hat die tieferen Ziele des Karate weiter verschüttet.

Zumindest ein okinawanischer Meister, Shoshin Nagamine, hat darauf hingewiesen, daß Karate als Wettkampfsport absolut ungeeignet ist. Seiner Ansicht nach ist es von seiner Konzeption her einfach zu gefährlich, aber seine Worte verhallen ungehört.

Die Entwicklung des Aikido

Etwa um die Zeit, als sich Karate im Mutterland verbreitete, entwickelte ein anderer großer Meister der modernen japanischen Disziplinen sein System. Ein Spezialgebiet des waffenlosen Kampfes, bei dem der Schwerpunkt auf Wurf- und Wickeltechniken unter Einsatz kreisförmiger Bewegungen lag, wurde *Aiki-Ju-Jutsu* genannt, die »flexible Kampfkunst der göttlichen Harmonie«. Die führende Stilrichtung war das Daito-ryu, und im Jahre 1917 erwarb ein äußerst talentierter Schüler, Ueshiba Morihei, an der Daito-ryu-Schule seine Trainerlizenz. Er hatte bereits andere Formen des Ju-Jutsu erlernt und nahm auch weiterhin technische und theoretische Ideen aus vielen anderen Disziplinen auf.

Wie Kano war sich Ueshiba über die Problematik der Propagierung einer kampforientierten Kunst im klaren, und er erkannte, daß die höheren Ideale eines Kampfweges oder Do der japanischen Gesellschaft unseres Jahrhunderts eher angemessen waren. So begann er im Jahre 1938 seinen neuen »Weg der göttlichen Harmonie«, das *Aikido* zu lehren.

Aikido ist eine außerordentlich weiche, praktisch rein defensive Kampfkunst, bei der die völlige Entspannung von Körper und Geist großes Gewicht besitzt. Alle Techniken sind eine Reaktion auf einen Angriff und bestehen aus fast ausschließlich kreisförmigen Arm- und Beinbewegungen. Angriffe werden weitgehend mit Ausweichtechniken und Druck gegen schmerzempfindliche Stellen beantwortet, und überhaupt erinnert die Kunst insgesamt sehr an die innere Schule der chinesischen Kampfkünste.

Eine zentrale Stellung nimmt im Aikido der Begriff des Ki, der Lebenskraft, ein, die im Chinesischen Chi heißt und in Kapitel V ausführlich behandelt ist. In der Tat sind die Ideen, auf die sich Ueshiba stützte, direkt auf die großen neokonfuzianistischen Schulen der chinesischen Philosophie zurückzuführen. Diese bilden auch den theoretischen Unterbau der weichen chinesischen Künste. Obwohl Aikido in der Ausführung mit T'ai-Chi-Ch'uan oder Pa-kua wenig gemeinsam hat, ist es in seiner inneren Essenz praktisch diesen gleich.

Ueshiba folgte bei der Ausarbeitung seiner Aikido-Schule klassischen Vorbildern. Großes Gewicht legte er auf die Perfektion der Techniken bei gleichzeitiger geistiger und seelischer Vervollkommnung der Schüler; das sportliche und Wettbewerbselement verbannte er aus dem Training. Da Aikido als vollkommen defensive Kunst konzipiert ist, muß die Praxis des Freikampfs logischerweise unakzeptabel und moralisch verwerflich sein.

Wie beim Karate beschlossen jedoch in den vierziger und fünfziger Jahren auch viele von Ueshibas besten Schülern, dessen Lehre nach eigenen Vorstellungen auszubauen. Unter ihnen ragte Tomiki heraus, der lange Zeit bei Kano Judo gelernt hatte, bevor er sich Ueshibas Schule anschloß. Ende der vierziger Jahre beschloß Tomiki, der mit der rein klassischen Einstellung Ueshibas unzufrieden war, seine eigene Richtung des Sport-Aikido zu propagieren. Diese Schule hat sich heute durchgesetzt. Sie verbindet ein umfassendes System eines kontrollierten Wettkampfs mit vielen Spezialtechniken, die aus dem Judo stammen. Tomikis Stilrichtung ist an den japanischen Schulen und Universitäten weit verbreitet.

Moderne Kampfkünste

Die Modernisierung der japanischen Kampfkünste bestand jedoch nicht nur darin, daß das kriegerische Element aus den traditionellen Künsten herausgenommen wurde. Während diese Maßnahme auf der einen Seite zweifellos viel zur Popularisierung einiger Systeme beitrug, galt andererseits bei vielen Traditionalisten nach wie vor das ernstfallorientierte Training. In den ersten Jahrzehnten des 20. Jahrhunderts wurden mehrere Organisationen damit beauftragt, dieses traditionelle Wissen in moderne Nahkampfsysteme für die japanische Polizei und die japanischen Streitkräfte umzuwandeln.

Diese Aufgabe war allerdings schwieriger als man annehmen möchte, weil bei Polizei und Armee grundsätzlich verschiedene Anforderungen bestehen. Im Polizeieinsatz kommt es vor allem darauf an, einen Angriff aufzuhalten und zu neutralisieren und den Angreifer mit einem Mindestmaß an Verletzungen beim Polizisten und beim Gegner festzunehmen. Im militärischen Kampf spielen solche Überlegungen keine Rolle. Außerdem schleppt sich der Soldat mit schweren Stiefeln und Ausrüstung ab, während der Polizist leichter gekleidet und ausgerüstet ist. Insgesamt gesehen eigneten sich also die aus dem klassischen Bu-Jutsu stammenden Techniken gut für die Anforderungen der Streitkräfte, während für den Polizeidienst größere Anpassungen erforderlich waren.

Bei der Einführung der Polizei in Japan im Jahre 1874 wurde diese zunächst mit Pistolen und Schwertern bewaffnet. Obwohl diese Bewaffnung bis nach dem Zweiten Weltkrieg beibehalten wurde, suchte man wegen der Unverhältnismäßigkeit der Feuerwaffen oder Hieb- und Stichwaffen bald nach geeigneteren Methoden zur Aufrechterhaltung der öffentlichen Ordnung, wobei man sich wieder auf die traditionellen Stocktechniken des waffenlosen Kampfes und die waffenlosen Systeme besann, die in den zwanziger Jahren entwickelt wurden. Auf der Grundlage der Befunde einer Kommission, die zur Untersuchung dieses

Problems eingesetzt worden war, billigte man bei der Polizei die Einführung zweier neuer Kampfsysteme. Dies waren *Keijo-Jutsu* und *Taiho-Jutsu*, und die darin enthaltenen Techniken wurden in den Ausbildungsplan der Polizeistreitkräfte übernommen.

Keijo-Jutsu wird heute hauptsächlich bei der Bereitschaftspolizei praktiziert. Die Waffen, die hier zum Einsatz kommen, kann man rings um den internationalen Flughafen Narita sehen, wo es immer wieder zu Protestaktionen und schweren Unruhen kommt. Es handelt sich um 1,25 m lange Eichenstöcke mittlerer Dicke, die früher Jo genannt wurden. Die Polizei wendet hauptsächlich defensive Techniken an, wenn diese auch größtenteils aus dem Fundus des klassischen Bujutsu stammen. Der Stock eignet sich ausgezeichnet zum Kontern von Angriffen mit den meisten Handwaffen, zum Entwaffnen, zum Betäuben und im äußersten Fall auch zum Verletzen gewalttätiger Gegner. Daneben läßt er sich auch zum Festnehmen und Sichern einsetzen.

Taiho-Jutsu wird waffenlos oder mit einer etwa 60 cm langen Keule ausgeführt. Polizeischüler werden mehrere Jahre lang in dieser Kunst ausgebildet. Sie lernen eine Reihe von Grundtechniken sowie einige fortgeschrittene Techniken zum Entwaffnen, Sichern und Abführen des Delinquenten.

Die Polizisten lernen, eine mögliche Kampfsituation auf drei verschiedenen Ebenen zu beurteilen. Auf der ersten bringt der Beamte einen Angreifer unter Kontrolle, bevor ihn dieser attackieren kann. Auf der zweiten ist er mit einem Angriff konfrontiert, den er zu seinem Vorteil ausnützt; auf der dritten schließlich bekommt er es mit einem Überraschungsangriff zu tun, den er kontert. Neben diesen Grundtechniken, die zum großen Teil aus dem Judo und Karate stammen, lernen die Beamten vor allem, auf die richtige Stellung und Kampfdistanz zu achten.

Neben diesen Grundfertigkeiten werden die Polizisten im Gebrauch zweier anderer Typen von Keulen unterrichtet, von denen eine teleskopartig zusammenschiebbar ist. Außerdem lernen sie Verfahren zur schnellen Fesselung des festgenommenen Angreifers. Diese Geschicklichkeit beim Fesseln ist eine weitere traditionelle Kampfkunstfertigkeit, für die sich die japanische Polizei als Alternative zu den Handschellen entschieden hat. Mit einem Strick lassen sich Personen viel wirksamer sichern als mit Handschellen; außerdem ist der Polizist dabei nicht für weitere Maßnahmen behindert. In Japan wurden also die nationalen Kampfkunsttraditionen als Hilfsmittel für die Polizei für unsere Zeit nutzbar gemacht. In den USA werden Polizeibeamte trotz des Überwiegens der Feuerwaffen in zunehmendem Maße in japanischen Nahkampftechniken unterrichtet. Auch die Polizeikräfte vieler europäischer Länder sind nach wie vor mit Nicht-Feuerwaffen ausgerüstet, jedoch in deren Gebrauch kaum ausreichend unterrichtet.

In Großbritannien z.B. wird bei der zweijährigen Ausbildung von Polizeikadetten die Handhabung des Gummiknüppels fast nur am Rande behandelt. Aus der Kampfkunstpraxis weiß man jedoch, daß in kritischen Situationen junge Männer, die mit einer Keule bewaffnet sind, fast instinktiv die Waffe über Schulterhöhe erheben, um diese nach unten auf den Schädel eines Angreifers niedersausen zu lassen. Diese lebensgefährliche Tendenz kann nur durch eine entsprechende Ausbildung beseitigt werden.

Es ist wohl nur der Passivität der britischen Gesellschaft zuzuschreiben, daß in den vergangenen Jahren nur wenige Menschen aufgrund der mangelnden Ausbildung der Polizeikräfte in der Handhabung des Gummiknüppels schwere Verletzungen erlitten haben. Es ist aber in jedem einzelnen Fall höchst bedauerlich, wenn jemand aus völlig vermeidbaren Gründen verletzt wird; wenn diese Verletzung von einem Polizeibeamten verursacht wurde, liegt die Notwendigkeit einer geeigneten Waffenausbildung klar auf der Hand – zum Schutze der Öffentlichkeit, aber auch der Polizei.

Bei den Streitkräften sind die Anforderungen völlig anders. Bei Armeen ist das Ausbildungsziel für Angriff und Verteidigung das Töten des Feindes, nicht dessen Unterwerfung. Das waffenlose Kampfsystem, das in der japanischen Armee praktiziert wird, heißt Tusho-Kakuto. Es ist speziell auf moderne Schlachtbedingungen zugeschnitten und nützt die Bedingungen schweren Schuhwerks, unebenen Geländes und unhandlicher Ausrüstung aus, mit denen der Soldat im Kampf rechnen muß. Außerdem wird das lautlose Erledigen eines Gegners gelehrt. Fußtritte und Faustschläge sind einzig und allein darauf abgestimmt, an empfindlichen Stellen größtmöglichen Schaden herbeizuführen.

Die Einführung des Bajonetttrainings in einer Kampfkunst namens *Juken-Jutsu*, »der Kunst des Bajonetts«, datiert noch aus dem vorigen Jahrhundert und wurde bis zum Zweiten Weltkrieg gepflegt. Die Verwendung des Bajonetts in Japan geht auf frühere Praktiken mit dem Speer zurück, der hauptsächlich für den geraden Stoß eingesetzt wurde. Im Laufe der

In den letzten beiden Jahrhunderten wurde die Naginata oder Hellebarde zur bevorzugten Waffe der japanischen Frauen. In der traditionellen Kunst des Naginata-Jutsu wird vor allem der kampfmäßige Einsatz der Waffe perfektioniert. Auf dem oberen Bild führen die Frauen rechts einen Schlag zum Hals, während die linke Gruppe zum Schienbein schlägt. Auf dem unteren Bild blockt die Verteidigerin den Schlag der Angreiferin mit dem Schaft der Hellebarde. In dieser Schule werden Sportwaffen aus Bambus benutzt.

Zeit wurden jedoch viele andere Schlag-, Abwehr- und Kontertechniken integriert. Im Jahre 1956 wurde ein Dachverband für die neue Kampfkunst Juken-Do gegründet, »den Weg des Bajonetts«.

Kampfdisziplinen in Japan nach dem Kriege

Die Niederlage Japans im Jahre 1945 führte zur Besetzung durch die Alliierten, meist junge, durchtrainierte amerikanische Soldaten. Kurz nach Kriegsende setzten die Alliierten eine Kommission ein, die der Frage nachgehen sollte, inwieweit die japanischen Kampfkunstsysteme mit für den Nationalismus und Militarismus verantwortlich zu machen waren, die das Land in die kolonialistische Expansion und den Krieg mit den Alliierten getrieben hatte. Die Kommission befand, daß die nationalen Kampfkunstsysteme eine wesentliche Rolle in der Entwicklung nationalistischer und militaristischer Neigungen gespielt hatten. Infolgedessen wurde die Ausübung aller Kampfkünste verboten, wovon Karate eigenartigerweise ausgenommen blieb. Dieses Verbot wurde jedoch bald wieder aufgehoben; zu diesem Zeitpunkt hatten die Amerikaner allerdings ihre eigenen Sportarten, u.a. Baseball und amerikanisches Football, bereits fest in das Erziehungssystem des Landes integriert.

Es gibt keine erschöpfenden Untersuchungen darüber, inwieweit die Überlagerung amerikanischer Kulturgüter das Nachkriegsjapan beeinflußte; es weist jedoch einiges darauf hin, daß viele Kampfkunstsysteme durch die amerikanische Präsenz verändert wurden. In den fünfziger Jahren zeigte sich das wiedererstandene Kendo noch stärker von Regeln und Wettbewerb geprägt als vor 1945, und hauptsächlich für Frauen wurde die neue Sportart des Naginata-Do, des »Wegs des Hellebarden« entwickelt.

Die Kunst der Samurai-Frauen

Die Naginata oder Hellebarde war traditionell eine der Waffen der männlichen Samurai-Kaste, die jedoch während der Edo-Zeit weitgehend außer Gebrauch kam. Das Tragen langer, gefährlicher Waffen war in Friedenszeiten nur lästig, so daß die Männer sie schließlich zu Hause ließen. Im Laufe der Zeit betrachtete man sie immer mehr als Frauenwaffe, die zum Schutz des Heims diente. Die scharfe, gekrümmte Klinge am Ende des langen Stiels vergrößerte die Reichweite der Benutzerin erheblich und verlieh ihrem Schlag mehr Wucht, als sie jemals mit dem Schwert erreicht hätte. Die Länge der klassischen Waffe war innerhalb der einzelnen Schulen in Japan unterschiedlich; mit der Übernahme durch die Frauen wurden die Stiele jedoch generell kürzer. Mitte des 19. Jahrhunderts war der kampfmäßige Gebrauch der Waffe fester Bestandteil der Ausbildung einer Samurai-Frau.

Die häufigste Übungswaffe war eine lange Eichenholzstange, die an einem Ende die Form einer kurzen, gekrümmten Klinge hatte. Trainiert wurde mit der Waffe mit äußerster Disziplin, manchmal in Einzeltechniken ohne Partner oder als Kata, manchmal paarweise, Hellebarde gegen Schwert. Generell war jedoch mit jedem Schlag ein kraftvoller Ki-ai-Schrei verbunden.

In der Edo-Zeit entwickelten sich einige Stilrichtungen der Hellebardenkunst allmählich zum Naginata-Do, und es zeigten sich die ersten Ansätze zu Wettkämpfen. Für Kampfzwecke wurde die Klinge der Hellebarde durch zwei Stücke gespaltenen Bambus mit einer Lederspitze ersetzt, wodurch das Angriffsende der Waffe dem Trainingsschwert Shinai sehr ähnlich sah. Sehr beliebt war es, eine Frau mit dieser leichten Waffe in der Hand gegen einen Mann mit dem Shinai-Bambusschwert antreten zu lasssen. Bei solchen Wettkämpfen wurde Schutzkleidung getragen.

Nach dem Zweiten Weltkrieg war die Hellebarde, wie auch alle anderen Waffen, verboten; nach Aufhebung des Verbots durch die Alliierten war jedoch das Sport-Naginata-Do eines der ersten Waffensysteme, das wieder ausgeübt wurde. In seiner neuen Form war es sehr stark auf den sportlichen Wettkampf hin orientiert und noch umfassenderen Regeln unterworfen als früher. 1956 wurde ein nationaler Verband gegründet, in dem heute zwei Millionen Frauen die Sportform ausüben, während eine geringe Zahl auch die ursprünglichere Form der Disziplin betreibt. Typisch ist jedoch, daß diese Kunst praktisch nur von japanischen Frauen ausgeübt wird.

Verbreitung nach dem Kriege

Im Zuge dieser Entwicklungen wurde kurz nach dem Krieg auch Tomikis Aikido mit einem Regelwerk versehen; Judo wurde weiterhin auf Wettbewerbsebene gelehrt und 1964 zur olympischen Disziplin erhoben. Das Sumo-Ringen, der traditionelle Kampfkunstsport der Nation, mußte sich mit Baseball den ersten Rang als beliebtester Freizeitsport der Bevölkerung teilen, während viele der traditionellen Kampfkunstdisziplinen gegenüber ihren modernisierten Sportvarianten und den importierten »reinen« Sportarten der Amerikaner an Boden verloren.

Gleichzeitig trug die Anwesenheit aufeinanderfolgender Generationen amerikanischer Soldaten in Japan wesentlich zur Verbreitung der japanischen Kampfkunstsysteme in andere Teile der Welt bei. Judo und Karate waren die ersten Disziplinen, die bei den Soldaten großen Anklang fanden, wobei ersteres rasch zu einer beliebten Freizeitbetätigung wurde. In den fünfziger Jahren wurde Judo sogar offiziell in das Ausbildungsprogramm der US-Marine aufgenommen. Karate und später auch Aikido wurden ebenfalls von den Streitkräften in die USA gebracht, und im Sog der Begeisterung für die japanische Disziplin begann man sich in Amerika bald auch für andere asiatische Kampfkunstsysteme zu interessieren.

In den sechziger Jahren waren es vor allem in den japanischen Kampfkunstsystemen ausgebildete junge Männer, die die streng geheimen Kampfkunstsysteme zu untersuchen begannen, die in den chinesischen und philippinischen Einwanderergemeinden Kaliforniens und New Yorks verbreitet waren. Dadurch fanden diese Systeme rasch Eingang in Film und Fernsehen. Dies war die Geburtsstunde der Kung-Fu-Ära, und der Name Bruce Lee, der eine Sonderstellung unter den Kampfkünstlern einnimmt, war in Amerika, Europa und schließlich in der ganzen Welt in aller Munde.

In Japan schossen während der letzten 30 Jahre immer neue Kampfkunstsysteme aus dem Boden. Jahr für Jahr tauchten Systeme für die praktische Selbstverteidigung, zur Körperertüchtigung, für die Gesunderhaltung und die geistige Entwicklung auf. Viele dieser Systeme sind nur dem Namen nach neu; typisch ist die Erscheinung, daß jemand, der in mehreren Disziplinen ausgebildet ist, unter einem Phantasienamen eine neue Schule gründet. Daneben gab es jedoch auch ernst zu nehmende Versuche, Kampfkunsttechniken mit religiösen Anschauungen, asiatischer Medizin, Musik, Tanz und sogar Ernährungsprinzipien zu verbinden. Die meisten dieser Systeme stecken jedoch noch in den Kinderschuhen, und es bleibt abzuwarten, wieviel davon sich im Laufe der Zeit behaupten wird.

Es bleibt noch anzumerken, daß Japan erstaunlich wenig von seinem reichen Kampfkunsterbe verloren hat. Es gibt zwar immer wieder Modeströmungen, durch die von Zeit zu Zeit die eine oder andere Stilrichtung eines Kampfkunstsystems enormen Zulauf findet; dessenungeachtet gibt es jedoch immer auch Anhänger aller anderen Disziplinen, die unbeirrt ihrer Kunst treu bleiben. So gibt es heute noch über tausend gutgehende Schulen des klassischen Bujutsu in den Städten und auf dem flachen Land, und all die unzähligen Schulen des traditionellen Budo, der Kampfkunstwege, besitzen eine feste Anhängerschaft.

Judo und Kendo zählt jeweils über fünf Millionen Aktive, ganz abgesehen davon, daß beide Künste reguläre Unterrichtsfächer sind, und Judo hat auch außerhalb Japans eine unübersehbare Anhängerschaft. Karate erfreut sich sowohl in Japan als auch auf internationaler Ebene außerordentlicher Beliebtheit, und die Anhänger der verschiedenen Schulen des Aikido rekrutieren sich aus einem breiten Querschnitt der Bevölkerung. Sogar die relativ neue und in hohem Maße eklektische Kunst des Shorinji Kempo zählt in Japan über eine Million Anhänger und noch einmal so viele in anderen Teilen der Welt.

Welche Wege, Stilrichtungen oder Disziplinen auch immer die Welt gerade faszinieren mögen – es kann keinen Zweifel daran geben, daß Japan wegen seines gewaltigen Reichtums an Kampfkünsten und des enormen Eifers, mit dem diese von der Bevölkerung betrieben werden, auch weiterhin unangefochten den Spitzenplatz als erste Nation in der Welt der Kampfkünste einnehmen wird.

IX DIE NÄCHSTEN SCHRITTE

In den vorangegangenen Kapiteln des Buches haben wir die Kampfkünste im Kontext ihrer historischen Entwicklung behandelt. Außerdem haben wir die Beziehung einiger der wichtigsten Kampfkünste zueinander betrachtet. In diesem Kapitel sollen der neueste Stand und die Rolle der Kampfkünste in der modernen Gesellschaft beleuchtet werden.

In den letzten Jahrzehnten hat der technologische Fortschritt das Leben der meisten Völker einschneidend verändert. Dies hat dazu geführt, daß viele der traditionellen Werte der Gesellschaft plötzlich überholt sind. Gleichzeitig aber werden in überkommenen Ansichten und Praktiken Vorzüge neu entdeckt und wiederbelebt. Die Kampfkünste, deren Techniken Tod und Verstümmelung bewirken können, deren philosophischer Hintergrund jedoch andererseits der Sicherung des Friedens dienen kann, werden heute überall in der Welt mit anderen Augen betrachtet.

Für den unbedarften Betrachter der Kampfkünste klingt es sicher unglaublich, daß diese weder im Geiste noch in der Praxis gewalttätig sind. Mit zuviel Aggressivität scheint die ganze Angelegenheit behaftet zu sein. In der Tat wird in fast jedem Buch, in fast jedem Fernseh- oder Kinofilm zu diesem Thema die Gewalt verherrlicht. So muß man sich über die Meinung der Leute nicht wundern. Der Kampfkunstexperte spielt wie im traditionellen Western die Rolle des Guten: Der gute Sheriff geht Kämpfen aus dem Wege und wird als Schwächling verhöhnt; am Ende versteht er aber dann doch besser mit dem Schießeisen umzugehen als der abgefeimteste Schurke.

Dreißig Speichen teilen sich in die Nabe des Rades:
Das Loch in der Mitte macht es brauchbar.
Forme Ton zu einem Gefäß:
Der leere Raum darin macht es brauchbar.
Brich Türen und Fenster in ein Zimmer:
Die Öffnungen machen es brauchbar.
Daher kommt Vorteil aus dem, was ist;
Brauchbarkeit aus dem, was nicht ist.

TAO-TE-CHING (LAO-TSE)

In gewissem Maße findet sich diese Tendenz selbst bei den angesehensten Regisseuren. Akiro Kurosawa zeigte in seinem Film »Die sieben Samurai« das Bestreben des Kampfexperten, sinnloses Töten zu vermeiden, während er gleichzeitig die in ihrem Ehrenkodex begründete Gleichgültigkeit der Samurai gegenüber dem Tode deutlich herausstellt.

Es ist allerdings schwierig, jemandem klarzumachen, wie sehr es die große Mehrzahl der Meister beschämen würde, wenn sie gezwungen wäre, ihre Kunst anzuwenden, selbst wenn dies aus berechtigtem Grund geschähe. Von dieser Scheu, gegen den Kodex zu verstoßen, ist in den Medien nichts zu sehen und nichts zu lesen.

Mit zunehmender Verbreitung der Kampfkünste in den westlichen Ländern wächst in der Bevölkerung auch die Besorgnis über ihre sozialen Folgen. Man macht sich Gedanken über die Proliferation außerordentlich gefährlicher Kampffertigkeiten, die außerdem keinerlei Kontrolle unterliegen. Diese Befürchtungen sind zum Teil berechtigt, vor allem im Hinblick auf das in Kapitel IV beschriebene Phänomen der Bandenbildung, das vermutlich in Hongkong seinen Ausgang nahm. Bei all dem darf man jedoch nicht vergessen, daß von 1000 Personen, die sich einer Kampfkunstschule anschließen, nur sehr wenige jemals den Status eines Fortgeschrittenen erreichen und nur ein einziger seine Fähigkeiten so weit perfektioniert, daß er als Trainer arbeiten kann.

Überhaupt beruhen solche Ängste auf falschen Vorstellungen darüber, was ein durchschnittlicher Kampfkunstschüler erreichen kann. Keine einzige Kampfkunst läßt sich im Handumdrehen erlernen, und im Kampf nützen dem nur halb ausgebildeten Schüler seine mehr schlecht als recht gelernten Techniken herzlich wenig. Erst nach mehrjährigem Training kommen die Techniken in einem wirklichen Kampf zum Tragen – und genau an diesem Punkt gibt das Selbstvertrauen, das man durch die Beherrschung einer schwierigen Kunst erlernt hat, auch die Gelassenheit, diese nicht anzuwenden.

Schließlich tritt in diesen Jahren des Lernens und Übens auch ein Schulungsprozeß ein, der indirekt durch die körperliche Praktizierung der Kunst und direkt durch die Lehren des Meisters bewirkt wird. Diese Schulung, die all die langen Jahre auf dem Weg zur Meisterschaft begleitet, bewirkt bei den Schülern einen Aggressionsabbau. Viele junge Leute, die in die Kampfkunstschulen kommen, sehen sich schon als zukünftige strahlende Helden, die sich selbst und andere mit ihren Künsten zu verteidigen wissen. Wenn sie dann das Stadium erreicht haben, daß sie einen Streit mit ihren Kampfkunstfähigkeiten zu ihren Gunsten entscheiden könnten, haben sie inzwischen so viel Selbstsicherheit erlangt, daß sie darauf verzichten können. Wer dies für bare Fiktion oder Wunschdenken hält, sollte sich die Erfahrungen eines jungen Mannes anhören, die für diejenigen von Tausenden anderer Kampfkunstanhänger stehen. Er stammt aus dem schottischen Glasgow und begann eines Tages, Kendo zu lernen, die Sportform des japanischen Schwertkampfs. Dessen Ausübung erfordert höchstes Konzentrationsvermögen und außerordentlich schnelle Reflexe. Die Ausführenden tragen eine Rüstung und benutzen Bambusschwerter, die wegen ihrer Leichtigkeit zwar ungefährlich sind, aber doch recht schmerzhafte Treffer verursachen können.

Nach einigen Jahren des Trainings in Großbritannien beschloß er, seine Heimat zu verlassen und seinen Wohnsitz in Japan zu nehmen. Obwohl er die japanische Sprache nicht beherrschte, machte er doch eines Tages in Kyoto einen kleinen Dojo ausfindig. Die Zahl der Mitglieder war nicht groß; dennoch war der Ausbildungsstand, wie in so vielen japanischen Dojos, sehr hoch.

Er besaß die Willensstärke, sich in diesem Land, das für ihn außerordentlich fremd war, zu behaupten. Den größten Teil dessen, was er heute über Kendo weiß, lernte er nicht über die Sprache, sondern mittels des Kendo-Schwerts in der Hand eines Meisters.

Was er zu sagen hat, ist für dieses Buch nicht deshalb von Bedeutung, weil es einmalig ist, sondern gerade deshalb, weil hier über eine Erfahrung berichtet wird, die allen wahren Anhängern der Kampfkünste in der ganzen Welt gemeinsam ist, wie auch immer die Kunst heißen mag, in der sie sich üben.

Jedes Jahr richtet der Zentralverband des Shorinji Kempo im Budokan, dem »Ort der Kampfkünste«, in Zentral-Tokio ein Treffen von Vertretern aller Sektionen aus, an dem Tausende von Schülern teilnehmen (rechts).

Ansichten eines Schülers

Zunächst berichtete er uns, wie es ist, in Japan zu trainieren:

»In Japan unterrichtet der Lehrer nicht gerne mit Worten. Er schlägt dich auf die Stelle, an der deine Schwäche liegt; er schlägt dich so lange auf diese Stelle, bis deine Schmerzen dich dazu bringen, diese Schwäche zu beseitigen. Beim Kendo ist meine Schwäche das Handgelenk; also schlug mich der Kendo-Meister immer wieder auf das Handgelenk. In Japan wird nicht viel erklärt. Ich glaube, daß man im Westen vorzugsweise mit wortreichen Erklärungen lehrt. In Japan bestehen Erklärungen in Schlägen, so daß man durch Schmerzen lernt.

Natürlich wird man von den Lehrern nicht die ganze Zeit geschlagen. Man wird ermuntert. Es wird niemand fertiggemacht; beim Kendo gibt es keine Gewalt und keinen Zorn. Man wird geschlagen, damit man etwas lernt. Beim Kendo wird man gelehrt, zu lieben.

Ich kam mir fast wie ein Fremdkörper vor, als ich zum ersten Mal in das Dojo ging, aber alle waren ungemein freundlich zu mir. Der Unterricht ist auf einem außerordentlich hohen Standard, und wenn die Lehrer sehen, daß man wirklich interessiert ist und etwas lernen möchte, wird einem auch etwas beigebracht. Es kommen viele Ausländer nach Japan und möchten irgendeine moderne Kunst lernen; wenn sie dann zum ersten Mal getroffen werden oder Schmerzen empfinden, geben sie sofort auf und wollen nichts mehr davon wissen. In Japan ist es wichtig, immer weiterzumachen, egal, wie schlecht man ist oder für wie schlecht man sich hält. Wenn der Lehrer sieht, daß man wirklich ernsthaft bei der Sache ist, kommt er einem auf halbem Wege entgegen; die andere Hälfte des Wegs muß man selbst gehen. Dann kann man wirklich Fortschritte machen.

Der westliche Mensch ist zu selbstgefällig. Wenn einem beim Kendo Schmerzen zugefügt werden, ist nicht so sehr der Körper verletzt als das Selbstwertgefühl. Wenn das Selbstwertgefühl verletzt ist, haben die Leute genug. Wenn man jedoch andere besiegen will, muß man zunächst sich selbst besiegen, und das bedeutet, daß man seine Schwächen überwinden muß. Kendo ist kein Kampf mit einem Gegner. Kendo ist ein Kampf gegen sich selbst, gegen seine eigenen körperlichen, geistigen und seelischen Schwächen. Wenn man einmal über das Anfängerstadium hinausgekommen ist, kann man sehr viel stärker werden, nicht nur körperlich, sondern auch hinsichtlich seiner Willenskraft.

Als ich hierherkam, fühlte ich mich sehr elend. Es war ein feindseliges, fremdes Land, und ich war oft nahe daran, wieder heimzukehren, aber ich wollte weitermachen. Mein Wunsch, mich hier zu behaupten, war größer als meine Sehnsucht nach Hause, und so machte ich weiter.«

Es gibt sehr unterschiedliche Gründe dafür, warum junge Menschen beschließen, einen Teil ihrer Freizeit dem Studium einer Kampfkunst zu widmen. Bei vielen asiatischen Meistern, mit denen wir sprachen oder über die wir lasen, begann es damit, daß sie sich für zu empfindlich, kränkelnd oder schwächlich hielten. Schüler, die nicht nach wenigen Stunden wieder aufhören, entdecken bald, daß hinter ihren Erfahrungen eine tiefere Bedeutung steckt:

»Bevor ich mit Kendo begann, war ich aggressiv, äußerst aggressiv sogar. Ich begann Kendo zu lernen, weil ich sehr dick war, und nachdem ich abgenommen hatte, begann ich mich für die geistige oder seelische Seite des Kendo zu interessieren. Man kann hier wirklich ein anderer Mensch werden. Kendo wird zum Lebensinhalt. Es ist nicht einfach ein Freizeitvergnügen wie irgendeine Sportart. Für die Japaner ist Kendo geistiges Training, und genau dieser Aspekt der Kunst begann mich zu interessieren.

Die Wurzel der Aggression ist die Angst. Wer aggressiv ist, ist von innerer Angst erfüllt. Nach einigen Jahren harten Trainings kommt man davon los. Ich übe mich jeden Tag im Kampf und brauche ihn nirgendwo anders. Ich möchte nur im Dojo kämpfen und nicht anderswo. Ich muß ein rechtes Ekel gewesen sein, bevor ich nach Japan kam. Heute bin ich sehr viel ruhiger und gelassener, sehr viel vollständiger, weil ich ein Ziel gefunden habe.

Aggressives Auftreten gegenüber anderen und hin und wieder bei einer Schlägerei mitmischen – damit fällt man in Glasgow gar nicht auf. Bevor ich mit Kendo begann, war ich nur aggressiv, ohne kämpfen zu können. Man kann diese Aggressivität in konstruktive Bahnen lenken, so daß man schließlich einen Nutzen davon hat, und so habe ich mich schließlich von der Gewalt losgesagt. Heute kann ich kämpfen, aber ich habe keinen Ehrgeiz, dieses Können anzuwenden.

Das Training ist hier in Japan sehr viel härter als in England. Es ist nicht nur körperlich, sondern auch geistig anstrengend. Einmal, aber nur ein einziges Mal, wurde ich in Japan von einem Lehrer angegriffen. Sie tun dies manchmal, um zu sehen, wie und wie schnell man reagiert; wenn man sich nicht überraschen läßt und sofort kontert, sind sie beeindruckt.

Im Dojo benimmt man sich ordentlich. Man singt nicht, man pfeift nicht, man raucht nicht; man verhält sich respektvoll. Dieser Respekt für das Dojo geht über die bloße Etikette hinaus, die im Übungsraum beachtet wird. Er durchdringt das Denken und Handeln des Schülers während des Trainings. Dies wird besonders wichtig, wenn sich zwei Schüler im Übungskampf gegenüberstehen:

Das Üben mit einem Gegner nennen die Japaner ›einen Ausdruck haben‹, was bedeutet, daß jedesmal das letzte Mal ist; jeder Kampf ist der letzte Kampf; es ist also ein ernsthafter Kampf, den man mit Entschlossenheit führt. Man darf in keiner Weise nachlässig sein. Auch wenn man den Betreffenden in einem früheren Kampf bereits einmal geschlagen hat, muß man dennoch aufmerksam und auf der Hut sein und Respekt vor seinem Gegner haben. Man muß gespannt sein wie eine Feder, die jederzeit losschnellen kann, so daß man, wenn man eine Schwäche bei seinem Gegner entdeckt hat, diese sofort ausnutzen kann. Gelächelt wird hier nicht. Es gibt hier nichts zu lachen. Es ist eine Sache von großem Ernst, wenn man einem Gegner Mann gegen Mann gegenübersteht. In der Gruppe, wo man nur einer unter vielen ist, ist die psychologische Herausforderung nicht so groß. Nach dem Kendo-Training ist man immer sehr erschöpft.

Richtiges Atmen erleichtert es, diese seelische Einstellung zu finden. Man atmet tief in den Unterleib ein und benutzt diesen Atem als Feder. Der Geist muß vollkommen konzentriert sein. Man muß in der Lage sein, mit seinem Atemzug eine Technik einzuleiten und auszuführen, um wieder für die nächste Aktion bereit zu sein.«

Nach Monaten oder auch Jahren des Übens bemerkt der Schüler, daß eine ungeahnte innere Integration stattfindet. Geist, Körper (der in diesem Fall auch das Schwert einschließt) und Wille werden zu einem einzigen Wollen verschmolzen. Im Zen-Buddhismus ist dies der Zustand des »Erleuchtet-seins«. »Der höchste geistige Triumph ist es, mit seinem Schwert eins zu werden. Die Japaner haben dafür einen Ausdruck: Sie sagen, daß Geist, Schwert und Körper eine Einheit bilden. Man schlägt nicht erst mit dem Schwert, und dann mit dem Körper. Alles, d.h. Körper, Schwert, Geist und Wille müssen eins sein. Dies ist sehr schwer zu erreichen. Man muß es Jahr um Jahr versuchen, und eines Tages geschieht es plötzlich. Wenn man es bewußt tun will, gelingt es nicht. Wenn man sich entspannt, geschieht es eines Tages wie aus heiterem Himmel. Man muß in seinen Lehrer vollstes und unerschütterliches Vertrauen haben. Es ist sehr wichtig, einen guten Lehrer zu nehmen, und mir ist dies zum Glück viele Male gelungen. Wenn man einige Schüler beobachtet, kann man genau sagen, wer ihr Lehrer war, weil sie dessen Stil übernommen haben. Man kann einem Kendo-Kämpfer zusehen und sagen, daß dieser oder jener sein Lehrer war. In gewisser Weise gleicht dies dem Ereignis der Erleuchtung beim Buddhismus.

Im Grunde verfolgen Kendo und Zen-Buddhismus das gleiche Ziel, nämlich die Auflösung des Ichs. Die Mönche des Zen-Buddhismus sitzen und meditieren; im Kendo erreicht man das gleiche Ziel: das Nicht-Seiende, das Nicht-Denken. Wenn man den Geist von allen Gedanken befreit, erreicht man eine geistige Ebene, auf der man sich weit über allen anderen befindet. Dies hat nichts mit irgendeiner Überlegenheit zu tun. Ich meine einen Zustand der geistigen Erhebung. Während des Trainings und danach denkt man nicht. Man denkt an nichts. Sobald einem jedoch klar wird, daß man ohne Gedanken ist, denkt man schon wieder und man ist wieder da, wo man angefangen hat.

Beim Kendo muß man die Bewegungen so oft üben, bis sie automatisch ablaufen wie das Atmen oder der Lidschlag. Dein Gegner setzt zum Schlag an, man unternimmt automatisch etwas, und anschließend fragt man sich: ›Was habe ich jetzt eigentlich getan?‹ Wenn man daran denkt, was der Gegner tut, hat dieser schon eine Gelegenheit zum Schlagen. Wenn man nicht denkt und sich entspannt, dabei aber wach und aufmerksam bleibt, kommen die Techniken automatisch. Man strebt also mit anderen Worten danach, die Vorgänge des Abwägens und der Entscheidungsfindung vollständig auszuschalten, die normalerweise zwischen Wahrnehmung und Reaktion liegen.«

Dieser gedankenleere Zustand bedeutet natürlich nicht, daß die rein animalischen Instinkte die Aktionen und Reaktionen diktieren. Es ist vielmehr so, daß das bewußte Abwägen wegfällt und dafür die völlige Wachheit des Geistes die Kontrolle über die eigenen Handlungen übernimmt:

»Wer beim Kendo seinen Instinkten folgt, erleidet nur Niederlagen. Wenn dein Gegner zu einem Schlag gegen deinen Kopf ausholt und du abwehrend die Hände hochhebst, schlägt er dich woanders hin. Vor allem Anfänger lassen sich von ihren Instinkten leiten und erheben zum Schutz ihre Hände, so daß ihr Körper für Angriffe entblößt ist. Man muß beim Training seine Instinkte überwinden und einen Angriff unbeirrt auf sich zukommen lassen. Beim Kendo kann man einen Gegner durch seine bloße Anwesenheit besiegen. Wenn man sich jemandem gegenübersieht, der einige Grade höher steht, kann man geistig schon geschlagen sein, bevor man überhaupt einen Streich geführt hat. Solche Reaktionen muß man überwinden. Man darf sich nicht durch den Grad oder die Ausrüstung eines Gegners oder durch dessen selbstbewußtes Auftreten beeindrucken lassen. Dies sind nur Äußerlichkeiten, die man ignorieren muß. Man muß in den Geist, in das Herz, in die Augen des Gegners sehen. Man muß ihn so sehen, wie er ist. Mit anderen Worten, man muß nicht nur sein eigenes Ich, sondern auch das seines Gegners überwinden.

Die geistige Einstellung ist außerordentlich wichtig. Sie kann dafür entscheidend sein, ob man seinen Gegner oder sich selbst besiegt, ob man gewinnt oder verliert. Wer sich mit dem Gedanken einläßt, daß der Gegner sehr viel besser ist als man selbst, ist schon geschlagen. Man ist psychologisch besiegt, bevor man einen Streich geführt hat.

Es gibt eine besondere Art von Bescheidenheit, die man sich aneignen muß, wenn man beim Kendo Erfolg haben will. Einer meiner Lehrer ist ein sehr schüchterner, ruhiger, bescheidener Mann, aber sein Kendo ist verblüffend. Er hat die wahre Haltung. Ich möchte so werden wie er; doch er übt schon sein ganzes Leben lang. Wenn man sagt: ›Ich möchte ihm gleichwerden‹, lädt man eine große Verantwortung auf die Schultern seines Meisters. Ich bin sicher, daß alle Schüler dieses Meisters so werden möchten wie er. Es ist wohl nicht leicht für ihn, so bescheiden zu bleiben, wenn ihm so viel Respekt entgegengebracht wird.

Was die Schüler an ihm so bewundern, sind ganz bestimmte Eigenschaften, die ihn vor allen anderen auszeichnen. Der Kendo-Lehrer ist wie die Karotte, die vor der Nase des Zugtiers baumelt. Man möchte so werden wie er, und man gibt sich deshalb alle Mühe. Er kommt einem auf halbem Wege entgegen. Er ermutigt einen, es ihm gleichzutun.«

Ein wahrer Lehrer der Kampfkünste hat es nicht nötig, seiner Eitelkeit zu schmeicheln, indem er die Verehrung seiner Schüler kultiviert oder diese dadurch beeindruckt, daß er ständig seine Überlegenheit zur Schau stellt. Unser Schüler erzählte, was sein Meister vor kurzem für ihn tat:

»Einer meiner Kendo-Lehrer gewann einen Wettbewerb, und er erhielt eine Medaille. Es war ein wunderschönes Stück, und er schenkte sie mir. Später sagte er mir, daß man so etwas eben tut, wenn man einen guten Schüler hat und möchte, daß er genauso gut wird wie man selbst ist. Man gibt ihm die Auszeichnung als Ermunterung: ›Du sollst so gut sein wie ich.‹ So habe ich nun eine Medaille für einen Wettbewerb auf der Ebene des siebten Dan, aber ich habe gar nicht gekämpft. Es war eine überaus freundliche Geste, die mir ebenso schmeichelte, als wenn ich den Wettbewerb gewonnen hätte. Wenn dies tatsächlich der Fall gewesen wäre, hätte ich die Auszeichnung nicht weggegeben; ich würde sie immerzu vor mir haben und betrachten wollen. Mein Lehrer hatte die wahre Bescheidenheit, weil ihm die Medaille nichts bedeutete.

Kendo wird zum Lebensinhalt eines Menschen. Es beeinflußt dein Verhalten im Dojo; es beeinflußt das Benehmen anderen Menschen gegenüber, den Respekt, den man ihnen erweist, und wie höflich man ihnen außerhalb des Dojos begegnet. Es wirkt auf alle Bereiche deines Lebens... Wenn Kendo nichts weiter als ein Sport wäre, wäre ich nicht nach Japan gekommen. Natürlich gibt es auch eine sportliche Seite des Kendo, und es ist auch erfreulich, einen Kendo-Wettbewerb zu gewinnen. Beim normalen täglichen Üben geht es jedoch darum, an sich selbst zu arbeiten. Es ist eine geistige, spirituelle und physische Selbstdisziplinierung.«

Die Künste der Philippinen

Wie philosophisch die Wirkung auf einzelne Schüler auch sein mag, so darf man sich doch nicht der Illusion hingeben, daß neue Kampfkünste auf friedlichem Wege entstehen könnten. Techniken müssen erprobt werden, und dies ist nur im echten Kampf möglich. Diese Erprobung kann 600 Jahre zurückliegen, wie es beim Tenshin Shoden Katori Shinto Ryu der Fall war, das in Kapitel VI beschrieben ist; für eine neue Kunst müssen jedoch Mittel und Wege gefunden werden, um sie in der Gegenwart auf ihre Tauglichkeit zu prüfen.

Ein höchst wirksames System, das Eskrima oder Arnis de mano, kommt von den Philippinen. Dies war jahrhundertelang eine beliebte Kunst. Es dürfte auf einem einheimischen Stockkampf beruhen, der später während der langen Geschichte der Philippinischen Inseln als spanische Kolonie von spanischen Fechttechniken beeinflußt wurde. Bis vor 50 Jahren war Eskrima eine Kunst, für die es keine Weiterentwicklung mehr zu geben schien; dies änderte sich, als die Familie Canete in der Stadt Cebu einen kleinen Eskrima-Club mit dem Namen Doce Pares (»Zwölf Paare«) gründete. Die Familie hatte 12 Kinder, 8 Jungen und 4 Mädchen. Sie wurden alle von ihrem Vater und ihren Onkeln in der traditionellen Form des Eskrima unterrichtet. Der Jüngste wurde hauptsächlich von seinen älteren Brüdern unterrichtet. Es zeigte sich, daß er zu jenen Menschen gehörte, die eingefahrene Denk- und Handlungsmuster neu durchdenken und weiterführen können. Cacoy Canete hat das Niveau der Fertigkeiten und Techniken, die im Eskrima angewandt werden, beträchtlich angehoben. Er hat sich auf den Gebrauch eines leichten Hartholzstocks von etwa 75 cm Länge konzentriert. Er hat mehr als 100 Herausforderungen angenommen und alle gewonnen. Diese Herausforderungen sind echte Kämpfe, in denen weder Rüstung noch Schutzkleidung erlaubt ist und die mit dem Zusammenbruch oder der Aufgabe des Verlierers endet. Bei diesen Kämpfen erfuhr Cacoy, wo die Vorzüge seiner Techniken lagen und wie er sie weiterentwickeln konnte.

Cacoy sind die pazifistischen Prinzipien fremd, die unter den Meistern der traditionellen Künste verbreitet sind. Kein Schüler dürfte mehr in seinem Doce Pares-Club bleiben, wenn er eine Herausforderung ablehnen würde. Diese authentischen Kampferfahrungen

Meister Cacoy Canete ist der »Vater« des Eskrima, des philippinischen Stockkampfs. Hier holt er zu einem Rückhandschlag aus.

Cacoy Canete fängt den Stock seines Sohnes mit der Linken ab, während er gleichzeitig mit der Rechten einen Schlag gegen dessen Kopf führt. Cacoy hat sich jahrzehntelang auf den Einsatz der linken Hand spezialisiert.

müssen zu irgendeinem Zeitpunkt in der Entwicklung einer Kampfkunst gesammelt werden, wenn diese sinnvoll sein soll. Dennoch haben die Mitglieder des Clubs jenes Selbstvertrauen, das Aggressivität unnötig macht. Als Cacoy noch ein junger Mann war, waren seine älteren Brüder bereits vollwertige Eskrima-Kämpfer in der traditionellen Stilrichtung. Sie hatten Techniken mit zwei Stöcken, einem Stock, Stock und Dolch und ohne Waffen gelernt. Beim Eskrima sind im Gegensatz zu den meisten anderen Systemen die Waffentechniken der Ausgangspunkt, und die Frage ist, wie man sich behelfen kann, wenn man seine Waffe verloren hat. Die Antwort fällt hier so aus, daß man sich eine andere verschafft oder seine Hände einsetzt.

Der Versuch, eine verlorene Waffe wieder aufzunehmen, ist immer ein tollkühnes Unterfangen. Die Schüler des Eskrima lernen daher Bewegungen der Hände und Arme, die mit und ohne Waffen ausgeführt werden können, sowie Bewegungen, die speziell auf Waffen abgestimmt sind.

Natürlich gab es bei Eskrima immer schon Entwaffnungstechniken; in Cacoys Jugend beschränkten sie sich jedoch hauptsächlich auf den Einsatz des Stocks und einer freien Hand, mit der man dem Gegner seinen Stock entriß. Um einen Gegner entwaffnen oder zu Fall bringen zu können, wurden kaum Hebel oder Würfe verwendet; hierfür verließ man sich ganz auf Schläge mit dem Stock.

Genau an diesem Punkt begannen die Experimente Cacoys und seines älteren Bruders Mumoy. Sie entdeckten sehr bald, daß die einfachen Hebeltechniken, die bisher angewandt wurden, noch erheblich weiterentwickelt werden konnten. Cacoy fand z.B. heraus, daß er, wenn er seinen Stock etwa eine Handbreit unter dem Ende faßte, mit dem herausragenden Ende bei einem Gegner einhaken und diesen entwaffnen konnte.

In den fünfziger Jahren beschäftigte sich Cacoy mit Judo und Karate und baute bald Fußfeger, Würfe und Bodentechniken in sein Repertoire ein. Er entdeckte auch, daß die sehr tiefen, weiten Stellungen, die beim klassischen Eskrima vorherrschen, für den Messerkampf gut geeignet sind, aber nicht dazu taugen, einen Gegner mit einem Hagel von Schlägen einzudecken. Hierfür nahm man besser einen festen, aufrechten Stand ein.

In endlosen Versuchen stellte er fest, daß beim Stockkampf die Kraft vor allem aus dem Handgelenk kommen muß. Er erfand eine neue Technik, bei der er den Stock unaufhörlich hin und her schwingt und ständig auf den Gegner einschlägt. Beim klassischen Eskrima kommen die meisten Schläge aus einem ganz bestimmten Winkel auf den Gegner. Cacoy führt aus seinem starken Handgelenk Schläge aus einer Vielzahl neuer Richtungen, gegen die traditionelle Verteidigungstaktiken wirkungslos sind.

Gegen Ende der fünfziger Jahre hielt Cacoy die Zeit für gekommen, seinem persönlichen Stil, der sich erheblich vom klassischen Eskrima entfernt hatte, einen neuen Namen zu geben. Er entschied sich für Eskrido, wobei er die japanische Endung für »Weg« oder »Pfad« verwendete. Er und seine Familie haben dem Stockkampf auf den Philippinen zu neuer Popularität verholfen, und heute lehren sie sogar Philippinos in den USA ihre neue Kunst.

Als 1977 in Manila die ersten nationalen Eskrima-Meisterschaften abgehalten wurden, wurden die Kämpfer in drei Gruppen eingeteilt. Die dritte war den Meistern vorbehalten. Cacoy gewann hier, ohne einen einzigen Punkt an einen anderen Meister abzugeben. Dies wiederholte sich bei der nächsten Meisterschaft im Jahre 1979. Seine Ausnahmestellung in dieser Kunst ist heute unangefochten.

Cacoy Canete arbeitete den größten Teil seines Lebens bei Coca-Cola in Cebu; seine ganze Energie und Kraft galt der Weiterentwicklung seiner Stockkampfkunst. Als 63jähriger hat er jetzt begonnen, sein Wissen in Büchern niederzulegen, während er gleichzeitig eine große Zahl von Schülern in seinem Club betreut. Daneben hat er immer noch Zeit, täglich wenigstens eine neue Technik oder Kombination von Techniken zu erfinden.

Die Kunst des Shorinji kempo

Es gibt noch einen anderen, komplexeren Fall eines Kämpfers, der eine ganze Kampfkunst umgebaut und eine große Organisation gegründet hat. Die Rede ist von Doshin-So, der aus seiner lebenslangen Begegnung mit chinesischen und japanischen Kampfkünsten ein System entwickelt hat, das er Shorinji kempo nannte, den »Faustweg des Shaolin-Tempels«. Sein Lebenslauf ist bemerkenswert.

Er wurde im Jahre 1911 in Japan geboren; 1919 kam er nach dem Tode seines Vaters zu seinem Großvater in die Mandschurei. Nach seinen eigenen Angaben gehörte er dort 20 Jahre lang verschiedenen Geheimbünden an, während er als Spion für die japanische Regierung arbeitete. Als Mitglied des Geheimdienstes sind seine offiziellen Aktivitäten obskur und in mysteriöses Dunkel gehüllt.

Er gibt an, daß er mit 18 Mitglied einer Geheimorganisation in der Mandschurei war. Als Tarnung für diese Untergrundtätigkeit wurde er Schüler eines taoistischen Mönchs, Meister Chin-Ryo. Dieser Mönch war Meister einer Richtung des Shaolin-Boxens und außerdem Mitglied des Komitees einer anderen Geheimorganisation, die vermutlich der chinesischen

Im Hauptquartier des Shorinji kempo im japanischen Tadotsu, Shikoku, fliegt Cheftrainer Yamusaki Sensei nach einem eleganten Wurf des Trainers Arai Sensei durch die Luft (unten).

Die fortgeschrittenen Schüler üben im Shorinji kempo »Embu« bzw. paarweise Formen. Die Embus werden von zwei Partnern zusammengestellt und im Laufe mehrerer Monate zu komplexen Formen zusammengefügt. Hier kontert ein Partner einen Schlag, indem er den anderen zu Boden reißt.

Triade zuzurechnen war. Doshin So begleitete ihn zwei Jahre lang auf Reisen, bei denen sie andere geheime Gruppen besuchten; während der ganzen Zeit lernte er dabei chinesische Kampftechniken. Er erkrankte an Typhus, kehrte nach Japan zurück und erlitt während der Ausbildung für die japanische Luftwaffe eine Herzattacke. Die Ärzte gaben ihm noch ein Jahr. Mit seinem beschädigten Herzen kehrte er in die Mandschurei zurück, wo ihn Meister Chin-Ryo mit einer fortschrittlichen Form des Seiho, der traditionellen japanischen Heilkunst, behandelte. Diese arbeitet mit Massage, Chiropraktik und den Druckpunkten, die aus der Akupunktur bekannt sind. Im März 1932 ging Doshin-So mit Meister Chin-Ryo nach Peking, wo er dem 20. Meister einer anderen Schule des Shaolin-Tempelboxens begegnete, dem Giwamonken. Doshin-So wurde sofort Schüler dieses neuen Meisters, Bunta-So, der vier Jahre später seinen Schüler zum 21. Meister der nördlichen Shaolin-Giwamonken-Schule machte.

Bei seinem ersten Besuch im Shaolin-Tempel kamen ihm jedoch eigene Ideen, wie eine Kampfkunst aussehen müßte. Er studierte die großen Wandmalereien, wobei ihm die Friedlichkeit in all den Kämpfen zwischen den indischen und chinesischen Mönchen auffiel. Es wurde ihm klar, daß dies der richtige Weg war.

Meister Doshin So, der Gründer des Shorinji kempo, starb im Jahre 1981. Seine Tochter (unten), die jetzt ebenfalls Doshin So heißt, übernahm auf seinen Wunsch die Leitung des Shorinji kempo. Hier spricht sie vor der Jahresversammlung 1981 in Tokio.

Zehn Jahre später war er wieder in der Mandschurei, und er war auch 1945 dort, als Rußland in den Krieg gegen Japan eintrat. Was er dort erlebte, beeindruckte ihn nachhaltig. Kurz vor seinem Tode gab er im japanischen Fernsehen ein Interview.

Doshin So

»Auf der Grundlage dessen, was wir nach der Niederlage Japans gesehen und empfunden haben, entwickelten wir einen Weg, der uns das Weiterleben ermöglichte... Ich hoffe, daß sich alle meine Schüler einen Begriff davon machen können, wie wir das Chaos überlebten, das der Zweite Weltkrieg hinterließ. Die Kaiserliche Japanische Armee in China ließ die dortige japanische Bevölkerung im Stich und lief davon. Veteranen, die sich vielleicht unter meinen Zuhörern befinden, mag dies empören, aber es ist die Wahrheit. Man nannte es eine Truppenverlegung; in Wirklichkeit aber wiesen sie die Frauen und Kinder ab, die sich von ihnen die Rettung erhofften. Ich habe dies in der Mandschurei selbst erlebt.

Ich fragte mich damals: ›Sind diese Menschen wirklich Japaner?‹ Wenn sie in ihren Uniformen steckten, fühlten sie sich über andere Japaner erhaben und behandelten sie mit Herablassung und Verachtung; ich bin Zeuge, daß dies so war. Solange sie Siege errangen, fühlten sie sich haushoch überlegen; nach ihrer Niederlage aber war ihr Ruf vollkommen dahin, wenn sie auch versuchten, so zu tun, als ob sich nichts geändert hätte.

Gute Beziehungen zwischen den Menschen spielten in unserer Erziehung niemals eine Rolle. Es ist beschämend, aber ich glaube, daß keine andere Armee der Welt davongelaufen wäre und hilflose Frauen und Kinder, ihre Landsleute im Stich gelassen hätte. Aus diesem Grund habe ich Shorinji kempo geschaffen, um bessere Beziehungen zwischen den Japanern zu bewirken.«

Nach dem Zweiten Weltkrieg kehrte Doshin So 1946 in ein geschlagenes und aufgelöstes Japan zurück, ein Land, das niemals wirklich seine Heimat war. Man weiß, daß er nach seiner Rückkehr mehrere japanische Kampfkunstdisziplinen erlernte und sich auch im westlichen Boxen übte. Es scheint jedoch, daß seine Erfahrungen in China weiterhin sein Denken beherrschten. Nach einigen Jahren beschloß er, eine eigene Bewegung zu gründen und einen

Versuch zu unternehmen, die Lebensweise des Shaolin-Tempels wiederzubeleben. Seine ersten Aktivitäten orientierten sich jedoch zwangsläufig an der harten Wirklichkeit des Nachkriegsjapan:

»Als der Krieg vorüber war und ich aus China zurückkehrte, lebte ich ein Jahr bei meinem Vetter in Osaka. Ich hatte kein Geld und keine Familie; daher arbeitete ich auf dem schwarzen Markt.

In dieser zerstörten Stadt gab es nichts als den schwarzen Markt. Dieser wurde von Verbrechern beherrscht, die nach Belieben schalteten und walteten, während die ehrlichen Leute machtlos zusehen mußten. Sie mußten sich jeglicher Willkür der Verbrecher beugen. Ich konnte nicht so tun, als würde ich nicht sehen, was sich hier abspielte. Ich versuchte also, den Armen und Machtlosen zu helfen, und dies habe ich seither immer getan.

Wenn man sich schützen will, muß man körperlich stark sein. Ich wandte mich also an die jungen Leute und sagte: ›Kommt zu mir, ich will euch lehren, wie ihr kämpfen und euch kräftigen könnt. Schaffen wir mit eigener Kraft eine bessere Gesellschaft.‹ Diese schlichte Botschaft fand gute Aufnahme, und ich mußte niemals um Schüler werben.

Bis zum Zweiten Weltkrieg wurde in Japan immer betont, daß die Willenskraft das wichtigste Prinzip ist. Ich glaube jedoch nicht, daß dies richtig ist; Willenskraft ist nur dann sinnvoll, wenn sie mit körperlicher Kraft gepaart ist.

Wer mit dem Anspruch auftritt, sich selbst schützen zu können, muß die völlige Gewißheit haben, daß er wirklich in der Lage ist, sich selbst zu verteidigen. Der springende Punkt ist jedoch, daß man nicht nur gut kämpfen können, sondern auch die richtige geistige Einstellung haben muß.«

Doshin So gründete eine kleine Gruppe, um die Verbrecher zu bekämpfen, die damals seine Heimatstadt tyrannisierten. Sie arbeiteten nicht mit Samthandschuhen, als sie in der kleinen Hafenstadt Tadotsu auf der Insel Shikoku aufräumten. Hier ließ er sich endgültig nieder, und hier errichtete er später auch den Sitz seiner Organisation.

Im Jahre 1946 war er etwa 40 Jahre alt und hatte über 20 Jahre Erfahrung in den chinesischen Kampfkünsten und einige Kenntnisse in den japanischen Kampfkünsten. Er nutzte diese Kombination von Fertigkeiten zur Bekämpfung der Verbrecher, und aufgrund dieser Erfahrung begann er, Shorinji kempo zu lehren.

Er versuchte, in dieser Organisation seine Vision der Mönche wiederaufleben zu lassen, die im ursprünglichen Shaolin-Tempel gelebt und sich dem Studium des Buddhismus und der Kampfkünste gewidmet hatten. Shorinji kempo ist eine bewußt religiöse Organisation. Das bemerkenswerte Hauptquartier ist ein Tempel, ein Ort, an dem man den Buddhismus studieren und erforschen kann, aber auch ein Ort, an dem Doshins Kampfkunst praktiziert wird. Es ist ein weitläufiger Gebäudekomplex, da die Organisation, die mit nichts begann, heute reich ist. Dies ist zum Teil auch auf den steuerlich vorteilhaften religiösen Status zurückzuführen, so daß die Beiträge der über eine Million Mitglieder in vollem Umfang genutzt werden können.

Shorinji kempo ist hierarchisch gegliedert. An der Spitze steht heute Doshins 24jährige Tochter, die nach dessen Tod im Jahre 1981 seine Nachfolge antrat. Ein älterer Mönch, Meister Suzuki, ist für den religiösen und akademischen Teil zuständig, während zwei andere Mönche für die Ausbildung in der Kampfkunst verantwortlich sind.

Es gibt etwa 20 Ganztagsschüler oder -jünger, die ihren Tageslauf so aufgeteilt haben, wie sie es nach Meinung von Doshin So im Shaolin-Tempel getan hätten, nämlich zwischen der praktischen Arbeit der Reinhaltung des Gebäudes, dem Kampftraining und dem Studium und der Meditation. Zu bestimmten Zeiten nehmen Tausende von Schülern an bestimmten Zeremonien teil und trainieren in den riesigen tempelartigen Dojos. Der Schlüssel zu dem, was sie hier lernen, ist in Doshin Sos Reaktion auf die Wandmalereien zu suchen, die er 1936 mit Meister Bunta im Shaolin-Tempel betrachtete. Eine der Wandmalereien ist in Kapitel IV abgebildet. Was Doshin So empfand, erklärt Meister Suzuki:

»Im Shorin-Tempel, in dem die Kampfkunst Shorin entstand, gibt es heute noch einen Raum, der die Halle des Weißen Gewands genannt wird, in der eine berühmte Wandmalerei zu sehen ist. Sie zeigt in prächtigen Farben eine Anzahl hell- und dunkelhäutiger Mönche, die fröhlich zu zweien Kempo-Techniken üben. Doshin So war von dem Gemälde tief beeindruckt. Die Techniken, die er gelernt hatte, waren zwar die gleichen, die in der Wandmalerei dargestellt waren, doch fühlte er, daß seiner Ausbildung der philosophische Hintergrund fehlte. Nun, da er sah, wie die Mönche fröhlich, aber konzentriert auf dem Gemälde ihre Techniken übten, hatte er eine Vision, die direkt von der buddhistischen Philosophie inspiriert war. Doshin So war sofort klar, daß die Kampfkunst des Shaolin von Bodhidharma über die Seidenstraßen aus Indien hierher gelangt war. Die Kunst wurde im Japanischen *Tenjiku naranokaku* genannt, und Doshin So sah diesen Namen auf der Wandmalerei. Tenjiku bedeutet »Indien«, und naranokaku bedeutet »die Kampftechniken zur Übung des Körpers«; Tenjiku naranokaku bedeutet daher »das ursprüngliche indische Kempo«.

Dies war die Aussage der Wandmalerei. Sie gab ihm eine Vorstellung davon, was Bodhidharma die Mönche ursprünglich während seines neunjährigen Aufenthalts im Songshan-Shaolin-Tempel gelehrt haben muß.

Doshin So überlegte, daß Bodhidharmas indische Kampfkunst, wenn sie in gleicher Weise übertragen wurde wie seine Philosophie des Zen-Buddhismus, sich notwendigerweise während der 1500 Jahre seit Bodhidharmas Besuch im Songshan-Shaolin-Tempel geändert haben mußte.

Folglich mußte sich auch die Unterrichtung der Techniken geändert haben, und Doshin So fiel auf, daß er die Techniken einzeln und ohne jede zugrundeliegende Philosophie gelernt hatte, während er auf der Wandmalerei sah, daß die Mönche zu zweien übten. Dies brachte ihn zu der Überzeugung, daß es beim Training nicht darum gehen konnte, seinen Gegner niederzuschlagen, sondern daß es auf die Partnerübungen ankam, aus denen beide Nutzen zogen. Er erkannte, daß die Ausbildung, die er erhalten hatte, nicht dazu geeignet war, die Schüler zu optimalen Ergebnissen zu führen, indem man sie gemeinsam am Lernprozeß teilnehmen ließ.

Doshin Sos Ansichten über Bodhidharma entsprechen der weitverbreiteten Überzeugung und weniger den historisch fundierten Fakten, die in Kapitel II dargestellt wurden. Er glaubte nicht nur, daß man zu den alten Prinzipien des Kämpfens zurückkehren müsse; er war auch überzeugt, daß die Japaner einer korrumpierten Form des Buddhismus anhingen und daß man auch hier zu den Quellen zurückkehren müsse:

»Die Ursprünge des Buddhismus liegen in Indien, von wo aus er über China nach Japan gelangte. Im Laufe der Zeit veränderte sich sein ursprünglicher Gehalt. Auf seinem Weg durch die verschiedenen Länder Ostasiens wurde er von den nationalen Religionen und Kulturen geprägt. In Japan z.B. verehrten die Menschen seit frühester Zeit viele Götter, und dieser Polytheismus vermischte sich mit dem Buddhismus zu einer Religion, in der man zu den Geistern der Verstorbenen betete. Gebete dienten aber auch dazu, Heilung von Krankheiten zu erflehen und um Geld und die Erfüllung menschlicher Wünsche zu bitten.

Der ursprüngliche Buddhismus, den Gautama Buddha lehrte, verlangte aber gerade, daß jeder Mensch alle seine Fähigkeiten und Kräfte dafür einsetzen sollte, das Leben lebenswert zu machen. Auch die kleinste Anspannung gibt dem Leben einen Sinn, da sie eine Bejahung des Lebens ist.

Im heutigen Japan ist der Buddhismus ein feierliches Ritual für die Toten geworden, während der persönliche Einsatz keine Rolle spielt. Außerdem wurde das alte indische Konzept der Reinkarnation übernommen, so daß der Buddhismus das Heil durch den Glauben und metaphysische Spekulation verspricht. Der Platz im Paradies nach dem Tode ist für den Buddhisten heute wichtiger als die Erlangung der Vollkommenheit in dieser Welt. Die Lehre der Reinkarnation dient als Entschuldigung für Untätigkeit, da man nicht für sein früheres Erdenschicksal verantwortlich gemacht werden könne.

Beim Shorinji kempo orientieren wir uns nicht am offiziellen chinesischen und japanischen Buddhismus; wir lehren ihn so, wie ihn Gautama Buddha lehrte, der uns sagte, wie wir leben sollen. Wir verstehen und befolgen, was uns der Buddha lehrte – daß wir uns selbst und unseren Geist verbessern sollen. Die Botschaft hinter dieser Lehre ist, daß wir unsere Fähigkeiten voll und ganz einsetzen sollen.

Die vielen Sutras, die aus dem Indischen ins Chinesische übersetzt wurden, sind stark von der chinesischen Philosophie beeinflußt. Man wußte eigentlich nicht, welche Sutras echt waren und welche von den Chinesen stammten. In China gab es zu einer bestimmten Zeit 84000 Sutras, und deshalb konnte man praktisch nicht sagen, welche von Buddha gelehrt worden waren. Das gleiche Problem bestand bis vor kurzem auch in Japan.

Mit Hilfe der modernen Textanalyse, die im 20. Jahrhundert große Fortschritte erzielte, halfen uns europäische Fachgelehrte des frühen Buddhismus in Europa, vor allem in Großbritannien, Frankreich und Dänemark, die ursprünglichen Sutras herauszufinden.«

Die Lehre des Doshin So beruhte auf dieser Rückkehr zu den Grundprinzipien und bekam dadurch etwas Kreuzzughaftes. Er war der Überzeugung, daß die Ausübung seiner Kampfkünste Geist und Körper schult und die Schüler zu ausgeglichenen Menschen machen kann. Sie haben die geistigen Fähigkeiten, um die Probleme des Lebens zu lösen, und die physische Kraft, um zu gegebener Zeit zu handeln.

Es fällt auf, daß Shorinji kempo, das Doshin So als Wiederbelebung der indischen Kunst zu kämpfen verstanden haben wollte, letztlich doch sehr japanisch aussieht. Doshin So war es hauptsächlich um den Geist zu tun, und er sah offensichtlich keine Probleme darin, Techniken aus dem Aikido oder Judo zu übernehmen, um sein Kampfsystem effektiver zu machen.

Angriffe gegen die empfindlichen Körperstellen werden in einem späteren Stadium des Unterrichts gelehrt. Die Kenntnis der gleichen Punkte ist in den chinesischen und indischen Systemen den fortgeschritteneren Schülern vorbehalten. Beim Shorinji kempo werden sie auch im Rahmen des »Seiho« genannten Heilkunstsystems gelehrt. Dies ist eine japanische Form der Akupunktur, die auch chiropraktische Elemente beinhaltet; hier wird jedoch nicht mit Nadeln gearbeitet, sondern Druck auf die Behandlungspunkte ausgeübt.

Der doppelte Weg

Zu Doshin Sos Lehre gehörte auch, daß mit Partnern geübt werden sollte, und dieses Üben sollte wie ein Gebet sein. Die Schüler werden angehalten, regelmäßig mit einem bestimmten Partner zu üben und ein Embu zu entwickeln, einen Bewegungsablauf, der sehr viel Ähnlichkeit mit einer japanischen Kata oder einer chinesischen Form hat, aber von den Schülern selbst erarbeitet wird. Sie legen gemeinsam eine Folge von Bewegungen fest, die etwa ein bis zwei Minuten dauert.

Die Partner üben ihre Angriffs- und Verteidigungstechniken mit- und gegeneinander, wobei sie ständig an der größtmöglichen Perfektion feilen. Das Ziel ist, daß durch das gemeinsame Üben beide stark werden. Dies ist auch das Ziel der buddhistischen Philosophie, wie sie bei Shorinji kempo interpretiert wird, nämlich seinem Partner zu helfen, gemeinsam an der Arbeit Freude zu haben und einander die Genugtuung zu verschaffen, die aus der Leistung entspringt.

Doshin So, ein charismatischer Führer, hat eine Organisation von etwa einer Million kampfgeschulter Menschen geschaffen. Seine Lehre ist zutiefst moralisch, wenn auch von seinen Anhängern erwartet wird, daß sie die Körperkraft und die Entschlossenheit haben, dem zur Geltung zu verhelfen, was ihrer Meinung nach richtig ist. Man braucht allerdings nicht viel Phantasie, um sich vorstellen zu können, daß ein Anführer einer Gruppe von Kampfkunstschülern sich bewußt eine Privatarmee heranzieht, die sich vielleicht aus jugendlichen Arbeitslosen rekrutiert.

Die letzte Armee von Anhängern einer Kampfkunst war diejenige der Boxer, die in Kapitel IV beschrieben ist. Deren Scheitern bedeutet jedoch nicht, daß eine solche Organisation bei geeigneter Führung in Zukunft nicht ein bedeutender politischer Machtfaktor werden könnte. Das Beispiel Deutschlands in den dreißiger Jahren hat gezeigt, daß eine kleine Armee gut ausgebildeter, gewalttätiger Menschen einen politischen Umsturz in einem Land herbeiführen kann, dessen Bevölkerung mit dem bestehenden System unzufrieden ist.

Man muß daher mit Besorgnis sehen, daß viele westliche Meister der Kampfkünste Techniken ohne den moralischen Hintergrund lehren. Diese Meister stehen auf dem Standpunkt, daß ihre Schüler lediglich an der Selbstverteidigung interessiert sind und für andere Dinge nichts übrighaben. Durch den physischen Prozeß des Lernens werden die Schüler aber doch beeinflußt, und wenn der Meister der tieferen Bedeutung der Kunst, die er lehrt, gleichgültig gegenübersteht, wird die Lehre von den Schülern weniger gut aufgenommen.

In der Volksrepublik China z. B. werden die Kampfkünste wie irgendeine andere Tätigkeit gelehrt, als ob es sich um nichts weiter als Gymnastik plus Taschenspielertricks handelte. Die herrschende Moral ist diejenige des Staates und nicht der Taoismus oder der Buddhismus, und die Schüler werden auch von einem Trainer, nicht von Meistern unterrichtet. Es ist wenig wahrscheinlich, daß eine solche Ausbildung beim Schüler das gleiche bewirkt wie die Unterweisung durch einen traditionellen Meister.

Viele traditionelle Kampfkünste geraten heute immer mehr unter den Einfluß der Kommerzialisierung, des Sports und des Wettbewerbsdenkens auf der einen Seite und der Mystifizierung auf der anderen. Trotz dieser Erscheinungen behandelt doch die große Mehrzahl derer, die die Kampfkunsttraditionen der Welt weitergeben, ihr Erbe mit großem Respekt.

Alle Meister, mit denen wir sprachen, waren sich dessen bewußt, daß in den Kampfkünsten eine straffe innere Disziplin notwendig ist. Daß sie mit ihrer Art des Trainings auf dem richtigen Weg waren, sah man deutlich an den Schülern. Von Indien bis Japan waren es sämtlich körperlich gesunde, selbstbewußte, entspannte Menschen, und es gab keinen Zweifel daran, daß ihr Leben durch ihr jahrelanges Training bereichert worden war. In diesem Sinne sind die Kampfkünste für alle Religionen und Rassen, für Arme und Reiche eine sinnvolle Freizeitbeschäftigung, die viele Vorteile hat.

X KAMPFKUNSTSYSTEME DER WELT

Die Kampfkunstsysteme finden heute in der ganzen Welt ernormen Zulauf und haben ihre Zukunft noch vor sich; in diesem Sinne kann in diesem Buch keine endgültige Beurteilung gegeben werden. Wir wollen dennoch in diesem letzten Kapitel einen kurzen Überblick über die Kampfkunstsysteme der Welt geben. Neben den klassischen Kampfkünsten und Kampfkunstwegen werden hier jedoch auch reine Kampfsportarten behandelt, wie sie in vielen verschiedenen Ländern betrieben werden.

In Kapitel VIII haben wir die enorme Zunahme des europäischen und amerikanischen Interesses an den asiatischen Kampfkünsten erwähnt, die in den letzten Jahrzehnten zu beobachten war. Die Gründe hierfür sind schwer auszuloten, jedoch ist es denkbar, daß die gegenwärtige Hinwendung des Westens zu den asiatischen Kampfkunstsystemen mit bestimmten tieferen Aspekten der europäischen Geschichte und Kultur zusammenhängt. Im ersten Teil dieses Kapitels wollen wir uns daher einigen Aspekten der europäischen Kampfkunstgeschichte widmen.

Europäische Kampfkünste

Die frühesten bekannten Kampfkunstdisziplinen rein europäischer Herkunft waren die verschiedenen Kampfveranstaltungen, die bei den klassischen griechischen Wettkämpfen durchgeführt wurden. Die berühmtesten unter ihnen waren die Olympischen Spiele, bei denen neben Wettbewerben mit kriegerischem Hintergrund wie z.B. dem Speerwurf verschiedene Arten des Ringens und Boxens auf dem Programm standen. Das Pankratium, das aus Ringen und Boxen bestand und nicht selten mit dem Tod des Unterlegenen endete, war der grausamste Wettkampf. Wie blutig diese Spiele auch waren, so darf man doch nicht vergessen, daß es sich im Grunde um Sportereignisse handelte, die zur Unterhaltung der Öffentlichkeit oder zur körperlichen Ertüchtigung ausgetragen wurden. Der tiefere Zweck der persönlichen Weiterentwicklung fehlte offenbar bei diesen Aktivitäten, und man kann daher hier nicht von Kampfkünsten in dem Sinne sprechen, wie dieses Wort in diesem Buch gebraucht wird.

Etwa 1000 Jahre später erlebte das mittelalterliche Europa den Aufstieg einer spezialisierten Klasse von Kriegern, die in vielerlei Hinsicht die europäischen Archetypen der Kampfkünstler waren. Die mittelalterlichen Ritter, die ihre Fertigkeiten und ihren Mut im Krieg erprobten, lebten nach einem Kodex, in dem der Gebrauch der Waffen eine zentrale Rolle spielte. Einige Historiker sind der Ansicht, daß die Ethik der berittenen Krieger im Grunde heidnisch und von den großen nomadisierenden Kriegerhorden Zentralasiens entlehnt war, und daß ihr Glauben und ihr Handeln häufig mit der christlichen Lehre im Widerspruch stand. Andere wiederum glauben, daß das Bild der Ritter in dieser Hinsicht überzeichnet wurde. Alle sind sich jedoch darin einig, daß der Kampf zu Pferde den Kern des Rittertums ausmachte, das man als den »Weg des Reiters« bezeichnen könnte.

Die Forschung über die Kampffertigkeiten und die Ausbildung der mittelalterlichen Ritter ist lückenhaft, und man weiß praktisch nichts über die Techniken, die sie anwandten. Wir haben jedoch eine recht gute Vorstellung davon, wie das tägliche Leben dieser Edlen aussah. Sie erlernten ihre Kampffertigkeiten hauptsächlich innerhalb der Familie und mußten fast täglich hart üben. Die Übung in den Waffenkünsten war ein wesentlicher Teil der Erziehung eines jungen Mannes; hinzu kamen Reiten, Jagen, Falkenbeize, Gesang und Tanz, Ringen, Schnitzen und einwandfreies Benehmen in Ge-

Der Mensch folgt der Erde
Die Erde folgt dem Himmel.
Der Himmel folgt dem Tao.
Das Tao folgt dem,
was im Einklang mit der Natur ist.

TAO-TE-CHING (LAO-TSE)

Das Thai-Boxen ist in Thailand überaus beliebt. Die Boxer kämpfen vor zahlreichem Publikum, und häufig werden ihre Kämpfe im Fernsehen übertragen. In dieser Aufnahme kontert ein Boxer den Angriff des anderen mit einem Tritt zwischen die Beine.

genwart sozial Höherstehender und Angehöriger des anderen Geschlechts. In all diesen Tugenden wurden die jungen Leute von älteren Mitgliedern des Haushalts unterrichtet.

Die Geschicklichkeit im Kampf wurde auf Turnieren erprobt. In den ersten Jahren arteten diese Wettkämpfe zwischen bewaffneten und berittenen Männern häufig in schreckliche Gemetzel zwischen rivalisierenden Rittern aus. Es ist überliefert, daß bei einem Turnier im Jahre 1249 bei Köln 60 Menschen ums Leben kamen. Später leitete man das Ganze in ruhigere Bahnen. Es ist zu unterscheiden zwischen einem Turnier, bei dem auf jeder Seite eine beliebige Zahl von Kämpfern steht, und einem Tjost, einem Aufeinandertreffen von zwei mit Lanzen bewaffneten Rittern. Im frühen Mittelalter dienten diese Veranstaltungen dazu, junge Leute unter Schlachtbedingungen Erfahrungen sammeln zu lassen; im Laufe der Zeit wurden die Turniere jedoch kultivierter und waren immer strengeren Regeln unterworfen.

Viel Pomp und Aufwand begleitete diese Ereignisse, die praktisch für die Entstehung der Heraldik verantwortlich waren. Bei Festumzügen wie auch im Kriege war es nämlich außerordentlich wichtig, daß man seinen Gegner schnell erkannte. Wenn die Ritter bei Turnieren in ihren Rüstungen steckten und die Visiere heruntergeklappt hatten, gaben die mit bestimmten Motiven bemalten Schilde eindeutige Auskunft darüber, wen man im Handgemenge vor sich hatte.

Die Kampfkünste des Mittelalters wurden nur von der Ritterschaft, den Adligen praktiziert. Diejenigen unter den Adligen, die sich am intensivsten dem Kampf verbunden fühlten, bemühten sich darum, eine Ideologie zu schaffen, die ihre Künste abstützte. Da das christliche Friedensgebot in deutlichem Widerspruch zum Kodex des Kriegers stand, wandten sich manche Ritter einem mystischen und asketischen Leben zu. Es ist bemerkenswert, daß sie sich dabei pseudochristlichen Idealen widmen.

Die Kreuzzüge in das Heilige Land wurden zum Lebensinhalt von Ritterbünden, die sehr exklusive und geheime Gesellschaften gründeten, zu denen u.a. die Templer und Malteser gehörten. Einige dieser Militär-Ritterorden bestehen noch heute, während ihre Kampfkunst verlorengegangen ist. Erinnerungen an viele der heutigen Kampfschulen Chinas und Japans werden bei dieser eigenartigen Erscheinung der europäischen Geschichte wach.

Eine Volksbelustigung, die im Zusammenhang mit den Kampfkünsten nicht unerwähnt bleiben soll, trat erstmals im Mittelalter in Europa auf: Jahrhundertelang übten sich Bauern und Mitglieder anderer nicht-adliger Klassen in der Quintana. Hierbei galt es z.B., ein Ziel zu treffen, das bei einem Treffer herumschwang und auf den Spieler zurückschlug, sofern er es nicht verstand, geschickt auszuweichen. Dieses Stechen gegen die Quintana-Figur wurde zu Fuß, in Booten, Huckepack oder auch zu Pferde ausgeführt.

Im 15. Jahrhundert tauchte jedoch ein ernstzunehmenderes System auf. In den Städten Englands ließen sich Leute nieder, die den Titel »Meister der edlen Künste der Selbstverteidigung« trugen. Diese Männer, von denen einige später von König Heinrich VIII. königliche Privilegien erhielten, unterrichteten Zivilisten und Infanteristen in Kampftechniken. Sie waren hauptsächlich auf den Gebrauch von Kurzstab, Schwert und Schild sowie auf Fausttechniken spezialisiert.

Man weiß sehr wenig über diese frühen Meister, jedoch scheint es, daß die Tradition zumindest bis in das frühe 18. Jahrhundert in England gepflegt wurde. Im Jahre 1719 ließ sich ein Meister namens James Figg in London als Meister dieser Künste nieder. Seine provokative Selbsternennung zum Meister aller Klassen brachte ihm viele Kunden, aber auch viele Herausforderungen ein, die er alle zu seinen Gunsten entschied, bis er schließlich 1733 seinen Meister fand. Auf der Höhe seines Ruhms zog er das Interesse vieler führender Politiker und Aristokraten Londons auf sich, und aus dem Zusammenwirken seiner Fähigkeiten und ihres Enthusiasmus entstand die Sportart des Boxens. Diese Kunst verbreitete sich später über die ganze Welt, und heute ist sie neben dem Ringen der beliebteste Kampfsport der Welt überhaupt.

Als im 16. Jahrhundert die Feuerwaffen eingeführt wurden, fand das Schwert als Kriegswaffe kaum mehr Verwendung. Es wurde nur noch zum Nahkampf, insbesondere bei Duellen eingesetzt. Im 18. Jahrhundert wurden erstmals die leichten, rapierähnlichen Schwerter dieser Zeit zu Sportzwecken eingesetzt, woraus sich das Sportfechten entwickelte. Daß man den Sport später wieder näher an die militärische Realität heranführen wollte, zeigt sich an der Einführung des Säbels in den Fechtschulen des 19. Jahrhunderts; denoch ist das Fechten über hundert Jahre lang im Grunde ein Sport geblieben.

Grundsätzlich gab es also in den europäischen Kampfkunstsystemen jahrhundertelang keinen ideologischen Hintergrund. Weiterhin fällt auf, daß es zu keinem Zeitpunkt eine enge Verbindung zur Medizin gab, wie dies im

Osten der Fall war. Die europäischen Kampfsysteme bilden vielmehr das eine Ende der großen Skala von sportlichen Aktivitäten, bei denen hauptsächlich zum Zwecke der körperlichen Ertüchtigung und des Wettkampfs mit intensivem körperlichen Einsatz gearbeitet wird.

Eigenartigerweise gibt es in Frankreich ein System, das technisch den asiatischen Kampfsystemen sehr ähnlich ist. Diese ursprünglich *Savate* oder *Chausson* genannte Kampfkunst wurde im 19. Jahrhundert zu einem System weiterentwickelt, das »boxe français« genannt wurde. Es soll auf eine im Volk verbreitete Kampfkunst zurückgehen, bei der Fußtritte und Fußfeger sowie Fauststöße erlaubt waren. Die Techniken ähneln denjenigen des Karate, und es ist in der Tat denkbar, daß es nach der Verbreitung der asiatischen Künste in Europa etwas abgewandelt wurde. Trotz dieser technischen Ähnlichkeiten scheint es nur als Freizeitbeschäftigung und zur Selbstverteidigung gedient zu haben; Lebenshilfe für die Anhänger in Form einer Weltanschauung war damit niemals verbunden.

In Brasilien gibt es heute noch eine eigenartige Kunst mit dem Namen *Capoeira,* die vor allem unter der farbigen Landbevölkerung verbreitet ist. Sie zeichnet sich durch einen ganz ungewöhnlichen Stil aus, bei dem aus einer abgetauchten Stellung wie beim Radschlagen mit den Füßen oder Knöcheln eine Vielzahl schneller Schläge gegen den Gegner geführt werden. Capoeira wird zu den Klängen eines bogenähnlichen Instruments ausgeübt, und die Zuschauer können dazu die Trommel schlagen oder Capoeira-Lieder singen. Obwohl Capoeira wegen des Überraschungsmoments in Kampfsituationen sehr wirksam sein dürfte, wird es nicht zu Kampfzwecken gelehrt. Die Schüler üben es einfach zum Vergnügen und zur körperlichen Übung aus. Allgemein wird die Ansicht vertreten, daß Capoeira von afrikanischen Sklaven erfunden wurde, die im 17. Jahrhundert nach Brasilien geschickt wurden. Da ihre Hände gefesselt waren, verteidigten und trainierten sie sich mit ihren Füßen. Wahrscheinlicher dürfte allerdings sein, daß es sich um ein Überbleibsel von den rituellen Kriegstänzen handelt, die bei einigen angolanischen Stämmen gepflegt wurden.

Ringen – das ursprüngliche Freizeitvergnügen

In den vorangegangenen Kapiteln dieses Buches war davon die Rede, daß es in vielen der asiatischen Kampfkünste Techniken gibt, mit denen man einen Gegner fassen, zu Boden werfen und dort zur Aufgabe zwingen kann. Daß diese Techniken überhaupt angewandt werden, spricht für ihre Kampftauglichkeit. Es dürfte allerdings kein Zufall sein, daß es in praktisch jedem asiatischen Land, in dem Kampfkünste ausgeübt werden, auch Ringtraditionen gibt, die neben den Kampfkunsttraditionen bestehen.

In der Tat ist die Kultur des Ringkampfes sehr viel weiter verbreitet als die Kampfkünste. Jeder, der kleine Kinder hat, weiß, mit welchem Vergnügen sie sich am Boden balgen. Bei den Erwachsenen ist Ringen in der ganzen Welt als Freizeitsport beliebt, der auch eine gewisse Kampftechnik verlangt. Die Wurzeln des Ringens reichen weit zurück. In Kapitel I ist eine Statue mit zwei Ringern abgebildet, die fast 5000 Jahre alt ist, und man weiß, daß die Menschen der alten chinesischen, indischen, sumerischen, ägyptischen, griechischen und römischen Zivilisation sich gerne im Ringkampf übten.

Im mittelalterlichen Europa und Japan wurden Ringkampftechniken für die Anwendung auf dem Schlachtfeld entwickelt. Es wäre in der Tat sinnlos, wenn sich zwei Krieger in schwerer Rüstung, die ihre Waffen verloren haben, mit Faustschlägen oder Fußtritten den Garaus machen wollten. Es besteht nur dann

Das Sambo-Ringen ist in der heutigen UdSSR sehr beliebt. Hier versucht ein Ringer, den anderen zu werfen, der ihn jedoch mit zu Boden reißt.

Asien
Die alten Kampfkunsttraditionen werden weiterhin gepflegt, während neue Formen Verbreitung finden. Heute haben sich die Menschen Asiens mit großem Erfolg auch traditionellen westlichen Kampfsportarten wie dem Ringen und Boxen zugewandt.

Indien
Kalarippayat
Stock- und Dolch-Kampfsysteme.
Einheimische waffenlose Kampfsysteme.

Burma
Bando (Thaing)
Banshei
Kick-Boxing

Thailand
Thai-Boxen
Krabi Krabong (Waffensystem)

Kambodscha, Laos und Vietnam
Box-Traditionen
Waffensysteme

Malaysia
Bersilat

Indonesien
Pentjak silat
Einheimische Waffensysteme

Philippinen
Waffenlose Techniken und Stock- und Messer-Kampftraditionen, u.a. Eskrima (Arnis de mano; Estocada; Pagkalikali).

Ryukyu-Inseln (Okinawa)
Okinawanisches Karate
Ryukyu kobudo

Japan
Waffenlose Traditionen:
Judo
Shorinji kempo
Aikido
Sumo
Wichtigste Waffensysteme:
Ken-Do/Ken-Jutsu
Kyu-Do/Kyu-Jutsu
Iai-Do/Iai-Jutsu
Naginata-Do/Naginata-Jutsu
Juken-Do/Juken-Jutsu
So-Jutsu
Nin-Jutsu

Nord- und Südkorea
Hauptsysteme:
Taekwondo
Tang-soo-do
Hwarang-do

Volksrepublik China, Hongkong und Nationalchina (Taiwan)
Waffensysteme: verschiedene
Waffenlose Systeme: (Wushu oder Kung-Fu)
Harte (äußere) Künste:
Nördliches Shaolin-Tempelboxen
Südliches Shaolin-Tempelboxen
Weiche (innere) Künste:
Hsing-I
Pa-Kua
T'ai-Chi-Ch'uan

Europa und Nordamerika
Die Kampfkünste Europas sind im Laufe der Geschichte zu Kampfsportarten geworden. In Europa und Nordamerika werden jedoch heute asiatische Kampfkunstsysteme importiert. Es ist denkbar, daß sich im Laufe der Zeit aus der Synthese dieser neuen Systeme und der wenigen noch verbliebenen einheimischen Kampfsportarten neue Kampfkunstsysteme entwickeln werden:
Boxen
Ringen
Fechten
Asiatische Künste, insbesondere:
Judo
Karate
Kendo
Kung-Fu
T'ai-Chi-Ch'uan

Südamerika
Die internationalen Kampfsportarten werden weltweit wettbewerbsmäßig betrieben, während die einheimischen Kampfkünste wie z.B. das brasilianische Capoeira ohne Wettbewerb gepflegt werden. Auch in Südamerika haben heute asiatische Kampfkunstsysteme auf dem ganzen Subkontinent ihren Siegeszug angetreten.

Afrika
Die einheimischen Kampfkünste, u.a. verschiedene Waffensysteme und Box- und Ringstile, werden auch heute noch in den Stammesgemeinschaften vieler afrikanischer Länder gepflegt. Hierüber ist bislang sehr wenig bekannt.

Australien
Die asiatischen Kampfkünste erfreuen sich unter der weißen Bevölkerung großer Beliebtheit. Die internationalen Kampfsportarten werden in den Schulen gelehrt und meist bis zum Erwachsenenalter weiter praktiziert.

400 m
400 km
N
CHINA
NORTH KOREA
SOUTH KOREA
JAPAN
RYUKYU ISLANDS
Okinawa
TAIWAN
HONG KONG
BURMA
LAOS
THAILAND
KAMPUCHEA
VIETNAM
PHILIPPINES
MALAYSIA
MALAYA
SINGAPORE
INDONESIA

eine Chance, den anderen zu besiegen, wenn es gelingt, ihn zu Boden zu werfen.

Die Zahl der Stilrichtungen ist beim Ringen fast unübersehbar. Allein in Großbritannien werden neben dem international gebräuchlichen griechisch-römischen und Freistilringen fünf verschiedene regionale Stilarten ausgeübt. In der UdSSR gibt es die Tradition des Sambo-Ringens. Auch die Türkei, die Schweiz, Iran, Indien, Island und viele andere Nationen haben ihre eigenen Stilrichtungen.

Bei den Völkern außerhalb des westlichen Kulturkreises ist das Ringen oft die einzige aktive Freizeitgestaltung. Viele Stämme in Nordamerika und im Amazonasgebiet Südamerikas üben sich im Ringen, aber auch viele afrikanische Völker. Auch in fast jedem Land des ganzen asiatischen Kontinents gibt es eigene Ringkampftraditionen. Ringen ist heute ein internationaler Sport und olympische Disziplin, und es gibt sogar eine Profi-Vereinigung, wenn auch die Aktionen der Beteiligten eher wie eine abgesprochene Show wirken und nicht wie ein ernsthaftes Kräftemessen. Die wahren Könner in dieser Sportart treffen sich auf Amateur-Wettbewerben, die in der ganzen Welt viele Zuschauer anziehen.

Ob man nun das Ringen als rohen Kampf oder als belebende Freizeitbeschäftigung betrachtet, ist eine Sache der persönlichen Anschauung. Bei jedem System sind die Akzente anders gesetzt. Es gibt jedoch keinen Zweifel, daß das Ringen auf die Menschen in aller Welt und aus allen Gesellschaftsschichten einen großen Reiz ausübt.

Asiatische Kampfsysteme

In diesem Buch wurden hauptsächlich diejenigen asiatischen Kampfkunstsysteme behandelt, über die wir nähere Recherchen angestellt und zu denen wir Filmaufnahmen gemacht haben. In Asien werden jedoch noch viele weitere Kampfkünste praktiziert, und dieses Buch wäre unvollständig, wenn wir diese nicht wenigstens noch in groben Zügen behandeln würden. Dieser letzte Abschnitt ist daher ein Abriß der asiatischen Kampfsysteme, in dem auch ihre Beziehungen untereinander betrachtet werden sollen.

Grob gesprochen haben sich die Kampfsysteme in drei Kulturkreisen entwickelt: Indien und Südostasien, China und Japan. Innerhalb dieser Bereiche sind die regionalen Kampfkunsttraditionen miteinander verwandt und weisen geschichtliche und ideologische Parallelen auf. Daneben gibt es Sonderformen wie z.B. das okinawanische Karate, das Elemente aus zweien dieser Gebiete vereint. Die Künste Chinas, das in der geographischen Mitte der asiatischen Kampfkunsttraditionen liegt, haben Beziehungen sowohl zu ihren Nachbarn im westlichen und südlichen Asien als auch nach Japan. Bis vor kurzem gab es jedoch kaum Kontakte zwischen den japanischen Kampfkunstsystemen und denjenigen Indiens und Südostasiens.

Auf dem indischen Subkontinent konnten wir eine Kunst ausfindig machen, das Kalarippayat, das in Kapitel III behandelt wird. Diese Kunst ist heute auf das südwestliche Indien beschränkt; man weiß jedoch, daß es auch in anderen Landesteilen Kampfsysteme mit Stock und Dolch gibt. Es können jedoch durchaus auch noch andere waffenlose Kampfkunstsysteme auf dem Subkontinent anzutreffen sein. Die Sportarten Ringen und Boxen sind in ganz Indien und Pakistan außerordentlich beliebt und haben dort eine sehr alte Tradition.

Kalarippayat wird von Tamil und Malayalam sprechenden Völkern ausgeübt, von denen es auch in Sri Lanka und in ganz Malaysia große Kolonien gibt. Es ist denkbar, daß sie ihre Künste an die Bevölkerung ihres neuen Siedlungsgebiets weitergegeben haben, jedoch kann Kalarippayat auch von Kaufleuten, Diplomaten und anderen regelmäßigen Besuchern aus dem heutigen Malaysia nach Südindien gebracht worden sein. Typisches Kennzeichen der indischen Waffenkünste ist, daß die Waffe rasch durch die Luft gewirbelt wird, wodurch sich der Verteidiger mit einer undurchdringlichen Deckung umgibt. Diese Methode ist ein Grundprinzip aller südostasiatischen Künste und der meisten chinesischen Systeme; in Japan ist sie dagegen sehr selten.

In Burma gibt es eine elegante und hochentwickelte Kampfkunst namens *Bando* oder *Thaing*, eine Waffenkunst namens *Banshei* und verschiedene nationale Kick-Boxing-Traditionen.

Im benachbarten Thailand ist das berühmte Thai-Boxen Nationalsport, mit dem Hunderte von Profis ihr Brot verdienen. Die Wettkämpfe ziehen stets große Zuschauermassen an und werden im Fernsehen übertragen, und die Wettbüros setzen mit Vorhersagen über die Anzahl der Runden Unsummen um. Das Training ist außerordentlich hart, wobei sich die Boxer auf Ellbogen- und Kniestöße sowie ungemein schnelle und hohe Fußtritte spezialisieren. Es wird zwar manchmal geäußert, daß es in den thailändischen Systemen keine Vollkontakt-Schläge gibt; einmütig bewundert wird jedoch von allen Kennern die Schnelligkeit der Thai-Boxer, ihre Kondition und ihre Härte im Nehmen.

Da Thailand ein buddhistisches Land ist und jahrhundertelang mit dem südlichen China in Kontakt stand, ist es sehr wahrscheinlich, daß die südliche Shaolin-Tradition des chinesischen Boxens die historische Entwicklung des Thai-Boxens in gewisser Weise beeinflußt hat. Wie das südliche Shaolin ist dieses eine harte äußere Kunst, und viele Techniken kommen in beiden Systemen vor. Die hohen Fußtritte der Thai-Boxer, die es im südlichen Shaolin-Boxen nicht gibt, sind vermutlich die Folge jahrzehntelanger Wettbewerbspraxis, nach der solche Schläge verboten waren, die hohe Fußstöße unwirksam machten. Schließlich gibt es in Thailand noch ein Waffensystem, das *Krabi-Krabong*.

Man weiß, daß es ähnliche Systeme im ganzen übrigen Indochina, in Kambodscha, Laos und Vietnam gegeben hat; die politischen und militärischen Unruhen in diesem Gebiet während des letzten Jahrhunderts haben jedoch dazu geführt, daß keine Informationen über den derzeitigen Stand der dortigen Kampfkünste in den Westen gelangt sind. Anhand des Wenigen, das bekannt ist, läßt sich vermuten, daß die Künste Indochinas ebenfalls mit denjenigen des südlichen Chinas verwandt sind. Weiter südöstlich findet man in Malaysia und Singapur die Bersilat-Kampfkünste, die, wie ihre Anhänger, in enger Verwandtschaft zu Indonesien stehen. Die dortigen Künste heißen *Pentjak Silat,* was eigentlich »Schlachtausbildung« bedeutet, obwohl sie gerade wegen ihrer Leichtigkeit und Eleganz bekannt sind.

Einige Stilarten sind so graziös, daß sie auf Festen und Hochzeiten zur Unterhaltung aufgeführt werden; hinter ihrer schwebenden Eleganz verbergen sich jedoch Techniken, die im Ernstfall außerordentlich wirksam sind.

Seit Jahrhunderten leben in den Küstenbereichen von Malaysia und Indonesien chinesische Kaufleute und Händler, und in der Tat sind in den Kampfkunstsystemen dieser Gebiete chinesische Einflüsse sichtbar. Allein in Indonesien gibt es 150 Stilarten. Bei vielen Stilrichtungen des Bersilat und Pentjak Silat ist jedoch der Einfluß der einheimischen Kampfkunstsysteme offenkundig stärker als derjenige der chinesischen Systeme. Die Unterschiede im Stil sind wahrscheinlich auf lokale, kulturelle und ethnische Unterschiede zwischen den vielen verschiedenen Völkerschaften dieser Region zurückzuführen. Neben der waffenlosen Selbstverteidigung gibt es hier auch ein ganzes Arsenal von Waffen, von denen der Kris, ein Kurzschwert oder schwerer Dolch mit gewellter Klinge, die berühmteste ist.

Weite Teile Indonesiens und Malaysias waren vom 13. bis zum 16. Jahrhundert dem Modjopahit-Reich eingegliedert, das auch weite Teile der Philippinen beherrschte. Es überrascht daher nicht, daß die Techniken und Waffen, die man auf den Philippinen antrifft, denjenigen Indonesiens ähneln. Für die Kampfkünste gibt es auf den philippinischen Inseln viele verschiedene Namen wie *Kali, Eskrima, Arnis de mano, Estocada* und *Pagkali-kali,* um nur einige zu nennen. Die Unterschiede zwischen den Künsten sind jedoch nicht sehr groß; die meisten von ihnen lehren den kraftvollen Einsatz der unbewaffneten oder mit Messern, Stöcken und Schwertern bewaffneten Hand in verschiedenen einfachen und doppelten Kombinationen.

Fast 300 Jahre lang waren die philippinischen Inseln Teil des spanischen Weltreichs, und manche philippinischen Stock- und Messerkampftechniken sind daher auch von europäischen Fechttechniken aus dem 18. und 19. Jahrhundert beeinflußt. Dieser Einfluß äußert sich auch in der Vorliebe für spanische Bezeichnungen für Waffen, Stilrichtungen oder auch Techniken.

Die Systeme Chinas

China verfügt mit seiner gewaltigen Landmasse und der aus vielen ethnischen Quellen gespeisten Bevölkerung über eine große Fülle von Kampfkunstsystemen. Die verschiedensten Waffen von Pfeil und Bogen über Hellebarden und Speere bis hin zu Eisenfächern und Wurfkeulen sind dort seit Jahrhunderten in Gebrauch, und es gibt eine Vielzahl waffenloser Stilrichtungen. Für diese hat sich eine Einteilung in harte oder externe Schulen einerseits und weiche oder interne Schulen andererseits eingebürgert. Diese Unterscheidung, die keinen absoluten Charakter hat, beruht auf fundamentalen Unterschieden im Stil und der Technik, aber auch in der Geschichte und Philosophie dieser Schulen.

Man nimmt allgemein an, daß die ältere Stilrichtung diejenige der harten Schule ist. Diese Schule, die seit mindestens 1500 Jahren besteht, ist traditionell mit der Ch'an- oder Zen-Sekte des Buddhismus verbunden, deren Zentrum im großen Shaolin-Tempel in der Provinz Honan liegt. Tatsächlich gab es einst über ganz China verteilt viele verschiedene Arten und Stilrichtungen; der Ruhm des Shaolin-Tempelboxens hat jedoch dazu geführt, daß die meisten anderen Stilrichtungen ihre Herkunft ebenfalls hierauf zurückführen.

Die harten externen Schulen lassen sich weiter in nördliche und südliche Stilrichtungen unterteilen. »Nördliches Bein« legt den Schwerpunkt auf Sprünge und Fußtritte, die

die Menschen der trockenen, flachen Landschaft Nordchinas entwickelt haben. »Südliche Faust« konzentriert sich auf kraftvolle Fauststöße und den Nahkampf, der den an Flüssen wohnenden Menschen Südchinas mit ihrer vom Rudern gekräftigten Arm- und Schultermuskulatur eher lag. Diese Künste werden in Filmen und Büchern meist nicht ganz korrekt als *Kung-Fu* bezeichnet. Kung-Fu bedeutet lediglich »sorgfältige Ausbildung in einer Kunst«, während *Wushu* im Chinesischen »Kampfkunst« oder »-system« bedeutet.

Die andere große Schule der chinesischen Kampfkünste, die weiche oder innere Schule, basiert hauptsächlich auf der alten Philosophie des Taoismus und legt den Schwerpunkt auf fließende Bewegungen, Nachgiebigkeit und Kontrolle des Geistes im Kampf. Die inneren Künste sind mit den taoistischen Einsiedeleien im Wu-Tang-Gebirge in der Provinz Hopei verbunden.

Heute werden im wesentlichen drei große innere Künste praktiziert. Beim Hsing-I üben die Schüler Formen, deren Grundlage die Bewegungen von zwölf Tieren und die fünf Grundelemente der chinesischen Kosmologie sind. Pa-Kua beruht auf dem I-Ching, dem klassischen Buch der Wandlungen, und ist dem Ideal einer künstlerisch konkretisierten Philosophie näher als jedes andere Bewegungssystem, das bisher entwickelt wurde. T'ai-Chi-Ch'uan ist eine langsame, ballettähnliche Ausführung vieler der besten Kampfkunstbewegungen und -techniken der chinesischen Künste. Die weichen Künste eignen sich nicht nur zur Selbstverteidigung, sondern sollen auch der Gesundheit, dem geistigen und seelischen Wohlbefinden und einem langen Leben förderlich sein.

Taiwan ist traditionell ein Zufluchtsort für chinesische Boxer, und heute lehren dort viele der führenden Meister. Dies gilt auch für Hongkong, während die Situation im Mutterland unklar ist. Alle chinesischen Regierungen haben anerkannt, daß die nationalen Kampfkünste nützliche Elemente enthalten; viele hielten sie jedoch auch für subversiv und versuchten daher, sie zu unterbinden. Dutzende von Meistern verließen das Mutterland vor 1949, da ihre eher traditionalistische Anschauung mit der Lehre der neuen Regierung kollidierte; andere blieben jedoch und führten die Künste unter der neuen Regierung weiter. Dies führte zu einer staatlich gelenkten Lehre und zu einer Verschiebung in Richtung Unterhaltung; inwieweit die Lehrer ihren Schülern auch die philosophischen Hintergründe nahebringen, ist nach wie vor unklar. T'ai-Chi-Ch'uan ist im ganzen chinesischen Asien, aber auch im Westen ungemein beliebt.

Okinawa und Korea

Die Völker Koreas und der Ryukyu-Inseln (deren Hauptstadt Okinawa ist) hatten während der letzten 1000 Jahre ständig Kontakt mit dem chinesischen Mutterland und Japan. Beide Länder kämpften stets darum, sich einige Unabhängigkeit von ihren mächtigen Nachbarn zu erhalten, und dies spiegelt sich in ihren Kampfkünsten wider. In Korea sind die Hauptstilrichtungen *Taekwondo, Tang-Soo-Do* und *Hwarang-Do*. Die Spezialität der Koreaner sind die kraftvollen hohen Fußstöße, die häufig in der Luft ausgeführt werden; ansonsten sind die koreanischen Künste eindeutig eine Mischung aus chinesischen und japanischen Techniken.

In ähnlicher Weise ist beim Karate, der einheimischen okinawanischen Kunst, deutlich die Kraft und Entschlossenheit der japanischen Künste zu erkennen, während andererseits die Geschmeidigkeit und Eleganz der chinesischen Künste einen sehr positiven Einfluß hatten. Tatsächlich bedeutete das Wort Kara-te ursprünglich »chinesische Hand«, während die zweite Lesart »leere Hand« heute meist als die einzige dargestellt wird.

Viele Karate-Schulen erkennen an, daß ihre Kunst ursprünglich auf das Shaolin-Tempelboxen zurückgeht, und die Beobachtung zeigt in der Tat, daß Karate teilweise deutlich auf die nordchinesischen Kampfkunsttraditionen zurückgeht. In ähnlicher Weise kann das Taekwondo mit den hohen Fußtritten und den offenen Stellungen die enge Verwandtschaft zum nördlichen Shaolin nicht verleugnen. Allerdings ist die koreanische Tradition der Verteidigung mit den Füßen über 2000 Jahre alt, und es ist gut möglich, daß die Chinesen diese Techniken von den Koreanern haben und nicht umgekehrt.

Im Taekwondo gibt es sehr wenige Techniken aus den weichen Kampfkünsten; auf Okinawa dagegen wurde eine der beiden Kampfkunststilrichtungen, die heute dort gepflegt werden, stark von dieser Tradition beeinflußt. Man ist sich einig, daß die Übungen zur Vertiefung des Atems und die Hebel- und Wurftechniken des Goju-ryu-Karate während der letzten 200 Jahre aus der Provinz Fukien in China kamen. Karate-Do und Taekwondo sind heute international die beliebtesten Kick-Boxing-Formen der Kampfkünste.

Außerdem gibt es noch ein okinawanisches Waffensystem mit dem Namen Ryukyu Kobudo, dessen Spezialität die Anwendung landwirtschaftlicher Geräte und von Geheimwaffen ist.

Die japanischen Kampfkunsttraditionen

In keinem anderen Land der Welt haben die Kampfkünste eine so große Verbreitung und einen so hohen Stand erreicht wie in Japan. In den ersten Jahrhunderten dieses Jahrtausends nahm die Kampftüchtigkeit der Japaner ständig zu und erreichte vor etwa 600 Jahren einen Höhepunkt. Während dieser Entwicklungsphase stand Japan in Handelsbeziehungen und gelegentlich auch im Krieg mit China. Es gibt eine Fülle von Beweisen dafür, daß die Japaner in dieser Zeit sowohl die Techniken als auch die Ideen der Chinesen hinsichtlich des Kämpfens übernahmen. In vielen Fällen haben die Japaner jedoch den technischen Gehalt der Künste, die sie von den Chinesen lernten, radikal verändert und weiterentwickelt. Die Ausbildung in den Kampfkünsten, die *Bujutsu* genannt wurde, diente damals ausschließlich dem Zweck, den Erfolg auf dem Schlachtfeld sicherzustellen. Die Herstellung und Handhabung von Waffen, zu denen neben den berühmten Schwertern und Hellebarden auch Sichel und Kette und sogar Wurfbeile gehörten, erreichte technische Perfektion. Auch die Künste der Ausspähung, der Befestigung, der Truppenverlegung und der Nachrichtenverbindungen erreichten einen hohen Stand. Heute gibt es immer noch 1000 Bujutsu-Schulen, in denen mit großem Einsatz und Eifer die Fertigkeiten geübt werden, die hier seit Jahrhunderten weitergegeben wurden.

Mit der Befriedung der Nation unter dem Tokugawa-Shogunat im ausgehenden 17. Jahrhundert war die Notwendigkeit militärischer Kampffertigkeiten praktisch weggefallen, und die japanischen Krieger suchten nach Mitteln und Wegen, wie sie ihre Kriegsfertigkeiten in andere Aspekte ihrer Kultur und im besonderen in ihre religiösen Normen integrieren konnten.

Aus dieser Bewegung erwuchs eine neue Auffassung der Kampfkünste, für die der Name Budo geprägt wurde, der »Kampfkunstweg«. Dieser Prozeß erfuhr noch eine Steigerung, nachdem der Meiji-Kaiser im letzten Viertel des 19. Jahrhunderts die Modernisierung der Nation propagiert hatte.

Heute spielen die Budo-Künste in Japan die beherrschende Rolle, und viele von ihnen sind in der ganzen Welt verbreitet. Mit der effektiven Entwaffnung der Kriegerkaste in den siebziger Jahren des vorigen Jahrhunderts haben sich die Japaner verstärkt den waffenlosen Kampfkunstdisziplinen zugewandt. Das Judo, das im 19. Jahrhundert als »der Weg der Weichheit oder Geschmeidigkeit« entwickelt wurde, ist über diese ursprüngliche Bestimmung als Kampfkunst hinausgewachsen und ist heute eine bedeutende olympische Disziplin.

Weitere Kampfkunstwege sind *Kendo,* »der Weg des Schwertes«, *Aikido,* »der Weg der göttlichen Harmonie«, *Kyu-do,* »der Weg des Bogenschießens«, *Iaido,* »der Weg des Schwertziehens«, *Naginatado,* »der Weg der Hellebarde«, *Jukendo,* »der Weg des Bajonetts« und *Nippon-Shorinji-Kempo,* »der Faustweg des japanischen Shaolin-Tempels«. Das *Karatedo,* »der Weg der leeren Hand«, das in Japan und der ganzen Welt gelehrt wird, ist weitgehend eine moderne japanische Synthese und hat nicht mehr viel mit der ursprünglichen okinawanischen Kunst gemeinsam.

Während der letzten 40 Jahre haben viele der geheimsten Kampfkunstsysteme Asiens, darunter praktisch alle chinesischen, einige japanische und viele der philippinischen und indonesischen Künste die strenge Geheimhaltung aufgegeben, so daß heute auch die breite Öffentlichkeit sich ausbilden lassen und Einblick in das Wissen verschaffen kann. In der Folgezeit hat es sehr viel Dilettantismus gegeben, aber auch echte und erfolgreiche Versuche, die Kampfkünste zusammenzufassen und weiterzuentwickeln, vor allem seitens einiger Meister, die eine oder mehrere von ihnen erlernt hatten.

Das Aikido, das 1920 von Ueshiba Morihei geschaffen wurde, ist ein gutes Beispiel für diesen Prozeß, der sich auch heute noch fortsetzt. Einige Meister glauben, daß dieser Prozeß der Tod ihrer Künste sein wird, während andere gerade meinen, daß dies die einzige Hoffnung für deren Überleben ist.

Aus dem Tao entstand Eins.
Aus Eins entstand Zwei.
Aus Zwei entstand Drei.
Aus Drei entstanden die zehntausend Dinge.

Die zehntausend Dinge tragen in sich Yin und umfangen Yang. Sie erlangen Einklang, wenn sie diese Kräfte miteinander verbinden.

Tao-Te-Ching (Lao-Tse)

GLOSSAR

Aikido Ein japanischer Ausdruck, der wörtlich »Weg der göttlichen Harmonie« bedeutet. Das Aikido, eine defensive waffenlose Kampfkunst, wurde im Jahre 1920 von Ueshiba Morihei geschaffen.

Aiki-Jujutsu Ein japanischer Ausdruck, der wörtlich »Kriegskunst der göttlichen Harmonie« bedeutet. Es handelt sich um eine Variante des Ju-Jutsu (siehe dort). Aiki-Jujutsu ist die Stilrichtung des klassischen japanischen waffenlosen Kampfes, auf dem das Aikido (siehe dort) beruht.

Arnis de mano siehe **Eskrima**

Asan Das Wort bedeutet im Tamil »Meister«.

Atemi Die japanische Kunst des Schlagens gegen lebenswichtige Punkte (siehe dort).

Ausnutzung der Kraft des Gegners Ein Prinzip, durch das z.B. beim Aikido (siehe dort) oder T'ai-Chi-Ch'uan (siehe dort) die Kraft eines Gegners, die dieser in einen Angriff legt, dazu ausgenutzt wird, um diesen zu werfen.

Äußere Kunst siehe **Harte Kunst.**

Ayurveda-Medizin Die älteste einheimische Heilkunde Indiens.

Beinarbeit Bewegungen der Beine nach festgelegten Mustern, durch die die Kampfgefährlichkeit erhöht wird.

Block Eine Technik, mit der ein Schlag abgestoppt oder abgeleitet wird. Theoretisch kann jedes Glied zum Blocken verwendet werden; in der Praxis wird jedoch meist der Arm eingesetzt. Man unterscheidet zwischen Unterarmblock nach oben, Unterarmblock nach innen und nach außen und dem Tiefblock.

Bo Japanisches Wort mit der Bedeutung »Stock«. Ein Bo ist etwa 2m lang (siehe auch Jo).

Bodhisattva Eine Inkarnation des Buddha. Eine Gottheit, die zeitweise aus dem Nirvana herniedersteigt, in dem der Kreislauf von Geburt und Wiedergeburt beendet ist, um Menschen zu helfen, die in dieser Welt großes Leid tragenn.

Bokken Das japanische Übungsschwert aus Hartholz.

Budo siehe **Kampfkunstweg.**

Bujutsu siehe **Kampfkunst.**

Bundi Eine Waffe, die im indischen Staat Bundi verwendet wird. Der Bundi ist ein Dolch mit zweischneidiger Klinge und einem Griff mit seitlichen Abweisern, die den ganzen Unterarm bis zum Ellbogen schützen.

Bushi Japanischer Ausdruck mit der Bedeutung »Krieger«. Wörtlich »Kampfkunstmann«.

Bushido Japanischer Ausdruck, der wörtlich »der Weg des Kriegers« bedeutet. Bushido ist das japanische Gegenstück zum Ehrenkodex des mittelalterlichen Ritters in Europa.

Ch'an Chinesischer Ausdruck, der wörtlich »Meditation« bedeutet. Die buddhistische Ch'an-Sekte, eine Synthese aus dem Mahayan Buddhismus und dem Taoismus, ist das chinesische Äquivalent für das indische Dhyana bzw. die meditative Schule des Buddhismus, die in Japan Zen (siehe dort) genannt wird.

Cha no yu Die japanische Teezeremonie. Diese entstand Ende des 14. oder Anfang des 15. Jahrhunderts als rituelle Einnahme einer Erfrischung nach der Zen-Meditation.

Chi Chinesischer Ausdruck, der wörtlich »Lebensenergie« bedeutet. Chi ist ein Stoff, eine Grundkomponente aller Ebenen des Kosmos, zu der auch die im menschlichen Körper zirkulierende Lebenskraft gehört. Bei der Akupunktur wird das Chi manipuliert, und in den Kampfkünsten (siehe dort) werden Übungen zur Pflege und Kräftigung des Chi ausgeführt (siehe auch **Ki**).

Daimio Japanische Gebietslehensfürsten; auch militärische Anführer.

Daito-ryu Die Stilrichtung des **Aiki-Jujutsu** (siehe dort), aus dem sich das Aikido entwickelte.

Do Die japanische Transliteration des chinesischen Worts Tao (siehe dort). Im Japanischen bedeutet die Nachsilbe do »Weg« oder »Pfad«.

Dojo Japanischer Ausdruck, der wörtlich »Ort des Wegs« bedeutet. Ein Dojo ist die Trainingshalle für japanische Kampfkünste.

Eisenfächer Eine chinesische und japanische Waffe. Ein Fächer mit metallenen Rippen, mit denen im Nahkampf gegen einen Gegner gestochen oder geschlagen wurde.

Elemente In der chinesischen Kosmologie sind die Grundelemente, aus denen das Universum geschaffen wurde, Holz, Feuer, Erde, Wasser und Metall; in der westlichen Kosmologie waren es Feuer, Erde, Wasser und Luft.

Empfindliche Körperstellen Treffer an diesen engbegrenzten Körperstellen verursachen heftigen Schmerz und Lähmung oder führen sogar zum Tode. Es dürfte am Körper mehr als 100 solcher Stellen geben. Sie liegen an den Verbindungsstellen von Nerven, Sehnen und Blutgefäßen (siehe auch Atemi; Marma-adi).

Eskrima Eine philippinische Kampfkunst, bei der Stöcke, Schwerter (siehe dort), Dolche und Leere-Hand-Techniken (siehe dort) angewandt werden. Auch Arnis de mano, Pagkalikali und Kali genannt.

Faustst0ß Ein Schlag mit der geschlossenen Faust, bei dem mit den Knöcheln getroffen wird. In den Kampfkünsten können Fauststöße je nach Höhe des Ziels tief, zur Körpermitte oder hoch ausgeführt werden. Es gibt verschiedene Ausführungsformen, bei denen das Handgelenk waagrecht oder senkrecht bleibt oder gedreht wird.

Federschwert siehe **Urumi.**

Festlegegriff Ein Hebel (siehe dort), der gegen einen am Boden liegenden Gegner angewandt wird, um diesen bewegungsunfähig zu machen.

Form Eine Bewegungsabfolge mit einer oder mehreren Techniken (siehe dort), die alle Kampfkunstschüler in Training und Ausbildung laufend üben müssen. Durch ständiges Üben der Formen lernen die Schüler die darin enthaltenen Techniken so gut, daß sie sie in Kampfsituationen praktisch ohne nachzudenken abrufen können.

Fußtritt Bei den Kampfkünsten gibt es eine große Vielzahl von Fußtritten und -stößen, die hoch zur Körpermitte oder tief und nach vorwärts, seitwärts oder rückwärts ausgeführt werden, wobei verschiedene Bereiche des Fußes Stoßfläche sein können.

Go Japanischer Ausdruck mit der Bedeutung »hart« oder »starr«.

Goju-ryu Die moderne Bezeichnung für einen der beiden Hauptstilrichtungen des okinawanischen Karate (siehe dort). Wörtlich bedeutet der Ausdruck »die harte und weiche Schule«. Der Stil ist vom Naha-te (siehe dort) abgeleitet und ist in dieser Stadt entstanden.

Gurrukal Ein Ausdruck, der in den südindischen Sprachen Tamil und Malayalam »Meister« bedeutet.

Haltegriff Festlegen eines Gegners durch Verriegelung eines oder mehrerer seiner Glieder.

Handtechniken Kampftechniken, bei denen mit der offenen oder geschlossenen Hand, mit den Fingerspitzen, den Handkanten, dem Handballen oder den Knöcheln geschlagen wird.

Harakiri Ritueller Selbstmord der Samurai durch Aufschlitzen des Bauchs. Der offizielle Ausdruck ist Seppuku.

Harte oder äußere Kunst Die Kampfkünste (siehe dort) beruhen auf zwei Prinzipien. Erstens: Die körperliche Reaktion geht der geistigen Reaktion voraus. Zweitens: Der Kraft des Gegners wird eine gleich große und entgegengerichtete Kraft entgegengesetzt. Beispiele für harte Künste sind Karate (siehe dort) und Taekwondo (siehe dort).

Hebel Eine Maßnahme, durch die der Körper eines Gegners oder ein Teil davon bewegungsunfähig gemacht wird. Ansatzpunkte für Hebel sind in der Regel alle Gelenke, die nur in einer Richtung bewegt werden können (z.B. Handgelenk, Ellbogen oder Schultern).

Heiho Wenn dieses Wort mit japanischen Schriftzeichen geschrieben wird, bedeutet es »die Methode des Soldaten«; wenn es mit chinesischen Zeichen geschrieben wird, bedeutet es »der Weg des Friedens«.

Die Chinesen haben ein ähnliches Wortspiel: das chinesische Zeichen Ping-Fa (das dem japanischen Heiho entspricht) bedeutet wörtlich »kriegerische Methode«. Wenn es jedoch mit einer kleinen Abweichung als P'ing-Fa geschrieben wird, bedeutet es »friedliche Methode«.

Hellebarde Mit einer Klinge versehene Waffe mit einem Holzgriff, die etwas über 2,5 m lang ist. Die Schneide der Klinge dient zum Schneiden und Schlitzen, aber auch zum Stechen und Stoßen.

Hsing-I Eine chinesische weiche oder innere Kampfkunst (siehe dort), deren Stellungen auf den fünf Grundelementen der chinesischen Kosmologie (siehe dort) beruhen, und deren Formen nach Tieren benannt sind. Die Bewegungen erfolgen in geraden Linien. Hsing-I dürfte die älteste der chinesischen Kampfkünste sein.

Iai-Do Ein japanischer Ausdruck, der wörtlich »der Weg des Schwertziehens« bedeutet. Iai-Do ist ein ritueller Bewegungsablauf, bei dem das Schwert (siehe dort) gezogen, gegen einen imaginären Gegner geschlagen, gereinigt und wieder in die Scheide gesteckt wird.

Iai-Jutsu Eine chinesische Kampfkunst; wörtlich »die Kunst des Schwertziehens«, bei der der Schwertkämpfer blitzschnell sein Schwert (siehe dort) zieht, seinen Gegner niederschlägt, und das gezogene Schwert wieder einsteckt.

Ideogramm Ein Ideogramm drückt einen Begriff oder eine Vorstellung durch ein Zeichen aus, das keine Hinweise auf den Namen des Bezeichneten oder die Aussprache gibt.

Innere Kunst siehe **Weiche Kunst.**

Jiu-Jitsu Altjapanische Kunst der waffenlosen Selbstverteidigung. Der Ausdruck bedeutet wörtlich »weiche« oder »sanfte« Kunst (siehe auch Ju-Jutsu).

Jo Japanisches Wort mit der Bedeutung »Stab«. Ein Jo ist ein leichter Hartholzstock von etwa 1,30 m Länge (siehe auch Bo).

Ju Japanischer Ausdruck mit der Bedeutung »sanft« oder »weich«, wird häufig als Vorsilbe in japanischen Worten wie z.B. Judo (siehe dort) oder Ju-Jutsu (siehe dort) verwendet.

Judo Weiche japanische Kampfkunst; wörtlich: »der sanfte Weg«. Die hauptsächlich aus Wurf- und Hebeltechniken bestehende Kunst wurde gegen Ende des 19. Jahrhunderts von Kano Jigori aus dem Jiu-Jitsu entwickelt.

Judoka Japanischer Ausdruck mit der Bedeutung »Menschen, die Judo betreiben«, wörtlich »Judo-Männer«.

Ju-Jutsu Modernes Selbstverteidigungssystem, das die wirksamsten und praxisrelevantesten Techniken aus Judo, Karate, Aikido und dem alten Jiu-Jitsu enthält.

Juken Japanischer Ausdruck mit der Bedeutung »Bajonett«.

Juken-Do Ein vor kurzem geschaffenes japanisches Kampfkunstsystem, »der Weg des Bajonetts«.

Juken-Jutsu Eine japanische Kampfkunst, wörtlich »die Kunst des Bajonetts«, die sich vor Beginn des 20. Jahrhunderts aus Speer- und Stockkünsten entwickelte.

-Jutsu Japanische Nachsilbe mit der Bedeutung »Fertigkeit« oder »Kunst«. Im Sinne der Kampfkünste handelt es sich hierbei um klassische Fertigkeiten mit Kampfwaffen, z.B. Ken-Jutsu (siehe dort), Ju-Jutsu (siehe dort) usw.

-Ka Japanische Nachsilbe mit der Bedeutung »Menschen, die... betreiben«.

Kalari Indischer Ausdruck, der in den südindischen Sprachen Tamil und Malayalam wörtlich »Kampfplatz« oder »Schlachtfeld« bedeutet. Heute bezeichnet dieser Ausdruck den Trainingsplatz für Kalarippayat (siehe dort).

Kalarippayat Die südindische Kampfkunst. Wörtlich bedeutet der Ausdruck in den südindischen Sprachen Tamil und Malayalam »Kampfplatztraining«.

Kali siehe **Eskrima.**

Kampfkunst Eine Kampfdisziplin, die der Schulung der Kampftüchtigkeit dient.

Kampfkunstweg Eine Kampfdisziplin, deren Ziel die Förderung der geistigen Entwicklung des Lernenden ist, die dieser durch Kampftraining mit oder ohne Waffen erlangen soll.

Kampfsport Eine Sportart, die neben der Erhaltung der Gesundheit und der körperlichen Fitness auch der Erlernung von Selbstverteidigungstechniken dient.

Karate Die okinawanische »Kunst der leeren Hand«. Nach seiner Einführung in Japan im Jahre 1922 verbreitete es sich – meist in geringfügig veränderter japanischer Form – über die ganze Welt.

Karate-Do »Der Weg der leeren Hand«. Die moderne Bezeichnung für die okinawanische Kunst.

Karateka Japanischer Ausdruck mit der Bedeutung »Menschen, die Karate betreiben«; wörtlich »Karatemänner«.

Kata Japanischer Ausdruck mit der Bedeutung »Form«.

Katana Das traditionelle Langschwert der japanischen Kriegerkaste.

Kathakali Tanz-Theater Ein klassisches Hindu-Tanzdrama, das im 17. Jahrhundert im Staate Kerala in Südindien entstand. Tanztheatergruppen mit Kathakali-Programm gastieren häufig in Europa und den USA.

Kendo Japanischer Ausdruck, der wörtlich »der Weg des Schwertes« bedeutet. Kendo ist die moderne japanische Fechtkunst.

Kendoka Menschen, die die Kunst des Kendo praktizieren.

Ken-Jutsu Japanischer Ausdruck, der wörtlich »die Kunst des Schwertes« bedeutet.

Ki Japanischer Ausdruck mit der Bedeutung »Energie«, »Lebenskraft« oder »Lebensessenz«. Ki ist die japanische Transliteration des chinesischen Wortes Chi (siehe dort).

Ki-Ai Japanischer Ausdruck, der wörtlich »Geist-Begegnung« bedeutet. Ki-Ai bezeichnet den Schrei, den Kampfkünstler bei der Ausführung einer Angriffstechnik ausstoßen.

Kick-Boxing Eine Kampftradition, bei der Arme und Beine eingesetzt werden. Ein Beispiel für eine heute noch lebendige Kick-Boxing-Tradition ist das Thai-Boxen.

Kodokan Japanischer Ausdruck, der wörtlich »Ort zum Erlernen des Weges« bedeutet. Kodokan ist der Name, den Kano Jigori seiner Stilrichtung des Judo gab. Der Ausdruck ist heute international üblich.

Kreisförmige Techniken Bewegungen des Körpers oder von Gliedmaßen in Bögen, Halbkreisen und Kreisen.

Kris Malayischer Dolch mit gewellter Schneide.

Kshatriya Eine Gesellschaftsschicht oder Kaste, die kurz nach 1500 v.Chr. entstand, als die Arier in Indien einwanderten. Die höchste Macht lag in Händen des Königs, während die Kshatriyas die oberste Klasse waren, die sich aus den Kriegern und dem Adel zusammensetzte. Später nahmen die Brahmanen oder Priester diese Vorrangstellung in der indischen Gesellschaft ein.

Kung-Fu Chinesischer Ausdruck, der wörtlich »Adept« oder »Könner« bedeutet. Dieser Ausdruck wurde im Westen fälschlich als Bezeichnung für die harten chinesischen Künste übernommen.

Kuo-Shu Der Oberbegriff für die chinesischen Kampfkünste, der wörtlich »Chinesisches Boxen« bedeutet, das sich in harte und weiche Kampfkünste (siehe dort) unterteilen läßt.

Kyu-Do Japanischer Ausdruck, der »der Weg des Bogenschießens« bedeutet. Kyu-Do ist eine hochentwickelte Kunst, bei der die militärischen und Wettbewerbsaspekte des Bogenschießens der Konzentration auf den Akt des Spannens, Zielens und Abschießens eines Pfeils untergeordnet sind. Ziel des vom Zen-Buddhismus (siehe dort) beeinflußten Kyu-Do ist es, eine Verbindung zwischen dem Geist des Bogenschützen und dem Ziel herzustellen.

Kyu-Jutsu Eine japanische Kampfkunst; wörtlich »die Kunst des Bogenschießens«. Kyu-Jutsu ist die kriegerische Form des Kyu-Do (siehe dort).

Lanze Eine Stangenwaffe mit langem Holzgriff und einer (meist metallenen) Spitze, die zu Pferde benutzt wurde. Sie dient zum Stechen oder dazu, einen berittenen Gegner aus dem Sattel zu heben. Sie kann auch geschleudert werden.

Leere-Hand-Techniken Waffenlose Kampftechniken (siehe auch **Handtechniken**).

Liegestütz Eine Übung, bei der man sich mit möglichst gestrecktem Körper auf Händen und Fußballen auf dem Boden abstützt und die Arme abwechselnd beugt und streckt, so daß sich der Rumpf hebt und senkt.

Mantra Ein mystischer Laut der Buddhisten und Hindus.

Marma-Adi Indischer Ausdruck, der wörtlich »die Geheimlehren« bedeutet. Dieser esoterische Aspekt der indischen Kunst des Kalarippayat (siehe dort) wird manchmal für sich gelehrt. Marma-Adi ist im wesentlichen die Lehre von den empfindlichen Körperstellen (siehe dort).

Massage Mechanische Bearbeitung des Körpers eines Patienten, meist mit den Händen oder Füßen, um die Muskeln zu entspannen oder den Heilungsprozeß verletzter Knochen oder Muskeln zu beschleunigen. Speziell in Südindien wird die Massage bei Kampfkunstschülern zur Dehnung und Lockerung der Muskeln vor der Aufnahme des Trainings angewandt.

Mikkyo Mystische buddhistische Sekte in Japan.

Naginata-Do Ein japanischer Kampfkunstweg, »der Weg der Hellebarde«, eine der Kampfkunsttraditionen von Samurai-Frauen, die im modernen Japan von Frauen ausgeübt wird.

Naginata-Jutsu Eine japanische Kampfkunst, »die Kunst der Hellebarde«. Naginata-Jutsu ist die traditionelle Kampffertigkeit mit der Hellebarde.

Naha-Te Japanischer Ausdruck, der wörtlich »Naha-Hand« bedeutet, die Kampfkunsttradition von Naha, einer Stadt auf Okinawa. Die heute Goju-ryu (siehe dort) genannte Kunst ist eine der beiden Hauptstilrichtungen des Okinawa-Karate (siehe dort)

Ninja Im mittelalterlichen Japan eine Organisation von Spitzeln und Berufskillern. Heute gibt es keine authentische Ninja mehr.

Nin-Jutsu Japanischer Ausdruck mit der Bedeutung »Kunst des Ausspähens«. Zu dieser Kunst gehören auch traditionelle Spezialkenntnisse in Waffenkünsten, Strategie und Taktik.

Pa-Kua Eine weiche chinesische Kampfkunst (siehe dort), die im 18. Jahrhundert begründet wurde und auf den acht Trigrammen eines alten konfuzianischen Textes, des I-Ching (Buch der Wandlungen) beruht. Wörtlich bedeutet der Name »acht Diagramme«. das Pa-Kua besteht hauptsächlich aus kreisförmigen Bewegungen (siehe dort).

Peitscheneffekt Anspannen der Muskeln im Moment des Auftreffens, wodurch die Schnelligkeit und Wirkung des Treffers erhöht wird.

Ringen Seit alten Zeiten bestehende Sportart, bei der ein Kämpfer den Gegner faßt, zu Boden schleudert und ihn dort zur Aufgabe zwingt.

Ryu Japanisches Wort mit der Bezeichnung »Schule« oder »Tradition«.

Ryukyu Bujutsu siehe **Ryukyu Kobudo.**

Ryukyu Kobudo Japanischer Ausdruck mit der Bedeutung »Ryukyu-Kampfkunst«. Die Kampftechniken der Ryukyu-Inseln, deren wichtigste Okinawa ist. Typisch ist die Anwendung einer Vielzahl von Spezialwaffen.

Säbel Eine Hiebwaffe mit einschneidiger, spitzer, gekrümmter Klinge, die früher von Kavalleristen benutzt wurde; heute noch als Sportgerät in Gebrauch.

Samurai Die japanische Kriegerkaste der Feudalzeit; Gefolgsleute der **Daimios** (siehe dort).

Sastra Altindische, in Sanskrit abgefaßte Schriften. Satras sind Regelwerke über religiöse oder wissenschaftliche Themen.

Schriftzeichen Ein graphisches Symbol, das für einen Laut oder einen Begriff oder für beides steht.

Schwert Hieb- und Stichwaffe von 75–125 cm Länge mit einem Griff. Es kann mit einer oder beiden Händen geführt werden. Ein Schwert hat meist eine gekrümmte Klinge mit einer Schneide, die in einer Spitze ausläuft.

Die japanischen Krieger oder Bushi (siehe dort) trugen meist Lang- und Kurzschwert. Diese wurden entweder einzeln oder zusammen eingesetzt.

Seiho Die traditionelle japanische Heilkunde, die auf chinesischen Systemen beruht. Das Seiho, das zum Ausbildungsprogramm des Shorinji kempo (siehe dort) gehört, umfaßt u. a. Akupressur (die Anwendung von Druck an Akupunktur-Punkten) und Knochenmanipulation.

Sensei Japanischer Ausdruck mit der Bedeutung »Meister«.

Seppuku siehe **Harakiri.**

Shaolin-Ch'uan-Fa Chinesischer Ausdruck, der wörtlich »Shaolin-Tempel-Faustweg« bedeutet. Der Ausdruck umfaßt die meisten Stilrichtungen der harten Kampfkünste (siehe dort), die ihre Herkunft auf das Shaolin-Tempelboxen (siehe dort) zurückführen.

Shaolin-Tempelboxen Die Kampfkunst, die sich aus den Übungen entwickelt haben soll, die Bodhidharma angeblich die Mönche des Shaolin-Tempels in den Songshan-Bergen in der zentralchinesischen Provinz Honan lehrte. Man nimmt an, daß sich die harten Kampfkünste Chinas aus dem Shaolin-Tempelboxen entwickelt haben.

Shiai Japanischer Ausdruck mit der Bedeutung »Wettbewerb«.

Shinai Das Bambus-Übungsschwert, das die Japaner bei der Kendo (siehe dort) genannten Fechtkunst benutzen.

Shinto Japanischer Ausdruck, der wörtlich »der Weg der Götter« bedeutet. Shinto, die alte einheimische Religion Japans, basiert auf Animismus und Ahnenverehrung.

Shito-ryu Eine Karate-Stilrichtung (siehe dort), die auf die Stilrichtungen Shorin-ryu (siehe dort) und Goju-ryu (siehe dort) des okinawanischen Karate zurückgeht. Sie wurde von Mabuni gegründet und ist im japanischen Osaka beheimatet.

Shogun Früher der höchste General und Militärherrscher Japans.

Shorinji kempo Die japanische Übersetzung des chinesischen Ausdrucks »Shaolin-Ch'uan-Fa« oder »Shaolin-Faustweg« (siehe dort). Die moderne Synthese japanischer und chinesischer Stilrichtungen, die vor kurzem von Doshin So entwickelt wurde, wird Shorinji kempo genannt.

Shorin-ryu Japanischer Ausdruck, der wörtlich »geschmeidige Pinienschule« bedeutet. Shorin-ryu, eine der beiden wichtigsten zeitgenössischen Stilrichtungen des okinawanischen Karate, entwickelte sich gegen Ende des 19. Jahrhunderts als Synthese aus Suri-Te (siehe dort) und Tomari-Te (siehe dort). Heute gibt es verschiedene Stilrichtungen dieser Tradition. »Shorin« kann sich auch auf den Shaolin-Tempel beziehen, das chinesische Zentrum der Kampfkünste.

Shotokan Japanischer Ausdruck, der wörtlich »Ort des Shoto« bedeutet. Funakoshi Gichin, der das Shuri-Te-Karate (siehe dort) nach Japan brachte, benutzte den Künstlernamen »Shoto« und nannte später seinen Stil Shotokan.

Shuriken Eine eiserne Wurfwaffe, die von der japanischen Ninja (siehe dort) benutzt wurde. Die Shuriken können mit einer Spitze oder Klinge versehen sein und u.a. ein bolzenähnliches Aussehen haben.

Shuri-Te Japanischer Ausdruck mit der Bedeutung »Shuri-Hand«. Dies ist eine der beiden großen Stilrichtungen des okinawanischen Karate, die heute Shorin-ryu genannt wird (siehe dort).

Sifu Ein kantonesischer Ausdruck mit der Bedeutung »Meister«.

Silambam Eine südindische Stockkampfkunst.

So-Jutsu Eine japanische Kampfkunst, wörtlich »die Kunst des Speers«. So-Jutsu ist die traditionelle japanische Kampftechnik mit dem Speer (siehe dort).

Sparring Freikampf zu Übungszwecken. Eine Form des Kampftrainings, bei der alle Bewegungen erlaubt sind, solange der Gegner nicht verletzt wird.

Speer Eine mit einer Spitze versehene Waffe mit einem etwa 3 m langen Schaft. Sie wurde von der Infanterie zum Stechen und Stoßen benutzt und weist keine Schneide auf. Sie kann auch geschleudert werden.

Stand siehe **Stellung.**

Stellung Eine Körperhaltung für Angriff oder Verteidigung. Viele Stellungen in den Kampfkünsten beruhen auf der Körperhaltung von Tieren.

Stil Ein eigenständiges und in sich geschlossenes Kampfkunstsystem.

Streitaxt Eine Waffe, die sich aus der Werkzeugaxt entwickelte. Sie weist eine schwere Metallklinge auf, die im rechten Winkel an dem Holzgriff befestigt ist. Sie diente auf dem Schlachtfeld zum Abhacken von Gliedmaßen.

Sumo Altjapanischer, von einem reichen Zeremoniell umgebener Ringsport. Die Ringer versuchen sich gegenseitig aus dem Ring zu werfen.

Sutras Hinduistische und buddhistische Schriften, die in kurzer, einprägsamer Form religiöse oder wissenschaftliche Prinzipien enthalten.

Suvadu Ausdruck, der in den südindischen Sprachen Tamil und Malayalam »Form« (siehe dort) bedeutet.

Taekwando Die harte Kampfkunst Koreas, die Elemente aus chinesischen und japanischen Traditionen enthält.

T'ai-Chi-Ch'uan Eine weiche oder innere chinesische Kunst (siehe dort); wörtlich »die Faust des höchsten Pols«. T'ai-Chi-Ch'uan beruht auf dem taoistischen Konzept des Chi (siehe dort) und auf dem Prinzip des Nachgebens. Die Übungen, die in dieser alten Kunst gelehrt werden, sollen Gesundheit und ein hohes Alter bewirken.

T'ang-Shou-Dao Chinesischer Ausdruck mit der Bedeutung »chinesischer Kampfkunstweg«, die traditionelle Bezeichnung für Kampfkünste in China. Diese Bezeichnung wählte auch Meister Hung I-Hsiang für die weiche Kunst, die er in Taiwan lehrt.

T'ang-Te Okinawanischer Ausdruck mit der Bedeutung »chinesische Hand«, der im 18. Jahrhundert gebräuchliche Name für Karate (siehe dort).

Tao Chinesischer Ausdruck mit der Bedeutung »Weg«. Das als Taoismus bezeichnete philosophische System beruht auf den Schriften des Lao-Tse, eines chinesischen Philosophen, der im 4. Jahrhundert v. Chr. lebte.

Te Japanischer Ausdruck mit der Bedeutung »Hand«, und die ursprüngliche Bezeichnung für die waffenlose okinawanische Kunst, die später Kara-Te (siehe dort) genannt wurde.

Te-Ate Japanisches Wort, das eine Serie von neun Handstellungen bezeichnet, die im japanischen esoterischen Buddhismus zu magischen Zwecken benutzt werden.

Technik In den Kampfkünsten eine Angriffs- oder Verteidigungsmethode.

Tenshin Shoden Katori Shinto Ryu Die wörtliche Übersetzung dieses japanischen Ausdrucks bedeutet »die Katori Shinto (Schrein-)Schule, die direkt vom Himmel inspiriert ist«. Dies ist die älteste Schule der traditionellen japanischen Kampfkünste.

Tomari-Te Japanischer Ausdruck, der »Tomari-Hand« bedeutet. Dies ist der Stil des okinawanischen Karate, der um die Stadt Tomari praktiziert wurde. Er ist heute weitgehend in den Shorin-ryu-Stil (siehe dort) aufgenommen.

Urumi Ein Federschwert, das aus zwei bis drei Metallbändern mit geschärften Kanten besteht, die an einem Ende in einem Griff zusammengefaßt sind. Das Urumi, das es vermutlich nur in Südindien gibt, wird rasch um den Körper geschwungen, während sich der Verteidiger gleichzeitig dreht, um den Gegner zu verwirren.

Wado-ryu Ein Stil des japanischen Karate, der aus dem Shotokan-Stil (siehe dort) von Funakoshi Gichin entwickelt wurde (siehe dort).

Weiche oder innere Kunst Eine Kampfkunst, die auf zwei Prinzipien beruht. Erstens: Der Geist diktiert die Handlungen. Zweitens: Die Kraft des Gegners wird ausgenutzt, um diesen zu besiegen.

Wurf Eine Maßnahme, durch die ein Gegner aus dem Gleichgewicht gebracht und durch Hebelwirkung zu Boden geschleudert wird.

Wurftechniken Techniken, bei denen der Gegner an Armen, Beinen oder Rumpf gefaßt und zu Boden geschleudert wird.

Wu-Te Chinesischer Ausdruck, der »Kampfkunsttugend« bedeutet. Der moralische Gehalt der Kampfkünste, die von Ta-Mo oder Bodhidharma nach China gebracht worden sein sollen.

Wu-shu Chinesischer Ausdruck, der wörtlich »militärische Künste« bedeutet.

Yang Chinesischer Ausdruck, der wörtlich »Licht, Sonnenschein« bedeutet. In der chinesischen Kosmologie sind Yang und sein komplementäres Gegenstück Yin (siehe dort) die Grundprinzipien des Universums.

Yin Chinesischer Ausruck, der wörtlich »Schatten« bedeutet. Das komplementäre Gegenstück des **Yang** (siehe dort).

Zanshin Japanischer Ausdruck, der den Zustand äußerster Konzentration im Moment des Angriffs und der Verteidigung bezeichnet.

Zen Die japanische Bezeichnung für Dhyana oder die meditative Schule des Buddhismus. Zen, das von Bodhidharma (der im japanischen Dharuma genannt wird) nach Japan gebracht worden sein soll, betont die Kultivierung der Intuition und das Erreichen des Satori. Dies ist der Zustand des Einsseins mit der Natur und dem Universum, den man durch die Meditation erreicht.

Quellenverzeichnis und weiterführende Lektüre

Berk, William R. (Ed), *Chinese Healing Arts (Internal Kung Fu)*, Peace Press 1979

Black Belt Magazine and *Karate Illustrated: 20th Century Warriors: Prominent Men in the Oriental Fighting Arts*, Ohara Publications Inc

Ch'en, Kenneth K. S., *Buddhism in China: A Historical Survey* Princeton, University Press 1964

Cuyler, P. L., *Sumo: from Rite to Sport*, John Weatherhill Inc 1975

de Beaumont, C-L., *Fencing, Ancient Art and Modern Sport*, A. S. Barnes & Co. 1979

Derry, T. & Blakeway, M., *The Making of Early and Medieval Britain*, John Murray Ltd. 1968

Draeger, Donn F., *Martial Arts and Ways of Japan* (Vols 1–3), John Weatherhill Inc. 1973–75

Draeger, Donn F. & Smith, Robert W., *Asian fighting Arts*, Kodansha International 1978

Fleming, Peter, *News from Tartary*, Jonathan Cape Ltd. 1936; Macdonald Futura (Macdonald & Co. Ltd.) 1980

Harrison, E. J., *The Fighting Spirit of Japan*, Foulsham & Co. Ltd. 1955

Harrison, E. J., *Manual of Karate*, Sterling Publishing Co. 1975

Howard, Michael, *War in European History*, Oxford University Press 1976

Huang, W. s., *Fundamentals of T'ai-chi-ch'uan* (Ed.: East and West Culture Institute), South Sky Book Co., 107–115, Hennessey Road, Hong Kong 1973

Hyams, J., *Zen in the Martial Arts*, J. P. Tarcher Inc. 1979

Kerr, G. H., *Okinawa: the History of an Island People*, Charles E. Tuttle Co. Inc., 2–6 Suido I-chome, Bunkyo-ku, Tokyo 112, Japan 1958

Lao Tse, *Tao Te King*, Hugendubel, München 1980

Lee, Bruce, *Tao of Jeet Kune Do*, Ohara Publications Inc. 1975

Leggett, Trevor P. (Ed.), *Tiger's Cave: Translations of Japanese Zen Texts*, Routledge & Kegan Paul Ltd. 1977

Lu Gwei-djen & Needham, Joseph, *Celestial Lancets: History and Rationale of Acupuncture and Moxa*, Cambridge University Press 1980

MacKenzie, Norman (Ed.), *Secret Societies*, Aldus Books Ltd. 1967 (UK) 1971 Macmillan Inc. (USA)

Manuel Raj, J. D., *Silambam Fencing from India*, Manuel Raj, YMCA College of Physical Education, Nandanam, Madras 600, 35, Tamil Nadu State, India 1975

Mintz, M. D., *The Martial Arts Films*, Thos Yoseloff Ltd. 1978

Musashi, Miyamoto, *Das Buch der fünf Ringe*, Droemer Knaur 1984

Nagamine, Shoshin, *The Essence of Okinawan Karate-do*, Charles E. Tuttle Co. Inc., 1976

Needham, Joseph, *Science and Civilization in China* (Vols 1–5), Cambridge University Press from 1954

Nitobi, Inazo, *Bushido, the Warrior's Code* (Ed.: Lucas, Charles), Ohara Publications Inc. 1975

Nitobe, Inazo, *Bushido: The Soul of Japan*, Charles E. Tuttle Co. Inc., 1969

Ohashi, Wataru, *Shiatsu – die japanische Fingerdrucktherapie*, H. Bauer

Otake, R., *The Deity and the Sword: Katori Shinto Ryu* (Vols 1–3) (trans: Donn F. Draeger), Minato Research and Publishing Co. 1977 (Distr.: Japan Publications Trading Co., 200 Clearbrook Road, Elmsford, N.Y. 10523, USA)

Plasait, E., *Défense et illustration de la Boxe Française: savate; canne; chausson*, SEDIREP SARI, 37 Rue de la Belle Feuille, 92, Boulogne, France 1970

Purcell, Victor, *The Boxer Uprising*, Cambridge University Press 1963 (UK); 1974 Shoe String Press Inc. (USA)

Reich, Schavere, *Japan: History of a Nation*, Alfred A. Knopf Inc. 1970

Sargeant, J. a., *Sumo: the Sport and the Tradition*, Charles E. Tuttle Co. Inc., 1959

Smith, John, *Basic Karate Katas* (Vols. 1–5), PH Cromptom Ltd., 638 Fulham Road, London SW6 1973

Smith, Robert W., *Chinese Boxing: Masters and Methods*, Kodansha International Ltd. 1974

Smith, Robert W., *Hsing-i*, Kodansha International Ltd. 1974

Smith, Robert W., *Pa-Kua: Chinese Boxing for Fitness and Self-Defense*, Kodansha International Ltd. 1967

Smith, Robert W., *Secrets of Shaolin Temple Boxing*, Charles E. Tuttle Co. Inc., 1974

Sollier, A. & Zselt, G., *Japanese Archery: Zen in Action*, Weatherhill Inc. 1969

Spear, Percival, *A History of India* (Vols 1 and 2), Penguin Books Ltd. 1965

Staple, M., *Tibetan Kung Fu*, Unique Publications Inc., 7011, Sunset Boulevard, Hollywood, Ca. 90028, USA 1980

Sun Tzu, *The Art of War* (Ed.: Samuel Griffiths), Oxford University Press 1971 (UK)

Tadashi Yamashita, *Shorin-Ryu Karate*, Ohara Publications Inc. 1976

Toguchi, Seikichi, *Okinawan Goju-Ryu Karate* (Ed.: Tamano, Toshio & Gordon Sherry tr.), Ohara Publications Inc. 1976

Tsing-I, *A Record of the Buddhist Religion as practised in India and the Malay Archipelago* (transl: J. Takakusu), Oxford at the Clarendon Press 1896

Waley, Arthur, *Lebensweisheit im alten China*, Suhrkamp 1974

Watts, Alan W., *Zen – Tradition und lebendiger Weg*, Zero 1981

Wilhelm Richard (übertr.), *I Ging – Das Buch der Wandlungen*, Diederichs 1956

Williams, B. (Ed.), *Martial Arts of the Orient*, Hamlyn Publishing Group Ltd. 1975

Wu Ch'eng-en, *Monkeys Pilgerfahrt,* Hugendubel 1980
Wong, Douglas L., *Shaolin Fighting: Theories and Concepts,* Unique Publications Inc., 7011, Sunset Boulevard Hollywood Ca. 90028 USA 1977
Ying Zi and Weng Yi, *Shaolin kung-fu,* Kingsway International Publications Ltd., P.O. Box 3897, KCPO, 201F, Ritz Building, 625 Nathan Road, Kowloon, Hong Kong 1981

Danksagungen

Wenn auch die Autoren die volle Verantwortung für den Inhalt dieses Buchs tragen müssen, können sie doch nicht behaupten, daß sie all die darin enthaltenen Informationen ohne die Unterstützung vieler anderer zusammengetragen hätten. Wie bei allen Sachbüchern ist auch das hier vorgelegte Material eine Synthese der Worte und Taten vieler Menschen. Im Jahre 1976 wurde Howard Reid von seinem Kollegen Dr. Peter Silverwood-Cope in die Anfangsgründe des Karate eingeweiht, als beide in Brasilien lebten. So wurde auch sein Interesse an anderen Kampfkünsten geweckt. Im Jahre 1980 kam John Shearer von der British Broadcasting Corporation zu dem Schluß, daß eine Serie über den waffenlosen Kampf beim Publikum ankommen würde, und er beauftragte Howard Reid mit den Recherchen und dem Arrangement der Serie. Später bat John Shearer Michael Croucher, bei der Serie Regie zu führen. Für seine Unterstützung waren wir ihm stets sehr verbunden.

Die Pionierarbeit eines Autors, Gelehrten und Meisters der Kampfkünste war uns während der gesamten Entstehung dieses Werks eine sehr große Hilfe: Donn Draegers Arbeiten konzentrieren sich auf Japan, berühren jedoch auch viele andere Teile Asiens. Mit Erschütterung hörten wir kurz vor Drucklegung dieses Buchs von seinem Tod. Sein Lebenswerk hat zur Entstehung einer neuen akademischen Disziplin geführt, dem Studium der Kampfkunstsysteme, und es hat die ersten zuverlässigen Materialien zu diesem Thema geliefert.

Während unserer Auslandsreisen erhielten wir von unserem Produktionsassistenten Val Mitchell stets Rat und Aufmunterung, und die Mitglieder des Filmteams der British Broadcasting Corporation, die uns begleiteten, waren uns in Zeiten, die manchmal auch recht unerfreulich waren, eine Quelle beständiger Freundschaft und guter Laune. Ein herzliches Dankeschön also an Val, wie auch an Gerald Cobbe, Red Denner, Maurice Fisher, Roger Long, John Palmer, Ron Robinson, Keith Rodgerson, Jim Saunders und Martin Saunders. Außer den Meistern der Kampfkünste und ihren Schülern, denen wir gesondert am Anfang des Buchs danken, halfen uns viele Menschen in der ganzen Welt mit Rat und Tat. Hiermit möchten wir uns bei ihnen allen bedanken:

In England gilt unser Dank der Martial Arts Commission, insbesondere David und Paula Mitchell und John Von Hoff. Unser tiefer Dank gilt dem verstorbenen James Elkin, der uns so uneingeschränkt an seinem reichen Wissen über die Kampfkünste sowohl in London als auch in Japan teilhaben ließ. Ein Dankeschön auch an Danny Connors von der Oriental World in Manchester.

Unseren besonderen Dank möchten wir in Hongkong Bill Yim, unserem Dolmetscher, und vielen anderen aussprechen. In Japan und Okinawa danken wir Watanabe Kisaburo vom Budokan und Inaba Shinji von der NAK Television. Funakoshi Naeko war uns in Japan und Okinawa ein hervorragender Dolmetscher und Freund. In der Tenshin Shoden Katori Shinto Ryu war Phil Relnick ein unermüdlicher Organisator und Berater, und Seiko und Larrie Bieri waren freundliche und geduldige Dolmetscher und Übersetzer. In Tokio waren uns Fräulein Miyagi und ihre Kollegin Shigetoshi Fujii überaus behilflich; auf Shikoku Island teilten sich Ohta Mitzusuki und seine Frau Fay die Aufgabe, für uns zu dolmetschen und die Filmaufnahmen zu arrangieren, während uns Suzuki Sensei sehr viel Zeit und Geduld widmete. Les Denniston führte uns in Kyoto in das Kendo ein und brachte uns den Geist der japanischen Kampfkünste näher. Auf Okinawa genossen wir die herzliche Gastfreundschaft von Miyagi Nozo Sensei in seiner Schule des klassischen Tanzes, und Alanna Higaonna nahm uns gastlich und mit Freundschaft auf.

Auf Taiwan leistete Daniel Reid unschätzbare Dienste als Dolmetscher, während er uns gleichzeitig ständig mit Rat und Auskünften zur Seite stand. Viele gute Ratschläge verdanken wir auch unserem Freund Howard Brewer und Marnis St. John Wells. Jennie Wu war uns eine große Hilfe, und wir verdanken ihr viele Einblicke in die Peking-Oper. Der Bildhauer Ju Ming arbeitete und sprach viele Stunden mit uns, wofür wir ihm dankbar sind.

Dank schulden wir auf den Philippinen General Wilfredo Estrada für die logistische Unterstützung und Diony, Katy und Amorito Canete für ihre Kameradschaft und ihr organisatorisches Geschick.

In Indien gilt unser ganz besonderer Dank unserem Freund und Berater Moses Thilak und seiner Frau Usha. Ein Dankeschön auch seinem Assistenten, Mr. Reddy, der unsere Besuche hervorragend vorbereitete, und Meister Andyar Lakshman, der uns in seiner Akademie in Madras mit der zeitlosen Schönheit des indischen Tanzes vertraut machte.

Schließlich ist noch anzumerken, daß bei diesem Buch, wenn es auch im Grunde ein Gemeinschaftsprojekt ist, eine gewisse Arbeitsteilung unumgänglich war. So schrieb Michael Croucher die meisten Personenporträts, während Howard Reid für die technischen Beschreibungen zuständig war. Das Vorwort und Kapitel II entstanden in gemeinsamer Arbeit. Kapitel I, IV, VI und IX stammen weitgehend aus der Feder von Michael Croucher, während Howard Reid den größten Teil der Kapitel III, V, VII, VIII und X schrieb.

Mechthild Scheffer

Bach-Blütentherapie
Theorie und Praxis

304 Seiten mit zahlreichen Abbildungen, Pappband

Die wahre Ursache von Krankheiten hat ihren Ursprung in unserer Seele. Unbekannte oder nicht akzeptierte Gefühls- und Verhaltenskonzepte manifestieren sich zunächst als seelische Konflikte und später als körperliche Krankheiten. Zu dieser Erkenntnis kam der englische Arzt Dr. E. Bach nach langjährigen Studien, die ihn zur Entdeckung der Blütentherapie führten.

Die folgerichtige Fortführung und Vertiefung des Bach'schen Werkes »Blumen, die durch die Seele heilen« legt Mechthild Scheffer hier vor. Das Buch bringt erstmals eine wirklich umfassende Interpretation der 38 Bach-Blüten aus geistiger, psychologischer und medizinisch-praktischer Sicht, sowie eine zusätzliche Symtomliste zur Erleichterung der Diagnose.

Für die Arbeit wurde die gesamte, heute zugängliche Literatur über das Bach-System ausgewertet, die die vieljährige Erfahrung der Autorin ausgezeichnet ergänzt. Bewußtseinserweiterung anstelle von Psychopharmika! Das ist der Leitgedanke, den diese Heilmethode auszeichnet.

Praxisnah und übersichtlich wird das umfangreiche Wissen dargestellt, so daß der aufmerksame Leser wirklich in die Lage versetzt wird, damit umzugehen. Neben psychosomatisch interessierten Ärzten, Psychologen und Heilpraktikern wendet sich das Buch an alle Menschen, die an ihrer geistigen und seelischen Entwicklung arbeiten.

Mechthild Scheffer ist Heilpraktikerin und Repräsentantin des Dr. Edward Bach Centres in Deutschland. Sie beschäftigt sich seit vielen Jahren intensiv mit der Bach-Blüten-Therapie. Für dieses Buch interviewte sie Bach-Behandler in mehreren europäischen Ländern. Als ehemalige Journalistin setzt sie sich auch durch Vorträge und workshops für die Verbreitung der Bach-Blüten-Therapie in Deutschland ein.